엑스포지멘터리

누가복음 II

Luke

엑스포지멘터리 누가복음 II

초판 1쇄 발행 2022년 6월 1일
2쇄 발행 2022년 6월 5일

지은이 송병현

펴낸곳 도서출판 이엠
등록번호 제25100-2015-000063
주소 서울시 강서구 공항대로 220, 601호
전화 070-8832-4671
E-mail empublisher@gmail.com

내용 및 세미나 문의 스타선교회: 02-520-0877 / EMail: starofkorea@gmail.com / www.star123.kr
Copyright © 송병현, 2022, *Print in Korea.*
ISBN 979-11-86880-92-0 93230

「이 도서의 국립중앙도서관 출판시 도서목록(CIP)은 서지정보유통지원시스템 홈페이지(http://seoji.nl.go.kr)와 국가자
료공동목록시스템(http://www.nl.go.kr/kolisnet)에서 이용하실 수 있습니다. (CIP제어번호:CIP2015000753)」

엑스포지멘터리

누가복음 II

Luke

| 송병현 지음 |

EXPOSItory comMENTARY

EM Exposi
Mentary

예수 그리스도의 생명의 복음

송병현 교수님이 오랫동안 연구하고 준비한 엑스포지멘터리 주석 시리즈를 출간할 수 있도록 인도해 주신 여호와 하나님께 감사와 영광을 돌립니다. 함께 수고한 스타선교회 실무진들의 수고에도 격려의 말씀을 드립니다.

많은 주석이 있지만 특별히 엑스포지멘터리 주석이 성경을 하나님의 완전한 계시로 믿고 순종하려는 분들에게 위로와 감동을 주었으면 하는 바램입니다. 단지 신학을 학문적으로 풀어내어 깨달음을 주는 수준이 아니라 성경을 통해 하나님의 세미한 음성을 들을 수 있도록 돕는 역할을 했으면 좋겠습니다. 예수 그리스도가 내 안에 내가 예수 그리스도 안에 있는 신앙으로 하나님의 말씀에 순종하는 사람을 길러내는 일에도 기여할 수 있기를 바랍니다.

우리 백석총회와 백석학원(백석대학교, 백석문화대학교, 백석예술대학교, 백석대학교평생교육신학원)의 신학적 정체성은 개혁주의생명신학입니다. 개혁주의생명신학은 성경의 가르침과 개혁주의 신학을 계승해, 사변

4

화된 신학을 반성하고, 회개와 용서로 하나 되며, 예수 그리스도께서 주신 영적 생명을 회복하고자 하는 신앙 운동입니다. 그리하여 성령의 도우심으로 삶의 모든 영역에서 예수 그리스도의 주권을 실현함으로써 오직 하나님께 영광을 돌리고, 나눔운동과 기도성령운동을 통해 자신과 교회와 세상을 변화시키는 실천 운동입니다.

송병현 교수님은 백석대학교 신학대학원에서 20여 년 동안 구약성경을 가르쳐 왔습니다. 성경 신학자로서 구약을 가르치면서도 기회가 있을 때마다 선교지를 방문해 선교사들을 교육하는 일을 게을리하지 않았습니다. 엑스포지멘터리 주석 시리즈는 오랜 선교 사역을 통해 알게 된 현장을 고려한 주석이라는 점에서 참으로 의미가 있습니다. 그만큼 실용적입니다. 목회자와 선교사님들뿐 아니라 모든 성도가 별다른 어려움 없이 쉽게 읽을 수 있습니다. 개혁주의생명신학이 추구하는 눈높이에 맞는 주석으로서 말씀에 대한 묵상과 말씀에서 흘러나오는 적용을 곳곳에서 만날 수 있습니다. 그래서 성경을 하나님의 말씀으로 믿고 고백하는 사람이라면 궁금했던 내용을 쉽게 배울 수 있고, 설교와 성경 공부를 하는 데도 도움을 받을 수 있습니다. 이번 구약 주석의 완간과 신약 주석 집필의 시작이 예수 그리스도의 생명의 복음을 온 세상에 전하려는 모든 분에게 도움이 되기를 바라는 마음으로 이 책을 추천합니다.

2021년 9월

장종현 목사 | 대한예수교장로회(백석) 총회장·백석대학교 총장

한국 교회를 향한 아름다운 섬김

우리 시대를 포스트모던 시대라고 합니다. 절대적 가치를 배제하고 모든 것을 상대화하는 시대입니다. 이런 시대를 살아가면서 목회자들은 여전히 변하지 않는 절대적인 계시의 말씀인 성경을 들고 한 주간에도 여러 차례 설교하도록 부름을 받습니다. 그런가 하면 진지한 평신도들도 날마다 성경을 읽고 해석하며 삶의 마당에 적용하도록 도전을 받고 있습니다.

이런 시대 속에서 우리는 전통적인 주석과 강해를 종합하는 도움을 기다리고 있었습니다. 저는 이러한 시대적 요청에 송병현 교수가 꼭 필요한 응답을 했다고 믿습니다. 그것이 구약 엑스포지멘터리 전권 발간에 한국 교회가 보여 준 뜨거운 반응의 이유였다고 믿습니다.

물론 정교하고 엄밀한 주석을 기대하거나 혹은 전적으로 강해적 적용을 기대한 분들에게는 이 시리즈가 다소 기대와 다를 수도 있을 것입니다. 그러나 목회 현장에서 설교의 짐을 지고 바쁘게 살아가는 설교자들과 날마다 일상에서 삶의 무게를 감당하며 성경을 묵상하는 성도들에게 이 책은 시대의 선물입니다.

저는 저자가 구약 엑스포지멘터리 전권을 발간하는 동안 얼마나 자신을 엄격하게 채찍질하며 이 저술을 하늘의 소명으로 알고 치열하게 그 임무를 감당해 왔는지 지켜보았습니다. 그리고 그 모습에 큰 감동을 받았습니다. 그렇기에 다시금 신약 전권 발간에 도전하는 그에게 중보 기도와 함께 진심 어린 격려의 박수를 보내고 싶습니다.

구약 엑스포지멘터리에 추천의 글을 쓰며 말했던 것처럼 이는 과거 박윤선 목사님 그리고 이상근 목사님에 이어 한국 교회를 향한 아름다운 섬김으로 기억될 것입니다. 더불어 구약과 신약 엑스포지멘터리 전권을 곁에 두고 설교를 준비하고 말씀을 묵상하는 주님의 종들이 하나님 말씀 안에서 더욱 성숙해 한국 교회의 면류관이 되기를 기도합니다.

이 참고 도서가 무엇보다 성경의 성경 됨을 우리 영혼에 더 깊이 각인해 성경의 주인 되신 주님을 높이고 드러내는 일에 존귀하게 쓰이기를 축복하고 축원합니다. 제가 그동안 이 시리즈로 받은 동일한 은혜가 이 선물을 접하는 모든 분에게 넘치기를 기도합니다.

2021년 1월

이동원 목사 | 지구촌 목회리더십센터 대표

신약 엑스포지멘터리 시리즈를 시작하며

지난 10년 동안 구약에 관해 주석 30권과 개론서 4권을 출판했다. 이 시리즈의 준비 작업은 미국 시카고 근교에 자리한 트리니티복음주의신학교(Trinity Evangelical Divinity School)에서 목회학석사(M. Div.)를 공부할 때 시작되었다. 교수들의 강의안을 모았고, 좋은 주석으로 추천받은 책들은 점심을 굶어가며 구입했다. 덕분에 같은 학교에서 구약학 박사(Ph. D.) 과정을 마무리하고 한국으로 올 때 거의 1만 권에 달하는 책을 가져왔다. 지금은 이 책들 대부분이 선교지에 있는 여러 신학교에 가 있다.

신학교에서 공부할 때 필수과목을 제외한 선택과목은 거의 성경 강해만 찾아서 들었다. 당시 트리니티복음주의신학교가 나에게 참으로 좋았던 점은 교수들의 신학적인 관점의 폭이 매우 넓었고, 다양한 성경 과목이 선택의 폭을 넓혀 주었다는 점이다. 세계적으로 유명한 구약과 신약 교수들의 강의를 들으면서도 내 마음 한구석은 계속 불편했다. 계속 "소 왓?"(So what?, "그래서 어쩌라고?")이라는 질문이 나를 불편하게 했다. 그들의 주옥같은 강의로도 채워지지 않는 부분이 있었기 때문이다.

주석은 대상에 따라 학문적 수준이 천차만별인 매우 다이내믹한 장르다. 평신도들이 성경 말씀을 쉽게 이해하도록 돕기 위해 출판된 주석들은 본문 관찰에 대한 가장 기본적인 내용과 쉬운 언어로 작성된다. 나에게 가장 친숙한 예는 바클레이(Barclay)의 신약 주석이다. 나는 고등학생과 대학생 시절에 바클레이가 저작한 신약 주석 17권으로 큐티(QT)를 했다. 신앙생활뿐 아니라 나중에 신학교에 입학할 때도 많은 도움이 되었다.

평신도들을 위한 주석과는 대조적으로 학자들을 위한 주석은 당연히 말도 어렵고, 논쟁적이며, 일반 성도들이 몰라도 되는 내용을 참으로 많이 포함한다. 나는 당시 목회자 양성을 위한 목회학석사(M. Div.) 과정을 공부하고 있었기 때문에 성경 강해를 통해 설교와 성경 공부를 인도하는 데 도움이 될 만한 강의를 기대했다. 교수들의 강의는 학문적으로 참으로 좋았다. 그러나 그들이 가르치는 내용을 성경 공부와 설교에는 쉽게 적용할 수 없다는 생각이 들었다. 이러한 필요가 채워지지 않았기 때문에 계속 "소 왓"(So what?)을 반복했던 것이다.

그때부터 자료들을 모으고 정리하며 나중에 하나님이 기회를 주시면 목회자들의 설교와 성경 공부에 실질적인 도움을 줄 수 있는 주석을 출판하겠다는 꿈을 품었다. 그러면서 시리즈 이름도 '엑스포지멘터리'(exposimentary=expository+commentary)로 정해 두었다. 그러므로 『엑스포지멘터리 시리즈』는 20여 년의 준비 끝에 10년 전부터 출판을 시작한 주석 시리즈다. 2010년에 첫 책인 창세기 주석을 출판할 무렵, 친구인 김형국 목사에게 사전에도 없는 'Exposimentary'를 우리말로 어떻게 번역하면 좋겠냐고 물었다. 그는 우리말로는 쉽게 설명할 수 없는 개념이니 그냥 영어를 소리 나는 대로 표기해 사용하라고 조언했다. 이렇게 해서 엑스포지멘터리 시리즈 주석이 탄생하게 되었다.

지난 10년 동안 많은 목회자가 이 주석들로 인해 설교가 바뀌고 성경 공부에 자신감을 얻었다고 말해 주었다. 참으로 감사한 일이다. 나는 학자들을 위해 책을 쓰는 것이 아니라, 목회자들을 위해 주석을 집필하고 있다. 그래서 목회자들이 알아야 할 정도의 학문적인 내용과 설교 및 성경 공부에 도움이 될 만한 실용적인 내용이 균형을 이룬 주석을 출판하기 위해 노력하고 있다. 또한 학문적으로 높은 수준의 주석을 추구하지 않기 때문에 구약을 전공한 내가 감히 신약 주석을 집필할 생각을 했다. 나의 목표는 은퇴할 무렵까지 마태복음부터 요한계시록까지 신약 주석을 정경 순서대로 출판하는 것이다. 이 책으로 도움을 받은 독자들이 나를 위해 기도해 준다면 참으로 감사하고 영광스러운 일이 될 것이다.

2021년 1월 방배동에서

시리즈 서문

"너는 50세까지는 좋은 선생이 되려고 노력하고, 그 이후에는 좋은 저자가 되려고 노력해라." 내가 미국 시카고 근교에 위치한 트리니티복음주의신학교(Trinity Evangelical Divinity School) 박사 과정을 시작할 즈음에 지금은 고인이 되신 스승 맥코미스키(Thomas E. McComiskey)와 아처(Gleason L. Archer) 두 교수님이 주신 조언이다. 너무 일찍 책을 쓰면 훗날 아쉬움이 많이 남는다며 하신 말씀이었다. 박사 학위를 마치고 1997년에 한국에 들어와 신학대학원에서 가르치기 시작하면서 나는 이 조언을 마음에 새겼다. 사실 이 조언과 상관없이 당시에 곧장 책을 출판하기는 불가능한 일이었다. 중학생이었던 1970년대 중반에 캐나다로 이민 가서 20여 년 만에 귀국해 우리말로 강의하는 일 자체가 그 당시 나에게 매우 큰 도전이었던 만큼, 책을 출판하는 일은 사치로 느껴질 뿐이었다.

세월이 지나 어느덧 선생님들이 말씀하신 쉰 살을 눈앞에 두었다. 1997년에 귀국한 후 지난 10여 년 동안 나는 구약 전체에 대한 강의안을 만드는 일을 목표로 삼았다. 나 자신에게 동기를 부여하기 위해 몸담고 있는 신대원 학생들에게 매 학기 새로운 구약 강해 과목을 개설

해 주었다. 감사한 것은 지혜문헌을 제외한 구약 모든 책의 본문 관찰을 중심으로 한 강의안을 13년 만에 완성할 수 있었다는 점이다. 앞으로 수년에 거쳐 이 강의안들을 대폭 수정해 매년 2-3권씩을 책으로 출판하려 한다. 지혜문헌은 잠시 미루어 두었다. 시편 1권(1-41편)에 대해 강의안을 만든 적이 있는데, 본문 관찰과 주해는 얼마든지 할 수 있었지만 무언가 아쉬움이 남았다. 삶의 연륜이 가미되지 않은 데서 비롯된 부족함이었다. 그래서 지혜문헌에 대한 주석은 예순을 바라볼 때쯤 집필하기로 했다. 삶을 조금 더 경험한 후로 미루어 둔 것이다. 아마도 이 시리즈가 완성될 즈음이면, 자연스럽게 지혜문헌에 대한 책을 출판할 때가 되지 않을까 싶다.

이 시리즈는 설교를 하고 성경 공부를 인도해야 하는 중견 목회자들과 평신도 지도자들을 마음에 두고 집필한 책이다. 나는 이 시리즈의 성향을 'exposimentary'('해설주석')이라고 부르고 싶다. Exposimentary라는 단어는 내가 만든 용어다. 해설/설명을 뜻하는 'expository'라는 단어와 주석을 뜻하는 'commentary'를 합성했다. 대체로 expository는 본문과 별 연관성이 없는 주제와 묵상으로 치우치기 쉽고, commentary는 필요 이상으로 논쟁적이고 기술적일 수 있다는 한계를 의식해 이러한 상황을 의도적으로 피하고 가르치는 사역에 조금이나마 실용적이고 도움이 되는 교재를 만들기 위해 만들어낸 개념이다. 나는 본문의 다양한 요소와 이슈들에 대해 정확하게 석의하면서도 전후 문맥과 책 전체의 문형(文形, literary shape)을 최대한 고려해 텍스트의 의미를 설명하고 우리 삶과 연결하고자 노력했다. 또한 히브리어 사용은 최소화했다.

이 시리즈를 내놓으면서 감사할 사람이 참 많다. 먼저, 지난 25년 동안 내 인생의 동반자가 되어 아낌없는 후원과 격려를 해 준 아내 임우민에게 감사한다. 아내를 생각할 때마다 참으로 현숙한 여인(cf. 잠 31:10-31)을 배필로 주신 하나님께 감사할 뿐이다. 아빠의 사역을 기도와 격려로 도와준 지혜, 은혜, 한빛에게도 고마운 마음을 표한다. 평생

12

기도와 후원을 아끼지 않는 친가와 처가 친척들에게도 감사하다는 말을 전하고 싶다. 항상 옆에서 돕고 격려해 주는 평생 친구 장병환·윤인옥 부부에게도 고마움을 표하며, 시카고 유학 시절에 큰 힘이 되어 주신 이선구 장로·최화자 권사님 부부에게도 이 자리를 빌려 평생 빚진 마음을 표하고 싶다. 우리 가족이 20여 년 만에 귀국해 정착할 수 있도록 배려를 아끼지 않으신 백석학원 설립자 장종현 목사님에게도 감사드린다. 우리 부부의 영원한 담임 목자이신 이동원 목사님에게도 고마움을 표하고 싶다.

2009년 겨울 방배동에서

감사의 글

스타선교회의 사역에 물심양면으로 헌신해 오늘도 하나님의 말씀이 온 세상에 선포되는 일에 기쁜 마음으로 동참하시는 백영걸, 정진성, 장병환, 임우민, 정채훈, 강숙희 이사님들께 감사의 마음을 전하고 싶습니다. 이사님들의 헌신이 있기에 세상은 조금 더 살맛 나는 곳이 되고 있습니다. 온 세상이 코로나19로 인해 겸손해질 수밖에 없는 시간을 지나고 있습니다. 여호와 라파의 주님께서 창궐한 코로나19를 다스리시고, 투병 중인 정채훈 이사님을 온전히 낫게 하실 것을 믿습니다.

2022년 벚꽃이 휘날리는 방배동에서

일러두기

엑스포지멘터리(exposimentary)는 '해설/설명'을 뜻하는 엑스포지토리(expository)와 '주석'을 뜻하는 코멘터리(commentary)를 합성한 단어다. 본문의 뜻과 저자의 의도와는 별 연관성이 없는 주제와 묵상으로 치우치기 쉬운 엑스포지토리(expository)의 한계와 필요 이상으로 논쟁적이고 기술적일 수 있는 코멘터리(commentary)의 한계를 극복해 목회 현장에서 가르치고 선포하는 사역에 실질적으로 도움을 주는 새로운 장르다. 본문의 다양한 요소와 이슈에 대해 정확하게 석의하면서도 전후 문맥과 책 전체의 문형(文形, literary shape)을 최대한 고려해 텍스트의 의미를 설명하고 성도의 삶과 연결하고자 노력하는 설명서다. 엑스포지멘터리는 다음과 같은 원칙을 바탕으로 인용한 정보를 표기한다.

1. 참고문헌을 모두 표기하지 않고 선별된 참고문헌으로 대신한다.
2. 출처를 표기할 때 각주(foot note) 처리는 하지 않는다.
3. 출처는 괄호 안에 표기하되 페이지는 밝히지 않는다.
4. 여러 학자가 동일하게 해석할 때는 모든 학자를 표기하지 않고 일부만 표기한다.

5. 한 출처를 인용해 설명할 때 설명이 길어지더라도 문장마다 출처를 표기하지 않는다.

6. 본문 설명을 마무리하면서 묵상과 적용을 위해 "이 말씀은…"으로 시작하는 문단(들)을 두었다. 이 부분만 읽으면 잘 이해되지 않는 것들도 있다. 그러나 본문 설명을 읽고 나면 이해가 될 것이다.

7. 본문을 설명할 때 유대인들의 문헌과 외경과 위경에 관한 언급을 최소화한다.

8. 구약을 인용한 말씀은 장르에 상관없이 가운데 맞춤으로 정렬했으며, NAS의 판단 기준을 따랐다.

주석은 목적과 주된 대상에 따라 인용하는 정보의 출처와 참고문헌 표기가 매우 탄력적으로 제시되는 장르다. 참고문헌 없이 출판되는 주석도 있고, 각주가 전혀 없이 출판되는 주석도 있다. 또한 각주와 참고문헌 없이 출판되는 주석도 있다. 엑스포지멘터리 시리즈는 이 같은 장르의 탄력적인 성향을 고려해 제작된 주석이다.

선별된 약어표

개역	개역한글판
개역개정	개역개정판
공동	공동번역
새번역	표준새번역 개정판
현대	현대인의 성경
아가페	아가페 쉬운성경
BHS	Biblica Hebraica Stuttgartensia
ESV	English Standard Version
KJV	King James Version
LXX	Septuaginta
MT	Masoretic Text
NAB	New American Bible
NAS	New American Standard Bible
NEB	New English Bible
NIV	New International Version
NIRV	New International Reader's Version

NRS	New Revised Standard Bible
TNK	Jewish Publication Society Tanakh
AB	Anchor Bible
ABCPT	A Bible Commentary for Preaching and Teaching
ABD	The Anchor Bible Dictionary, 6 vols. Ed. by D. N. Freedman. New York, 1992
ABR	Australian Biblical Review
ABRL	Anchor Bible Reference Library
ACCS	Ancient Christian Commentary on Scripture
ANET	The Ancient Near Eastern Texts Relating to the Old Testament. 3rd ed. Ed. by J. B. Pritchard. Princeton: Princeton University Press, 1969
ANETS	Ancient Near Eastern Texts and Studies
ANTC	Abingdon New Testament Commentary
AOTC	Abingdon Old Testament Commentary
ASTI	Annual of Swedish Theological Institute
BA	Biblical Archaeologist
BAR	Biblical Archaeology Review
BAR	Biblical Archaeology Review
BBR	Bulletin for Biblical Research
BCBC	Believers Church Bible Commentary
BCL	Biblical Classics Library
BDAG	A Greek–English Lexicon of the New Testament and Other Early Christian Literature, 3rd ed. Ed. by Bauer, W., W. F. Arndt, F. W. Gingrich, and F. W. Danker. Chicago, 2000
BECNT	Baker Exegetical Commentary on the New Testament

BETL	Bibliotheca Ephemeridum Theoloicarum Lovaniensium
BETS	Bulletin of the Evangelical Theological Society
BibOr	Biblia et Orientalia
BibSac	Bibliotheca Sacra
BibInt	Biblical Interpretation
BR	Bible Reseach
BRev	Bible Review
BRS	The Biblical Relevancy Series
BSC	Bible Student Commentary
BST	The Bible Speaks Today
BT	Bible Translator
BTB	Biblical Theology Bulletin
BTC	Brazos Theological Commentary on the Bible
BV	Biblical Viewpoint
BZ	Biblische Zeitschrift
BZNW	Beihefte zur Zeitschrift für die neutestamentliche Wissenschaft
CB	Communicator's Bible
CBC	Cambridge Bible Commentary
CBQ	Catholic Biblical Quarterly
CBQMS	Catholic Biblical Quarterly Monograph Series
CGTC	Cambridge Greek Testament Commentary
CurBS	Currents in Research: Biblical Studies
CurTM	Currents in Theology and Missions
DJG	Dictionary of Jesus and the Gospels. Ed. by J. B. Green, S. McKnight, and I. Howard Marshall. Downers Grove, 1992
DNTB	Dictionary of New Testament Background. Ed. by C. A. Evans and S. E. Porter. Downers Grove, 2000

DPL	Dictionary of Paul and His Letters. Ed. by G. F. Hawthorne, R. P. Martin, and D. G. Reid. Downers Grove, 1993
DSB	Daily Study Bible
ECC	Eerdmans Critical Commentary
ECNT	Exegetical Commentary on the New Testament
EDNT	Exegetical Dictionary of the New Testament. Ed. by H. Balz, G. Schneider. Grand Rapids, 1990–1993
EvJ	Evangelical Journal
EvQ	Evangelical Quarterly
ET	Expository Times
FCB	Feminist Companion to the Bible
GTJ	Grace Theological Journal
HALOT	The Hebrew and Aramaic Lexicon of the Old Testament. Ed. by L. Koehler and W. Baumgartner. Trans. by M. E. J. Richardson. Leiden, 1994–2000
Hist. Eccl.	Historia ecclesiastica (Eusebius)
HNTC	Holman New Testament Commentary
HTR	Harvard Theological Review
IB	Interpreter's Bible
IBS	Irish Biblical Studies
ICC	International Critical Commentary
IDB	Interpreter's Dictionary of the Bible
ISBE	The International Standard Bible Encyclopedia. 4 vols. Ed. by G. W. Bromiley. Grand Rapids, 1979–88
JAAR	Journal of the American Academy of Religion
JBL	Journal of Biblical Literature
JESNT	Journal for the Evangelical Study of the New Testament

JETS	Journal of the Evangelical Theological Society
JQR	Jewish Quarterly Review
JRR	Journal from the Radical Reformation
JSNT	Journal for the Study of the New Testament
JSNTSup	Journal for the Study of the New Testament Supplement Series
JTS	Journal of Theological Studies
LABC	Life Application Bible Commentary
LB	Linguistica Biblica
LCBI	Literary Currents in Biblical Interpretation
LEC	Library of Early Christianity
Louw–Nida	Greek–English Lexicon of the New Testament: Based on Semantic Domains, 2nd ed., 2 vols. By J. Louw, and E. Nida. New York, 1989
LTJ	Lutheran Theological Journal
MBC	Mellen Biblical Commentary
MenCom	Mentor Commentary
MJT	Midwestern Journal of Theology
NAC	New American Commentary
NCB	New Century Bible
NIB	The New Interpreter's Bible
NIBC	New International Biblical Commentary
NICNT	New International Commentary on the New Testament
NICOT	New International Commentary on the Old Testament
NIDNTT	The New International Dictionary of New Testament Theology. Ed. by C. Brown. Grand Rapids, 1986
NIDNTTE	New International Dictionary of New Testament Theology and Exegesis. 2nd Ed. by Moisés Silva. Grand Rapids, 2014

NIDOTTE	New International Dictionary of Old Testament Theology and Exegesis. Ed. by W. A. Van Gemeren. Grand Rapids, 1996
NIGTC	New International Greek Testament Commentary
NIVAC	New International Version Application Commentary
NovT	Novum Testamentum
NovTSup	Novum Testamentum Supplements
NSBT	New Studies in Biblical Theology
NTL	New Testament Library
NTM	New Testament Message
NTS	New Testament Studies
PBC	People's Bible Commentary
PNTC	Pillar New Testament Commentary
PRR	The Presbyterian and Reformed Review
PSB	Princeton Seminary Bulletin
ResQ	Restoration Quarterly
RevExp	Review and Expositor
RR	Review of Religion
RRR	Review of Religious Research
RS	Religious Studies
RST	Religious Studies and Theology
RTR	Reformed Theological Review
SacP	Sacra Pagina
SBC	Student's Bible Commentary
SBJT	Southern Baptist Journal of Theology
SBL	Society of Biblical Literature
SBLDS	Society of Biblical Literature Dissertation Series
SBLMS	Society of Biblical Literature Monograph Series

SBT	Studies in Biblical Theology
SHBC	Smyth & Helwys Bible Commentary
SJT	Scottish Journal of Theology
SNT	Studien zum Neuen Testament
SNTSMS	Society for New Testament Studies Monograph Series
SNTSSup	Society for New Testament Studies Supplement Series
ST	Studia Theologica
TBT	The Bible Today
TD	Theology Digest
TDOT	Theological Dictionary of the Old Testament. 11 vols. Ed. by G. J. Botterweck et al. Grand Rapids, 1974−2003
TDNT	Theological Dictionary of the New Testament. Ed. by G. Kittel and G. Friedrich. Trans. by G. W. Bromiley. 10 vols. Grand Rapids, 1964−1976
Them	Themelios
TJ	Trinity Journal
TNTC	Tyndale New Testament Commentaries
TS	Theological Studies
TT	Theology Today
TTC	Teach the Text Commentary Series
TWBC	The Westminster Bible Companion
TWOT	R. L. Harris, G. L. Archer, Jr., and B. K. Waltke (eds.), Theological Wordbook of the Old Testament, 2 vols. Chicago: Moody, 1980
TynBul	Tyndale Bulletin
TZ	Theologische Zeitschrift
USQR	Union Seminary Quarterly Review

VE	Vox Evangelica
VT	Vetus Testament
WBC	Word Biblical Commentary
WBCom	Westminster Bible Companion
WCS	Welwyn Commentary Series
WEC	Wycliffe Exegetical Commentary
WTJ	The Westminster Theological Journal
WUNT	Wissenschafliche Untersuchungen zum Neuen Testament und die Kunde der älteren Kirche
WW	Word and World
ZNW	Zeitschrift für die neutestamentliche Wissenschaft

차례

선별된 참고문헌

(Select Bibliography)

Adams, S. A. "The Genre of Luke and Acts: The State of the Question." Pp. 97–120 in *Issues in Luke Acts: Selected Essays*. Ed. by S. A. Adams and M. Pahl. Piscataway, NJ: Gorgias, 2012.

_____. "The Relationships of Paul and Luke: Luke, Paul's Letters, and the 'We' Passages of Acts." Pp. 125–42 in *Paul and His Social Relations*. Ed. by S. E. Porter and C. Land. Leiden: Brill, 2013.

Aland, K., ed. *Synopsis of the Four Gospels: Greek-English Edition of the Synopsis Quattuor Evangeliorum*. 7th ed. Stuttgart, Germany: German Bible Society, 1983.

Alexander, L. *The Preface to Luke's Gospel: Literary Convention and Social Context in Luke 1.1-4 and Acts 1.1* SNTSM. Cambridge: Cambridge University Press, 1993.

Allison, D. C. *The Historical Christ and the Theological Jesus*. Grand Rapids: Eerdmans, 2009.

_____. *The New Moses: A Matthean Typology*. Minneapolis: Fortress, 1993.

Anderson, R. H. "Theophilus: A Proposal." EvQ 69 (1997): 195–215.

Arndt, W. F. *The Gospel According to St. Luke*. St. Louis: Concordia, 1956.

Aune, D. E. *The New Testament in Its Literary Environment*. Philadelphia: Westminster, 1987.

_____. "The Problem of Genre of the Gospels: A Critique of C. H. Talbert's *What is a Gospel?*" Pp. 9–60 in *Gospel Perspectives*. Vol. 2. Ed. by R. T. France and D. Wenham. Sheffield: JSOT Press, 1981.

_____. *The Westminster Dictionary of New Testament and Early Christian Literature*. Louisville, KY: Westminster John Knox, 2003.

Bacon, B. W. "The Five Books of Moses against the Jews." Expositor 15 (1918): 56–66.

Bailey, K. E. *Poet and Peasant*. Grand Rapids: Eerdmans, 1976.

_____. *Through Peasant Eyes: More Lucan Parables, Their Culture and Style*. Grand Rapids: Eerdmans, 1980.

_____. *Jesus through Middle Eastern Eyes: Cultural Studies in the Gospels*. Downers Grove, IL: InterVarsity Press, 2008.

Balch, D. L. "The Genre of Luke–Acts: Individual Biography, Adventure Novel, or Political History?" Swedish Journal of Theology 33 (1990): 5–19.

Banks, R. *Jesus and the Law in the Synoptic Tradition*. SNTSMS 28. Cambridge: Cambridge University Press, 1975.

Barclay, W. *The Gospel of Luke*. DSB. Rev. ed. Philadelphia: Westminster Press, 1975.

Bartholomew, C.; J. B. Green; A. C. Thiselton, eds. *Reading Luke: Interpretation, Reflections, Formation*. Scripture and Hermeneutics. Grand Rapids: Zondervan, 2005.

Bauckham, R., ed. *The Gospel for All Christians*. Grand Rapids: Eerdmans,

1998.

_____. *Gospel Women: Studies in the Named Women in the Gospels*. Grand Rapids: Eerdmans, 2002.

_____. *Jesus and the Eyewitnesses: The Gospels as Eyewitness Testimony*. Grand Rapids: Eerdmans, 2006.

Bauer, D. R. "The Kingship of Jesus in Matthean Infancy Narrative: A Literary Analysis." CBQ 57: 306–23.

Baumgardt, D. "Kaddish and the Lord's Prayer." JBQ 19 (1991): 164–69.

Baur, F. C. *Paul, the Apostle of Jesus Christ, His Life and Work, His Epistles and His Doctrine: A Contribution to the Critical History of Primitive Christianity*. Trans. By A. Menzies. London: Williams & Norgate, 1876.

Beale, G. K.; B. L. Gladd. *The Story Retold: A Biblical-Theological Introduction to the New Testament*. Downers Grove, IL: InterVarsity Press, 2020.

Beasley–Murray, G. R. *Baptism in the New Testament*. Grand Rapids: Eerdmans, 1962.

Betz, H. D. *The Sermon on the Mount: A Commentary on the Sermon on the Mount, including the Sermon on the Plain (Matthew 5:3-7:27 and Luke 6:20-49)*. Hermeneia. Minneapolis: Fortress, 1995.

Betz, O. "Was John the Baptist an Essene?" BRev 6 (1990): 18–25.

Bird, M. F. *Jesus and the Origin of the Gentle Mission*. London: T&T Clark, 2006.

_____. "New Testament Theology Re–Loaded: Integrating Biblical Theology and Christian Origins." TynBul 60(2009): 265–91.

_____. *Jesus Is the Christ: The Messianic Testimony of the Gospels*. Downers Grove, IL: InterVarsity Press, 2012.

Black, M. *An Aramaic Approach to the Gospels and Acts.* 3rd ed. Oxford: Clarendon, 1967.

Blomberg, C. L. *The Historical Reliability of the Gospels.* Downers Grove, IL: InterVarsity Press, 1987.

_____. *Interpreting the Parables.* Downers Grove, IL: InterVarsity Press, 1990.

_____. *Making Sense of the New Testament: Three Crucial Questions.* Grand Rapids: Baker, 2004.

Bock, D. L. *Luke.* 2vols. BECNT. Grand Rapids: Bakers, 1994.

_____. *Luke.* NIVAC. Grand Rapids: Zondervan, 1996.

Bock, D. L.; M. Glasser. *The Gospel According to Isaiah 53: Encountering the Suffering Servant in Jewish and Christian Theology.* Grand Rapids: Kregel, 2012.

Bockmuehl, M. *Seeing the Word: Refocusing New Testament Study.* Grand Rapids: Baker, 2006.

Bond, H. K. *Caiaphas: Friend of Rome and Judge of Jesus?* Louisville, KY: Westminster John Knox Press, 2004.

Bonhoeffer, D. *Discipleship.* Trans. by B. Green and R. Krauss. Minneapolis: Fortress, 2001.

Bonz, M. P. *The Past as Legacy—Luke-Acts and Ancient Epic.* Minneapolis: Fortress, 2000.

Bovon, F. *Luke.* 3 vols. Hermeneia. Trans. by C. M. Thomas. Minneapolis: Fortress, 2002−2013.

_____. *Luke the Theologian: Thirty-three Years of Research(1950-1983).* 2nd ed. Waco, TX: Baylor University Press, 2006.

Brandon, S. G. F. *Jesus and the Zealots.* New York: Scribner's, 1967.

Braun, W. *Feasting and Social Rhetoric in Luke 14.* SNTSMS. New York:

Cambridge University Press, 1995.

Brawley, R. L. *Luke-Acts and the Jews: Conflict, Apology, and Conciliation.* SBLMS. Atlanta: Scholars Press, 1987.

Bridge, S. L. *Where the Eagles Are Gathered: The Deliverance of the Elect in Lukan Eschatology.* JSNTSup. London: Sheffield Academic Press, 2003.

Brindle, W. "The Census and Quirinius: Luke 2:2." JETS 27 (1984): 48–50.

Brodie, T. L. *Luke and Literary Interpreter: Luke-Acts as a Systematic Rewriting and Updating of the Elijah-Elisha Narrative.* Rome: Pontifical University of St. Thomas Aquinas, 1987.

_____. *The Birthing of the New Testament: The Intertextual Development of the New Testament Writings.* Sheffield: Sheffield Phoenix, 2004.

Brown, D. *The Four Gospels: A Commentary, Critical, Experimental and Practical.* Carlisle, PA: The Banner of Truth Trust, 1976rep.

Brown, R. E. *The Birth of the Messiah: A Commentary on the Infancy Narratives in the Gospels of Matthew and Luke.* 2nd ed. New York: Doubleday, 1993.

_____. *The Death of the Messiah: From Gethsemane to Grave. A Commentary on the Passion Narratives of the Four Gospels.* 2 vols. New York: Doubleday, 1994.

Brown, S. *Apostasy and Perseverance in the Theology of Luke.* Analecta biblica. Rome: Pontifical Biblical Institute, 1969.

_____. "The Role of Prologue in Determining the Purpose of Luke–Acts." Pp. 99–111 in *Perspectives on Luke-Acts.* Ed. by C. H. Talbert. Edinburgh: T & T Clark, 1978.

Bruce, F. F. *The Book of Acts.* NICNT. Grand Rapids: Eerdmans, 1988.

_____. *Hard Sayings of Jesus*. Downers Grove, IL: InterVarsity Press, 1983.

_____. *New Testament History*. Garden City, New York: Doubleday & Company, 1980.

_____. "Is the Paul of Acts the Real Paul?" BJRL 58 (1975): 282–305.

Buckwalter, H. D. *The Character and Purpose of Luke's Christology*. SNTSMS. Cambridge: Cambridge University Press, 1996.

Bultmann, R. *The History of the Synoptic Tradition*. 2nd ed. Trans. by J. Marsh. Oxford: Blackwell, 1968.

_____. *Theology of the New Testament*. 2 vols. Trans. by K. Grobel. New York: Charles Scribner's Sons, 1951.

Burridge, R. A. "Gospel Genre and Audiences." Pp. 113–46 in *The Gospels for All Christians: Rethinking the Gospel Audiences*. Ed. by R. Bauckham. Grand Rapids: Eerdmans, 1998.

_____. *What Are the Gospels? A Comparison with Graeco-Roman Biography*. 2nd ed. Grand Rapids: Eerdmans, 2004.

Byrne, B. *The Hospitality of God: A Reading of Luke's Gospel*. Collegeville, MN: Liturgical Press, 2000.

Byrskog, S. *Story as History—History as Story: The Gospel Tradition in the Context of Ancient Oral History*. Leiden: Brill, 2002.

Cadbury, H. J. *The Making of Luke-Acts*. New York: Macmillan, 1927.

_____. "Commentary on the Preface to Luke–Acts." Pp. 489–510 in *The Beginnings of Christianity, Part One: The Acts of the Apostles; vol. II; Prolegomena II: Criticism*. Ed. by F. J. F. Jackson; K. Lake. Grand Rapids: Bakers, 1979rep.

Caird, G. B. *Saint Luke*. London: Penguin, 1963.

Callan, T. "The Preface of Luke–Acts and Historiography." NTS 31

(1985): 576–81.

Calvin, J. *Calvin's New Testament Commentaries, Volume 2: A Harmony of the Gospels: Matthew, Mark, and Luke*. Grand Rapids: Eerdmans, 1995.

Campbell, W. *The 'We' Passages in the Acts of the Apostles: The Narrator as Narrative Character*. Atlanta: Society of Biblical Literature, 2007.

Caragounis, C. C. *Peter the Rock*. BZNW 58. Berlin: de Gruyter, 1990.

Carlston, C. E.; D. Norlin. "Statistics and Q—Some Further Observations." NovT 41 (1999): 108–23.

Caroll, J. T. *Response to the End of History: Eschatology and Situation in Luke-Acts*. SBLDS. Atlanta: Scholars Press, 1988.

_____. *Luke(2012): A Commentary*. Louisville, KY: Westminster John Knox Press, 2012.

Carrington, P. *The Primitive Christian Calendar*. Cambridge: Cambridge University Press, 1952.

Carson, D. A. "Matthew." Pp. 1–599 in *The Expositor's Bible Commentary*, vol. 8. Ed. by F. E. Gaebelein. Grand Rapids: Zondervan, 1984.

_____. *When Jesus Confronts the World*. Grand Rapids: Baker, 1987.

_____. "What is the Gospel?—Revisited." Pp. 147–170 in *For the Fame of God's Name: Essays in Honor of John Piper*. Ed. by S. Storms and J. Taylor. Wheaton, IL: Crossway, 2010.

Carson, D. A.; Moo, D. J.; Morris, L., eds. *An Introduction to the New Testament*. Grand Rapids: Zondervan, 1992.

Casey, M. "General, Generic, and Indefinite: The Use of the Term 'Son of Man' in Jewish Sources and the Teaching of Jesus." JSNT 29 (1987): 21–56.

Cassidy, R. *Jesus, Politics and Society: A Study of Luke's Gospel*. Maryknoll, NY: Orbis, 1978.

Chance, J. B. *Jerusalem, the Temple and the New Age in Luke-Acts*. Macon, GA: Mercer University Press, 1988.

Chapman, D. W. "Perceptions of Crucifixion Among Jews and Christians in the Ancient World." TynBul 51 (2000): 313–16.

Coleridge, M. *The Birth of the Lukan Narrative: Narrative as Christology in Luke 1-2*. JSNTSS. Sheffield: Sheffield Academic Press, 1993.

Conzelmann, H. *The Theology of St. Luke*. Trans. by G. Buswell. New York: Harper & Row, 1960.

Craddock, F. B. *Luke*. Interpretation. Louisville, KY: Westminster John Knox Press, 1990.

Creed, J. M. *The Gospel According to St. Luke*. London: MacMillan and Company, 1950.

Crossan, J. D. *Cliffs of Fall: Paradox and Polyvalence in the Parables of Jesus*. New York: Seabury, 1980.

_____. *The Historical Jesus: The Life of a Mediterranean Jewish Peasant*. San Francisco: Harper, 1991.

Crump, D. *Jesus the Intercessor: Prayer and Christology in Luke-Acts*. Grand Rapids: Bakers, 1999.

Cullman, O. *The Christology of the New Testament*. Philadelphia: Westminster Press, 1959.

Culpepper, R. A. "The Gospel of Luke." Pp. 3–490 in The New Interpreter's Bible, vol. 9. Nashville: Abingdon, 2003.

Danker, F. W. *Jesus and the New Age According to St. Luke: A Commentary on the Third Gospel*. St. Louis: Clayton, 1972.

Darr, J. A. *Herod the Fox: Audience Criticism and Lukan Characterization*. JSNTSS. Sheffield: Sheffield Academic Press, 1998.

Daube, D. *The New Testament and Rabbinic Judaism*. London: University of London Press, 1956.

Davis, S.; D. Kendall; G. O'Collins, ed. *The Resurrection: An Interdisciplinary Symposium on the Resurrection of Jesus*. Oxford: Oxford University Press, 1997.

De Jonge, H. J. "Sonship, Wisdom, Infancy: Luke II.41-51a." NTS 24 (1977): 331-37.

deSilva, D. A. *An Introduction to the New Testament: Context, Methods and Ministry Formation*. Downers Grove, IL: InterVarsity Press, 2004.

Derrett, J. D. M. *Law in the New Testament*. London: Dartman, Longman & Todd, 1970.

Dibelius, M. *From Tradition to Gospel*. Trans. by B. L. Woolf. Cambridge: James Clarke & Company, 1971.

Doble, P. *The Paradox of Salvation: Luke's Theology of the Cross*. SNTSMS. Cambridge: Cambridge University Press, 1996.

Dodd, Ch. H. "The Fall of Jerusalem and the Abomination of Desolation." JRS 37(1947): 47-54.

Doeve, J. W. *Jewish Hermeneutics in the Synoptic Gospels and Acts*. Assen: Van Gorcum, 1954.

Donahue, J. R. *The Gospel in Parable: Metaphor, Narrative and Theology in the Synoptic Gospels*. Philadelphia: Fortress, 1988.

_____. "Tax Collectors and Sinners." CBQ 33(1971): 39-61.

Dunn, J. D. G. *Jesus and the Spirit: A Study of the Religious and Charismatic Experience of Jesus and the First Christians as Reflected in the New Testament*. London: SCM, 1975.

_____. *Unity and Diversity in the New Testament: An Inquiry into the Character of Earliest Christianity*. Philadelphia: Westminster Press, 1977.

_____. *The Acts of the Apostles*. Harrisburg, PA: Trinity Press International, 1996.

_____. *New Testament Theology: An Introduction*. Nashville: Abingdon, 2009.

Egelkraut, H. *Jesus' Mission to Jerusalem: A Redaction Critical Study of the Travel Narrative in the Gospel of Luke, 9:51-19:48*. Bern/Franfurt: Lang, 1976.

Ellis, E. E. *The Gospel of Luke*. NCB. Grand Rapids: Eerdmans, 1983.

Esler, P. F. *Community and Gospel in Luke-Acts: The Social and Political Motivations of Lukan Theology*. SNTSMS. Cambridge: Cambridge University Press, 1987.

Evans, C. A. *Luke*. Peabody, MA: Hendrickson, 1990.

_____, ed. *Encyclopedia of the Historical Jesus*. New York: Routledge, 2008.

Evans, C. F. *St. Luke*. TPI New Testament Commentaries. London: SCM, 1990.

Evans, C. A.; J. A. Sanders. *Luke and Scripture: The Function of Sacred Tradition in Luke-Acts*. Minneapolis: Fortress, 1993.

Farrer, A. M. "On Dispensing with Q." Pp. 55–88 in *Studies in the Gospels: Essays in Memory of R. H. Lightfoot*. Ed. by D. E. Nineham. Oxford: Blackwell, 1955.

Farris, S. *The Hymns of Luke's Infancy Narratives: Their Origin, Meaning and Significance*. JSNTSS. Sheffield: JSOT, 1985.

Ferguson, E. *Backgrounds of Early Christianity*. Grand Rapids: Eerdmans, 1987.

Fitzmyer, J. A. *The Gospel According to Luke*. 2 vols. AB. New York: Doubleday, 1981.

Fleming, T. V. "Christian Divorce." TS 24 (1963): 109.

Fornara, C. W. *The Nature of History in Ancient Greece and Rome*. Los Angeles: University of California Press, 1983.

Franklin, E. *Christ the Lord: A Study in the Purpose and Theology of Luke-Acts*. London: SPCK, 1975.

France, R. T. *Jesus and the Old Testament*. Grand Rapids: Baker, 1982.

Frye, R. M. "The Synoptic Problems and Analogies in Other Literatures." Pp. 261–302 in *The Relationships among the Gospels: An Interdisciplinary Dialogue*. Ed. by W. O. Walker. San Antonio, TX: Trinity University Press, 1978.

Funk, R. W., R. W. Hoover, Jesus Seminar. *The Five Gospels: What Did Jesus Really Say? The Search for Authentic Words of Jesus*. San Francisco: HarperOne, 1996.

Garrett, S. R. *The Demise of the Devil: Magic and the Demonic in Luke's Writings*. Minneapolis: Fortress, 1989.

_____. "Exodus from Bondage: Luke 9:31 and Acts 12:1–24." CBQ 52 (1990): 656–80.

Gathercole, S. J. *The Preexistent Son: Recovering the Christologies of Matthew, Mark, and Luke*. Grand Rapids: Eerdmans, 2006.

Giblin, C. H. *The Destruction of Jerusalem according to Luke's Gospel: A Historical Typological Moral*. Rome: Pontifical Biblical Institute, 1985.

Goodacre, M. *The Case Against Q: Studies in Markan Priority and the Synoptic Problem*. Harrisburg, PA: Trinity Press International, 2002.

_____. *The Synoptic Problem: A Way Through the Maze*. London/New York: T&T Clark, 2001.

Goodspeed, E. J. "Some Greek Notes: I. Was Theophilus Luke's Publisher?" JBL 73 (1954): 84.

Goulder, M. D. *Luke: A New Paradigm*. JSNTSS. Sheffield: Sheffield

Academic Press, 1989.

Gourges, M. "The Priests, the Levites, and the Samaritan Revisited: A Critical Note on Luke 10:31–35." JBL 117 (1998): 709–13.

Green, J. B. *The Gospel of Luke*. NICNT. Grand Rapids: Eerdmans, 1998.

Green, J. B., J. K. Brown, N. Perrin, eds. *Dictionary of Jesus and the Gospels*, 2nd ed. Downers Grove, IL: InterVarsity Press, 2013.

Gregory, A. *The Reception of Luke and Acts in the Period before Irenaeus: Looking for Luke in the Second Century*. Tübingen: Mohr Siebeck, 2003.

Guelich, R. A. "The Gospel Genre." Pp. 173–208 in *The Gospel and the Gospels*. Ed. by P. Stuhlmacher. Grand Rapids: Eerdmans, 1991.

Gundry, R. H. *A Survey of the New Testament*. Rev. ed. Grand Rapids: Zondervan, 1981.

Guthrie, D. *New Testament Introduction*. Downers Grove, IL: InterVarsity Press, 1970.

_____. *New Testament Theology*. Downers Grove, IL: InterVarsity Press, 1981.

Haenchen, E. *The Acts of the Apostles: A Commentary*. Oxford: Basil Blackwell, 1971.

Hagner, D. A. *Matthew*. 2 vols. WBC. Dallas: Word, 1993, 1995.

Hamm, D. "The Tamid Service in Luke–Acts: The Cultic Background behind Luke's Theology of Worship (Luke 1:5–25; 18:9–14; 24:50–53; Acts 3:1; 10:3, 30)." CBQ 65 (2003): 215–31.

_____. "What the Samaritan Leper Sees: The Narrative Christology of Luke 17:11–19." CBQ 56 (1994): 273–87.

Harnack, A. von. *The Date of the Acts and of the Synoptic Gospels*. New Testament Studies IV. Trans. by J. R. Wilkinson. New York: G. P. Putnam's Son, 1911.

Harrington, J. M. *The Lukan Passion Narrative: The Markan Material in Luke 22,54-23,25: A Historical Survey, 1891-1997*. New York: E. J. Brill, 2000.

Harris, M. J. *Jesus as God: The New Testament Use of Theos in Reference to Jesus*. Grand Rapids: Baker, 1992.

Hays, R. B. *The Moral Vision of the New Testament: Community, Cross, New Creation, A Contemporary Introduction to New Testament Ethics*. San Francisco: HarperOne, 1996.

_____. *Reading Backwards: Figural Christology and the Fourfold Gospel Witness*. Waco, TX: Baylor University Press.

Head, P. M. "Papyrological Perspectives on Luke's Predecessors(Luke 1:1)." Pp. 30−71 in *The New Testament in Its First Century Setting: Essays on Context in Honour of B. W. Winter on His 65th Birthday*. Ed. by P. J. Williams et al. Grand Rapids: Eerdmans, 2004.

Heard, R. G. "The Old Gospel Prologues." JTS 6(1955): 1−16.

Heil, J. P. *The Meal Scenes in Luke-Acts: An Audience-Oriented Approach*. SBLMS. Atlanta: Scholars Press, 1999.

Hemer, C. J. *The Book of Acts in the Setting of Hellenistic History*. Winnona Lake, IN: Eisenbrauns, 1990.

Hendricksen, W. *Luke*. Grand Rapids: Bakers, 1978.

Hendrickx, H. *The Third Gospel for the Third World*. 5 vols. Collegeville, MN: Liturgical Press, 1996.

Hengel, M. *The Four Gospels and the One Gospel of Jesus Christ: An Investigation into the Collection and Origin of the Canonical Gospels*. London: SCM, 2000.

_____. *Crucifixion in the Ancient World and the Folly of the Message of the Cross*. Philadelphia: Fortress, 1977.

Hengstenberg, E. W. *Christology of the Old Testament, abridged edition.* Grand Rapids: Kregel, 1970.

Higgins, A. J. B. "Sidelights on Christian Beginnings in the Graeco-Roman World." EvQ 41(1969): 200–201.

Hobart, W. K. *The Medical Language of St. Luke.* Dublin: Hodges, Figgis, 1882.

Hoehner, H. W. *Chronological Aspects of the Life of Christ.* Grand Rapids: Zondervan, 1977.

Hooker, M. *Jesus and Servant.* London: SPCK, 1959.

House, H. W. *Chronological And Background Charts of the New Testament.* Grand Rapids: Zondervan, 1981.

Hultgren, A. J. *The Parables of Jesus.* Trans. by N. Perrin. London: SCM, 1996.

Ilan, T. *Jewish Women in Greco-Roman Palestine.* Peabody, MA: Hendrickson, 1996.

Isaksson, A. *Marriage and Ministry in the New Testament.* Lund: Gleerup, 19965.

Jeffers, J. S. *The Graeco-Roman World of the New Testament: Exploring the Background of Early Christianity.* Downers Grove, IL: InterVarsity Press, 1999.

Jeremias, J. *The Parables of Jesus.* 2nd ed. New York: Scribner's, 1972.

Jervell, J. *Luke and the People of God.* Minneapolis, Augsburg, 1972.

Johnson, L. T. *The Gospel of Luke.* Sacra Pagina. Collegeville, MN: Liturgical Press, 1991.

_____. *The Literary Function of Possessions in Luke-Acts.* SBLDS. Missoula, MT: Scholars Press, 1977.

Jones, B. C. *Matthean and Lukan Special Material: A Brief Introduction with*

Texts in Greek and English. Eugene, OR: Wipf & Stock.

Just, A. A. *Luke*. Concordia Commentary. St. Louis: Concordia, 1996.

Karris, R. J. *Luke: Artist and Theologian*. New York: Paulist, 1985.

Keck, L. E.; J. L. Martyn, eds. *Studies in Luke-Acts*. Nashville: Abingdon, 1996.

Keener, C. *The Historical Christ of the Gospels*. Grand Rapids: Eerdmans, 2009.

_____. *Acts: An Exegetical Commentary*. 4 vols. Grand Rapids: Baker, 2012-2014.

Kennedy, G. A. *New Testament Interpretation through Rhetorical Criticism*. Chapel Hill, NC: University of North Carolina Press, 1984.

Kimball, C. A. *Jesus' Exposition of the Old Testament in Luke's Gospel*. JSNTSS. Sheffield: JSOT Press, 1994.

Klutz, T. *The Exorcism Stories in Luke Acts: A Sociostylistic Reading*. SNTSMS. Cambridge: Cambridge University Press, 2004.

Knight, J. *Luke's Gospel*. London: Routledge, 1998.

Kümmel, W. G. *Introduction to the New Testament*. Trans. by H. C. Kee. Nashville: Abingdon, 1975.

Ladd, G. E. *A Theology of the New Testament*. Grand Rapids: Eerdmans, 1974.

Leaney, A. R. C. *The Gospel According to St. Luke*. BNTC. London: Adam and Charles Black, 1966.

Liefeld, W. L. D. W. Pao. "Luke." Pp. 9-355 in *The Expositor's Bible Commentary*, Revised Ed. vol. 10. Grand Rapids: Zondervan, 2007.

Lightfoot, R. H. *History and Interpretation in the Gospels*. New York: Hodder & Stoughton, 1934.

Linnemann, E. *Parables of Jesus: Introduction and Exposition*. London:

SPCK, 1966.

Litwak, K. D. *Echoes of Scripture in Luke-Acts: Telling History of God's People Intertextually*. New York: T&T Clark, 2005.

Longenecker, R. N. *The Christology of Early Jewish Christianity*. Grand Rapids: Baker, 1981.

_____. *Biblical Exegesis in the Apostolic Period*. Grand Rapids: Eerdmans, 1999.

Longenecker, B. W. *Rhetoric at the Boundaries: The Art and Theology of New Testament Chain-Link Transitions*. Waco, TX: Baylor University Press, 2005.

Longman, T.; D. G. Reid. *God is a Warrior*. Grand Rapids: Zondervan, 1995.

Loos, H. van der. *The Miracles of Jesus*. NTSS. Leiden: E. J. Brill, 1968.

Luce, H. K. *The Gospel According to St. Luke*. CGTC. Cambridge: Cambridge University Press, 1933.

Luther, M. *Luther's Works*. 15 vols. Ed. & Trans. by J. J. Pelikan and H. T. Lehmann. St. Louis: Concordia, 1955-1960.

Maddox, R. *The Purpose of Luke-Acts*. Edinburgh: T&T Clark, 1982.

Manson, T. W. *The Sayings of Jesus*. London: SCM, 1949.

Marguerat, D. *The First Christian Historian: Writing the "Acts of Apostles."* SNTSMS. Trans. By K. McKinney et al. Cambridge: Cambridge University Press, 2002.

Marincola, J. *Authority and Tradition in Ancient Historiography*. Cambridge: Cambridge University Press, 1997.

Marshall, I. H. *The Gospel of Luke: A Commentary on the Greek Text*. NIGTC. Grand Rapids: Eerdmans, 1986.

_____. *Luke: Historian and Theologian*. Grand Rapids: Zondervan, 1970.

Martin, R. *New Testament Foundation: A Guide for Christian Students*. vol. 1. Grand Rapids: Eerdmans, 1975.

Mattill, A. J. *Luke and the Last Things*. Dillsboro, NC: Western North Carolina Press, 1979.

Mazamisa, L. W. *Beatific Comradeship: An Exegetical-Hermeneutical Study of Luke 10:25-37*. Kampen: Kok, 1987.

McComiskey, D. S. *Lukan Theology in the Light of the Gospel's Literary Structure*. Paternoster Biblical Monographs. Eugene, OR: Wipf & Stock, 2007.

McRay, J. *Archaeology and the New Testament*. Grand Rapids: Baker, 1991.

McHugh, J. *The Mother of Jesus in the New Testament*. Garden City, NJ: Doubleday, 1975.

McKnight, S. *Turning to Jesus: The Sociology of Conversion in the Gospels*. Louisville: John Knox Press, 2002.

_____. *The Jesus Creed: Loving God, Loving Others*. Brewster, MA: Paraclete, 2004.

_____. *Jesus and His Death: Historiography, the Historical Jesus, and Atonement Theory*. Waco, TX: Baylor University Press, 2005.

Meier, J. P. *A Marginal Jew: Rethinking the Historical Jesus: The Roots of the Problem and the Person*. New York: Doubleday, 1991.

Menzies, R. P. *The Development of Early Christian Pneumatology with Special Reference to Luke-Acts*. JSNTSS. Sheffield: Sheffield Academic Press, 1991.

Metzger, B. A *Textual Commentary on the Greek New Testament*. New York: United Bible Societies, 1971.

Miller, R. J. *The Jesus Seminar and Its Critics*. Salem, OR: Polebridge

Press, 1999.

_____. *Born Divine: The Births of Jesus and Other Sons of God*. Santa Rosa, CA: Polebridge Press2003.

Minear, P. S. *To Heal and to Reveal: The Prophetic Vocation According to Luke*. New York: Seabury, 1976.

Moessner, D. P. *Lord of the Banquet: The Literary and Theological Significance of the Lukan Travel Narrative*. Minneapolis: Fortress, 1989.

_____, ed. *Jesus and the Heritage of Israel: Luke's Narrative Claim upon Israel's Legacy*. Harrisburg, PA: Trinity Press International, 1999.

Moo, D. J. *The Old Testament in the Gospel Passion Narratives*. Sheffield: Almond Press, 1983.

Morris, L. *The Gospel According to St. Luke*. TNTC. Grand Rapids: Eerdmans, 1974.

Motyer, J. A. *The Prophecy of Isaiah*. Downers Grove, IL: InterVarsity Press, 1993.

Moxnes, H. *The Economy of the Kingdom: Social Conflict and Economic Relations in Luke's Gospel*. Philadelphia: Fortress, 1988.

Moule, C. F. D. *The Phenomenon of the New Testament*. London: SCM, 1967.

Nave, G. D. *The Role and Function of Repentance in Luke-Acts*. Atlanta: Society of Biblical Literature, 2002.

Neagoe, A. *The Trial of the Gospel: An Apologetic Reading of Luke's Trial Narratives*. SNTSMS. Cambridge: Cambridge University Press, 2002.

Neale, D. A. *None but the Sinners: Religious Categories in the Gospel of Luke*. JSNTSS. Sheffield: JSOT Press, 1991.

Neyrey, J. *The Passion According to Luke: A Redaction Study of Luke's*

Soteriology. New York: Paulist, 1985.

_____, ed. *Social World of Luke-Acts: Models for Interpretation.* Peabody, MA: Hendrickson, 1991.

Nolland, J. *Luke.* 3 vols. WBC. Dallas: Word, 1989–1993.

Oakman, D. E. "The Buying Power of Two Denarii: A Comment on Luke 10:35." Forum 3 (1987): 33–38.

O'Collins, G.; F. Marconi, eds. *Luke and Acts.* Trans. by M. J. O'Connell. New York: Paulist, 1993.

O'Toole, R. F. *The Unity of Luke's Theology: An Analysis of Luke-Acts.* Wilmington, DE: Michael Glazier, 1984.

Orchard, B.; T. Longstaff, eds. *J. J. Griesbach: Synoptic Text Critical Studies, 1776-1976.* SNTSMS. Cambridge: Cambridge University Press, 1978.

Osborne, G. R.; M. C. Williams. "The Case for the Markan Priority View of Gospel Origins: The Two/Four–Source View." Pp. 19–96 in *Three Views on the Origins of the Synoptic Gospels.* Ed. by R. L. Thomas. Grand Rapids: Kregel, 2002.

Oswalt, J. N. *The Book of Isaiah.* 2 vols. NICOT Grand Rapids: Eerdmans, 1986, 1998.

Overman, J. A. "The God–Fears: Some Neglected Features." JSNT 32 (1988): 17–26.

Paffenroth, K. *The Story of Jesus According to L.* JSNTSup. Sheffield: Sheffield Academic Press, 1997.

Pao, D. W. *Acts and the Isaianic New Exodus.* Grand Rapids: Bakers, 2002.

Parsons, M. C. *The Departure of Jesus in Luke-Acts: The Ascension Narratives in Context.* JSNTSS. Sheffield: Sheffield Academic Press, 1987.

Parsons, M. C.; R. I. Pervo. *Rethinking the Unity of Luke and Acts.* Minneapolis: Fortress, 1993.

_____. *Luke.* Grand Rapids: Baker, 2015.

Pearson, B. W. R. "The Lukan Censuses, Revisited." CBQ 61 (1999): 262–82.

Pervo, R. I. *Dating Acts: Between the Evangelists and the Apologists.* Santa Rosa, CA: Polebridge, 2006.

_____. *Acts.* Hermeneia. Minneapolis: Fortress, 2009.

Phillips, T. E. "The Genre of Acts: Moving towards a Consensus." CBR 4 (2006): 365–96.

Pilgrim, W. E. *Good News to the Poor.* Minneapolis: Augsburg, 1981.

Plummer, A. *A Critical and Exegetical Commentary on the Gospel According to St. Luke.* ICC. Edinburgh: T&T Clark, 1922.

Porter, S. E. *Idioms of the Greek New Testament.* Sheffield: Almond Press, 1992.

_____. *Paul in Acts.* Peabody, MA: Hendrickson, 2001.

_____. "Luke: Companion or Disciple of Pau?" Pp. 146–68 in *Paul and the Gospels: Christologies, Conflicts, and Convergences.* Ed. by M. F. Bird & J. Willitts. London: T & T Clark, 2011.

Porter, S. E.; B. R. Dyer, eds. *The Synoptic Problem: Four Views.* Grand Rapids: Baker Academic, 2016.

Ravens, D. *Luke and the Restoration of Israel.* JSNTSS. Sheffield: Sheffield Academic Press, 1995.

Reicke, B. *The Roots of the Synoptic Gospels.* Philadelphia: Fortress, 1987.

_____. "Synoptic Prophecies on the Destruction of Jerusalem." Pp. 121–34 in *Studies in New Testament and Early Christian Literature.* Ed. by D. E. Aune. Leiden: Brill, 1972.

Resseguie, J. L. *Spiritual Landscape: Images of the Spiritual Life in the Gospel of Luke*. Peabody, MA: Hendrickson, 2004.

Robbins, V. K. "The Claims of the Prologues and Greco—Roman Rhetoric." Pp. 63–83 in *Jesus and the Heritage of Israel: Luke's Narrative Claim upon Israel's Legacy*. Ed. by D. P. Moessner. Harrisburg, PA: Trinity Press International, 1999.

Robinson, J. A. T. *Redating the New Testament*. Philadelphia: Westminster Press, 1976.

Robinson, J. M.; P. Hoffmann; J. S. Kloppenborg, eds. *The Critical Edition of Q: Synopsis Including the Gospels of Matthew and Luke, Mark, and Thomas, with English, German and French Translations of Q and Thomas*. Hemeneia. Minneapolis: Fortress, 2000.

Roll, S. K. *Toward the Origins of Christmas*. Kampen: Kok Pharos, 1995.

Roth, S. J. *The Blind, the Lame, and the Poor: Character Types in Luke-Acts*. JSNTSS. Sheffield: Sheffield Academic Press, 1997.

Rousseau, J. J.; R. Arav. *Jesus and His World: An Archaeological and Cultural Dictionary*. Minneapolis: Fortress, 1995.

Rowe, C. K. *Early Narrative Christology: The Lord in the Gospel of Luke*. Berlin: de Gruyter, 2006.

Sanders, E. P. *Jesus and Judaism*. Philadelphia: Fortress, 1985.

Sanders, J. T. *The Jews in Luke-Acts*. Philadelphia: Fortress, 1987.

Sanders, J. A.; C. A. Evans, eds. Luke and Scripture: The Function of Sacred Tradition in Luke—Acts. Eugene, OR: Wipf & Stock, 2001.

Schmidt, D. D. "Rhetorical Influences and Genre: Luke's Preface and the Rhetoric of Hellenistic Historiography." Pp. 27–60 in *Jesus and the Heritage of Israel: Luke's Narrative Claim Upon Israel's Legacy*. Ed. by D. P. Moessner. Harrisburg, PA: Trinity Press International,

1999.

_____. "The Historiography of Acts: Deuteronomistic or Hellenistic?" SBLSP 24 (1985): 417–27.

Schmidt, T. E. *Hostility to Wealth in the Synoptic Gospels*. JSNTSS. Sheffield: Sheffield Academic Press, 1987.

Schnabel, E. J. *Early Christian Mission*. 2 vols. Downers Grove, IL: InterVarsity Press, 2004.

Schweizer, E. *The Good News According to Luke*. Trans. by D. E. Green. Atlanta: John Knox, 1984.

_____. *Jesus, the Parable of God: What Do We Really Know about Jesus?* Allison Park, PA: Pickwick, 1994.

Scott, B. B. *Hear Then the Parable: A Commentary on the Parables of Jesus*. Minneapolis: Fortress, 1989.

Senior, D. *The Passion of Jesus in the Gospel of Luke*. Wilmington: Michael Glazier, 1989.

Shepherd, W. H. *The Narrative Function of the Holy Spirit as a Character in Luke-Acts*. SBLDS. Atlanta: Scholars Press, 1994.

Sider, J. W. *Interpreting the Parables: A Hermeneutical Guide to Their Meaning*. Grand Rapids: Zondervan, 1995.

Siker, J. S. *Disinheriting the Jews: Abraham in Early Christian Controversy*. Louisville, KY: Westminster John Knox Press, 1991.

Sloan, R. B. *The Favorable Year of the Lord*. Austin: Scholars Press, 1977.

Smallwood, E. M. *The Jews under Roman Rule*. Leiden: E. J. Brill, 1976.

Smith, M. "Of Jesus and Quirinius." CBQ 62 (2000): 278–93.

Snodgrass, K. R. *Stories with Intent: A Comprehensive Guide to the Parables of Jesus*. Grand Rapids: Eerdmans, 2008.

Soards, M. L. *The Passion According to Luke: The Special Material of Luke*

22. JSNTSS. Sheffield: Sheffield Academic Press, 1987.

Spencer, P. E. "The Unity of Luke–Acts: A Four–Bolted Hermeneutical Hinge." CSR 5 (2007): 341–66.

Stegemann, H. *The Library of Qumran: On the Essenes, Qumran, John the Baptist, and Jesus.* Grand Rapids: Eerdmans, 1998.

Stein, R. H. *An Introduction to the Parables of Jesus.* Philadelphia: Westminster Press, 1981.

_____. *Jesus the Messiah.* Downers Grove, IL: InterVarsity Press, 1996.

_____. *Luke.* NAC. Nashville: Broadman, 1992.

Sterling, G. E. "'Opening the Scriptures': The Legitimation of the Jewish Diaspora and the Early Christian Mission." Pp. 199–217 in *Jesus and the Heritage of Israel: Luke's Narrative Claim upon Israel's Legacy.* Ed. by D. P. Moessner. Harrisburg, PA: Trinity Press International, 1999.

Strauss, M. L. *Four Portraits, One Jesus: A Survey of Jesus and the Gospels.* Grand Rapids: Zondervan, 2007.

_____. *The Davidic Messiah in Luke-Acts: The Promise and Its Fulfillment in Lukan Christology.* JSNTSS. Sheffield: Sheffield Academic Press, 1995.

_____. "The Purpose of Luke–Acts: Reaching a Consensus." Pp. 135–50 in *New Testament Theology in Light of the Church's Mission.* Ed. by J. C. Laansma et al. Eugene, OR: Cascade, 2011.

Streeter, B. H. *The Four Gospels: A Study of Origins Treating of the Manuscript Tradition, Sources, Authorship, and Dates.* New York: Macmillan, 1925.

Strelan, R. *Luke the Priest: The Authority of the Author of the Third Gospel.* Aldershot: Ashgate, 2008.

Stuhlmacher, P., ed. *The Gospel and the Gospels*. Grand Rapids: Eerdmans, 1991.

Summers, R. *Commentary on Luke*. WBC. Dallas: Word, 1972.

Sundberg, A. C. "Canon Muratori: A Fourth-Century List." HTR 66 (1973): 1-41.

Swanston, H. "The Lukan Temptation Narrative." JTS 17 (1966): 71.

Sylva, D. D. "The Cryptic *Clause en tois tou patros mou dei einai me* in Lk 2:49b." ZNW 78 (1987): 132-40.

Talbert, C. H. *Luke and the Gnostics*. New York: Abingdon, 1966.

_____. *What Is a Gospel? The Genre of the Canonical Gospels*. Philadelphia: Fortress, 1977.

_____. *Reading Luke: A Literary and Theological Commentary on the Third Gospel*. Macon, GA: Smyth & Helwys, 2002.

Tannehill, R. C. *The Narrative Unity of Luke-Acts: A Literary Interpretation*. Philadelphia: Fortress, 1986.

_____. *The Shape of Luke's Story: Essays in Luke-Acts*. Eugene, OR: Cascade, 2005.

Tatum, W. B. "The Epoch of Israel: Luke I-II and the Theological Plan of Luke-Acts." NTS 13 (1967): 190-91.

Theissen, G. *The Gospels in Context: Social and Political History in the Synoptic Tradition*. Trans. by L. M. Maloney. Minneapolis: Fortress, 1991.

Theissen, G.; A. Merz. *The Historical Jesus: A Comprehensive Guide*. Minneapolis: Fortress, 1997.

Thiselton, A. C. *Thiselton on Hermeneutics: Collected Works with New Essays*. Grand Rapids: Eerdmans, 2006.

Tiede, D. L. *Prophecy and History in Luke-Acts*. Philadelphia: Fortress, 1980.

_____. *Luke*. Minneapolis: Fortress, 1988.

Thomas, R. L., ed. *Three Views on the Origins of the Synoptic Gospels*. Grand Rapids: Kregel, 2002.

Tolbert, M. *Perspectives on the Parables: An Approach to Multiple Interpretations*. Philadelphia: Fortress, 1979.

_____. "Luke." Pp. 1–187 in *The Broadman Bible Commentary: Luke-John*. Vol. 9. Nashville: Broadman, 1970.

Tuckett, C. M. "Jesus and the Gospels." Pp. 71–86 in *The New Interpreter's Bible, vol. 1*. Nashville: Abingdon, 1994.

_____, ed. *Synoptic Studies*. JSNTSS. Sheffield: Sheffield Academic Press, 1984.

Turner, M. *Power from on High: The Spirit in Israel's Restoration and Witness in Luke/Acts*. Sheffield: Sheffield Academic Press, 2000.

Turner, N. *Grammatical Insights into the New Testament*. New York: Bloomsbury Academic, 2015.

Twelftree, G. H. *Jesus the Miracle Worker*. Downers Gorve, IL: InterVarsity Press, 1999.

_____. *Jesus the Exorcist: A Contribution to the Study of Historical Jesus*. Tübingen: Mohr Siebeck, 1993.

Tyson, J. B. *The Death of Jesus in Luke-Acts*. Columbia, SC: University of South Carolina Press, 1986.

_____. *Marcion and Luke-Acts: A Defining Struggle*. Columbia, SC: University of South Carolina Press, 2006.

_____, ed. *Luke-Acts and the Jewish People*. Minneapolis: Augsburg, 1988.

Van der Horst, P. W. "Abraham's Bosom, the Place Where He Belonged: A Short Note on avpenecqh/nai in Luke 16:22." NTS 52 (2006): 142–44.

Van Tilborg, S. *The Jewish Leaders in the First Gospel*. New York: Paulist, 1979.

Vanhoozer, K. J. *Is There A Meaning in This Text? The Bible, the Reader, and the Morality of Literary Knowledge*. Grand Rapids: Zondervan, 1998.

Verheyden, J., ed. *The Unity of Luke-Acts*. Leuven: Leuven University Press, 1999.

Vermes, G. *The Religion of Jesus the Jew*. Minneapolis: Fortress, 1993.

Vielhauer, P. "On the 'Paulinism' of Acts." Pp. 33–50 in *Studies in Luke-Acts*. Ed. by L. E. Keck & J. L. Martyn. London: SPCK, 1966.

Walker, P. W. *Jesus and the Holy City: New Testament Perspectives on Jerusalem*. Grand Rapids: Eerdmans, 1996.

Wallace, D. B. *Greek Grammar beyond the Basics: An Exegetical Syntax of the New Testament*. Grand Rapids: Zondervan, 1996.

Walton, S. *Leadership and Lifestyle: The Portrait of Paul in the Miletus Speech and 1 Thessalonians*. Cambridge: Cambridge University Press, 2000.

Watts, J. D. W. *Isaiah 1-33*. WBC Waco, TX: Word, 1985.

Weatherly, J. A. *Jewish Responsibility for the Death of Jesus in Luke-Acts*. JSNTSS. Sheffield: Sheffield Academic Press, 1994.

Wedderburn, A. J. M. "The 'We'–passages in Acts: On the Horns of a Dilemma." ZNW 93(2002): 78–98.

Wengst, K. *Pax Romana and the Peace of Jesus Christ*. Trans. by J. Bowden. Philadelphia: Fortress, 1987.

Wenham, D. *The Parables of Jesus*. Downers Grove, IL: InterVarsity Press, 1989.

Wenham, J. W. "Gospel Origins." TJ 7 (1978): 112–34.

_____. "When Were the Saints Raised?" JTS 32 (1981): 150–52.

Wiebe, P. H. "Jesus' Divorce Expectation." JETS 32 (1989): 327–33.

Wilcox, M. "The God–Fearers in Acts—A Reconsideration." JSNT 13 (1981): 102–22.

Wildberger, H. *Isaiah 1-12*. CC. Philadelphia: Fortress, 1991.

Wilkins, M. J. *Following the Master: A Biblical Theology of Discipleship*. Grand Rapids: Zondervan, 1992.

Willis, J. T. "The First Pericope in the Book of Isaiah." *VT* 34 (1984): 63–77.

Williams, M. C. *The Gospels from One: A Comprehensive New Analysis of the Synoptic Gospels*. Grand Rapids: Kregel, 2006.

Willis, J. T. *Isaiah*. The Living Word Commentary on the Old Testament. Austin, TX: Sweet, 1980.

Willis, W. L., ed. *The Kingdom of God in Twentieth-Century Interpretation*. Peabody, MA: Hendrickson, 1987.

Wilson, S. G. *Luke and the Law*. SNTSMS. Cambridge: Cambridge University Press, 1983.

_____. *The Gentiles and the Gentile Mission in Luke-Acts*. SNTSMS. Cambridge: Cambridge University Press, 1973.

Winterhalter, R.; G. W. Fisk. *Jesus' Parables: Finding Our God Within*. New York: Paulist, 1993.

Witherington, B. "The Turn of the Christian Era: The Tale of Dionysius Exiguus." BAR 43 (2017): 26.

Wolf, H. M. *Interpreting Isaiah: The Suffering and Glory of the Messiah*. Grand Rapids: Zondervan, 1985.

Woods, E. J. *"Finger of God" and Pneumatology in Luke-Acts*. JSNTSS. Sheffield: Sheffield Academic Press, 2001.

Wrede, W. *The Messianic Secret*. Trans. by J. C. G. Greig. Cambridge: James Clarke & Company, 1971.

Wright, N. T. *Jesus and Victory of God*. Christian Origins and the Question of God 2. Minneapolis: Fortress, 1996.

_____. *The New Testament and the People of God*. Christian Origins and the Question of God 1. Minneapolis: Fortress, 1992.

_____. "The Lord's Prayer as a Paradigm of Christian Prayer." Pp. 132–54 in *Into God's Presence: Prayer in the New Testament*. Ed. by R. L. Longenecker, Grand Rapids: Eerdmans, 2001.

_____. *Scripture and the Authority of God: How To Read the Bible Today*. New York: HarperOne, 2011.

Wright, N. T.; M. F. Bird. *The New Testament in Its World: An Introduction to the History, Literature, and Theology of the First Christians*. Grand Rapids: Zondervan Academic, 2019.

Wuest, K. S. *The Practical Use of the Greek New Testament*. Chicago: Moody Press, 1982.

Young, E. J. *The Book of Isaiah*. 3 vols. NICOT. Grand Rapids: Eerdmans, 1965–1972.

Zerwick, M. *A Grammatical Analysis of the Greek New Testament, 5th ed.* Trans. by M. Grosvenor. Rome: Biblical Institute Press, 1996.

Zuck, R., ed. *A Biblical Theology of the New Testament*. Chicago: Moody, 1994.

Zwiep, A. W. *The Ascension of the Messiah in Lukan Christology*. NovTSup. Leiden: Brill, 1997.

V. 예루살렘 여정

(9:51-19:27)

누가복음은 예수님이 갈릴리를 떠나 예루살렘에 도착하실 때까지 하신 사역과 가르침을 기록하는 데 전체의 3분의 1을 할애한다. 이는 마가복음(10:1-52)과 마태복음(19:1-20:34)이 할애하는 비율보다 훨씬 더 높다. 또한 누가는 마태복음과 마가복음에 없는 이야기들로 이 섹션의 상당 부분을 구성한다. 이 섹션은 누가가 상당히 심혈을 기울여 저작했으며, 다른 공관복음서와의 차이가 가장 확연하게 드러나는 부분이다.

학자들은 예루살렘 여정이 9:51에서 시작된다는 점에는 동의하지만, 어디에서 끝나는가에 대해서는 의견이 분분하다. 18:14에서 끝난다고 주장하는 이들이 있는가 하면 19:48까지 이어진다는 의견도 있고, 이 둘 사이의 한 지점을 제안하는 등 다양한 견해가 있다(cf. Bock, Bovon, Fitzmyer, Nolland). 본 주석에서는 19:27에서 예루살렘 여정이 마무리되는 것으로 간주할 것이다.

특이한 점은 이 섹션이 예수님이 예루살렘으로 가기로 결정하셨다는 말로 시작하고(9:51), 다음 섹션은 예루살렘에 입성하셨다는 말로 시작하지만(19:28), 정작 그 사이에 있는 일들과 가르침에는 구체적인 시간표나 장소에 대한 언급이 없다는 사실이다. 사도행전에는 때와 장소에 대한 정보가 수시로 제공되는 것으로 보아 누가가 지향하는 스타일은 구체적인 정보(때와 장소)를 자주 제공하는 것이라는 사실을 알 수 있다. 그러나 이와 대조적으로 이 섹션에는 그와 같은 정보가 별로 없다.

또한 예수님의 여정을 살펴보면 예루살렘을 향해 가는 경로가 일직선이 아니다. 예를 들어 10:38-42에서는 이미 예루살렘 바로 밖에 있는 베다니에 계시지만, 17:11에서는 베다니에서 한참 북쪽인 사마리아와 갈릴리 사이를 지나고 계신다. 이러한 현상은 누가가 주제에 따라 사건들과 가르침을 전개하고 있음을 암시하는 것으로, 사건과 가르침의 시대적 순서보다 시사하는 메시지가 더 중요하다는 것을 의미한다 (cf. Bailey, Blomberg, Evans).

그러므로 예수님이 예루살렘을 향해 가고 계심을 묘사하는(cf. 9:53; 13:22; 17:11; 18:31; 19:11; 19:28) 이 섹션에서 누가가 강조하고자 하는 신학적 메시지가 무엇인가에 대해 학자들은 다양한 해석을 내놓았다. 학자들이 이 섹션의 신학적 메시지로 제시한 것들을 살펴보면 기독론, 교회론, 교리론, 유대인들의 거부 등이 주류를 이룬다(cf. Fitzmyer, Bock, Blomberg, Evans, Nolland).

내용을 살펴보면 신명기의 네 가지 주제가 반복되고 있다(Evans, Moesnner). (1)그들의 조상들처럼 이 세대는 믿음이 없고 반역적이다 (11:14-54; 12:54-13:9; 17:20-37). (2)하나님이 선지자들을 보내 뜻을 알리시고 회개하라고 하셨다(10:1-16; 11:14-54; 12:54-13:9; 13:22-35; 14:15-24; 15장; 17:22-37; 19:1-27). (3)그러나 이스라엘은 선지자들을 거부했다(9:52-58; 10:25-37; 11:37-54; 12:35-53; 13:22-35). (4)결과적으로 이스라엘은 심판을 받을 것이다(11:31-32, 50-51; 12:57-59; 13:24-30, 35; 14:24; 17:26-30; 19:27, 41-44). 이 모든 주제를 아우르는 것은 어떻게 해서 복음이 이스라엘 사람들에게서 이방인들로 넘어오게 되었는가 하는 것이다. 이스라엘이 그들의 조상들처럼 하나님의 메시아이신 예수님을 영접하지 않고 부인했기 때문이다. 결국 이스라엘은 심판을 피할 수 없게 되었으며 그들이 거부한 복음은 이방인들에게 가게 되었다. 그러므로 이 섹션은 미래에 교회가 이방인 중심으로 형성될 것을 정당화하는 의도를 가지고 구성되었다고 할 수 있다.

그렇다면 교회는 어떤 곳이 되어야 하며, 무엇을 선포해야 하는가? 이에 대해 예루살렘 여정 섹션은 하나님의 다스리심 선포(9:60; 10:9; 16:16), 제자도(9:57-62; 12:4-12; 13:24; 14:25-34), 기도(11:1-13; 18:1-14), 회개(13:1-5; 15:1-32; 16:30), 믿음(12:28; 17:5-6; 18:1-8), 청지기도(16:1-31), 고난(10:1-9)에 대한 가르침을 제시한다(Garland). 이러한 가르침은 교회가 어떤 곳이 되어야 하며 무엇을 선포해야 하는지를 정의한다고 할 수 있다. 본 텍스트는 다음과 같이 구분된다.

A. 새로운 사역 방향(9:51-10:24)
B. 가르침(10:25-11:13)
C. 거세지는 반대(11:14-54)
D. 종말과 최후 심판에 대한 가르침(12:1-13:9)
E. 가르침과 치료(13:10-15:32)
F. 재물에 대한 가르침(16:1-31)
G. 공동체의 삶(17:1-37)
H. 천국에 들어가는 사람들(18:1-19:27)

V. 예루살렘 여정(9:51-19:27)

A. 새로운 사역 방향(9:51-10:24)

갈릴리 사역을 마치신 예수님이 십자가를 지기 위해 예루살렘으로 가실 때가 되었다. 본 텍스트는 이 여정의 시작을 알린다. 핵심이 되는 메시지는 예수님의 방향과 방식이 바뀌고 있다는 것이다. 드디어 사역의 다음 단계를 시작하실 때가 된 것이다. 본 텍스트는 다음과 같이 구분된다.

A. 사마리아를 지나 남쪽으로(9:51-56)
B. 제자의 길(9:57-62)
C. 일흔두 일꾼 파송(10:1-24)

> V. 예루살렘 여정(9:51-19:27)
> A. 새로운 사역 방향(9:51-10:24)

1. 사마리아를 지나 남쪽으로(9:51-56)

[51] 예수께서 승천하실 기약이 차가매 예루살렘을 향하여 올라가기로 굳게 결심하시고 [52] 사자들을 앞서 보내시매 그들이 가서 예수를 위하여 준비하려고 사마리아인의 한 마을에 들어갔더니 [53] 예수께서 예루살렘을 향하여 가시기 때문에 그들이 받아들이지 아니 하는지라 [54] 제자 야고보와 요한이 이를 보고 이르되 주여 우리가 불을 명하여 하늘로부터 내려 저들을 멸하라 하기를 원하시나이까 [55] 예수께서 돌아보시며 꾸짖으시고 [56] 함께 다른 마을로 가시니라

예수님이 예루살렘을 향해 올라가기로 결심하셨다는 것(51절)은 예루살렘 여정 섹션 전체의 시작을 알리는 말이며(Beale & Carson), 또한 예수님이 반드시 예루살렘으로 가셔야 한다는 것을 암시한다. 예수님이 예루살렘으로 가셔야 하는 이유는 크게 두 가지다. 첫 번째는 예전에 40일 동안 금식하신 후 마귀의 시험이 예루살렘 성전에서 절정에 달했던 것처럼(4:9), 마귀는 다시 한번 십자가를 통해 예수님을 최종적으로 시험할 것이기 때문이다. 이 시험은 온 세상을 구원하는 메시아로서 반드시 지나야 하는 과정이며, 예수님은 십자가를 통해 마귀의 가장 강력한 무기인 죽음을 무력화하실 것이다.

두 번째는 복음이 온 세상 끝을 향해 전진하기 시작하는 곳이 예루살렘이기 때문이다(cf. 사 2:2-3; 미 4:2). 예수님은 죽음을 이기시고 부활하신 구세주의 권세로 제자들을 땅끝으로 파송하실 것이다(24:47-49). 이러한 이유로 인해 예수님은 반드시 예루살렘을 향해 가셔야 하지만, 결코 쉬운 일은 아니다. 하나님이라 할지라도 앞으로 겪어야 할 저항과 반대와 죽음이 너무 혹독하기 때문이다. 그러므로 예수님은 예루살렘으로 가기로 굳게 결심하셨다. '굳게 결심하다'(τὸ πρόσωπον ἐστήρισεν)는 얼굴 방향을 확고히 함으로써 어렵고 힘든 결정을 하셨다는 의지를 표현하는 구약적 표현이다(cf. 창 31:21; 렘 21:10; 44:12).

예수님이 예루살렘으로 올라가기로 결정하신 것은 개인적인 결단일 뿐 아니라 승천하실 기약이 차고 있음을 의식한 결과이기도 하다. '차가다'(συμπληρόω)는 예수님이 하시는 모든 일이 하나님의 계획에 따라 진행되고 있음을 시사하며, 변화산에서 모세와 엘리야와 나누셨던 '별세하실 것'(τὴν ἔξοδον αὐτοῦ)에 관한 대화 내용과 맥을 같이한다(9:31). 예수님은 '승천하심'(ἀνάλημψις)(lit., '[높은 곳으로] 들림')으로써 별세하실(떠나실) 것이다. 시간이 지날수록 예수님의 별세하심이 죽음(12:50; 13:33-34; 17:25; 18:31) 후 승천으로 구체화되고 있다. 또한 예수님이 예루살렘으로 가시는 것은 죽음을 향한 길이지만 죽으심 후에 승천이 있을 것이라는 소망을 준다.

예수님은 사자들을 앞서 보내셨다(52a절). '사자'(ἄγγελος)는 흔히 천사를 뜻하는 단어지만, 이곳에서는 예수님의 메신저 역할을 하는 제자들을 두고 하는 말이다. 그들은 예수님을 위해 준비하려고 사마리아인의 한 마을에 들어갔다(52b절). 예수님이 머무실 만한 곳을 마련하기 위해 마을로 갔다는 뜻이다.

제자들이 앞서가서 예수님을 위해 준비하는 것은 예수님보다 먼저 와서 길을 예비했던 세례 요한의 역할을 하기 시작했다는 뜻이다

(Tannehill). 또한 예수님이 제자들을 사자로 보내신 일은 옛적에 모세가 정탐꾼들을 보냈던 일을 생각나게 한다(Beale & Carson, Evans, cf. 신 1:22). 예수님은 앞으로도 72명의 제자를 보내실 것이다(10:1-16).

'사마리아'(Σαμάρεια)는 쿠데타로 북 왕국 이스라엘의 정권을 잡은 오므리가 왕이 되자마자 나라의 수도로 정한 곳이다(왕상 16:21-24). 이후 아시리아가 북 왕국을 멸망시키고 지도자들과 많은 사람을 잡아갔을 때 외국 사람들을 끌고 와 사마리아에 정착시키고는 인종 간의 결혼을 강요했다(왕하 17:6-26). 결과적으로 사마리아는 반(半)유대인과 이방인들이 거하는 곳이 되었다. 주전 2세기에는 유대인들이 세겜 남쪽에 있는 그리심산에 세워진 사마리아 사람들의 성전을 파괴했고, 이 일로 인해 유대인에 대한 사마리아 사람들의 감정은 더욱더 나빠졌다. 이러한 상황에서 예수님이 이곳에 제자들을 보내신 것은 주님의 사역 범위가 확대되고 있음을 의미한다(Bock).

그러나 제자들이 방문한 사마리아 마을 사람들은 그들을 받아들이지 않았다. 예수님이 예루살렘을 향해 가고 계시기 때문이다(53절). 유대인들이 사마리아 사람들을 싫어하는 것처럼 사마리아 사람들 역시 유대인들을 싫어하기는 마찬가지였다. 예수님과 제자들은 사마리아 사람들이 달갑게 생각하지 않는 유대인인데다가, 유대인들의 성지인 예루살렘으로 가는 중이라니 어떠한 협조도 하고 싶지 않았던 것이다.

예수님이 갈릴리 사역을 시작하셨을 때 나사렛 사람들에게 거부당했던 것처럼(4:16-30), 새로 시작된 예루살렘 여정도 거부당하는 것으로 시작되고 있다(Fitzmyer). 예루살렘 여정 섹션의 핵심 주제 중 하나가 유대교 지도자들이 예수님을 지속적으로 거부하는 것이라는 사실을 고려할 때 이 첫 번째 거부는 제자들을 준비시키는 일이라 할 수 있다. 앞으로 그들은 예수님의 복음을 전파할 때 많은 거부와 저항을 경험하게 될 것이기 때문이다.

예수님은 제자들을 전도하라고 보내시면서 혹시 거부당하게 되면 그 마을을 떠날 때 발에서 먼지를 털어 버리라고 하셨다(9:5; cf. 10:10-11). 이와는 대조적으로 사마리아 마을 사람들의 거부를 경험한 야고보와 요한은 예수님께 불로 마을을 태워 버리자고 한다(54절). 체면을 매우 중요시 여기던 시대에 거부당한 사람이 겪는 수모를 고려해서 하는 말이기는 하지만 매우 과격하다. 어떤 이들은 이 일로 인해 그들이 '우레의 아들'로 불리게 되었다(막 3:17)고 주장하지만 확실하지는 않다.

야고보와 요한은 옛적에 엘리야가 하늘에서 불을 내려 아하시야왕이 보낸 군인들을 태운 일(왕하 1:1-18)을 생각하며 이렇게 말하고 있다. 그래서 일부 옛 사본들은 이러한 구약적 배경을 설명하기 위해 "엘리야가 한 것 같이"(ὡς καὶ Ἡλίας ἐποίησεν)라는 말을 더했다(cf. 새번역과 공동번역의 각주). 두 형제의 말은 그들이 예수님에 대해 아직도 잘 모르고 있다는 것을 암시한다. 비록 형제가 예수님을 '주여'(κύριε)라고 부르기는 하지만, 그들은 예수님을 아직도 엘리야로 생각하고 있거나(cf. 9:8), 혹은 예수님이 교만하고 회개하지 않는 자들을 심판하고 정죄하기 위해 오셨다고 생각한다. 게다가 예수님이 제자들을 보내신 이유가 전도와 선교가 아니라, '준비하라고' 보내신 점을 고려하면 그들의 제안은 참으로 악하다.

예수님은 거부한 사마리아 마을 사람들을 비난하지 않으시고, 제자들을 꾸짖으셨다(55절). '꾸짖다'(ἐπιτιμάω)는 매우 강력한 단어다(cf. TDNT). 불로 마을을 태우자는 야고보와 요한을 심하게 야단치신 것이다. 일부 옛 사본들은 예수님이 그들을 꾸짖으신 이유를 이렇게 설명한다. "너희는 어떤 영에 속해 있는 줄을 모르고 있다. 인자가 온 것은 사람의 생명을 멸하려 함이 아니라 구원하려 함이다"(καὶ εἶπεν, Οὐκ οἴδατε οἵου πνεύματός ἐστε ὑμεῖς· ὁ γὰρ υἱὸς τοῦ ἀνθρώπου οὐκ ἦλθεν ψυχὰς ἀνθρώπων ἀπολέσαι, ἀλλὰ σῶσαι). 물론 훗날 누군가가 삽입한 것이지만, 예수님이 야고보와 요한을 야단치신 이유를 적절하게 표현하고 있다.

예수님이 승천하실 날이 그리 멀지 않았는데 제자들은 아직도 많은 훈련과 가르침이 필요하다. 우리가 예수님의 사역에 동참하는 것은 참으로 영광스러운 일이지만, 사역자로 누리는 우리의 가장 큰 특권은 하나님을 아는 것이다. 그러나 제자들은 아직도 예수님을 잘 알지 못해 이런 말을 하고 있다.

이 말씀은 사역이 무엇인지 생각하게 한다. 사역은 초청하는 것이지 정죄하거나 심판하는 것이 아니다. 전도의 본질은 축복으로 초청하는 것이다. 이 초청에 응할 것인지 거부할 것인지는 각자의 몫이다. 그러므로 거부한다고 해서 그들을 비난하거나 저주하는 것은 옳지 않다. 거부당할 각오로 사역에 임해야 하며, 거부하는 사람을 정죄해서는 안 된다.

> V. 예루살렘 여정(9:51-19:27)
>   A. 새로운 사역 방향(9:51-10:24)

2. 제자의 길(9:57-62)

[57] 길 가실 때에 어떤 사람이 여짜오되 어디로 가시든지 나는 따르리이다 [58] 예수께서 이르시되 여우도 굴이 있고 공중의 새도 집이 있으되 인자는 머리 둘 곳이 없도다 하시고 [59] 또 다른 사람에게 나를 따르라 하시니 그가 이르되 나로 먼저 가서 내 아버지를 장사하게 허락하옵소서 [60] 이르시되 죽은 자들로 자기의 죽은 자들을 장사하게 하고 너는 가서 하나님의 나라를 전파하라 하시고 [61] 또 다른 사람이 이르되 주여 내가 주를 따르겠나이다마는 나로 먼저 내 가족을 작별하게 허락하소서 [62] 예수께서 이르시되 손에 쟁기를 잡고 뒤를 돌아보는 자는 하나님의 나라에 합당하지 아니하니라 하시니라

누가는 예수님이 사역하시는 동안 제자가 되고자 했던 사람이 많았다고 한다. 그러나 제자는 누구든지 원한다고 해서 될 수 있는 팬클럽이 아니다. 제자도는 예수님의 가르침을 최우선으로 삼아 순종하고 복

종시키는 삶이다. 그러므로 온갖 이해관계가 서려 있는 세상에서 예수님의 제자로 살아가는 것은 결코 쉽지 않다. 제자도는 이 땅에서 이방인 혹은 나그네처럼 살겠다고 결단하고 주님을 따르는 사람만이 추구할 수 있는 삶이다(cf. 히 11:13; 벧전 1:7, 17; 2:11).

예수님이 길을 가실 때 어떤 사람이 예수님이 어디로 가시든 따라가겠다고 나섰다(57절). '따르다'(ἀκολουθέω)는 제자가 되어 평생 함께하겠다는 뜻이다(Liefeld & Pao, cf. NIDNTT). 당시 유대교에서는 제자가 선생을 택했다. 그러므로 이 사람은 큰 결단을 하고 예수님을 따르겠다고 했을 것이다. 하지만 지금까지 예수님이 제자들을 세우신 것을 보면, 주님이 그분의 조건에 맞는 사람을 제자로 삼으시지 자원자를 받지는 않으셨다.

예수님은 그에게 여우도 굴이 있고 새들도 집이 있지만 인자는 머리 둘 곳이 없다고 하셨다(58절). 물론 예수님에겐 가족이 있고 친지들이 있는 집이 나사렛에 있었다. 또한 베드로의 집에 머물기도 하셨다. 그러므로 이 말씀은 순례자의 삶을 살며 이곳저곳을 순회하는 선생(itinerant teacher)의 삶을 묘사한다. 바울도 사도의 삶을 이렇게 묘사했다(고전 4:11; cf. 히 11:13-16). 당시 랍비들은 높은 지위를 누렸지만, 예수님은 소속된 회당도 지위도 없으시다. 그러므로 예수님은 이 자원자에게 제자가 되어도 누릴 부귀영화는 없다며 이렇게 말씀하신다. 만일 제자가 되려거든 고생과 가난을 각오하고 따라오라는 뜻이다(cf. Bock). 누가가 이 사람의 반응을 기록하지 않은 것으로 보아 그는 예수님 따르기를 포기하고 주님 곁을 떠난 것으로 보인다.

이번에는 예수님이 다른 사람에게 '나를 따르라'며 제자로 받아 주겠다고 하셨다(59a절). '따르라'(ἀκολούθει)는 현재형 명령이다. 지금부터 계속 따라오라는 것이다. 이 말씀을 엘리야가 엘리사를 제자로 부른 일과 연결하는 이들도 있다(Bovon). 초청받은 사람은 예수님의 초청을 받아들여 기꺼이 주님의 제자가 될 생각이 있지만, 먼저 가서 자기 아

65

버지를 장사하게 해 달라고 했다(59b절). 그의 아버지가 죽었는지 혹은
죽어가는 상황인지 정확하지 않다. 당시 유대인들은 사람이 죽으면 시
신은 바로 그날 매장하고, 장례식은 일주일 동안 진행했다. 그러므로
이 사람은 예수님을 따르기 전 몇 시간에서 며칠을 요구하는 것일 수
도 있다. 혹은 1년을 요구하는 것으로도 볼 수도 있다(Liefeld & Pao). 가
족묘에 놓인 시신은 1년이 지나면 뼈만 남게 되는데, 이때 남은 뼈들을
조상들의 뼈 위에 뿌리기 때문이다.

율법은 부모를 공경하는 것을 십계명에 포함할 정도로 중요시 여겼
다(출 20:12; 신 5:16). 그러므로 자식이 부모를 극진히 장사하는 것은 당
연한 미풍양속이었다(cf. 창 25:9; 35:29; 50:5-6, 13; 막 14:7-8). 대제사
장과 나실인 서원을 한 사람만 부모의 장례식에 참여할 수 없었으며
(레 21:10-11; 레 21:10-7), 일반 제사장은 가까운 친척들의 장례식에 참
여했다(레 21:2). 이러한 정황에서 예수님이 그에게 "죽은 자들로 자
기의 죽은 자들을 장사하게 하고 너는 가서 하나님의 나라를 전파하
라"(60절)라고 하신 것이 매우 잔인하게 느껴질 수 있다. 그러므로 이
말씀에 대한 학자들의 해석도 다음과 같이 매우 다양하다(cf. Boring,
Davies & Allison, Hagner, Osborne). (1)이때까지의 너의 삶은 완전히 포기
해야 한다(McNeile), (2)신앙이 흔들리는 자들에게 죽은 자들을 묻게 하
라(Black), (3)부모가 죽을 때까지 그들을 보살피고 그런 다음에 나를 따
르라(Bailey), (4)영적으로 죽은 자들이 육체적으로 죽은 자들을 묻게 하
라(Davies & Allison, France, Hagner, Morris), (5)아무리 큰 의무와 책임이라
할지라도 예수님을 따르는 것을 막아서는 안 된다(Bock, Kingsbury). 예
수님은 이를 통해 제자도의 긴급함과 원리를 말씀하시고자 한다. 그러
므로 다섯 번째 해석이 제일 설득력이 있다.

또 다른 사람이 와서 먼저 가족에게 작별을 고하고 와서 주님을 따르
겠다고 했다(61절). 옛적에 엘리야가 엘리사를 제자로 불렀을 때 엘리
사가 한 말을 연상케 한다(cf. 왕상 19:19-21). 엘리야는 엘리사에게 그렇

게 하는 것을 허락했다. 그러나 예수님은 손에 쟁기를 잡고 뒤를 돌아보는 자는 하나님 나라에 합당하지 않다고 하시며 허락하지 않으셨다(62절). 옛적에 롯의 아내는 소돔을 탈출하던 중 뒤를 돌아보았다가 소금 기둥으로 변했다(창 19:26). 이스라엘은 이집트를 탈출한 후에도 자꾸 이집트에서의 삶을 그리워했다. 예수님은 이러한 사실을 염두에 두시고 그분의 제자는 하나님 나라를 전파하는 일의 긴급함을 깨닫고 절대 지난 삶에 연연해하지 않는 사람이라고 하신다. 예수님의 제자가 되는 것은 옛 선지자들처럼 모든 평안과 안정을 포기하는 일이며, 심지어 가장 가까운 가족들과도 결별하는 일이다(Hengel).

이 말씀은 모든 것을 포기한 사람만이 제자의 삶을 살 수 있다고 한다. 무엇을 얻으려고 하거나, 혹은 포기해야 할 것에 대한 미련이 많으면 예수님을 따르기 쉽지 않다. 예수님은 모든 것을 포기한 사람만이 제자가 되어 따라오도록 허락하시기 때문이다. 또한 지난날의 삶은 과거에 묻고 오직 주님을 따라야 한다. 요즘 말로 "라떼는(나 때는)…"은 주님의 제자가 할 만한 말이 아니다. 우리 손이 쥔 것이 있으면 주님이 내미시는 손을 잡을 수 없으며, 우리의 눈이 지난 삶을 되돌아보고 있으면 앞을 볼 수 없다.

> V. 예루살렘 여정(9:51-19:27)
> 　A. 새로운 사역 방향(9:51-10:24)

3. 일흔두 일꾼 파송(10:1-24)

예수님은 앞서 열두 제자를 파송하신 적이 있다(9:1-6). 이번에는 범위를 확대해 72명을 보내신다. 보내시면서 하신 말씀은 열두 제자를 보내실 때 하신 말씀과 비슷하다. 제자들처럼 이 사람들도 좋은 소식을 가지고 돌아와 보고했다. 이 이야기는 다음과 같이 세 파트로 구분된다.

A. 보내심(10:1-12)

B. 영접하지 않는 도시들(10:13-16)

C. 돌아옴(10:17-20)

D. 감사 기도(10:21-24)

(1) 보내심(10:1-12)

¹ 그 후에 주께서 따로 칠십 인을 세우사 친히 가시려는 각 동네와 각 지역으로 둘씩 앞서 보내시며 ² 이르시되 추수할 것은 많되 일꾼이 적으니 그러므로 추수하는 주인에게 청하여 추수할 일꾼들을 보내 주소서 하라 ³ 갈지어다 내가 너희를 보냄이 어린 양을 이리 가운데로 보냄과 같도다 ⁴ 전대나 배낭이나 신발을 가지지 말며 길에서 아무에게도 문안하지 말며 ⁵ 어느 집에 들어가든지 먼저 말하되 이 집이 평안할지어다 하라 ⁶ 만일 평안을 받을 사람이 거기 있으면 너희의 평안이 그에게 머물 것이요 그렇지 않으면 너희에게로 돌아오리라 ⁷ 그 집에 유하며 주는 것을 먹고 마시라 일꾼이 그 삯을 받는 것이 마땅하니라 이 집에서 저 집으로 옮기지 말라 ⁸ 어느 동네에 들어가든지 너희를 영접하거든 너희 앞에 차려놓는 것을 먹고 ⁹ 거기 있는 병자들을 고치고 또 말하기를 하나님의 나라가 너희에게 가까이 왔다 하라 ¹⁰ 어느 동네에 들어가든지 너희를 영접하지 아니하거든 그 거리로 나와서 말하되 ¹¹ 너희 동네에서 우리 발에 묻은 먼지도 너희에게 떨어버리노라 그러나 하나님의 나라가 가까이 온 줄을 알라 하라 ¹² 내가 너희에게 말하노니 그 날에 소돔이 그 동네보다 견디기 쉬우리라

내레이터(narrator)는 예수님을 '주'(ὁ κύριος)라고 부르며 이 섹션을 시

작한다(1절). 7:13과 7:19 이후 세 번째다. 이때까지 베드로(5:8)와 백부장(7:6)과 야고보와 요한(9:54)과 제자가 되고자 한 자들(9:59, 61)이 예수님을 '주'라고 불렀다. 내레이터는 앞으로 더 자주 예수님을 주라고 부를 것이다(10:39, 41; 11:39; 12:42; 13:15; 17:5-6; 18:6; 19:8; 22:61). 예수님을 주라고 부르는 일에 본 텍스트가 전환점이 된 것이다.

예수님은 제자 중 70인을 따로 세워 자신이 친히 가고자 하는 동네에 두 명씩 짝을 지어 보내셨다(1b절). 고대 사본은 예수님이 파송하신 제자의 숫자를 70과 72로 표기하는 것으로 나뉘어 있다(cf. Beale & Carson). 그러므로 번역본들도 70으로 표기하는 것(새번역, 아가페, NAS, NRS, KJV)과 72로 표기하는 것(공동, 현대어, NIV, ESV, NIRV)으로 나눠져 있다. 아마도 유대인의 전통에서는 이 두 숫자가 서로를 대체할 수 있는 비슷한 말처럼 사용되기 때문인 것으로 생각된다.

옛적에 모세는 출애굽한 이스라엘을 홀로 다스리는 것은 불가능한 일이라고 생각했다. 이에 하나님은 모세에게 경험이 많고 지혜로운 장로 70명을 세워 함께 다스리라고 하셨고(민 11:16-30), 모세는 70명을 세웠다. 그러나 모세가 70명에 포함하지 않은 엘닷과 메닷도 같은 은사를 받았다. 그러므로 이 두 사람을 포함하면 72명이 된다. 누가는 예수님을 모세의 전통에 따라서 오신 선지자로 대하기 때문에 이 말씀은 70과 72의 유동성의 배경이 된다(Garrett, cf. 9:35; 행 3:22; 7:37).

또한 창세기 10-11장에 기록된 열방의 숫자도 이러한 유동성을 보인다. 마소라 사본(MT)은 70으로 표기했지만, 칠십인역(LXX)은 헬라어로 번역하면서 72로 표기했다. 그러므로 중요한 것은 구체적인 숫자가 70 혹은 72 중 무엇인가 하는 것이 아니라, 이 숫자들이 상징하는 바다(Culpepper). 예수님이 열두 제자를 보내실 때는 숫자 12가 이스라엘의 열두 지파를 상징했다(9:1-6). 이번 본문에서 숫자 72(=6×12) 혹은 70은 온 열방을 향한 사역을 상징한다(Liefeld & Pao, Nolland). 그러므로 예수님이 70(72)명을 보내신 것은 사도행전의 범세계적 사역을 예고 한다고 할 수 있다(Green, Parsons, cf. 행 2:5).

사람을 두 명씩 보내는 것은 사도들의 사역에도 반영되어 있다(행 13:2; 15:27, 39-40; 17:14; 19:22). 유대인들도 두 증인에 대한 율법(신 17:6; 19:15)을 근거로 사람을 파송할 때 두 사람씩 보냈다(Jeremias). 두 사람은 믿을 수 있는 증인 역할을 할 뿐 아니라, 서로 의지하고 보호하고 책임(accountability)을 완수하는 데 자극이 된다. 그러나 유대인들은 하나님의 말씀을 선포하라며 누구를 파송한 일이 없다(Garland). 예수님이 본문에서 하시는 일과 유대인들의 관례 사이의 가장 큰 차이점이 여기에 있다.

일꾼들을 파송해 하나님 나라에 입성할 사람들을 추수하는 일은 오래전에 이사야 선지자가 선포한 예언의 성취다(Beale & Carson). "너희 이스라엘 자손들아 그 날에 여호와께서 창일하는 하수에서부터 애굽 시내에까지 과실을 떠는 것 같이 너희를 하나하나 모으시리라"(사 27:12). 하나님이 온 열방에서 '참 이스라엘'을 모으실 때가 시작된 것이다.

예수님은 추수할 것은 많지만 일꾼이 적으니 추수하는 주인에게 더 많은 일꾼 보내 주기를 기도하라고 하셨다(2절). 하나님 나라의 복음을 선포하는 일에는 72명보다 더 많은 사람이 필요하다. 예수님이 72명을 전도자로 세우신 일은 시작에 불과하다. 또한 하나님이 일꾼들을 세우시고 파송하신 일은 전도와 선교는 천국 입장권을 판매하는 것이 아니라 하나님이 예비하시고 감독하시고 진행하시는 일이라는 것을 암시한다.

일상적으로 추수는 최종 심판에 대한 이미지다(사 24:13; 27:12; 호 6:11; 욜 3:13; cf. 마 13:37-43; 계 14:14-20). 이와는 대조적으로 이곳에서는 사람들의 영혼을 구원하는(추수하는) 긍정적인 의미를 지니는데(France, Hengel, Schnackenburg), '추수할 것'(θερισμὸς)이 곡식을 뜻하기 때문이다(Carson, cf. BAGD). 그렇다면 이 좋은 일에 일꾼이 부족한 것은

무엇 때문일까? 일꾼이 많지 않은 것은 이처럼 어려운 일을 이른바 '열
정페이'를 받고 할 사람이 많지 않기 때문이다(cf. Garland). 세상이 끝나
는 날까지 하나님 나라는 항상 일꾼이 부족하다.

예수님은 하나님을 '추수하는 주인'(τοῦ κυρίου τοῦ θερισμοῦ)이라고 하
신다(38절). 하나님이 바로 추수의 총책임자(chief harvester)이시다(Albright
& Mann). 그러므로 일꾼이 필요하다고 주님께 기도하면 반드시 들어
주실 것이다. 내레이터가 예수님을 같은 단어인 '주'(ὁ κύριος)라 칭하고
나중에 제자들이 돌아와 예수님을 '주'라고 부르는 것을 보면(10:17), 이
말씀에서 추수하는 주인은 예수님이기도 하다(Garland).

제자들이 일꾼들을 보내 달라고 기도하다 보면 자신들이 바로 그 일
꾼들이라는 사실을 깨닫게 될 것이다. 기도는 기도하는 사람을 깨닫게
함으로써 변화시키는 힘이 있기 때문이다. 그러므로 우리가 기도하면
처한 환경은 바뀌지 않아도 우리가 바뀐다. 우리가 바뀌면 비로소 세
상이 바뀐다. 그러므로 우리 자신과 세상을 바꾸는 가장 좋은 방법은
기도하는 것이다.

제자들을 추수꾼으로 보내는 예수님의 마음이 편치 않으시다. 그들
을 보내는 것이 마치 어린양을 이리들 가운데로 보내는 것과 같기 때
문이다(3절). 이리는 포식자의 상징이다(Bovon). 서민들을 괴롭히는 지
도자들을 상징하기도 한다(Garland, cf. 겔 22:27; 습 3:3). 더욱이 어린양
에게 이리는 한순간이라도 같이 있을 수 없는 상대다(cf. 사 11:6). 72명
을 두 명씩 짝을 지어 각 마을로 파송하시는 예수님의 심정은 두 마리
어린양을 이리 떼에 보내는 것과 같다. 파송받은 제자들의 사역이 엄
청난 위험과 협박에 시달릴 것을 암시한다.

어린양이 되어 이리 무리에 들어가려면 소지품이 없을수록 좋다. 그
러므로 예수님은 그들에게 아무것도 지니지 말고 떠나라고 하신다. 전
대나 배낭이나 신발을 챙겨 가지 말라고 하신다(4a절). 어떠한 여행 경
비나 물품도 챙기지 말라는 뜻이다. 마치 제자들을 선교사로 파송하는

71

예배에서 그들을 권면하시는 듯한 느낌을 준다.

당시 배낭과 옷과 신발과 지팡이는 여행을 떠나는 사람이 반드시 챙겨야 할 필수품이었다. 배낭은 음식 등 필요한 것을 담기 위해, 옷은 여벌 또한 밤에 베개로 사용하기 위해, 신은 신고 있는 신발이 낡으면 갈아 신기 위해, 지팡이는 필요하면 호신 무기로 사용하기 위해 챙겨야 한다. 예수님은 이 모든 필수품을 챙기지 말고 전도 여행을 떠나라고 하신다. 이처럼 눈에 보이는 것은 아무것도 소지하지 않은 채 가야만 보이지 않는 하나님 나라를 전할 수 있다(Minear). 가는 길에 아무에게도 문안하지 말라(4b절)는 것은 그들이 맡은 임무의 긴급함을 상징한다(Bock, cf. 왕하 4:29).

예수님이 제자들에게 아무런 준비를 하지 말고 여행을 떠나라고 하시는 것은 이 선교 여정이 하나님을 얼마나 의지하는가에 대한 테스트이기 때문이다. 별다른 준비를 하지 않은 채 길을 떠나는 제자들은 하나님이 그들을 먹이시고 입히시는 일을 경험하게 될 것이다. 이러한 기준은 당시 예수님의 제자들에게만 적용되는 것이지 오늘날 모든 선교사가 준수해야 하는 기준은 아니다(Cranfield, Wessel & Strauss).

하나님은 복음을 받아들인 사람들을 통해서 제자들을 먹이실 것이다(cf. 7절). 제자들에게 숙식을 제공하는 것은 그들로부터 복음을 받아들인 사람들의 책임이다(Plummer). 훗날 바울은 이 원리를 바탕으로 전임 사역자들을 도우라고 한다(고전 9:14; 딤전 5:18). 사도 요한도 그리스도인들이 사역자들을 도와야 한다고 한다(요삼 1:5-8). 그러므로 아무것도 챙겨가지 말라는 것이 어떠한 것도 받지 말라는 의미는 아니다. 전도한 사람들의 도움을 받아 그들에게 사랑의 빚을 지는 것도 좋은 일이다. 그러나 전도(선교)를 떠나는 사람은 얻으러 가는 것이 아니라 주기 위해 가는 것임을 항상 기억해야 한다.

제자들은 어느 집에 들어서면 먼저 평안을 빌어야 한다(5절). '평안'(εἰρήνη)은 칠십인역(LXX)이 히브리어 '샬롬'(שׁלוֹם)을 번역한 단어다

(cf. 시 33:15). 샬롬은 진행되는 일과 상황이 모두 완벽하고(completeness) 완전해(wholeness) 최고의 조화와 하모니를 이룬다는 뜻이다. 메시아 아이에게 주어지는 여러 호칭 중 '평강의 왕'(שַׂר־שָׁלוֹם, 칠십인역[LXX]은 ἄρχοντας εἰρήνην'로 번역함)이 가장 중요하게 여겨지는 것도 이 때문이다 (사 9:6).

평강의 왕으로 오신 예수님은 죽음을 통해 하나님과 사람들을 화평 하게 하셨다(골 1:20; cf. 엡 2:11-12). 예수님은 화평하게 하는 것이 무엇 인지를 실제로 보여 주신 것이다. 이사야 선지자도 "좋은 소식을 전하 며 평화를 공포하며 복된 좋은 소식을 가져오며 구원을 공포하며 시온 을 향하여 이르기를 네 하나님이 통치하신다 하는 자의 산을 넘는 발 이 어찌 그리 아름다운가"(사 52:7)라며 우리가 하나님 나라의 평안을 선포하는 사람들이 되기를 권면했다.

고대 근동에서 인사는 그 집안의 평화와 건강을 빌어 주는 기도 역할 을 했다(Keener). 예수님은 이 같은 정서를 한 차원 더 끌어 올려 하나님 나라의 평안을 빌어 줌으로써 그 집안이 하나님 나라 복음을 접할 기 회를 제공하라고 하신다. 만일 그 집에 평안을 받을 사람이 있으면, 곧 복음에 긍정적으로 반응하는 사람이 있으면(cf. 행 10:36) 제자들이 빌어 준 평안이 그 집에 머물 것이다(6a절). 그 집주인은 제자들을 환영할 것이 다. 그러나 만일 복음을 거부하면 제자들이 빌어 준 복은 그들에게 돌아올 것이다(6b절). 복음을 거부하는 사람이 누릴 평안은 없다. 하나 님 나라의 평안은 오직 복음을 받아들이는 사람들에게만 임하기 때문 이다.

예수님은 제자들에게 어느 마을에서든지 머물 곳을 정하면 그곳에 머물다가 다음 장소로 떠나라고 하신다(7c절). 제자들이 선포하는 복음 에 긍정적으로 반응해 하나님 나라 백성이 되는 사람의 집이다. 한곳 에만 머물라고 하시는 것은 나중에 더 좋은 숙소가 나오더라도 옮기 지 말고 처음 머문 곳에 머물라는 권면이다. 호의를 베푸는 사람이 상처받지 않게 하기 위해서다. 하나님이 보내신 일꾼을 받아들이는 것은 곧 하나님을 받아들이는 일이다. 하나님의 일꾼들은 주님의 에이전트 (특사)이기 때문이다.

구약에는 주님의 자녀들을 환대함으로써 복을 누린 사람들의 이야기가 여럿 있다. 보디발은 노예로 사들인 요셉을 통해 큰 복을 받았다(창 39:3-5). 보디발이 노예로 팔린 하나님의 자녀를 환대해 복을 누렸다면, 메시아이신 예수님이 보내신 제자들을 환대하는 사람들은 얼마나 더 큰 복을 누리게 될지 상상해 보라! 아브라함도 객을 환대하다가 하나님을 만나는 축복을 누렸다(창 18:1-8). 하나님은 주님의 자녀들을 환대하는 사람들에게 복에 복을 더하시는 분이다. 그러므로 우리가 성도들에게 사랑의 빚을 지는 것은 곧 그들이 하나님의 축복을 받게 하는 일이기도 하다.

제자들은 한곳에 머물면서 집주인이 주는 대로 먹고 마셔야 한다(7a절). 예수님이 이 제자들을 이방인들의 마을로 보내신다는 점을 고려하면, 부정한 음식도 가리지 말고 먹으라는 권면이다(Garland, Liefeld & Pao). 극도로 음식을 가려 먹던 바리새인들에게는 불가능한 일이다. 예수님의 권면은 훗날 이방인 선교에서 음식이 이슈가 될 때 교회가 어떻게 해야 하는지에 대한 지침이 된다(cf. 행 11:1-18; 갈 2:11-21).

제자들은 집주인이 내놓은 음식을 감사히, 그러나 당당하게 먹어야 한다. 일꾼이 그 삯을 받는 것이 마땅하기 때문이다(7b절). 그들은 하나님이 추수하라고 고용하신 일꾼들이므로 집주인이 제공하는 음식은 곧 하나님이 자기 일꾼들에게 주시는 삯이다. 이처럼 하나님은 일꾼들의 모든 필요를 채우실 것이기 때문에 이렇다 할 준비를 하지 말고 떠나라고 하신 것이다.

예수님은 파송받은 제자들이 해야 할 일을 세 가지로 말씀하신다. 첫째, 그들을 영접한 주인이 주는 대로 먹는 것이다(7a, 8b절). 함께 음식을 나누는 것은 곧 같은 그룹에 속한다는 뜻이다. 그러므로 제자들은 음식을 나누는 사람들과 공동체를 형성해야 한다(Culpepper). 둘째, 병자들을 고쳐 주는 일이다(9a절). 사람들의 육체적 필요를 모두 채워 주라는 뜻이다. 사람의 몸이 건강해야 마음도 건강해질 수 있기 때문이다.

셋째, 하나님 나라가 가까이 왔다는 것을 선포하는 일이다(9b절). "하나님의 나라가 너희에게 가까이 왔다"(ἤγγικεν ἐφ᾽ ὑμᾶς ἡ βασιλεία τοῦ θεοῦ)라는 말씀에 대한 해석이 분분하다. 어떤 이들은 오다가 잠시 멈추었다는 뜻으로, 어떤 이들은 지금 오고 있는 중이라는 뜻으로(cf. 11절), 혹은 어떤 이들은 이미 임했다는 뜻으로 해석한다. 이 세 가지 옵션 중 마지막 것이 가장 설득력 있다. 예수님의 사역을 통해 하나님 나라가 이미 시작되었기 때문이다(cf. 11:20). 하나님 나라는 항상 '이미-아직'(already-not yet) 텐션에서 이해되어야 한다. 제자들은 이미 임한 하나님 나라에 사람들이 들어가도록 초청하라는 사명을 받은 것이다(Bock).

전도는 결코 쉬운 일이 아니며, 모든 사람이 복음에 긍정적으로 반응하지도 않는다. 오히려 적대적으로 반응하는 사람도 많다. 예수님은 영접하지 않는 동네가 있으면 거리로 나와 "우리 발에 묻은 먼지도 너희에게 털어버리노라 그러나 하나님의 나라가 가까이 온 줄을 알라"라고 경고하라고 하신다(10-11절). 발을 터는 것은 거부하는 것을 상징한다. 당시 유대인들은 이방인이 사는 지역을 떠날 때면 그들을 거부한다는 상징으로 발을 털었다(Gundry, Keener, Morris, cf. 행 13:51; 18:6). 그러므로 예수님이 복음에 적대적이거나 부정적으로 반응하는 집과 동네에 발을 털라고 하시는 것은 하나님이 그들을 하나님 나라 복음에 어울리지 않는다며 거부하시는 것을 상징적인 행동으로 보이라는 권면이다. 먼저 복음을 거부한 사람들이 하나님께 거부당하고 있다. 이런 곳에서 계속 전도하는 것은 돼지에게 진주를 주는 격이다. 훗날 하나님은 제자들의 행동을 증거로 삼아 복음을 거부한 자들을 심판하실 것이다.

하나님의 심판은 그날에 있을 것이다(12절). '그날'은 종말에 심판이 임하는 날이다(사 2:2; 렘 23:20; 49:39; 겔 38:16; 미 4:1; 말 4:5). 하나님 나라가 완전히 임하고 심판이 시작되면 제자들이 선포한 메시지를 거부한 동네에 소돔이 받은 심판보다 더 혹독한 재앙이 임할 것이다. 소돔은 하나님의 심판을 받아 불타 사라진 도시다(창 19:24-29). 그들은 하나님의 사자들을 영접하지 않은 죄로 인해 멸망했다. 그러므로 예수님이 보내신 제자들을 영접하지 않은 마을에 소돔에 임한 것보다 더 혹독한 심판이 임할 것이라는 경고는 매우 적절하다고 할 수 있다(Beale & Carson).

만일 사람들이 예수님과 제자들이 전한 복음을 거부한다면, 하물며 우리가 전하는 복음은 얼마나 더 거부하려고 하겠는가! 그러므로 전도가 잘 안 된다고, 선교가 어렵다고 좌절하지 말자. 주님과 사도들도 거부당하셨다면, 우리가 거부당하는 것은 당연한 일이 아니겠는가! 결과에 연연하지 말고 계속 전하면 된다. 하나님은 종종 우리가 하나님 나라에 합당한 자들을 만나는 복을 주실 것이다.

이 말씀은 전도와 선교는 우리가 하나님의 대리인이 되어 하나님이 하시는 일에 참여하는 귀하고 영광스러운 일이라고 한다. 전도와 선교는 하나님이 기뻐하시는 일이므로 우리가 전도하고 선교하면 하나님이 우리를 먹이시고 입히실 것이다. 그러나 모든 사람이 하나님 나라와 복음을 환영하지는 않는다. 우리는 이런 사람들은 뒤로하고 하나님의 잃어버린 양들을 찾아가야 한다.

> V. 예루살렘 여정(9:51-19:27)
>   A. 새로운 사역 방향(9:51-10:24)
>   3. 일흔두 일꾼 파송(10:1-24)

(2) 영접하지 않는 도시들(10:13-16)

¹³ 화 있을진저 고라신아, 화 있을진저 벳새다야, 너희에게 행한 모든 권능을

두로와 시돈에서 행하였더라면 그들이 벌써 베옷을 입고 재에 앉아 회개하였으리라 ¹⁴ 심판 때에 두로와 시돈이 너희보다 견디기 쉬우리라 ¹⁵ 가버나움아 네가 하늘에까지 높아지겠느냐 음부에까지 낮아지리라 ¹⁶ 너희 말을 듣는 자는 곧 내 말을 듣는 것이요 너희를 저버리는 자는 곧 나를 저버리는 것이요 나를 저버리는 자는 나 보내신 이를 저버리는 것이라 하시니라

예수님이 제자들이 선포한 메시지를 거부하는 마을들에 엄히 경고하신다. 그들은 하나님의 권능을 많이 경험하고도 회개하지 않기 때문이다(cf. 13절). 누가는 하나님이 많은 것을 주신 자들에게는 많은 것을 요구하신다고 한다(12:48). 그러므로 하나님의 은총과 기적을 많이 경험하고도 회개하지 않는 마을들이 혹독한 심판을 받는 것은 당연한 일이다.

예수님의 권능(기적)을 가장 많이 경험한 마을들이 왜 회개하지 않았을까? 기적은 사람을 변화시키지 못한다는 것이 성경적 진리다. 만일 기적이 사람을 변화시킬 수 있다면, 출애굽 때 그렇게 많은 기적을 경험한 사람들이 가데스 바네아에서 하나님을 불신함으로써 40년 광야생활이라는 심판을 받지 않았을 것이다. 만일 기적이 사람을 변화시킬 수 있다면, 엘리야-엘리사 시대 때 그처럼 많은 기적을 경험한 사람들이 바알을 좇지 않았을 것이다. 만일 기적이 사람을 변화시킬 수 있다면, 빵 다섯 조각과 물고기 두 마리로 2만여 명을 먹이신 기적을 경험한 사람들이 예수님을 배신하지 않았을 것이다. 그러므로 예수님이 병자들을 불쌍히 여겨 베푸신 온갖 기적을 똑똑히 지켜본 고을들이 회개하지 않는 것이 전혀 이상하지 않다.

온갖 기적을 목격하고도 회개하지 않는 것이 이상한 일은 아니지만, 책임은 피할 수 없다. 예수님이 직접, 혹은 제자들을 통해 행하신 기적은 그들로 하여금 회개하게 하려는 것이었기 때문이다. 그러므로 예수님이 회개하지 않는 자들에게 화가 있을 것이라며 고라신(13절), 벳새다(13절), 가버나움(15절) 세 도시를 구체적으로 언급하신다. 이 세

도시는 예수님의 '전도 삼각형'(Evangelical Triangle)이라 불리기도 한다 (Wilkins). 이 세 도시가 그리는 삼각형 안에서 가장 많은 기적을 행하셨기 때문이다.

예수님은 고라신과 벳새다에 화가 임할 것이라고 하신다(13a절). '화'(οὐαί)는 히브리어 '호이'(הוֹי)를 번역한 것으로 심판 신탁에 주로 사용된다(Verseput, cf. 사 5:8, 11, 18–22; 겔 16:23; 24:6; 암 5:18; 6:1). 고라신 (cf. 눅 10:13)은 중간 크기의 마을로 밀 농사로 유명했으며, 가버나움에서 약 3km 북서쪽에 있었다(ABD). 벳새다는 갈릴리 호수 북서쪽 끝에 있었다(ABD). 예수님의 제자 중 시몬과 안드레와 빌립이 이곳 출신이다(요 1:44; 12:21).

예수님이 갈릴리 지역에서 사역하시는 동안 이 지역 사람들은 예수님이 행하신 온갖 기적을 직접 경험하고 목격했다. 그러나 그들은 수많은 기적을 경험하고도 회개하지 않았다. 만일 두로와 시돈이 예수님이 행하신 권능을 경험했더라면 그들은 벌써 베옷을 입고 재에 앉아 회개했을 것이다(13b절). 구약에서 두로와 시돈은 이스라엘의 원수들을 상징하는 대표적인 이방 나라이자 바알을 숭배하는 도시였다(사 23:1–18; 겔 26:2–9; 암 1:9–10; 욜 3:4–8; 슥 9:2–4). 아합의 아내 이세벨이 시돈의 공주였다.

두로와 시돈은 지중해 연안에 있으며, 큰 상선으로 아프리카에서 유럽까지 교역해 매우 부유했다. 도시의 절반이 뭍에 있고, 절반은 약 800m 떨어진 섬에 있었다. 이러한 이유로 알렉산더 대왕 때까지 두로를 온전히 정복한 왕은 없었다. 두로와 시돈은 사치와 교만의 상징이기도 했다(cf. 렘 25:22; 27:3–7; 욜 3:4–8; 슥 9:2–4). 그러나 도저히 함락될 것 같지 않던 두로도 주전 332년에 알렉산더 대왕의 손에 최후를 맞았다. 알렉산더 대왕이 뭍에 있는 두로를 파괴해 폐허물로 섬까지 둑길(causeway)을 놓았기 때문이다(ABD).

베옷은 주로 낙타털로 만든 옷이었으며, 털이 거칠어서 입은 사람

을 불편하게 했다. 당시 사람들은 큰 슬픔을 당했을 때 이 옷을 입었다
(삼하 3:31; 왕상 21:27; 왕하 6:30; 욜 1:8). 재를 머리에 뿌리거나 잿더미에
앉는 것도 큰 슬픔을 당했을 때 하는 행동이었다. 그러므로 베옷과 재
는 회개와 근신을 상징한다(에 4:1-3; 욥 42:6; 사 58:5; 단 9:3; 욘 3:6-9).
두로와 시돈이 예수님이 행하신 온갖 기적을 경험했더라면 그들은 반
드시 회개했을 것이라며, 갈릴리 지역을 상징하는 고라신과 벳새다가
두로와 시돈보다 마음이 강퍅하다고 하신다. 그러므로 장차 온 세상에
임할 심판 날에 고라신과 벳새다에 임할 심판이 두로와 시돈에게 있을
심판보다 더 혹독할 것이다(14절).

예수님은 가버나움의 교만도 책망하신다(15절). 가버나움은 예수님이
종종 거하시던 베드로의 집이 있던 곳이며, 갈릴리 사역의 베이스캠프
였다. 예수님은 이곳에서도 많은 기적을 행하셨다. 그러나 가버나움은
하늘을 찌를 정도로 교만해 회개하지 않았다. 이러한 가버나움 사람들
의 태도는 이사야 14:12-15에 묘사된 바빌론 왕의 교만에 버금간다. 그
러므로 예수님도 가버나움에 하나님이 바빌론 왕에게 내리신 심판과 비
슷한 심판을 선언하신다. "음부에까지 낮아지리라"(15b절; cf. 사 14:15).

예수님은 이처럼 강력한 경고를 선포하신 후 제자들이 주님이 보내
는 메신저라는 사실을 재차 확인하신다(16절). 제자들의 말을 듣는 자
는 곧 그들을 보내신 예수님의 말씀을 듣는 것이며, 그들을 저버리는
자들은 예수님을 저버리는 것과 같다고 하신다(16a-b절). 또한 제자들
이 선포하는 예수님의 말씀을 저버리는 자들은 예수님을 보내신 하나
님의 말씀을 저버리는 것과 마찬가지다(16c절).

이 말씀은 많은 것을 주신 자들에게는 많은 것을 요구하신다는 말씀
을 마음에 새기라고 한다(cf. 12:48). 은혜는 경험할수록 우리를 더 경건
하고 거룩하게 한다. 하나님이 베푸시는 기적은 사람들이 회개하게 하
는 것이다. 그러므로 하나님이 베푸시는 기적을 경험하면 더 회개하고,
더 열정적으로 하나님께 영광을 돌려야 한다. 하나님의 은혜를 목격하

거나 경험하고도 시큰둥한 반응을 보이면 심판을 면할 수 없다. 심판은 반드시 올 것이기 때문에 기회가 있을 때 회개하는 것이 지혜롭다.

V. 예루살렘 여정(9:51-19:27)
  A. 새로운 사역 방향(9:51-10:24)
    3. 일흔두 일꾼 파송(10:1-24)

---

(3) 돌아옴(10:17-20)

¹⁷ 칠십 인이 기뻐하며 돌아와 이르되 주여 주의 이름이면 귀신들도 우리에게 항복하더이다 ¹⁸ 예수께서 이르시되 사탄이 하늘로부터 번개 같이 떨어지는 것을 내가 보았노라 ¹⁹ 내가 너희에게 뱀과 전갈을 밟으며 원수의 모든 능력을 제어할 권능을 주었으니 너희를 해칠 자가 결코 없으리라 ²⁰ 그러나 귀신들이 너희에게 항복하는 것으로 기뻐하지 말고 너희 이름이 하늘에 기록된 것으로 기뻐하라 하시니라

예수님의 보내심을 받은 제자들은 갈릴리 지역을 두루 다니며 하나님 나라의 복음을 선포했고, 많은 병도 고쳐 주었다. 70(72)명은 열두 제자만큼이나 성공적으로 사역하고 돌아온 것이다(cf. 9:10). 예수님의 권능이 소수에게 제한되지 않고, 누구든지 신실하게 하나님의 영광을 드러내고자 하는 사람들에게 주어졌음을 뜻한다. 그들은 예수님께 돌아와 흥분하며 사역 보고를 했다. 심지어 귀신들도 항복하더라며 기뻐했다. 훗날 사도들은 이러한 선교 여행의 열매를 바탕으로 교회를 세울 것이다.

제자들의 보고를 받으신 예수님은 사탄이 하늘로부터 번개같이 떨어지는 것을 보았다고 하신다(18절). 이사야 14:12을 회상하며 이렇게 말씀하신 것이다. "너 아침의 아들 계명성[마귀]이여 어찌 그리 하늘에서 떨어졌으며 너 열국을 엎은 자여 어찌 그리 땅에 찍혔는고." 보내심을 받은 72명의 사역은 사람들을 치료하고 하나님 나라를 선포한 데서 끝나지 않고 영적인 세계에도 영원한 영향을 끼친 것이다(Garrett).

'번개같이 떨어졌다'는 것은 순식간에 일어난 일이라는 뜻일 수도 있고, 혹은 번개가 칠 때 하늘에서는 한 갈래지만 땅을 칠 때는 여러 개의 작은 갈래가 되어 내리치는 상황을 의미할 수도 있다. 후자의 경우 사탄은 다시는 옛 영화로 돌아가지 못한다는 뜻이다(Garland). 우리의 전도와 선교는 사탄의 나라를 영원히 망가뜨릴 수 있다.

'보았다'(ἐθεώρουν)는 미완료형이며, 아직도 보고 있다는 뜻으로 해석할 수 있다. 예수님은 제자들이 사역할 때마다 사탄과 졸개들이 속속 무너지는 것을 지켜본다고 하신다(Bock). 이러한 상황을 제자들은 볼 수 없다. 제자들은 각자에게 맡겨진 전투를 하느라 바쁘지만, 모든 것을 지휘하시는 예수님은 이 영적 전쟁의 판도를 보고 계신다. 종말에는 사탄의 몰락이 더 확실하게 드러날 것이다(Nolland).

예수님은 제자들에게 뱀과 전갈을 밟고 원수의 모든 능력을 제어할 권능을 주셨으므로 아무도 그들을 헤칠 자가 없을 것이라고 하신다(19절; cf. 신 8:15). 사역을 성공적으로 마치고 돌아온 사람들에게 더 많은 권세를 더하셔서 아무도 그들을 해칠 수 없게 하신 것이다. 기독교 역사를 살펴보면 어떤 이들은 이 말씀을 잘못 해석해(문자적으로 해석해) 일부러 독사와 전갈을 다루다가 죽는 경우도 있었다. 바울이 독사에 물리고도 괜찮았던 것은(행 28:3-5) 그가 할 일이 아직 남아서 하나님이 그의 생명을 보존하신 것이지 이 말씀 때문은 아니다.

뱀을 밟는 것은 일명 '원시 복음'(proto-evangelion)으로 알려진 창세기 3:15을 상기시킨다(cf. Beale & Carson, Liefeld & Pao). 하나님은 최초 인류인 아담과 하와가 죄를 짓는 데 중추적인 역할을 한 뱀(사탄)에게 "내가 너로 여자와 원수가 되게 하고 네 후손도 여자의 후손과 원수가 되게 하리니 여자의 후손은 네 머리를 상하게 할 것이요 너는 그의 발꿈치를 상하게 할 것이니라"라고 하셨다. 그러므로 이곳에서는 하나님의

81

보호하심(신 8:15)이 마귀의 패배로 이어진다는 의미다. "평강의 하나님
께서 속히 사탄을 너희 발 아래에서 상하게 하시리라"(롬 16:20). 우리
의 선교와 전도를 실패로 만들 세력은 존재하지 않는다.

　예수님은 사역의 열매로 인해 기뻐하는 제자들에게 귀신들이 항복
하는 것으로 기뻐하지 말고 그들의 이름이 하늘에 기록된 것으로 기뻐
하라고 하신다(20절). 히브리 사람들의 비교법이다. 귀신들이 항복하는
것도 큰 기쁨이지만, 그들의 이름이 하늘에 기록된 기쁨에 비하면 아
무것도 아니라는 뜻이다. 성경은 '생명의 책'에 대해 종종 언급한다(출
32:32; 시 69:28; 사 4:3; 단 7:10; 12:1; 빌 4:3; 히 12:23; 계 3:5). 이 책에는
하나님이 구원하신 이들의 이름이 기록되어 있다. 예수님은 자신들이
소유한 능력으로 인해 기뻐하는 제자들에게 그들이 얻은 영생으로 인
해 더 기뻐하라고 하신다. 사역으로 인한 기쁨은 구원으로 인한 기쁨
에 비하면 아무것도 아니다. 구원으로 인한 기쁨은 누구든지, 언제든
지, 어디서든지 누릴 수 있다.

　이 말씀은 우리가 하는 전도와 선교가 영적 세상을 영원히 바꾼다고
한다. 우리가 전도하고 선교할 때마다 사탄과 그의 졸개들의 활동 범
위가 현저하게 줄어들며, 끝에 가서는 완전히 몰락할 것이다. 또한 예
수님은 이 일을 하라고 우리에게 마귀를 밟을 수 있는 권능을 더하셨
다. 또한 하나님이 우리를 보호하실 터이니 두려움 없이 전도하고 선
교해야 한다.

> V. 예루살렘 여정(9:51-19:27)
> 　A. 새로운 사역 방향(9:51-10:24)
> 　　3. 일흔두 일꾼 파송(10:1-24)

(4) 감사 기도(10:21-24)

　²¹ 그 때에 예수께서 성령으로 기뻐하시며 이르시되 천지의 주재이신 아버지

여 이것을 지혜롭고 슬기 있는 자들에게는 숨기시고 어린 아이들에게는 나타내심을 감사하나이다 옳소이다 이렇게 된 것이 아버지의 뜻이니이다 [22] 내 아버지께서 모든 것을 내게 주셨으니 아버지 외에는 아들이 누구인지 아는 자가 없고 아들과 또 아들의 소원대로 계시를 받는 자 외에는 아버지가 누구인지 아는 자가 없나이다 하시고 [23] 제자들을 돌아 보시며 조용히 이르시되 너희가 보는 것을 보는 눈은 복이 있도다 [24] 내가 너희에게 말하노니 많은 선지자와 임금이 너희가 보는 바를 보고자 하였으되 보지 못하였으며 너희가 듣는 바를 듣고자 하였으되 듣지 못하였느니라

예수님은 돌아온 사람들의 선교 보고에 함께 기뻐하며 하나님께 감사의 기도를 드리셨다(21a절). 예수님은 천지의 주재이신 하나님께 기도를 드렸다. '천지의 주재'(κύριε τοῦ οὐρανοῦ καὶ τῆς γῆς)는 온 세상을 창조하시고 지속하시는 분이라는 뜻으로 유대인들에게는 큰 위로와 평안을 주는 성호였다. 그들이 세상에서 어떠한 일을 당해도 온 세상의 주인이신 하나님의 보호 아래 있다는 확신을 주는 타이틀이기 때문이다. 그러므로 다니엘도 바빌론 왕 느부갓네살이 선포한 죽음에서 그와 친구들을 구원하신 하나님을 천지의 주재로 묘사하며 찬양했다(단 2:19-23).

예수님은 천지의 주재이신 하나님이 지혜롭고 슬기 있는 자들에게는 '이것'을 숨기시고, 대신 어린아이들에게는 나타내신 것을 감사하셨다(21b절). '이것들'(ταῦτα)은 예수님이 하나님의 아들 메시아라는 사실과 하나님 나라의 권능이 예수님을 통해 임하고 있다는 사실이다(cf. Garland). 하나님의 아들이신 예수님과 그의 제자들이 하는 일을 보고도 거부하는 사람이 많았는데, 어린아이처럼 순수한 자들은 영접했다. 하나님이 그들로 하여금 깨닫게 하셨기 때문이다. 하나님이 스스로 지혜롭다고 하는 자들에게 지혜를 숨기시는 일은 구약에서도 종종 있는 일이다(사 29:14).

'어린아이들'(νήπιος)은 젖먹이와 같은 어린 아기를 뜻한다(BAGD). 본

83

문에서는 아이들이 지혜롭고 슬기 있는 자들과 비교되는 것으로 보아 예수님의 어부 제자들처럼 많이 배우지 못하고 사회적으로도 높은 지위를 누리지 못하는 사람들을 뜻한다. 예수님은 하나님이 많이 배우고 지혜로운 사람들이 아니라, 어린아이처럼 배운 것은 많지 않아도 순수한 사람들에게 깨달음을 주셔서(cf. 고전 1:25-31) 하나님 나라의 백성이 되게 하신 일에 감사하신다.

'감사하나이다'(ἐξομολογοῦμαί)는 '찬양하다'(NAS, NIV, NIRV)라는 의미도 지녔다(공동, NLT). 현재형 동사이며, 한 번이 아니라 지속적으로 계속 감사한다는 뜻이다. 기도는 기도하는 사람의 가장 깊고 진실한 생각을 드러낸다. 이러한 차원에서 예수님의 감사 기도는 복음서에 기록된 예수님의 영적 자서전(spiritual autobiography)에서 가장 중요한 조각이다(Tasker). 우리도 예수님이 하나님께 꾸준히 기도하시는 모습을 답습해야 한다.

'숨기시고…나타내심'(21절)은 하나님의 택하심(election)에 관한 표현이다. 하나님의 뜻이기 때문이다(21절). '뜻'(εὐδοκία)은 좋은 의도를 가지고 계획한 일을 의미한다. 그러므로 번역본들은 '은혜로운 뜻'으로 번역한다(새번역, 아가페, NRS, ESV). 하나님은 모든 사람에게 하나님 나라를 보여 주시는 것이 아니라, 선택하신 소수에게만 보이시는 것을 기뻐하신다. 또한 예수님이 하나님의 아들 메시아라는 사실도 모든 사람에게 보이시는 것을 원치 않으신다. 하나님 나라에 입성하기에 합당한 사람들에게만 보이신다. 그러므로 예수님을 믿는 사람들은 하나님이 그들을 선택하신 것에 대해 더욱더 감사할 이유가 있다.

예수님은 이 기도를 통해 자신이 하나님과 '아버지-아들' 관계를 누리는 메시아임을 확인하신다(21-22절). 요한복음의 '아버지-아들' 언어와 매우 비슷하다(cf. 요 3:35; 5:19-30; 6:46; 7:16, 28-29; 8:27-29, 54-55). 그래서 학자들은 이 말씀을 '요한스러운 천둥'(Johannine thunderbolt)이라 하기도 한다(Osborne). 공관복음의 기독론을 연구하는 데 매우 중요한 말씀이다(Ladd). 이 말씀은 누가복음의 일부가 아니었으며 훗날 초대교회가 요한복음을 근거로 삽입한 것이라고 주장하는 이들도 있지만, 근거 없는 주장이다.

누가의 기독론에서 예수님이 하나님의 아들이시라는 사실은 가장 중요하다고 할 수 있다. 예수님은 이미 천사들에게(1:32, 35), 세례를 받으실 때(3:22), 사탄에게 시험을 받으실 때(4:3-9), 귀신들을 내치실 때(4:41; 8:28), 변화산에서 모세와 엘리야를 만나셨을 때(9:35) 하나님의 아들이심이 확인되었다. 하나님과 예수님의 '아버지-아들' 관계가 '하나님-그리스도'(4:41; 9:20) 관계를 앞서는 더 중요한 관계다.

아들이신 예수님은 하나님 아버지께서 모든 것을 자기에게 주셨다고 하신다(22a절). 하늘과 땅에 있는 모든 것을 주셨으므로 세상에 예수님의 다스림 아래 없는 것은 없다는 뜻이다. 더 나아가 아버지 외에는 아들을 아는 자가 없고, 아들과 아들이 원하여 계시를 받은 사람(cf. 요 1:18) 외에는 아버지가 누구인지 아는 사람이 없다(27b-c절). 예수님을 통하지 않고는 누구도 하나님을 알 수도, 그 앞에 나아갈 수도 없다(cf. 요 14:6). 하나님은 자신의 고유 권한을 아들하고만 나누셨기 때문이다(Gundry, Keener). "내가 곧 길이요 진리요 생명이니 나로 말미암지 않고는 아버지께로 올 자가 없느니라"(요 14:6)라는 말씀을 생각나게 한다. 그러므로 하나님과 예수님의 아버지-아들 관계는 아버지-아들 관계를 포함한 모든 인간관계와 지식으로는 결코 알 수 없는 것들을 알게 했다(Ladd).

이미 예수님을 메시아로 영접한 제자들은 보는 눈을 가진 사람들이다. 그러므로 예수님은 조용히 제자들에게 그들이 보는 것을 보는 눈은 복이 있다고 하신다(23절). 제자들에게 주신 수훈(beatitude)은 고라신과 벳새다와 가버나움에 선포하신 화(woe)와 대조를 이룬다. 하나님이 그들로 하여금 보고 깨닫도록 축복하셨기 때문이다. 제자들은 자신들이 얼마나 큰 복을 받았는지 잘 모를 것이다. 또한 그들이 얼마나 큰 특권을 누리고 있는지에 대해서도 별로 생각해 보지 않았을 것이다.

그래서 예수님은 제자들이 구약 시대 선지자들과 임금들이 참으로 보고 싶어 했지만 보지 못했고, 듣고 싶어 했지만 듣지 못했던 것들을 누리고 있다고 하신다(24절). 미래를 볼 수 있었던 선지자들은 메시아 시대를 보았다. 그러나 먼 발치에서 부러워할 뿐 누릴 수는 없었다. 그들이 살아 있는 동안에는 메시아가 다스리시는 시대가 도래하지 않았기 때문이다. 신분이 가장 높다고 하는 왕들도 장차 임할 하나님 나라를 참으로 사모했지만, 그 나라의 일부가 될 수 없었다. 그들의 시대에는 하나님 나라가 임하지 않았기 때문이다(cf. 롬 4:1-25). 이제 드디어 메시아이신 예수님을 통해 하나님의 나라가 임했다! 하나님 나라 백성이 된 제자들은 구약의 선지자들과 왕들의 선망의 대상이 되었다.

이 말씀은 우리가 얼마나 큰 복을 받았으며, 얼마나 큰 특권을 누리고 있는지 생각하게 한다. 구약 시대 사람들이 그렇게 갈망했던 것들을 우리는 당연한 것으로 누리고 있기 때문이다. 이러한 사실은 우리가 별로 가진 것이 없다 할지라도 무엇에 대해, 어떻게 하나님께 감사해야 하는지 생각하게 한다. 구약 시대 성도들이 갈망했지만 경험하지 못했던 일을 우리는 누리고 있다. 이 사실 하나만으로도 우리는 하나님께 감사할 수 있다.

V. 예루살렘 여정(9:51-19:27)

B. 가르침(10:25-11:13)

앞 섹션(10:1-24)에서 제자 72명을 파송해 사람들을 치료하고 하나님 나라 복음을 선포하게 하신 예수님이 본격적으로 가르치기 시작하신다. 예수님의 가르침에 관한 첫 번째 섹션을 형성하는 본문은 다음과 같이 구분된다.

A. 선한 사마리아인 비유(10:25-37)

B. 마리아와 마르다(10:38-42)

C. 이렇게 기도하라(11:1-13)

V. 예루살렘 여정(9:51-19:27)
  B. 가르침(10:25-11:13)

1. 선한 사마리아인 비유(10:25-37)

교회학교에서 자주 듣고 또 연극으로도 올리던 선한 사마리아인에 관한 말씀이다. 복음서 저자 중에서 누가만이 유일하게 이 가르침을 기록하고 있다. 누가의 고유 출처(L)에서 비롯된 이 본문은 다음과 같이 세 파트로 구분된다.

A. 비유의 정황(10:25-29)

B. 비유(10:30-35)

C. 비유의 의미(10:36-37)

V. 예루살렘 여정(9:51-19:27)
  B. 가르침(10:25-11:13)
    1. 선한 사마리아인 비유(10:25-37)

(1) 비유의 정황(10:25-29)

[25] 어떤 율법교사가 일어나 예수를 시험하여 이르되 선생님 내가 무엇을 하여야 영생을 얻으리이까 [26] 예수께서 이르시되 율법에 무엇이라 기록되었으며 네가 어떻게 읽느냐 [27] 대답하여 이르되

네 마음을 다하며

목숨을 다하며

힘을 다하며

뜻을 다하여

주 너의 하나님을 사랑하고

또한 네 이웃을 네 자신 같이 사랑하라

하였나이다 ²⁸ 예수께서 이르시되 네 대답이 옳도다 이를 행하라 그러면 살리라 하시니 ²⁹ 그 사람이 자기를 옳게 보이려고 예수께 여짜오되 그러면 내 이웃이 누구니이까

예수님을 시험하기 위해 한 율법 교사가 나섰다(25a절). 일상적으로 이런 사람을 '서기관'(γραμματεὺς)이라고 한다. 그러나 본문이 '율법 교사'(νομικὸς)라고 칭하는 것은 이 질문이 율법에 관한 것임을 강조하며, 이 일을 위해 최고의 율법 전문가(professional theologian)가 나섰다는 것을 암시한다. '시험하다'(ἐκπειράζω)는 부정적인 시각에서 예수님을 테스트하는 것이다(NIDNTT). 이 율법 교사도 나쁜 의도로 예수님께 질문한다(cf. 29절). 그러나 예수님을 올무에 걸리게 하려는 질문은 아니다. 그는 예수님이 율법에 대해 얼마나 잘 알고 있는지를 시험하고자 한다.

율법 교사는 일어나 예수님을 선생님이라고 부르면서 무엇을 해야 영생을 얻을 수 있느냐고 물었다(25b절). 당시 스승은 가르칠 때 앉아서 말하고, 제자들은 존경을 표하는 의미에서 스승 주위에 둘러서서 가르침을 받았다. 이 율법 교사도 예수님께 예우를 갖추어 가르침을 바라는 학생처럼 서서 질문했다. 구약에서 '영생'(ζωὴν αἰώνιον, חַיֵּי עוֹלָם)은 흔한 개념이 아니지만 다니엘 12:2이 언급하고 있으며, 시편 37:18도 '영원한 기업'(נַחֲלָתָם לְעוֹלָם, ἡ κληρονομία εἰς τὸν αἰῶνα)에 관해 말한다. 희미하지만 구약도 영생에 대해 가르치고 있는 것이다.

그러나 그는 예수님을 시험하고 있다. '선생님'(διδάσκαλος)은 예수님을 메시아로 믿지 않는 사람들이 주님을 부를 때 존경의 의미를 담아 사용하는 호칭이다. 이 율법 교사는 자타가 인정하는 '율법 선생'이다.

그는 예수님이 '선생'(전문가)이 아니라는 것을 입증하러 왔다. 그러므로 그가 예수님을 '선생님'이라고 부르는 것은 냉소적인 의미를 담고 있다.

예수님은 그에게 율법에 무엇이라고 기록되었으며, 그는 이 율법을 어떻게 읽는지 되물으셨다(26절). '율법'(νόμος)은 오경 혹은 구약 전체를 의미한다. 당시 랍비들은 율법은 모두 중요하지만 그중에서도 특별히 중요한 것들이 있다고 생각했다. 그러므로 그들은 율법 중 어떤 것이 무겁고 가벼운지, 혹은 크고 작은지에 대해 끊임없이 논쟁을 벌였다. 이 율법 교사는 이 같은 논쟁에 익숙한 사람이다. 그는 예수님도 이러한 논쟁에 대해 잘 알고 있는지를 시험한다. 예수님의 전문성을 테스트하고자 하는 것이다. 이에 대해 예수님은 "너는 율법학자이니 율법이 어떻게 하면 영생을 얻을 수 있다고 하는지 네가 대답해 보라"라는 취지로 물으셨다. 질문을 질문으로 답하신 것이다.

율법 교사는 신명기 6:5과 레위기 19:18을 인용해 대답했다. "네 마음을 다하며 목숨을 다하며 힘을 다하며 뜻을 다하여 주 너의 하나님을 사랑하라"는 일명 '셰마'(שְׁמַע, '말씀'이라는 의미)로 알려진 신명기 6:4–9의 일부다. 셰마(Shema)는 이스라엘 종교의 가장 밑바탕이 되는 하나님에 대한 진리(여호와는 한 분이라는 사실) 선언과 하나님 백성의 가장 기본적인 의무(모든 것을 다 바쳐 한 분이신 하나님을 사랑하는 것)를 정의하는 것으로 일종의 고백(creed)이다(cf. 『엑스포지멘터리 신명기』). 그러므로 유대인들은 매일 아침과 저녁에 셰마를 읽으며 신앙을 고백했다. 랍비들은 셰마가 (1)마음에서 우러나는 순종과 헌신, (2)순교를 통해 목숨까지 드릴 것, (3)모든 생각(뜻)이 하나님께 맞춰져 있을 것을 요구한다고 해석했다(Davies & Allison, Luz). 처음 세 가지(마음, 목숨, 뜻)는 사람의 내면적인 것들이며 네 번째인 '힘'은 내면적인 세 가지를 외적으로 드러내는 것이다. 또한 외적으로 드러나는 힘은 이웃을 사랑할 때도 필요하다(Nolland).

율법 교사는 하나님을 전적으로 사랑하는 것 다음으로 중요한 율법은 '네 이웃을 네 자신같이 사랑하는 것'이라고 했다(27b절). 그는 레위기 19:18을 인용하고 있다. '사랑하라'(ἀγαπήσεις)는 미래형이다. 율법은 사람이 평생 하나님과 이웃을 사랑하며 살 것을 요구한다.

하나님을 사랑하는 것과 이웃을 사랑하는 것은 항상 쌍을 이룬다. 이웃은 하나님의 형상과 모양에 따라 창조되었으므로 하나님을 사랑하는 사람은 주님의 형상에 따라 빚어진 이웃도 사랑해야 하기 때문이다. 그러므로 이웃을 사랑하라는 말씀은 하나님을 사랑하라는 말씀에서 자연스럽게 흘러나온 것이다. 하나님을 사랑하고 이웃을 사랑하는 것은 구약 종교의 바탕이자 윤리다. 또한 구약 윤리와 신약 윤리를 연결하는 지렛대의 받침점이다.

이웃을 사랑하는 것은 감정적인 것이 아니라 의지적인 것이다. 이웃에게 유익하고 도움이 되는 일을 하는 것을 뜻한다(Boring, cf. 레 19:34). 이 말씀은 자신을 천하게 생각하라는 뜻이 아니다. 남을 자신처럼 귀하게 생각하라는 뜻이다. 그러므로 자신을 귀하게 여기며 사랑하지 않는 사람은 이웃도 사랑할 수 없다.

율법 교사는 이 두 가지가 율법의 핵심이자 요약이기 때문에 이 두 가지 율법을 행하면 영생을 얻을 것으로 생각한다고 말했다. 예수님은 그의 대답이 옳다고 하시면서 그가 대답한 대로 살면 영생을 얻을 것이라고 하셨다(28절). 그가 아는 대로만 실천하면 하나님 나라에 들어가는 것은 별문제가 아니라는 뜻이다. 영생은 사람이 '무엇을 해야만'(must do) 얻는 것이 아니라, '무엇을 할 때'(does) 얻는 것이다(Garland). 정답을 안다고 할지라도 그 정답대로 살지 않으면 영생을 얻을 수 없다(Craddock). 예수님의 '율법대로 행하면 살리라'라는 말씀은 레위기 18:5을 연상케 한다. "너희는 내 규례와 법도를 지키라 사람이 이를 행하면 그로 말미암아 살리라 나는 여호와이니라."

예수님을 시험하려고 영생에 대해 질문했던 율법 교사가 이번에는 자기가 사랑해야 할 '이웃'이 누구냐고 물었다(29절). 누가는 그가 '이웃'

의 한계를 어디까지 보아야 하는지에 대해 진솔한 고민에서 질문한 것이 아니라(cf. 레 19:18, 34), 자신을 옳게 보이려고 질문했다고 한다. 당시 유대교에서는 누가 이웃인지에 대한 논쟁이 활발하게 진행되고 있었다(Bock, Culpepper). 그렇다면 그는 이 질문을 통해 어떻게 옳게 보이고자 했을까? 그가 예수님께 기대한 대답은 당시 정서를 반영한 "네 이웃은 다름 아닌 네 가족과 친척들과 친구들이다"라는 말이다(Bailey). 그러면 율법 교사는 이에 대해 "저는 평생 제 가족과 친척들과 친구들을 사랑했습니다"라고 대답할 것이고, 예수님은 그의 말을 듣고 "잘했다"라며 그를 칭찬할 것이다. 이 율법 교사와 예수님의 대화를 옆에서 듣고 있던 사람들은 그 사람을 의인이라고 칭찬하며 부러워할 것이다. 율법 교사는 이러한 시나리오를 기대하고 있다. 그러나 예수님은 그가 기대한 답을 말씀하지 않으시고 '이웃'에 대한 정의를 완전히 새롭게 하셨다. 율법 교사의 생각에 '이웃이 될 수 없는 사람'을 예수님은 '이웃'이라고 하시기 때문이다.

이 말씀은 성경이 어떤 목적으로 우리에게 주어진 것인지 생각하게 한다. 성경은 우리에게 하나님을 사랑하는 방법과 이웃을 사랑하는 방법을 가르쳐 준다. 하나님과 이웃을 사랑하는 것은 율법의 요약이자 행동 강령이다.

하나님을 사랑하는 것과 이웃을 사랑하는 것을 예수님이 지신 십자가 이미지와 연결해 생각하면 더 은혜가 된다. 십자가의 수직 기둥은 하나님을 사랑하는 것으로, 수평 기둥은 이웃을 사랑하는 것으로 상상해 보라. 예수님은 죽음을 통해 이 두 기둥을 연결시키셨다. 우리가 주님을 따라 십자가를 진다는 것은 하나님을 사랑하고 이웃을 사랑하는 것을 의미한다.

V. 예루살렘 여정(9:51-19:27)
  B. 가르침(10:25-11:13)
    1. 선한 사마리아인 비유(10:25-37)

---

(2) 비유(10:30-35)

30 예수께서 대답하여 이르시되 어떤 사람이 예루살렘에서 여리고로 내려가다가 강도를 만나매 강도들이 그 옷을 벗기고 때려 거의 죽은 것을 버리고 갔더라 31 마침 한 제사장이 그 길로 내려가다가 그를 보고 피하여 지나가고 32 또 이와 같이 한 레위인도 그 곳에 이르러 그를 보고 피하여 지나가되 33 어떤 사마리아 사람은 여행하는 중 거기 이르러 그를 보고 불쌍히 여겨 34 가까이 가서 기름과 포도주를 그 상처에 붓고 싸매고 자기 짐승에 태워 주막으로 데리고 가서 돌보아 주니라 35 그 이튿날 그가 주막 주인에게 데나리온 둘을 내어 주며 이르되 이 사람을 돌보아 주라 비용이 더 들면 내가 돌아올 때에 갚으리라 하였으니

이레네우스(Irenaeus), 클레멘트(Clement), 오리겐(Origen), 크리소스톰(Chrysostom), 암브로스(Ambrose), 아우구스티누스(Augustinus) 등 수많은 교부가 선한 사마리아인 비유를 알레고리(allegory)로 해석했다. 그들의 해석을 종합해 보면 이야기에 나오는 모든 요소에 대한 영해가 가능했다. 중세기 가톨릭교회에서도 이러한 해석이 이 이야기에 대한 유일한 해석이 되다시피 했다. 다음 도표를 참조하라(cf. Mazamisa).

등장 요소	영해
예루살렘	낙원(에덴)
강도를 만난 사람	아담
여리고	세상
강도들	세상 권세자들
제사장	율법
레위 사람	선지자들

사마리아인	예수님
상처	불순종
주막	교회
주막 주인	교회 지도자
돌아오겠다는 말	재림

그러나 종교 개혁자들은 영해는 성경 말씀을 가지고 음란한 행위를 하는 것과 별반 다를 바 없다며 알레고리적 해석의 정당성을 완강하게 부인했다. 이후 개신교는 영해를 정당한 해석으로 인정하지 않는다(cf. Bailey, Bock, Bovon, Liefeld & Pao, Nolland). 영해의 가장 큰 문제는 성경 저자가 자신의 글이 이렇게 해석되기를 바라고 쓰지 않았다는 데 있다. 또한 영해는 해석하는 사람에 따라 현저하게 달라진다. 해석 기준이 없기 때문이다. 세상 말로 코에 걸면 코걸이, 귀에 걸면 귀걸이가 되는 것이 알레고리적 해석이다. 그러므로 종교 개혁자들의 후예라고 자부하는 우리는 이런 해석을 완전히 배제해야 한다.

우리가 사랑해야 할 이웃이 누구인가 하는 율법 교사의 질문에 예수님은 비유로 대답하셨다(30a절). 어떤 사람이 예루살렘에서 여리고로 내려가다가 강도를 만났다(30b절). 당시 예루살렘에서 여리고로 가는 길은 27km에 달했으며, 높이 차이도 1,100m나 되었다(ABD). 예루살렘 지역을 벗어나면 여리고에 도달할 때까지 대부분 광야를 지났으며, 수많은 동굴이 있어 강도들이 곳곳에 숨어 있다가 여행자들을 강탈하기에 안성맞춤이었다. 이 길의 위험성을 오늘날 상황에 빗대자면 깊은 밤에 우범 지역을 지나가는 것과 같았다(Bock).

당시 가나안 지역 전반에서 강도질과 약탈이 성행했기에 사람들은 무리를 지어 낮에 다녔다. 그러므로 강도를 만난 사람이 이 위험한 길을 홀로 간 것은 무모한 짓이라 할 수 있다. 결국 그는 소지한 것을 모두 빼앗겼고, 강도들은 그의 옷까지 벗기고 때린 후 거의 죽게 된 그를 버리고 갔다(30c절).

한 제사장이 그 길을 내려가다가 쓰러진 사람을 보고 피해서 지나갔다(31절). '내려가다'(καταβαίνω)는 높은 곳에서 낮은 곳으로 가는 것을 뜻한다(NIDNTT). 또한 유대인들은 항상 예루살렘으로 갈 때는 '올라간다'(ἀναβαίνω)고 하고(cf. 마 20:17; 행 15:2; 21:12; 25:9; 갈 1:17), 예루살렘에서 다른 곳으로 갈 때는 이 이야기에서처럼 '내려간다'((καταβαίνω)고 했다(30, 31절; cf. 막 3:22; 행 11:27; 25:7). 제사장과 강도를 만난 사람은 둘 다 예루살렘에서 여리고로 가는 길이었던 것이다. '피해 지나가다'(ἀντιπαρῆλθεν)는 쓰러져 있는 사람을 피하기 위해 건너편(반대쪽)으로 갔다는 뜻이다(BAGD).

제사장은 종교인 중에 가장 경건하고 거룩한 사람이며 하나님께 드리는 예배를 인도하는 사람이다. 그는 성도들이 하나님께 드린 헌물을 사례로 받아 사는 사람이며, 하나님을 대신해서 성도들을 축복하고 치료하는 사람이다. 그런 그가 죽어 가는 사람을 보고도 일부러 거리를 두고 지나치고 있다. 이는 사람들의 헌금으로 먹고살면서도 그들의 고통에는 관심이 없었던 당시 제사장들의 행태를 보여 준다. 이 외 여러 가지 이유로 당시 일반인들은 제사장들을 좋아하지 않았다(Garland). 제사장이 예루살렘에서 여리고로 가는 것은 아마도 세례 요한의 아버지 사가랴처럼 성전에서 제사장 직무를 마치고 집으로 돌아가는 길이었을 것이다(Nolland, cf. 1:5-8).

어떤 이들은 그가 이 사람을 그냥 지나치는 이유는 제사장이 주검을 만지면 7일 동안 부정하게 되는 것(cf. 민 19:11-19) 때문이라고 한다. 강도 만난 사람이 이미 죽은 것으로 생각했다는 것이다. 그러나 별 설득력 없는 추측이다(cf. Bock). 만일 그가 성전에서 직무를 수행하기 위해 예루살렘으로 올라가는 길이었다면 그럴 수 있겠지만, 이 제사장은 예루살렘을 떠나고 있기 때문에 7일 동안 부정하게 된다고 해서 문제 될 만한 일은 없다(Jeremias). 만일 강도 만난 사람이 죽었다고 생각했다면 제사장에게는 그의 시체라도 묻어 주어야 하는 도의적인 책임이 있다

(Culpepper). 게다가 아직 이 사람은 죽지 않았다.

율법은 만일 유대인이 이런 일 당한 것을 목격하게 되면 반드시 도와야 한다고 한다(레 19:16). 그러므로 제사장이 돕지 않은 것은 그가 이방인이었기 때문이라고 주장하는 이들도 있다(cf. Bovon). 그러나 쓰러져 있는 사람은 발가벗겨진 상태이기 때문에 이방인인지, 유대인인지 구분할 수 없다(Jeremias). 그는 죽어 가는 사람에게 눈을 감은 매정한 제사장일 뿐이다.

시간이 얼마나 흘렀을까? 이번에는 레위 사람이 쓰러져 있는 사람을 목격했다(32절). 그러나 그도 제사장처럼 거리를 두고 돌아갈 뿐 어떠한 도움도 주지 않았다. 이 사람도 변명의 여지가 없기는 제사장과 마찬가지다.

제사장과 레위 사람은 유대교의 '인싸들'(insiders)이다. 하나는 성직자로, 하나는 평신도로 종교 예식을 진행하는 사역자들이다. 그들은 하나님의 말씀을 선포하고 가르치지만, 정작 자신들이 가르치는 하나님의 말씀에 따라 사는 일에는 관심이 없다. 어떤 이들은 강도 만난 사람이 아마도 순례자였을 것이라고 한다(Garland). 당시 갈릴리 지역이나 요단강 동편에서 순례를 떠난 사람들은 대부분 모두 여리고를 통해 예루살렘으로 향했기 때문에 가능한 일이다. 그렇다면 제사장과 레위 사람의 죄는 더 무겁다. 그들은 이 순례자가 드린 헌금으로 먹고살면서, 정작 헌금을 드린 순례자를 돕지 않기 때문이다.

쓰러져 있는 사람을 지나가는 세 번째 사람은 여행 중인 사마리아 사람이었다(33a절). 유대교를 정의할 때 '제사장들과 레위 사람들과 모든 백성'이라고 일컫는 것을 고려하면(Gourges, cf. 대상 28:21; 대하 34:30; 스 2:70; 7:7, 13; 8:15; 9:1; 10:5; 느 8:13; 11:3, 20), 이미 모습을 보인 제사장과 레위 사람 다음으로 유대교 평신도가 나올 만한데 사마리아 사람이 등장하는 것이 특이하다. 더욱이 사마리아 사람들은 반(半)유대인 혼혈로 유대인들에게 경멸의 대상이었던 만큼 사마리아 사람이 이 비유에 모습을 보이는 것은 더욱더 특별하다(Culpepper, Gourges).

사마리아 사람은 여행 중이라 갈 길이 바쁘지만, 쓰러져 있는 사람을 보고 불쌍히 여겼다(33b절). 그는 가던 길을 멈추고 쓰러져 있는 사람에게 곧바로 응급처치를 했다. 생각해 보면 위험한 상황이다. 주변에서 강도들이 지켜보고 있다가 그를 습격할 수도 있기 때문이다. 그러나 이 선한 사마리아 사람은 아랑곳하지 않고 쓰러져 있는 사람의 몸과 상처에 기름과 포도주를 붓고 싸맸다(34a절). 환자가 옷을 모두 빼앗긴 상황이니 자기 옷을 찢어 그의 상처를 싸맸을 것이다(Liefeld & Pao). 기름은 상처와 증세를 완화시키는 효과를 내며, 술은 살균제 역할을 한다(Jeremias).

응급처치를 끝낸 사마리아 사람은 그를 자신이 타고 가던 짐승(나귀?)에 태워 가까운 주막으로 가서 보살펴 주었다(34b절). '주막'(πανδοχεῖον)은 이곳에서 단 한 번 사용되는 명사다. 문자적으로 풀이하면 '모든 사람을 환영'한다는 뜻을 지녔다. 교부들이 알레고리적 해석을 주장했던 근거 중 하나가 교회를 '모든 사람을 환영하는 주막'으로 생각했기 때문이다.

사마리아 사람에 관한 이야기는 '이르다, 불쌍히 여기다, 가까이 가다, 붓다, 싸매다, 태우다, 데리고 가다, 돌보다' 등(33-34절) 온갖 동사로 가득하다(Culpepper). 이 동사들은 모두 환자를 돕기 위한 그의 노력을 묘사한다. 그가 환자를 돕는 일은 다음 날에도 계속되었다(35절). 그는 주막 주인에게 두 데나리온을 주며 환자를 돌봐 달라고 부탁했다. 두 데나리온이면 당시 노동자의 이틀 치 임금이며, 한 사람이 3주 동안 먹을 수 있는 식량을 살 수 있었다(Oakman). 사마리아 사람은 주막 주인에게 딱 필요한 만큼을 주며 환자를 돌보게 한 것이다. 또한 그는 주막 주인에게 비용이 더 들면 돌아올 때에 갚겠다고 했다.

선한 사마리아 사람 비유는 시범 이야기(example story)라 할 수 있다(Mazamisa). 사마리아 사람은 우리의 이웃이 누구인지를 설명하는 좋은 사례라는 것이다. 이웃은 우리가 친하게 지내고 사랑하는 사람이 아니다. 유대인들은 사마리아 사람은 결코 그들의 이웃이 될 수 없다고 단정했다. 그러나 예수님은 우리가 곤경에 빠졌을 때 주저하지 않고 도와주는 사람이 이웃이라고 정의하신다. 이 사마리아 사람처럼 말이다.

이 말씀은 우리에게 이 선한 사마리아 사람 같은 이웃이 있는지 되돌아보게 한다. 우리가 주변 사람들을 자비롭고 선하게 대하며 살았다면, 이런 이웃이 몇 명은 있을 것이다. 만일 없다고 생각된다면 지금부터 이웃을 만들어 가야 한다. 이런 이웃을 만드는 유일한 방법은 우리가 먼저 이런 이웃이 되는 것이다.

> V. 예루살렘 여정(9:51-19:27)
>   B. 가르침(10:25-11:13)
>   1. 선한 사마리아인 비유(10:25-37)

(3) 비유의 의미(10:36-37)

36 네 생각에는 이 세 사람 중에 누가 강도 만난 자의 이웃이 되겠느냐 37 이르되 자비를 베푼 자니이다 예수께서 이르시되 가서 너도 이와 같이 하라 하시니라

예수님은 사람들 앞에서 자신의 의를 드러내고자 '이웃'의 범위에 대해 질문했던 율법 교사에게 전혀 예측하지 못한 답을 제시하셨다. 비유를 마치신 예수님은 율법 교사에게 질문하셨다. "제사장과 레위 사람과 사마리아 사람 중 누가 강도 만난 자의 이웃이 되겠느냐?"(36절). 율법 교사인 이 사람도 제사장과 레위 사람처럼 유대교 지도자다. 그러나 아무리 팔이 안으로 굽는다 해도 이 이야기에서는 차마 제사장이나 레위 사람이 강도 만난 사람의 이웃이라고 할 수 없다. 만일 그렇게 대답하면 예수님의 가르침을 듣고 있던 사람들이 가만히 있지 않을 것이기 때문이다.

그러나 그는 '사마리아 사람'이라고 말할 수도 없다(cf. Culpepper). 자존심이 상하는 일이고, 그들의 관점에서 사마리아 사람들은 모두 부정하고 나쁜 사람들이기 때문이다(cf. Bock, Liefeld & Pao). 예수님은 그의 생각을 아시기 때문에 비유에서 '백성' 대신 '사마리아 사람'을 등장시키셨다. 가장 낮은 자도 이웃이 될 수 있다는 것을 보여 주기 위해서다. 그러므로 그는 '자비를 베푼 자'라고 돌려서 대답했다(37a절). 우리는 이 말을 하는 그의 얼굴이 빨개졌을 것으로 상상할 수 있다.

예수님은 "너도 이와 같이 하라"라고 말씀하셨다(37b절). 논쟁하자고 덤벼든 율법 교사에게 예수님은 아는 것을 실천하며 살면 영생을 얻을 것이라고 하신다. 신학적인 논쟁은 대부분 부질없는 짓이며 하나님의 말씀을 삶에서 실천하며 사는 것이 중요하다는 뜻이다.

이 말씀은 편견을 가지고 이웃을 찾지 말라고 한다. 유대인들이 경멸했던 사마리아 사람이 곤경에 빠진 사람의 이웃이다. 성경은 우리의 사회적 지위나 학벌에 상관없이 서로에게 사랑의 빚을 지며 살아도 된다고 한다. 우리는 서로에게 사랑을 베풀고 사랑을 받으며 사는 이웃이 되어야 한다. 주님 안에서 어울 더울 사는 것이 믿음 공동체다.

또한 신학적인 이론과 지식보다 더 소중한 것은 신앙을 실천하는 것이다. 종교 지도자들이었던 제사장과 레위 사람은 강도를 만난 사람의 이웃이 될 수 없었다. 하나님 말씀에 대한 그들의 지식이 삶으로 승화되지 않았기 때문이다. 반면에 하나님 말씀에 대해 별로 아는 바가 없었던 사마리아 사람은 강도 만난 사람을 도움으로써 그에게 이웃이 될 수 있었다. 그는 우리가 서로를 어떻게 대해야 하는지에 대한 창조주의 뜻(보편 계시)을 알고 실천했기 때문이다.

2. 마리아와 마르다(10:38-42)

[38] 그들이 길 갈 때에 예수께서 한 마을에 들어가시매 마르다라 이름하는 한 여자가 자기 집으로 영접하더라 [39] 그에게 마리아라 하는 동생이 있어 주의 발치에 앉아 그의 말씀을 듣더니 [40] 마르다는 준비하는 일이 많아 마음이 분주한지라 예수께 나아가 이르되 주여 내 동생이 나 혼자 일하게 두는 것을 생각하지 아니하시나이까 그를 명하사 나를 도와 주라 하소서 [41] 주께서 대답하여 이르시되 마르다야 마르다야 네가 많은 일로 염려하고 근심하나 [42] 몇 가지만 하든지 혹은 한 가지만이라도 족하니라 마리아는 이 좋은 편을 택하였으니 빼앗기지 아니하리라 하시니라

요한은 마리아와 마르다가 예루살렘에서 3㎞ 밖에 있는 베다니라는 마을에서 살았다고 한다(요 11:1, 18). 누가는 의도적으로 그들이 사는 마을의 이름을 밝히지 않으며 '한 마을'이라고 한다(38절). 이 이야기를 시대적 순서에 따라 언급하고 있지 않기 때문이다. 누가가 예루살렘 여정을 기획한 바에 따르면 예수님은 아직 예루살렘 근처에 도착하실 때가 아니다(Marshall, Liefeld & Pao).

그렇다면 누가는 왜 이곳에서 마리아와 마르다 이야기를 하는 것일까? 예수님의 가르침의 중요성을 강조하기 위해서다. 선한 사마리아 사람 이야기는 하나님의 말씀과 상관없이 선행을 하면 된다는 오해를 불러일으킬 수 있다. 이때 하나님의 말씀을 배우는 것이 어떠한 선행보다 중요하다고 하는 마리아와 마르다 이야기가 곧바로 뒤따르며 이러한 오해를 불식시키고 있다(Culpepper, Kilgallen). 마리아와 마르다의 행동은 다음과 같은 차이를 보인다(Alexander).

마리아	마르다
예수님의 발치에 앉음	예수님을 영접하고 섬김
예수님의 말씀을 들음	많은 일로 염려하고 근심함
한 가지 일을 함	여러 가지 일을 함
필요한 일을 함(칭찬)	필요 없는 일을 함
조용히 들음=제자의 역할	부엌에서 일함=여자 일과 불평

예수님은 제자 72명을 보내시며 어느 마을에 가든지 환영하는 사람의 집에 머물라고 하셨는데(10:5-7), 이번에는 예수님이 직접 실천해 보이신다. 예수님이 한 마을에 들어가시자 마르다라는 이름을 지닌 한 여인이 예수님을 자기 집으로 영접했다(38절). 예수님을 환영하는 것으로 보아 마르다가 집주인이다(cf. 19:6).

마르다에게는 마리아라는 여동생이 있었다. 예수님이 집에 들어오신 순간부터 마리아는 예수님의 발치에 앉아 말씀을 들었다(39절). 당시 사람들은 집 안에서도 남자와 여자가 거하는 공간을 구분했으며, 특별한 경우가 아니면 교류하지 않았다. 발치에 앉아 있는 것은 가르침을 받는 모습이다(cf. 행 22:3).

하나님은 변화산에서 제자들에게 "내 아들의 말을 들으라"라고 하셨다(9:35). 마리아는 하나님의 말씀을 가장 확실하게 실천하고 있다. 신앙 훈련과 제자의 삶은 듣는 데서 시작된다. 우리는 되도록이면 말씀을 많이 자주 들어야 한다.

마르다는 집에 들어온 손님들(예수님과 제자들)을 대접하느라 분주하다(40a절). 한 무리가 왔으니 준비할 것이 많고 마음의 여유도 없다. 반면에 마리아는 아무 일도 없는 것처럼 예수님의 발치에 앉아 가르침에만 집중하고 있다. 마르다는 예수님에게 서운하다. 이러한 상황을 잘 아시면서도 마리아에게 가서 언니를 도우라고 하지 않으시기 때문이다. 결국 마르다는 예수님에게 불만을 표한다(40절). 마르다는 예수님이 자기의 노력을 알아주지 않는다고 생각한다. 그녀의 말은 돌아온 탕자의 형이 하는 말을 생각나게 한다(cf. 15:25-32). 마르다가 마리아를 불러내 조용히 말하면 되는데, 굳이 예수님께 이렇게 말해야 하는가 싶다.

예수님은 마르다가 이렇게 말하는 이유를 아신다. 마르다는 많은 일로 염려하고 근심하기 때문이다(41절). 할 일은 많은데 일손이 부족하다고 생각하는 것이다. 마르다는 예수님 일행을 대접하는 좋은 일을 하고 있다. 그러나 동생을 비난하고 정죄하는 것은 잘못된 일이다. 게다가 예수님을 탓하는 것은 더욱더 나쁜 일이다.

예수님은 마르다에게 너무 많이 하려고 애쓰지 말라고 하신다(42a절). 마르다는 너무 많은 걸 준비하려다 보니 걱정과 염려가 앞섰다. 그러므로 간단히 준비하라고 하신다. 예수님은 대접받으러 이 집에 오신 것이 아니라 복음을 선포하기 위해 오셨기 때문이다(cf. Manson). 마르다와 대조적으로 마리아는 예수님 발치에 앉아 하나님 나라에 대해 배우고 있다. 마리아는 예수님의 방문 목적에 부합한 태도와 자세를 취하고 있는 것이다. 그러므로 예수님은 마리아는 좋은 편을 택했으니 빼앗기지 않을 것이라며 칭찬하신다(42b절). '편'(μερίδα)은 음식의 '몫' 혹은 '기업'을 뜻한다(창 43:34; 신 18:8; 삼상 1:4; 시 119:57). 마리아는 자기에게 적합한 몫을 택해 배움을 받고 있다는 뜻이다.

이 말씀은 하나님 나라에 대해 배우는 것과 섬김 중에 배우는 것이 더 소중하다고 한다. 섬김은 항상 할 수 있지만, 배움의 기회는 흔하지 않기 때문이다. 그러므로 우리는 기회가 주어질 때마다 하나님의 말씀을 배우려고 노력해야 한다.

섬김은 기쁜 마음으로 하는 것이다. 마르다는 섬기기 위해 많은 고민과 걱정을 하고 있다. 또한 도와주지 않는 동생을 탓하고 있다. 옳지 않다. 섬기면서 시험에 드는 것은 차라리 하지 않음만 못하다. 스스로 기뻐하며 하는 것이 섬김이며, 남을 탓하지 않고 하는 것이 섬김이다.

3. 이렇게 기도하라(11:1–13)

그동안 누가는 예수님이 틈만 나면 기도하셨다고 했다. 그러나 예수님이 무엇에 대해 어떻게 기도하셨는지에 대해서는 알려 주지 않았다. 이 섹션은 기도에 대한 예수님의 가르침을 담고 있다. 기도에 대한 가르침은 다음과 같이 세 파트로 구분된다.

　A. 기도의 모델(11:1–4)
　B. 주저하는 이웃 비유(11:5–8)
　C. 간절함(11:9–10)
　D. 자식에게 좋은 것을 주는 아버지 비유(11:11–13)

(1) 기도의 모델(11:1–4)

¹ 예수께서 한 곳에서 기도하시고 마치시매 제자 중 하나가 여짜오되 주여 요한이 자기 제자들에게 기도를 가르친 것과 같이 우리에게도 가르쳐 주옵소서 ² 예수께서 이르시되 너희는 기도할 때에 이렇게 하라
아버지여
이름이 거룩히 여김을 받으시오며
나라가 임하시오며
³ 우리에게 날마다 일용할 양식을 주시옵고
⁴ 우리가 우리에게 죄 지은 모든 사람을 용서하오니
우리 죄도 사하여 주시옵고

우리를 시험에 들게 하지 마시옵소서

하라

학자들은 대부분 요한복음 17장이야 말로 '주기도문'(Lord's Prayer)이고 이곳과 마태복음 6:9-13에 기록된 기도는 '제자기도문'(The Disciple's Prayer)으로 불려야 한다고 한다(cf. Guelich, Jeremias, Lohmeyer). 요한복음 17장은 예수님이 하나님 아버지께 하신 중보 기도였고, 본문은 제자들에게 이렇게 기도하라며 가르쳐 주신 제자들을 위한 기도이기 때문이다. 그러나 '주기도문'을 '주님께서 가르쳐 주신 기도문'으로 이해하면 된다.

주기도문은 이곳에 있는 것보다 더 자세한 버전으로 마태복음 6:9-13에 등장한다. 그래서 어느 것이 오리지널인지에 대해 학자들 사이에 다소 논란이 있다(cf. Bovon, Dunn, Nolland). 대부분은 둘 다 서로 다른 상황에서 가르치신 오리지널 기도문이라고 한다(Carson, Morris, Tasker, Osborne, Wilkins).

복음서에 기록된 예수님의 말씀 중에 실제 예수님이 하신 말씀만 구분해 역사적 예수를 찾겠다고 시도한 예수 세미나(Jesus Seminar)의 황당함과 무용성을 가장 확실하게 보여 주는 것이 바로 주기도문이다. 그들은 이 장엄한 기도문에서 예수님이 실제로 하신 말씀은 '아버지'(Father)뿐이라고 한다(Crossan, Funk et al.). 나머지는 모두 다른 사람들(마태, 마태 공동체 등)이 한 말이라고 주장한다. 그렇게 결론 지을 만한 증거가 있는가? 전혀 없다. 단지 그런 예감이 든다는 것뿐이다. 참으로 어이없고 소모적인 세미나다.

주기도문은 구약에서 유래를 찾아볼 수 없는 독특한 기도다. 다만 유대인들이 회당에서 설교가 끝날 때 드린 기도(Kaddish)와 어느 정도 유사한 점을 지니고 있다(cf. Baumgardt, Davies & Allison, Goulder, Jeremias). 초대교회는 주기도문을 매우 중요하게 여겼으며 2세기 중반부터는 성도들이 매일 세 차례 드리는 기도가 되었다(Didache 8.3).

주기도문 해석에서 이슈가 되는 것은 이 기도문이 하나님 나라가 최종적으로 임할 때 실현될 종말론적인 기도인지, 혹은 우리의 일상 (오늘 이 순간)에 관한 기도인지에 관한 것이다(cf. Bock, Blomberg, Brown, Jeremias). 만일 종말론적인 기도라면 이 기도문이 언급하는 내용은 모두 종말에 완성될 것들이다. 예를 들면 일용할 양식은 하늘의 양식 만나가 된다. 그러므로 우리는 미래를 꿈꾸며 희망 사항으로 이 기도를 드려야 한다. 반면에 우리의 일상을 위한 기도라면 이 기도문의 모든 내용은 우리의 삶에서 실현되는 것들이다.

아마도 두 가지 요소(종말론적인 의미와 우리의 일상을 위한 것)가 모두 포함되어 있는 듯하다. 하나님의 이름이 거룩히 여김을 받고 하나님의 나라가 임하는 것은 오늘날에도 있는 일이기는 하지만, 최종적으로는 종말에 완전한 형태로 이뤄질 일이다. 반면에 일용할 양식과 서로를 용서하고 시험에 들지 않게 해 주시는 일은 오늘 이 순간 우리에게 필요한 것이다.

예수님이 이 기도를 제자들에게 주신 것은 주님의 솔선수범에서 유발된 감동 때문이다. 예수님은 평상시 하시던 대로 한적한 곳을 찾아 기도하셨다(1a절; cf. 3:21; 4:42; 5:16; 6:12; 9:18, 28). 예수님은 기도를 통해 하나님 아버지로부터 능력을 공급받으셨다고 해도 과언이 아니다. 예수님이 기도를 마치시자 옆에서 지켜보던 제자 중 하나가 세례 요한이 그의 제자들에게 기도를 가르친 것처럼 자기들에게도 기도를 가르쳐 달라고 했다(1b절). 누가는 제자의 이름을 밝히지 않지만, 이때까지 사례들을 종합해 보면 아마도 베드로였을 것이다.

예수님은 기도를 가르쳐 달라는 제자들에게 이렇게 기도하라며 기도문을 가르쳐 주셨다(2절). 명령문을 사용하시지만, 이 말씀은 명령보다는 "이렇게 기도해보지 않겠니?" 정도의 부드러운 권면 또는 초청이다 (Wright).

마태복음의 주기도문이 여섯 개의 간구(petition)로 이뤄져 있는데 반해 누가의 주기도문은 다섯 개의 간구로 구성되어 있다. 빠진 것은 하나님의 뜻이 하늘에서 이루어진 것 같이 땅에서도 이루어지기를 바라는 현재와 종말을 아우르는 염원이다(마 6:10). 누가의 다섯 간구 중 두 가지는 하나님과 주님 나라에 대한 것이며, 나머지 세 개는 우리 자신을 위한 간구다. 하나님과 하나님 나라에 대한 처음 세 간구는 종말에 최종적으로 완성될 기도이며, 우리 자신을 위한 기도는 현재에 이뤄질 것들이다. 혹은 하나님의 이름과 나라에 대한 위대한 테마를 구성하고 있는 처음 두 간구는 우리의 가까운 미래에 실현될 일이고, 일용할 양식과 죄 사함과 시험 등 사람이 일상에 필요한 것들은 우리의 삶에서 당장 실현될 것들이다(Wilkins).

주님의 기도가 하나님에 대한 간구와 우리 자신을 위한 간구로 구분되는 것은 십계명을 연상케 한다. 십계명을 새긴 두 돌판 중 처음 것은 하나님과 사람에 대한 네 계명을 기록했고, 두 번째 돌판은 사람들의 관계에 대한 여섯 계명을 기록했다. 주님이 가르쳐 주신 기도도 이렇게 두 파트로 구분된다.

예수님은 제자들에게 하나님을 '아버지여'라고 부르며 기도하라고 하신다(2b절). 예수님이 하나님을 아버지로 부르시는 것은 하나님의 아들로서 당연한 일이다(cf. 3:22; 9:35). 그러나 제자들도 하나님을 '아버지'로 부르게 하심으로써 하나님과 예수님의 아버지-아들 관계가 제자들에게까지 연장되게 하신 것은 참으로 영광스러운 특권을 주신 것이다(cf. 6:36).

마태가 하나님이 하늘에 계신다고 하는 것에 반해 누가는 이 부분을 생략하고 있다. 하지만 누가 역시 하나님이 하늘에 계신 것을 전제한다(cf. 3:22; 18:13; 행 7:56). 하나님이 하늘에 계시는 것은 구약 곳곳에 기록되어 있다(창 14:19; 24:3; 28:17; 신 4:39; 수 2:11 등). 하나님이 하늘에 계신다는 것은 하늘의 모든 영광과 권능을 누리시는 분이라는 뜻이다. 땅에 사는 우리와 전혀 다른 하나님의 초월성(transcendence)과 주권을 강조한다.

구약은 하나님의 백성에게 하나님이 정하신 곳에서만 예배하라고 했는데(신 12:3-5, 11), 예수님의 제자들은 어디서든 기도를 통해 하나님을 예배할 수 있게 되었다. 나중에 그들은 하나님과 예수님과 성령의 이름으로 세례를 행하게 된다(마 28:19). 예전에는 아예 부를 수 없었던 하나님의 이름을 부르고, 그 이름으로 세례를 행할 수 있는 특권이 그리스도인에게 주어진 것이다.

'아버지'(πατήρ)는 아람어 Abba를 헬라어로 표현한 것이며, 친밀하고 따듯한 관계를 묘사한다. 우리 말로 하면 '아빠' 정도 되며, 성인 성도들의 종교적인 삶에서 이 단어가 의미하는 바는 매우 특별하다(Vermes). 그리스도를 통해 얻은 새 신분이 나이에 상관없이 모두 아이가 아버지에게 '아빠'라고 부르며 달려가 안기는 것처럼 하나님께 나아가 안길 수 있게 하기 때문이다.

예수님 이전에는 유대인들이 하나님을 이렇게 부른 적이 없다(NIDNTT). 유대인들은 하나님을 경외한다고 했지만, 사실 그들은 하나님을 참으로 어려워했다. 그러므로 하나님을 '아빠'로 부르는 것은 아예 생각도 하지 못했다. 그들은 주로 하나님의 영광과 주권과 은혜 등을 요약하는 호칭(title, 엘샤다이 등)을 통해 하나님을 간접적으로 불렀다(Carson). 이러한 상황에서 초월하신 하나님을 아버지라 부르는 것은 가히 파격적이라 할 수 있다. 하나님을 아버지로 부르는 일을 얼마나 특별하게 생각했으면 초대교회에서는 비기독교인이 주기도문을 낭독하거나 사용하는 것을 금할 정도였다. 하나님을 아버지로 부르는 것은 기독교인들에게만 주어진 특권이라고 생각했기 때문이다.

예수님이 가르치시는 다섯 가지 간구 중 첫 번째는 하나님의 이름이 거룩히 여김을 받으시라는 것이다(2c절). 하나님의 거룩하심이 온 세상 모든 사람과 일어나는 모든 일에서 드러나 사람들이 하나님의 거룩을 매우 존귀하게 여기게 될 것을 뜻한다(Wilkins). 구약에서 이름은 그 이름을 지닌 사람의 성품과 능력을 표현하기도 하고, 심지어 일생을 요약하기도 한다. 이러한 맥락에서 하나님의 성호는 하나님에 대한 가장 중요한 계시다. 하나님의 이름은 주님이 어떤 분이신지를 알려 주는 계시의 집약이기 때문이다.

하나님의 이름은 예수님이 재림하실 때 최종적으로 존귀함을 받을 것이다. 이런 면에서 이 간구는 종말론적인 의미를 담고 있다. 그러나 주님이 다시 오시기 전까지 우리는 하나님의 이름이 우리가 하는 모든 일을 통해 드러나게 해야 한다. 어떻게 할 수 있는가? 이 첫 번째 간구는 십계명 중 처음 세 계명(출 20:3-7; 신 5:7-11)의 핵심이라 할 수 있는 만큼 세 계명을 우리 삶에 어떻게 적용할 것인지를 생각하면 된다.

두 번째 간구인 '나라가 임하시오며'(2d절)는 종말에 이렇게 되기를 바란다는 의미다(Bock). 하나님의 나라에는 생명이 있다. 그러므로 하나님 나라가 임하기를 기도하는 것은 주님의 백성에게 구원을 이루시고 종말론적인 축복을 그들 위에 내려 달라고 간구하는 부르짖음이다(Carson). 이 세상이 속히 끝나고 영원한 하나님의 나라가 시작되기를 간절히 바라는 것은 모든 그리스도인의 기도이자 우리의 진솔한 기도가 되어야 한다. 유대인들도 하나님 나라를 갈망하지 않는 기도는 모두 잘못된 것이라고 했다(Osborne).

제자들은 하나님 나라가 임하기를 기도할 때마다 자신들을 예수님의 기도 습관에 맞추었으며, 하나님 나라가 속히 실현될 것을 기대하는 예수님의 킹덤 무브먼트(Kingdom Movement)에 합류했다(Wright). 이와 같이 우리도 하나님 나라가 임하기를 기도할 때마다 예수님과 하나 되어 하나님의 원대한 구속사(history of salvation)를 이루어 나가는 무브먼트의 일부가 된다. 초대교회는 하나님 나라가 속히 임하기를 바라는 열망을 "우리 주여 오시옵소서"(Μαράνα θά)로 외쳤다(고전 16:22; cf. 계 22:20). '마란아타'는 아람어에서 온 말로, 의미를 번역하기보다는 소리 나는 대로 음역하는 것이 더 좋다(cf. 공동, NAS, KJV). 기록에 남은 가장 오래된 기독교인들의 기도이며 주님이 속히 오실 것을 간절히 바라는 염원이 담긴 한 소절 기도이기 때문이다.

세 번째 간구부터 다섯 번째 간구까지는 이 세상에 살고 있는 우리 자신들을 위한 간구다. 예수님은 세 번째 간구를 통해 하나님께 일용할 양식을 구하라고 하신다(3절). 지금까지는 기도의 대상이 하나님이었던 것과 달리 이제부터는 제자들을 위한 기도다. 따라서 하나님께 2인칭 단수로 기도했던 것(2절)이 1인칭 복수로 변하고 있다(3-4절).

'일용할'(ἐπιούσιον)은 주기도문에서만 한 차례 사용되는 단어이다 보니(마태복음의 주기도문에서는 6:11에서 사용됨) 정확한 의미를 두고 논쟁거리가 되었다(cf. Betz, Davies & Allison, Hagner, Morris, Strecker, Hagner). 학자들은 (1)생존을 위해 필요한 것, (2)오늘을 위해 필요한 것, (3)내일(다음 날)을 위해 필요한 것, (4)앞으로 닥칠 날(종말)을 위해 필요한 것 등 네 가지 가능성을 논한다. 유대인들의 아침 기도는 그날 필요한 것들을 구했고, 저녁 기도는 다음 날(내일)의 필요를 채워 주실 것을 간구했다(Morris). 그러므로 2번과 3번의 의미가 가능하다(Osborne). 그러나 예수님이 "내일 일을 위하여 염려하지 말라 내일 일은 내일이 염려할 것이요 한 날의 괴로움은 그 날로 족하니라"(마 6:34)라고 말씀하시는 것을 고려하면 2번이 더 정확하다(Wilkins).

이 간구를 종말론적으로 해석하는 사람들은 '양식'(ἄρτον)을 하나님이 내려 주실 만나로 해석하지만(Davies & Allison, Hagner, Jeremias), 이는 우리 일상에 필요한 양식뿐 아니라 모든 육체적-영적 필요를 상징한다. 오늘 하루를 살면서 필요한 모든 것을 채워 달라는 간구다. 몇 주 분량의 식량을 쌓아 놓고, 은행에 어느 정도의 돈을 저축해 놓고 사는 오늘날 사회에서는 별로 실감 나지 않는 기도다. 그러나 하루 벌어서 하루 살았던 당시 사람들에게는 대단히 중요한 요구다. 혹시라도 병들어 눕게 되면 온 가족이 굶주리게 되기 때문이다. 예수님은 기도를 '이것도 주시고, 저것도 주시고 등등'으로 도배하는 사람들로 하여금 한 번 더 생각하게 하신다. 과하게 구하지 말고, 딱 필요한 것만 구하라고 하신다. 기도는 우리의 필요를 채워 주시기를 바라는 것이지 우리의 욕심을 챙기기 위한 것이 아니기 때문이다.

하루의 필요를 구하라는 이 간구가 미래를 위해 계획을 세우고 저축하는 일과 상반되어 보이는가? 그렇지 않다. 바리새인들이 부모를 보살피지 않는 것을 예수님이 비난하시는 것으로 보아 사랑하는 이들을 위해 준비하는 것은 좋은 일이다(막 7:5-13). 또한 재정적으로 미래를 준비하는 일이 현실적으로 불가능하다면 어쩔 수 없지만, 가능하다면 어느 정도 준비해 두는 것이 바람직하다. 성경은 미래를 위해 준비하지 않는 사람은 개미에게 배워야 한다고 한다(cf. 잠 6:6-8; 30:25). 그러므로 예수님은 미래에 대해 걱정하는 것을 문제 삼으시지 예비해 두는 것을 금하시는 것은 아니다(Wilkins, cf. 살후 3:6-15; 딤전 5-6장).

세 번째의 물질적 필요에 대한 간구가 네 번째 간구에서는 영적 필요로 바뀌고 있다(4a-b절). 예수님은 하나님께 우리의 죄를 용서받기 원하는 만큼 남들이 우리에게 저지른 죄를 용서하라고 하신다. '사하다'(ἀφίημι)는 '놓아주다, 포기하다, 취소하다, 면제하다, 버리다, 용납하다' 등 다양한 의미를 지니고 있으며(BAGD), 본문에서는 면제하거나 제거해 준다는 의미를 지녔다. 하나님께 죄를 용서받고 주님과 화해하고자 하는 사람은 다른 사람들이 자신에게 지은 죄를 용서하고 그들과 화해해야 한다.

우리가 하나님의 용서를 받으려면 성령의 도우심으로 마음에 변화가 있어 먼저 이웃을 용서해야 한다. 우리가 하나님께 상처를 드린 것보다 이웃이 우리에게 상처를 준 것이 훨씬 작다. 그러므로 우리가 하나님께 저지른 죄가 얼마나 큰지를 깨달으면 남들이 우리에게 저지른 죄가 지극히 작고 별것 아니라는 생각을 하게 된다. 반면에 남들이 우리에게 저지른 죄가 매우 크게 보인다면, 이는 우리가 하나님께 저지른 죄를 최소화했다는 증거다(Stott).

다섯 번째 간구는 제자들이 당면하는 악의 세력과의 싸움에 대한 것이다. 예수님은 하나님께 시험에 들지 않도록 보호해 주실 것을 기도하라고 하신다(4c절). 마태는 이 간구에 "악에서 구하시옵소서"를 더한다(마 6:13). 이 간구를 종말론적으로 간주하는 사람들은 종말에 있을 대재앙(Great Tribulation) 때 하나님의 변절(apostasy) 시험에 빠지지 않게 해 달라는 말씀으로 해석한다(Davies & Allison, Jeremias). 종말이 임하기 직전에 있을 최종 시험에서 구해 달라고 간구하는 기도라는 것이다. 그러나 이는 우리 일상에 적용되는 말씀이며 하나님께 우리 삶에 시험을 허락하지 말아 달라는 간구다(Cameron, Keener). 혹은 우리의 삶에 시험이 있을 때 이겨낼 힘을 달라는 의미다(Blomberg, Gundry).

'시험'(πειρασμός)은 테스트(test)와 유혹(temptation)을 뜻한다(NIDNTT). 야고보서 1:13은 "하나님은 악에게 시험을 받지도 아니하시고 친히 아무도 시험하지 아니하시느니라"라고 한다. 하나님은 우리를 유혹하지 않으신다는 의미다. 그러나 예수님이 광야에서 사탄에게 시험을 받으신 일(4:1-13)은 예수님이 성령을 통해 하나님께 테스트를 받고 사탄에게 유혹을 받으신 일이라 한다. 예수님이 하나님의 테스트를 받으셨다면 우리도 예외일 수 없다. 그러므로 시험에 들지 않게 해 달라는 기도는 하나님께 테스트를 받지 않게 해 달라는 호소이든지, 하나님이 주시는 테스트에서 유혹에 넘어가지 않도록 보호해 달라는 간구다. 본문에서는 하나님께 테스트를 받을 때 유혹에 넘어가지 않도록 보호해 달라는 것을 의미한다.

이 말씀은 우리가 어떻게, 무엇을 위해 기도해야 하는지를 알려 주는 교본과 같다. 예수님이 직접 가르쳐 주신 것이기 때문이다. 때로는 기도하고 싶은데 무엇을 기도해야 할지 딱히 생각나는 것이 없을 때가 있다. 이럴 때는 주님이 가르쳐 주신 이 기도를 한 소절 한 소절 묵상하며 기도하는 것도 좋다.

우리가 이웃을 용서하는 만큼 하나님이 우리를 용서하신다. 우리가 이웃을 용서하지 못하면, 하나님도 우리를 용서하지 않으실 것이다. 그러므로 우리가 하나님의 용서를 구하는 가장 좋은 방법은 이웃을 용서하는 것이다. 물론 쉽지 않고 오랜 시간이 걸릴 수도 있지만, 계속 용서할 용기와 의지를 달라고 기도하다 보면 언젠가는 이웃을 용서하는 날이 올 것이다.

```
V. 예루살렘 여정(9:51-19:27)
  B. 가르침(10:25-11:13)
    3. 이렇게 기도하라(11:1-13)
```

(2) 주저하는 이웃 비유(11:5-8)

> [5] 또 이르시되 너희 중에 누가 벗이 있는데 밤중에 그에게 가서 말하기를 벗이여 떡 세 덩이를 내게 꾸어 달라 [6] 내 벗이 여행중에 내게 왔으나 내가 먹일 것이 없노라 하면 [7] 그가 안에서 대답하여 이르되 나를 괴롭게 하지 말라 문이 이미 닫혔고 아이들이 나와 함께 침실에 누웠으니 일어나 네게 줄 수가 없노라 하겠느냐 [8] 내가 너희에게 말하노니 비록 벗 됨으로 인하여서는 일어나서 주지 아니할지라도 그 간청함을 인하여 일어나 그 요구대로 주리라

이 비유의 내용과 의미에 대해 상당한 논란이 있다(cf. Bock, Bovon, Fitzmyer, Garland, Liefeld & Pao). 본문 중 특히 8절이 번역하고 해석하기가 쉽지 않기 때문이다. 그러나 예수님이 이 이야기를 통해 기도에 대해 주시고자 하는 교훈을 파악하는 것은 그다지 어렵지 않다. 일부 주석가가 주장하는 것처럼 그렇게 복잡한 이야기는 아니다(cf. Garland).

한 사람이 있는데, 밤중에 여행 중이던 친구가 그를 찾아왔다. 일상적으로 여행객들은 낮에 이동했지만(Bailey), 종종 낮의 더위를 피해 밤에 이동하는 이들도 있었다(Marshall). 친구는 여행 중이었기 때문에 배가

고픈 상태로 왔고, 집에는 그를 대접할 만한 음식이 없었다. 음식이 귀하고 그날 먹는 빵을 그날 만들어 먹던 당시에는 종종 있었던 일이다.

배고픈 친구를 먹이기 위해 집주인은 다른 친구를 찾아갔다. 그 친구의 집에는 빵이 있다는 것을 확실히 알고 있다. 시골 마을에서는 이웃집 '숟가락 개수'도 알고 지내는 상황이기 때문에 빵이 있는 친구를 찾는 것은 별문제가 아니다. 다만 문제는 시간이 매우 늦었다는 것이다. 이웃이라면 늦은 시간에는 찾아가지 못했겠지만, 친구이기 때문에 염치를 무릅쓰고 찾아갔다.

집주인은 빵을 가진 친구를 찾아가 자초지종을 말하고 떡 세 덩이를 꾸어 달라고 했다(5-6절). 오죽하면 무례함을 무릅쓰고 밤에 찾아왔겠냐는 것이다. 집 안에서 친구의 음성이 들려왔다. 대문은 이미 걸어 잠갔고 아이들과 함께 자고 있기 때문에 자기가 일어나면 아이들이 부스럭거리는 소리에 깰 것 같으니 빵을 줄 수 없다는 것이다(7절). 친구는 빵이 없다고는 하지 않고, 다만 아이들이 잠에서 깨어날 것을 우려한다. 어린아이를 재워 본 사람이라면 이 친구의 말에 공감할 것이다.

개역개정은 7절을 질문형으로 해석해 '…하겠느냐?'라는 말을 더한다. 아이들이 깨어날까 봐 빵을 내줄 수 없다고 하는 친구는 세상에 없다는 뜻이다. 그러나 대부분 번역본은 친구가 아이들이 깨어날까 봐 빵을 주지 않았다고 해석해 번역했다(공동, 현대어, NAS, NIV, NRS, NIRV). 빵을 꾸어 달라고 한 사람이 빵을 얻지 못했다는 것이다.

그러나 예수님은 8절에서 친구가 빵을 준 것으로 말씀하신다. 우정을 생각해서는 일어나 빵을 주지 않겠지만, 간청함으로 인해 줄 것이라고 하신다. '간청함'(ἀναίδεια)은 뻔뻔함과 집요함을 동시에 의미하는 단어다(Bock). 친구가 처음에 찾아와 빵을 달라고 했을 때는 '귀찮아서 주지 않다가', 그가 돌아가지 않고 계속 달라고 하니 '귀찮아서 주었다'는 뜻이다.

이 말씀은 우리의 기도 생활에서 중요한 것은 꾸준함이라고 한다.

한두 번 기도하고 끝낼 것이 아니라, 하나님이 이루어 주실 때까지 계속 기도하라고 한다. 같은 제목을 가지고 계속, 꾸준히 기도하는 것이 중요하다. 아우구스티누스(Augustine)의 어머니 모니카는 아들의 구원을 위해 30년을 기도했다고 하지 않는가!

```
V. 예루살렘 여정(9:51-19:27)
  B. 가르침(10:25-11:13)
    3. 이렇게 기도하라(11:1-13)
```

(3) 간절함(11:9-10)

⁹ 내가 또 너희에게 이르노니 구하라 그러면 너희에게 주실 것이요 찾으라 그러면 찾아낼 것이요 문을 두드리라 그러면 너희에게 열릴 것이니 ¹⁰ 구하는 이마다 받을 것이요 찾는 이는 찾아낼 것이요 두드리는 이에게는 열릴 것이니라

'구하라(αἰτεῖτε)…찾으라(ζητεῖτε)…두드리라(κρούετε)' 등 9절을 구성하는 세 개의 명령문은 모두 현재형이다. 구하고 찾고 두드리는 일은 우리가 장차 완성될 하늘나라에서 지침으로 삼을 것이 아니라, 당장 이 땅에서 이렇게 살아야 한다는 권면이다(Morris, Wilkins). 유대인들은 흔히 자신들의 기도를 이 세 가지 행동으로 설명했다.

어떤 이들은 '구하라…찾으라…두드리라'가 모두 같고 동일한 의미를 반복하고 있다고 하지만(Boring, Broadus), 이 세 가지 액션은 점차 강화하는 면모를 지녔다(France). 구하는 것은 하나님께 겸손하게 우리의 필요를 고백하고 채워 주시길 부탁하는 것이다. 찾는 것은 기도한 것을 실천으로 옮기는 것이다. 예를 들어 직장을 놓고 기도했다면, 하나님의 뜻과 인도하심을 받기 위해 직원을 구하는 여러 회사에 지원하는 것이다(Wilkins). 두드리는 것은 기도하는 바가 이루어질 때까지 계속 기도하고 노력하는 것이다. 예를 들어 믿지 않는 가족을 위해 기도하는 것은 평생 포기하지 않고 실현될 때까지 해야 한다(Hendricksen).

누가는 지속적인 기도의 중요성을 강조한다(18:1-8; cf. 신 4:29; 잠 1:28; 8:17; 요 14:12-14; 약 4:2-3). 우리가 하나님께 하는 기도는 장엄하고 반복적인 화려한 기도가 아니다. 아주 간단명료하게 우리가 희망하는 것들을 하나님께 아뢰면 된다(구하라, 찾으라, 두드리라). 본문이 강조하는 것은 기도하는 사람이 아니라 들으시는 하나님이기 때문이다. 그래서 세 명령문이 이루는 결과 중 첫 번째 것과 세 번째 것은 신적 수동태(divine passive)다. '주실 것이요…열릴 것이다.' 우리의 기도가 이루는 것이 아니고 여는 것이 아니다. 하나님이 주시고 열어 주신다.

하나님이 우리의 기도에 응답하시는 이유에 대해 학자들은 네 가지 가능성을 말한다(cf. Carson, Davies & Allison, Hagner). 첫째, 거지가 계속 구걸하다 보면 언젠가는 원하는 것을 얻게 되는 원리다(Jeremias). 그러나 우리는 하나님의 귀한 자녀들이지 거지가 아니다. 둘째, 구하는 사람은 반드시 얻게 된다는 보편적인 원리에 의한 것이다. 그러나 우리의 염원과 기도가 이뤄지는 것은 자연적인 현상이 아니라 하나님의 은혜다. 셋째, 기도하는 자의 권위에 근거한 응답이다(Marshall). 그러나 우리는 하나님 앞에 죄인이므로 하나님께 무엇을 요구할 자격이 없다. 넷째, 아버지를 전적으로 의존하는 아이가 필요한 것을 아빠에게 구하는 것이다(Keener). 네 번째 해석이 가장 설득력이 있다. 예수님은 우리에게 하나님을 '아빠'라고 부르라고 하셨기 때문이다(cf. 11:2 주해).

예수님은 구하는 자마다 받고, 찾는 자마다 찾아낼 것이고, 두드리는 이에게는 열릴 것이라고 하신다(10절). 하나님은 우리의 기도를 묵살하지 않으시고 반드시 응답하실 것이다. 또한 예수님은 현재형 동사들을 사용해 우리가 사는 동안 반드시 우리의 구하는 바가 이뤄질 것을 보장하신다. 그러므로 우리는 선하신 하나님이 반드시 은혜 베푸실 것을 기대하며 기도하면 된다. 이 원리는 모든 사람을 위한 것이 아니라 하나님 나라에 이미 입성한 사람들만이 누릴 수 있는 특권이다.

이 말씀은 무엇을 위해 기도할 때 반드시 얻고 싶은 간절한 마음으로 기도하라고 한다. 또한 기도할 때는 중간에 포기하지 말고 기도하는 바가 이뤄질 때까지 계속 기도하라고 한다. 어떤 것은 당장 이뤄져서는 안 되는 기도이기에 하나님이 응답을 지연하신다. 그러나 분명히 구하면 주실 것이다. 그러므로 우리는 하나님의 선하심을 바라며 이뤄질 때까지 계속 기도해야 한다. 만일 우리의 기도가 하나님이 뜻하신 바와 다르다면, 하나님이 우리의 기도를 바꿔 주실 것이다.

```
V. 예루살렘 여정(9:51-19:27)
  B. 가르침(10:25-11:13)
    3. 이렇게 기도하라(11:1-13)
```

(4) 자식에게 좋은 것을 주는 아버지 비유(11:11-13)

[11] 너희 중에 아버지 된 자로서 누가 아들이 생선을 달라 하는데 생선 대신에 뱀을 주며 [12] 알을 달라 하는데 전갈을 주겠느냐 [13] 너희가 악할지라도 좋은 것을 자식에게 줄 줄 알거든 하물며 너희 하늘 아버지께서 구하는 자에게 성령을 주시지 않겠느냐 하시니라

예수님은 아포르티오리(a fortiori, 전에 인정한 것이 진실이라고 한다면, 현재 주장되는 것은 한층 더 강력한 이유에 의해 진실이라는 논법) 논리(Bovon, Carson, Keener)와 수사학적인 질문으로 가르침을 이어 가신다. 예수님은 유대인들과 갈릴리 지역 사람들의 식탁에 자주 올랐던 물고기와 알(달걀)을 예로 들어 말씀하신다.

첫째, 생선을 달라는 아이에게 뱀을 줄 아버지는 없다(11절). 물고기와 뱀은 비늘이 있다는 공통점을 지녔지만, 아이들의 음식물로 뱀이 물고기를 대체할 수는 없다. 생선을 달라는 아들에게 뱀을 주는 것은

115

위험한 일이기도 하다. 뱀이 아이를 물 수도 있기 때문이다. 만일 죽은 뱀을 준다면(Nolland), 위험하지는 않더라도 아이를 역겹게 한다. 이런 아버지는 없다.

둘째, 알(달걀)을 달라고 하는데, 전갈을 줄 아버지는 없다(12절). 전갈이 몸을 말면 순간 알로 착각할 수는 있지만, 전갈은 아이를 죽일 수도 있다. 그러므로 알을 달라고 하는 아이에게 전갈을 주면서 장난치는 아버지는 없다.

예수님은 이와 같이 악한 자들도 좋은 것을 자식에게 주는데, 하물며 하늘 아버지께서 구하는 자에게 성령을 주시지 않겠느냐고 하신다(13절). 예수님의 '너희가 악할지라도…'는 예레미야 선지자가 사람의 마음에 대해 "만물보다 거짓되고 심히 부패한 것은 마음이라"(렘 17:9)라고 한 말씀을 생각나게 한다. 예수님은 '너희'라는 말로 자신과 제자들을 구별하신다. 예수님 말씀의 핵심은 하나님이 주신다는 것이 아니라, 좋은 것을 주신다는 것이다.

예수님은 하나님이 '좋은 것으로 주실 것'이라고 하시면 되는데, '성령을 주실 것'이라고 하신다. 초대교회에 성령이 임하실 것을 예고하기 위해서다(24:49; 행 1:5, 8; 2:1-4). 또한 성령이 우리와 함께하시면 우리가 하나님께 구하는 모든 것을 주신 것이나 다름없다.

이 말씀은 하나님이 우리의 기도에 좋은 것들로 응답하기를 기뻐하신다고 한다. 하나님은 우리가 기도한 것보다 더 좋은 것으로 주신다. 우리에게 필요한 것이 무엇인지 모두 아시기 때문이다. 그러므로 잘못 생각해 엉뚱한 것을 구해도 괜찮다. 하나님이 알아서 훨씬 좋은 것들로 주실 것이기 때문이다. 기도를 통해 구하는 것이 중요하지 무엇을 구하는지는 그다지 중요하지 않다.

Ⅴ. 예루살렘 여정(9:51-19:27)

C. 거세지는 반대(11:14-54)

예수님은 제자들과 함께 예루살렘을 향해 올라가시는 중이다. 예루살렘은 성전이 있는 유대교의 심장이다. 그동안 예수님이 갈릴리에서 하신 사역과 유대교 지도자들과 빚으신 갈등을 생각해 보면 예수님이 예루살렘에 도착하시면 시끄러워질 것이 뻔하다. 그러므로 유대교 지도자들을 중심으로 예수님을 반대하는 자들이 예수님을 더 거세게 반대하며 앞길을 막기 시작한다. 최대한 예수님의 예루살렘 도착을 지연시키겠다는 것이다. 이렇게 하면 예루살렘에 있는 제사장들과 바리새인들은 예수님에 대한 대비책을 마련할 시간을 더 벌 수 있다. 이 섹션은 다음과 같이 구분된다.

    A. 예수님과 바알세불(11:14-23)
    B. 적절하지 못한 반응(11:24-26)
    C. 복된 사람(11:27-28)
    D. 요나의 징표(11:29-32)
    E. 몸의 등불(11:33-36)
    F. 여섯 가지 화 선언(11:37-54)

Ⅴ. 예루살렘 여정(9:51-19:27)
  C. 거세지는 반대(11:14-54)

1. 예수님과 바알세불(11:14-23)

¹⁴ 예수께서 한 말 못하게 하는 귀신을 쫓아내시니 귀신이 나가매 말 못하는 사람이 말하는지라 무리들이 놀랍게 여겼으나 ¹⁵ 그 중에 더러는 말하기를 그가 귀신의 왕 바알세불을 힘입어 귀신을 쫓아낸다 하고 ¹⁶ 또 더러는 예수

를 시험하여 하늘로부터 오는 표적을 구하니 [17] 예수께서 그들의 생각을 아시고 이르시되 스스로 분쟁하는 나라마다 황폐하여지며 스스로 분쟁하는 집은 무너지느니라 [18] 너희 말이 내가 바알세불을 힘입어 귀신을 쫓아낸다 하니 만일 사탄이 스스로 분쟁하면 그의 나라가 어떻게 서겠느냐 [19] 내가 바알세불을 힘입어 귀신을 쫓아내면 너희 아들들은 누구를 힘입어 쫓아내느냐 그러므로 그들이 너희 재판관이 되리라 [20] 그러나 내가 만일 하나님의 손을 힘입어 귀신을 쫓아낸다면 하나님의 나라가 이미 너희에게 임하였느니라 [21] 강한 자가 무장을 하고 자기 집을 지킬 때에는 그 소유가 안전하되 [22] 더 강한 자가 와서 그를 굴복시킬 때에는 그가 믿던 무장을 빼앗고 그의 재물을 나누느니라 [23] 나와 함께 하지 아니하는 자는 나를 반대하는 자요 나와 함께 모으지 아니하는 자는 헤치는 자니라

예수님이 한 사람에게서 말 못하게 하는 귀신을 쫓아내셨다(14a절). 귀신이 쫓겨 나가자 그 사람은 말을 하게 되었다(14b절). 무리는 다시 말하게 된 사람을 보고 놀랐다(14절). 흔히 보는 일이 아니기 때문에 당연하다. 그러나 모든 사람이 예수님이 하신 일을 좋게 보지는 않았다. 일부는 예수님이 행하신 기적을 두고 하나님의 능력이 아니라 귀신의 왕 바알세불을 힘입어 한 것이라고 했다(15절). 누가는 이들이 누구였는지 언급하지 않지만, 바리새인과 서기관들이 확실하다(Fitzmyer, Garland. cf. 마 12:24; 막 3:22). 누가는 이들에 대해 구체적인 언급하지 않음으로써 예수님을 대적하는 자들이 바리새인과 서기관들로 제한되지 않고 상당히 많은 사람이었다고 한다.

'바알세불'(Βεελζεβοὺλ)은 마귀의 여러 이름 중 하나다(Culpepper, cf. 왕하 1:2-3; 마 9:34; 12:24). 구세주로 오신 분을 이렇게 대하는 것이 참으로 마음 아프다. 예수님이 이런 취급을 받으셨다면, 주님의 제자들이 비방과 핍박을 받는 것은 결코 놀랄 만한 일이 아니다. 예수님을 사랑하는 사람은 세상이 주는 고난을 감당할 각오를 하고서 주님을 따라야 한다.

예수님이 하나님의 능력으로 귀신을 쫓으셨다고 인정할 수 없다면, 유일한 대안은 악령의 힘을 빌리는 블랙매직(black magic)이다. 그러므로 이러한 비방은 매우 심각하다. 구약에서는 블랙매직을 하는 자는 돌로 쳐서 죽이라고 하기 때문이다. 예수님이 바알세불의 힘을 빌려 이런 일을 한다고 말하는 자들은 기회만 주어지면 예수님을 돌로 칠 준비가 되어 있다.

이 사람들은 하나님이 하시는 일과 마귀가 하는 일을 구분하지 못한다. 하나님이 악령의 우두머리인 바알세불로 보인다! 영적 분별력을 상실했기 때문이다. 우리도 이렇게 되지 않으려면 항상 깨어 있어야 한다. 하나님이 하신 선한 일을 선하다 하고, 마귀가 한 악한 짓을 악하다 해야 한다.

무리 중에는 예수님을 시험해 하늘로부터 오는 표적을 구하는 자들도 있었다(16절). 그들이 세워 놓은 기준에 예수님이 부합할 때만 하나님의 권세로 이런 일을 한다는 것을 인정하겠다는 뜻이다. 그러나 이때까지 메시아이신 예수님을 알아보지 못한 사람들이 앞으로도 주님을 알아볼 것 같지는 않다. 예수님은 이미 귀신을 쫓아내는 일을 통해 하늘로부터 오는 표적을 행하셨다. 그런데도 이들은 이 기적으로는 부족하다며 다른 이적을 구했다. '구했다'(ἐζήτουν)는 미완료형이다. 지속적으로 구하고 있다는 뜻이다(Garland). 그러므로 예수님이 얼마나 많은 기적을 행하시든 그들은 예수님을 믿지 않을 것이다. 예수님이 하나님의 아들이라는 사실을 알고도 영접하지 않은 사탄과 별반 다르지 않은 자들이다(cf. 4:1–13).

예수님은 사람의 생각을 읽을 수 있는 능력을 지니셨다(17절). 그들의 생각을 아시고 스스로 분쟁하는 집단은 반드시 망할 것이라며 큰 것에서 작은 것으로 이어지는 예(나라–집)를 드신다(17절). 내부적인 분쟁은 어떠한 규모의 집단도 모두 무너뜨릴 수 있다는 것이다. 교회에 분란이 생기거나 공동체가 무너질 때도 외부에서 오는 공격이나 핍박보다 내부적인 요인이 더 크게 작용한다.

그들은 예수님이 사람에게서 귀신을 쫓아내실 때 하나님의 능력이 아니라 귀신의 왕인 바알세불의 능력을 빌려 이렇게 하는 것이라고 하는데, 만일 사탄이 세상을 지배하고자 한다면 있을 수 없는 일이다 (Broadus). 바알세불이 귀신을 통해 지배하던 자(귀신 들린 자)에게서 왜 스스로 나오겠는가? 그러므로 이들의 말이 사실이라면 사탄이 사탄을 쫓아낸 것이 되는데, 이럴 경우 사탄의 나라는 결코 서지 못한다(17-18절). 어떤 권세도 스스로 분쟁하면 망하는 것은 진리다.

예수님은 바리새인들에게 반문하신다. "내가 바알세불을 힘입어 귀신을 쫓아내면 너희 아들들은 누구를 힘입어 쫓아내느냐"(19a절). 예수님 시대에는 유대인 중에 귀신 들린 사람에게서 귀신을 쫓는 일이 성행했다(Josephus Ant. 8:2.5. cf. Boring). 그들은 분명 자신들이 하나님의 능력으로 귀신을 쫓는다고 하지만, 만일 이 사람들이 예수님에게 적용한 기준을 그들의 '아들들'에게도 적용하면 그들 역시 마귀의 힘을 빌려 귀신을 쫓았다고 할 수밖에 없다. 그러므로 귀신 쫓는 자들은 재판관이 되어 그들이 하나님의 능력을 마귀의 능력이라고 한 것에 대해 정죄할 것이다(19b절).

20절을 시작하는 '만일'(εἰ)은 조건 문구의 내용이 기정사실임을 전제한다(BAGD. cf. 4:3). 예수님은 귀신을 쫓아내는 자신의 능력이 어디서 왔는지를 밝히고 계신다. 바로 하나님의 손이다. 마태는 '하나님의 손'(δακτύλῳ θεοῦ) 대신 '하나님의 성령'(πνεύματι θεοῦ)이라고 하는데(마 12:28), 둘 다 같은 의미를 지녔다(Davies & Allison. cf. 출 8:19; 31:18; 신 9:10; 시 8:3; 33:6; 겔 3:14; 37:1). 마태는 하나님과 바알세불을 더 확실하게 대조하기 위해 하나님의 손가락 대신 하나님의 성령으로 표현한다 (Gundry). 반면에 누가는 출애굽 모티브를 염두에 두고 하나님의 손을 언급한다(Turner).

하나님의 권능을 상징하는 하나님의 손이 예수님과 함께하신다는 것은 이미 하나님 나라가 임했다는 증거다(20b절). 누가복음에서 하나님 나라가 이미 도래했다는 것을 가장 확실하게 선언하는 말씀이다(Wilkins). 어떤 이들은 예수님의 말씀을 '임할 것이다'라며 미래에 있을 일로 해석하는 이들도 있다. 하지만 동사의 시제가 부정 과거(aorist)이며, 이는 '이미-아직'(already, not yet) 관점에서 이해해야 한다(Nolland). 예수님이 성령의 능력으로 사탄의 악령을 몰아내시는 것은 하나님 나라가 이미 임한 것을 입증하는 실제적 증거(tangible confirmation)가 된다(Meier). 그러나 우리는 아직도 하나님의 나라가 최종적으로 임할 것을 기다리고 있다.

이 사람들은 하나님의 나라가 이미 임했기 때문에 예수님이 하나님의 능력으로 귀신을 쫓으시는 것을 직접 보고도 마음을 바꾸지 않는다. 기적은 믿음과 함께할 때 비로소 하나님이 하신 일이 된다. 마음이 강퍅하면 무엇을 보고 어떤 일을 경험해도 깨닫지 못한다.

예수님은 귀신 들린 사람들에게서 귀신이 쫓겨 나갈 때마다 일어나는 일을 비유를 통해 말씀하신다(21-22절). 이 말씀은 하나님이 바빌론과 전쟁하셔서 그들의 손에서 이스라엘 포로들과 그들이 착취한 것들을 빼앗으실 것이라는 이사야 49:24-25을 근거로 하는 비유다(Beale & Carson). 예수님이 귀신을 쫓아내실 때마다, 그 사람을 지배하던 사탄을 굴복시키고 무장을 빼앗아 꼼짝 못 하게 하신 후 그 사람을 귀신에게서 해방시키신다는 것이다. 재물을 나누어 갖는 것은 "내가 그에게 존귀한 자와 함께 몫을 받게 하며 강한 자와 함께 탈취한 것을 나누게 하리니"라는 이사야 53:12을 배경으로 한다(Garrett).

사탄은 도저히 예수님을 대적할 수 없으며 가진 것도 모두 빼앗길 것이다. 예수님이 그의 영역을 강탈하시는 것을 지켜보기만 할 뿐이다. 예수님은 앞으로도 계속 사탄을 굴복시키시고 그가 억압하고 있는 사람들이 자유롭게 살도록 하실 것이다. 예수님은 우리를 사탄의 지배에서 자유케 하기 위해 오셨다.

예수님은 사람들에게 자신과 함께하는 자가 되든지, 혹은 반대하는 자가 되든지 더는 주저하지 말고 입장을 정리하라고 하신다(23절). 마치 중립을 지키는 것처럼 어정쩡하게 있으면서 하나님이 하시는 일에 대해 망언이나 일삼는 일은 이제 그만하라는 것이다. 어떤 이들은 이 말씀이 귀신을 내쫓는 자들에게 하는 것이라 하지만, 이는 어떠한 입장 정리도 하지 않은 채 예수님을 관망하고 있는 무리에게 하시는 말씀이다(Luz). 이제는 따라다니지만 말고 입장을 분명히 표현하라는 것이다. 계속 주저하는 것도 예수님을 반대하는 것으로 간주하겠다고 하신다(Meier).

그들은 무엇에 대해 입장을 표명해야 하는가? 예수님이 메시아이신지, 아니신지에 대해 결정해야 한다. 만일 예수님을 메시아로 인정한다면 예수님과 함께해야 한다. 주님을 따라야 한다는 뜻이다. 그런 이들을 제외한 나머지 사람들은 모두 '헤치는 자'(흩는 자)로 간주하실 것이다. 참 목자이신 예수님은 목자가 없어 지쳐 헤매고 있는 양들을 모으러 오셨다(cf. 마 9:36-38; 11:28-30). 안타깝게도 무리 중 대부분은 군중심리에 이끌려 유대교 지도자들과 함께 예수님을 십자가에 못 박으라고 할 것이다.

이 말씀은 사람이 영적으로 마비되면 하나님과 사탄도 구분하지 못할 수 있다고 경고한다. 영적으로 마비된 사람이 하나님이 하신 일과 사탄의 소행을 구분하지 못하는 것은 더욱 당연한 일이다. 우리는 건강하고 예민한 영성과 분별력을 구하는 기도를 평생 끊임없이 해야 한다. 또한 꾸준히 자신을 점검해야 한다. 혹시라도 경건하지 못한 선입견이 있으면 하나님의 말씀으로 교정해야 한다.

2. 적절하지 못한 반응(11:24-26)

²⁴ 더러운 귀신이 사람에게서 나갔을 때에 물 없는 곳으로 다니며 쉬기를 구하되 얻지 못하고 이에 이르되 내가 나온 내 집으로 돌아가리라 하고 ²⁵ 가서 보니 그 집이 청소되고 수리되었거늘 ²⁶ 이에 가서 저보다 더 악한 귀신 일곱을 데리고 들어가서 거하니 그 사람의 나중 형편이 전보다 더 심하게 되느니라

　그동안 예수님은 귀신 들린 사람에게서 귀신을 쫓아내는 은혜를 베푸셨다. 이번에는 사람에게서 쫓겨난 귀신 이야기를 통해 예수님을 메시아로 영접하지 않는 유대교 종교 지도자들과 그들을 따르는 자들에게 경고하신다. 하나님이 베푸신 은총에 적절하게 반응하지 않으면 오히려 처음보다 더 악화된 상황에 처할 수 있다는 경고다.

　더러운 귀신이 사람에게서 '나갔다'(ἐξέρχομαι)고 하는데(24a절), 쫓겨났다는 뜻이다(Wilkins). 쫓겨난 귀신은 물 없는 곳으로 다니며 쉴 곳을 찾았다(24b절). '물 없는 곳'(ἀνύδρων τόπων)은 광야를 뜻하며, 성경에서 귀신들이 머무는 곳으로 묘사된다(사 13:21; 34:14; 계 18:2). 그러나 귀신은 원하는 쉴 곳을 얻지 못했다.

　안식처를 찾지 못한 귀신은 자기가 나온 집으로 돌아가기로 했다(24c절). 귀신에게 사람은 '집'(οἶκος)과 같다. 와서 보니 집이 청소되고 수리되어 있었다(25절). 귀신이 머물기에 예전보다 훨씬 더 좋아졌다는 뜻이다. 게다가 집이 비어 있었다! 귀신에게는 그야말로 금상첨화다. 귀신은 집이 얼마나 좋은지 혼자 머물기에 아깝다는 생각이 들어서 자기보다 더 악한 귀신 일곱을 데려와 함께 살았다(26a절). 귀신은 항상 상황을 이전보다 더 악화시키는 짓을 한다(Kilgallen). 숫자 '7'은 총체성을 상징하는데, 이 사람의 삶이 귀신으로 가득 찼다는 뜻이다. 결국 그 사람

의 형편이 예전보다 더 나빠졌다(26b절). 예전에는 귀신 하나에 시달리며 살았는데, 이제는 귀신 여덟에게 시달려야 하니 당연한 일이다.

이 귀신 들린 사람은 유대교 지도자들과 그들을 따르는 자들이다 (Nolland, Turner). 예수님은 온갖 기적과 가르침으로 그들이 더는 마귀의 지배를 받지 않게 하셨다. 그들도 예수님이 베푸신 표적들에 대해 어느 정도 흥분을 느꼈지만 주님을 따르기로 결단한 것이 아니며, 오히려 메시아로 영접하기를 거부하고 있다. 그들의 영혼은 귀신이 다시 찾은 비어 있는 집과 다름없다. 그들이 예수님을 메시아로 영접하기를 거부하는 한 주님의 보호를 받지 못할 것이다. 언제든 예전보다 더 혹독한 귀신(들)의 농간에 놀아날 수 있다.

이 말씀은 경건은 삶에서 나쁜 것들을 제거하는 것이 아니라, 나쁜 것을 좋은 것으로 대체할 때 이룰 수 있다고 한다. 우리가 개혁이나 경건을 추구할 때 삶에서 나쁜 일이나 습관을 더 이상 하지 않는 것보다 더 중요한 것은 좋은 일과 습관으로 우리의 삶을 채우는 일이다. 예를 들면 담배를 끊을 때 피지 않는 것으로 끝낼 것이 아니라, 담배를 피우던 시간을 더 좋은 일들로 채우는 것이 더 중요하다. 그래야 담배에서 해방될 수 있다.

> V. 예루살렘 여정(9:51-19:27)
> C. 거세지는 반대(11:14-54)

3. 복된 사람(11:27-28)

> [27] 이 말씀을 하실 때에 무리 중에서 한 여자가 음성을 높여 이르되 당신을 밴 태와 당신을 먹인 젖이 복이 있나이다 하니 [28] 예수께서 이르시되 오히려 하나님의 말씀을 듣고 지키는 자가 복이 있느니라 하시니라

무리 중에는 예수님이 바알세불을 등에 업고 귀신을 쫓는다며 비방

하고, 하늘의 권세로 기적을 행한다는 징표를 보이라며 시험하는 자들이 있지만(cf. 11:15-16), 모두 다 그런 것은 아니다. 무리 중 한 여인이 음성을 높여 예수님을 밴 태와 먹인 젖이 복이 있다고 말했다(27절; cf. 창 49:25). 이 여인은 자랑스러운 자식으로 인해 부모가 존경받는 당시의 정서를 잘 반영하고 있다(cf. 잠 23:24-25). 태와 젖은 예수님의 어머니를 의미하는 제유(synecdoche)다. 여인은 예수님의 어머니를 칭찬함으로써 간접적으로 예수님이 복되시다고 한다. 그녀는 예수님을 메시아로 영접한 것이다. 예전에 엘리사벳도 예수님을 임신한 마리아에 대해 비슷한 말을 한 적이 있다(1:42)

여인의 칭찬을 들으신 예수님은 오히려 하나님의 말씀을 듣고 지키는 자가 복이 있다고 하신다(28절). 예수님은 그분의 어머니 마리아가 메시아를 잉태해서 복이 있는 것이 아니라, 하나님의 말씀을 듣고, 믿고, 실천해서 복되다고 하신다(Fitzmyer, Green). 하나님의 축복은 마리아에게 제한된 것이 아니라, 누구든지 하나님의 말씀에 순종하는 사람에게 임한다. 우리도 말씀대로 살면 하나님의 복을 누리며 사는 사람이 된다는 뜻이다. 예수님은 칭찬하는 사람들보다 순종하는 사람들을 더 기뻐하신다.

이 말씀은 하나님의 말씀을 듣고 지키는 자가 복이 있다고 한다. 하나님의 축복은 말씀에 순종할 때 우리에게 임한다. 그러므로 우리가 하나님의 복을 누릴 가장 확실한 길은 말씀에 따라 사는 것이다.

> V. 예루살렘 여정(9:51-19:27)
>   C. 거세지는 반대(11:14-54)

4. 요나의 징표(11:29-32)

²⁹ 무리가 모였을 때에 예수께서 말씀하시되 이 세대는 악한 세대라 표적을 구하되 요나의 표적 밖에는 보일 표적이 없나니 ³⁰ 요나가 니느웨 사람들에

125

게 표적이 됨과 같이 인자도 이 세대에 그러하리라 ³¹ 심판 때에 남방 여왕이 일어나 이 세대 사람을 정죄하리니 이는 그가 솔로몬의 지혜로운 말을 들으려고 땅 끝에서 왔음이거니와 솔로몬보다 더 큰 이가 여기 있으며 ³² 심판 때에 니느웨 사람들이 일어나 이 세대 사람을 정죄하리니 이는 그들이 요나의 전도를 듣고 회개하였음이거니와 요나보다 더 큰 이가 여기 있느니라

예수님은 사역을 시작하신 후 이때까지 자신이 메시아임을 보여 주는 수많은 '표적'(σημεῖον)을 행하셨다. 그런데 그들은 아직도 표적을 요구한다(11:16). 그동안 행하신 기적과 말씀을 인정하지 않는다는 뜻이다. 아마도 그들은 출애굽 사건처럼 모든 사람이 보고 경험할 수 있는 스펙터클한 징조를 요구하거나(Osborne), 예수님을 곤경에 빠트릴 징조를 요구하는 것으로 보인다(Wilkins).

예수님은 무리에게 이 세대는 악한 세대라고 하신다(29a절). 그들은 예수님이 메시아라는 사실을 믿지 못하겠다며 표적을 구하는 온 이스라엘을 대표한다. '악한 세대'(γενεὰ πονηρά)는 출애굽 때 반역했던 광야 세대를 일컫는 말이다(Verseput, cf. 신 1:35; 32:5, 20). 예수님은 그들 앞에서 수많은 기적을 행하셨다. 그런데도 그들은 예수님을 믿지 못하겠다며 기적을 요구한다. 이러한 그들의 모습은 옛적에 그들의 조상이 광야에서 수많은 기적을 경험하고도 하나님을 믿지 못한 것과 같다(cf. 신 1:35; 32:5). 그러므로 그들은 '악한 세대'다.

'구하다'(ζητεῖ)는 현재형 동사며, 계속 요구한다는 뜻이다. 그들은 이미 예수님을 부인하기로 작정했기 때문에 어떠한 징조를 주셔도 만족하지 않을 것이다. 물론 표적은 사람에 따라 다르게 해석될 수 있다(Wilkins). 그러나 이들의 문제는 공정한 판단을 내리기 위해 이적을 요구하는 것이 아니라, 시비를 걸기 위해 이적을 구하는 것이다.

예수님은 선지자 요나의 표적밖에는 보일 표적이 없다고 하신다(29b절). 요나가 행한 기적이 아니라, 요나가 선포한 메시지가 표적이 된다는

말씀이다(Beale & Carson, Bock, Liefeld & Pao, 30절). 요나는 니느웨 사람들에게 회개하라는 메시지를 선포했다. 이와 같이 예수님의 가르침도 그들에게 주는 표적이 될 것이다(Culpepper, Fitzmyer, Garland). 요나가 회개하라고 선포한 것처럼 예수님이 하나님 나라가 임했으니 회개하라고 하신 것이 표적이다. 또한 요나가 물고기 안에서 사흘을 지낸 것은 예수님이 무덤에서 사흘을 지내실 것과 평행을 이룬다(cf. 마 12:40). 예수님이 사흘 만에 죽음에서 부활하신 일은 하나님이 이스라엘에 보여 주신 가장 중요한 징조였다(행 2:24, 32, 36; 3:15; 13:30, 33, 34, 37; 17:31). 그러나 이 징조를 보고도 믿지 않는 사람이 허다했다.

심판 때 남방 여왕이 일어나 이 세대 사람들을 정죄할 것이다(31a절). 남방 여왕은 솔로몬의 명성을 듣고 이스라엘을 찾아온 스바의 여왕을 뜻한다(왕상 10:1–29). 이 여왕은 유대인 지도자들처럼 솔로몬이 하는 말을 테스트하고자 어려운 문제들을 가지고 아주 먼 길을 찾아왔다(왕상 10:1). 그녀는 솔로몬의 지혜로운 말을 들으려고 온 것이다(31b절). 그러나 예수님을 시험하는 사람들은 예수님의 말씀을 들으려 하지 않는다. 솔로몬보다 더 크신 분이 말씀하시는데도 말이다(31c절).

예수님은 종말에 니느웨 사람들도 예수님의 말씀에 귀를 기울이지 않는 이 세대 사람들을 정죄할 것이라고 하신다(32a절). 그들은 요나가 전한 메시지를 듣고 회개했지만, 이 세대는 요나보다 더 큰 이가 전하시는 메시지를 듣고도 회개하지 않기 때문이다(32b절). 이 말씀은 심판 때 제자들을 영접하지 않은 마을보다 소돔이 더 견디기 쉬울 것이라고 하신 10:12 말씀과 비슷하다.

남방 여왕과 니느웨 사람들 모두 이방인들이다. 그들은 기회만 주어지면 믿는 이방인들을 상징한다. 반면에 유대인들은 예수님이 수많은 기회를 주셨지만 믿지 못한다. 그러므로 이 말씀에서 믿는 이방인들과 믿지 않는 유대인들이 매우 강력한 대조를 이룬다. 이방인들보다 못한 주님의 백성이다.

예수님은 자신을 선지자 요나보다 더 크고, 솔로몬왕보다 더 크다고 하신다. 구약에서는 이 두 직분, 곧 왕권과 선지자권을 통해 거의 모든 하나님의 말씀이 임했다(cf. France, Wilkins). 예수님은 이 두 직분을 모두 합한 것보다 더 크신 분이다. 예수님처럼 하나님의 말씀과 계시를 전달할 분은 없다는 뜻이다. 안타깝게도 세상에서 하나님을 가장 잘 안다는 이스라엘 사람들은 하나님의 말씀이 성육신하신 예수님을 알아보지 못한다. 그들의 시야는 니느웨 사람들과 남방 여왕 같은 이방인들의 것보다 못하다.

이 말씀은 선교의 필요성을 생각하게 한다. 예수님은 메시아를 보고도 불신하는 이스라엘 사람들이 이방인보다 못하다고 하셨다. 만일 그들이 경험한 일들을 이방인들이 경험했다면 그들은 주저하지 않고 믿었을 것이기 때문이다. 우리는 복음을 이미 접하고도 계속 거부하는 사람들보다 복음을 접하지 못해 믿지 못하는 사람들에게 복음을 전해야 한다.

> V. 예루살렘 여정(9:51-19:27)
> C. 거세지는 반대(11:14-54)

5. 몸의 등불(11:33-36)

33 누구든지 등불을 켜서 움 속에나 말 아래에 두지 아니하고 등경 위에 두나니 이는 들어가는 자로 그 빛을 보게 하려 함이라 34 네 몸의 등불은 눈이라 네 눈이 성하면 온 몸이 밝을 것이요 만일 나쁘면 네 몸도 어두우리라 35 그러므로 네 속에 있는 빛이 어둡지 아니한가 보라 36 네 온 몸이 밝아 조금도 어두운 데가 없으면 등불의 빛이 너를 비출 때와 같이 온전히 밝으리라 하시니라

어두움을 밝히기 위해 등불을 켠 사람은 그 등불을 움 속이나 말 아

래 두지 않는다(33a절). '움'(κρύπτη)은 숨겨진 곳이나 와인 저장고처럼 어두운 곳을 뜻한다(NIDNTT, cf. NAS, NIV, NRS). '말'(τὸν μόδιον)은 약 8-9ℓ를 담을 수 있는 바구니나 그릇이다(BAGD, cf. NAS, NRS). 이 두 상황의 공통점은 숨겨짐이다. 등불을 켜서 숨겨 두면 제 기능을 하지 못한다. 이런 것은 폐기물에 지나지 않는다. 하나님의 자녀들도 마찬가지다. 만일 그들이 등불인 하나님의 말씀(시 119:105)을 숨겨 두면 하나님의 말씀은 그들의 삶에서 어떠한 효력도 발휘하지 못한다.

켜진 등불은 어디에 있어야 하는가? 등경 위에서 온 집 안을 밝혀야 한다(33b절). 이와 같이 우리는 하나님의 말씀이 우리 주변(삶)을 밝히도록 가장 효과적으로 빛을 발할 수 있는 위치(우선순위의 최상위)에 두어야 한다. 하나님의 말씀은 빛이 우리의 갈 길을 밝혀 주듯이 각자에게 주신 소명에 따라 지켜야 할 자리와 해야 할 일을 알려 줄 것이다.

성경은 하나님을 온 세상을 밝히는 빛으로 묘사한다(시 18:12; 104:2; 딤전 6:16; 요일 1:5). 예수님도 세상을 비추는 빛이시다(마 4:16; 요 1:7; 8:12; 9:5; 12:46). 이러한 맥락에서 주님의 백성도 빛이다(cf. 사 42:6; 49:6; 엡 5:8; 빌 2:15; 살전 5:5).

우리가 빛을 발하며 산다는 것은 무엇을 의미하는가? 마태복음 5:16은 빛을 발하는 것은 착한 행실이라며 그리스도인들이 이 땅에서 선하게 사는 것은 하나님의 필수적인 요구 사항임을 암시한다. 어떻게 사는 것이 선한 삶인가? 예수님은 이미 평지 수훈(6:20-49)을 통해 어떻게 사는 것이 착하게 사는 것인지 말씀하셨다. 악한 세상에서 선하고 착하게 사는 것은 많은 핍박을 안겨 줄 수 있다. 그렇다고 해서 숨어 살면 안 된다. 세상 사람들이 보고 하나님께 영광을 돌릴 수 있도록 우리는 선한 행실을 드러내며 살아야 한다.

예수님이 세상의 어두움을 밝히는 빛으로 오신 것을 믿는 사람들은 예수님이 하나님의 구원의 빛 되심을 선한 행실을 통해 증거하는 삶을 살아야 한다. 하나님 나라는 말에 있지 않고 능력에 있기 때문이다(cf.

고전 2:4; 4:20; 살전 1:5). 하나님은 우리가 착하고 선하게 살면서 세상을 밝히는 빛이 되도록 도우실 것이다. 이렇게 해서 우리의 의를 세상에 드러내는 것이 아니라, 우리의 착한 행실을 본 세상이 하늘에 계신 우리 아버지께 영광을 돌리게 해야 한다.

예수님은 사람 몸의 등불은 눈이라고 하신다(34a절). 학자들은 눈을 등으로 표현하는 은유를 매우 혼란스러워한다. 어떤 이들은 이 은유가 복음서에서 가장 해석하기 어려운 말씀이라고 한다(Betz). 그러나 '눈은 몸의 등불'(Ὁ λύχνος τοῦ σώματός ἐστιν ὁ ὀφθαλμός)이라는 말을 '눈은 마음을 밝히는 등불'로 해석해 눈이 사람의 지정의(知情意)를 결정하는 마음에 가장 큰 영향을 끼치는 장기라는 의미로 이해하면 별문제가 없다. 심지어 눈과 마음은 같은 의미를 지녔다고 하는 이들도 있다(Carson). 그러므로 이 말씀은 신체적인 의미를 지닌 것이 아니라 윤리적인 의미를 지닌 비유인 것이다. 눈은 마음을 통해 온몸을 밝히는 장기로(cf. Allison), 곧 사람의 생각과 행동에 큰 영향을 끼친다.

눈은 두 가지 역할을 한다. 몸을 밝히기도 하지만, 몸을 밝힐 빛을 보고 그 빛을 몸으로 전달하는 역할도 한다. 눈이 온몸을 밝히려면 빛(하나님의 말씀)을 잘 보아야 한다는 뜻이다(Bock). 빛(하나님의 말씀)을 잘 보는 눈은 우리 속에 있는 빛(하나님의 말씀)이 어두워지지 않게 할 것이다(35절).

성한 눈에서 '성한'(ἁπλοῦς)(34b절)은 신체적인 의미가 아니라 도덕적인 의미를 지닌 개념이다. '한 가지 목표를 지닌, 하나님께 온전히 헌신된'이라는 의미를 지녔으며(Hagner, Wilkins, cf. Betz), 사람들을 자비롭게 대하는 것을 말한다(Carson). 그렇게 하면 온몸이 밝을 것이다. 성경에서 빛은 생명과 주님 안에 거하는 것을 상징한다. 선을 베풀면 우리의 도움을 받은 사람들이 살고, 우리는 하나님 안에 거하는 이중적인 복이 임한다.

반대로 눈이 나쁘면 온몸이 어두울 것이다(34c절). 본문의 나쁜 눈에서 '나쁜'(πονηρὸς)은 악의적인 의도를 가진 것을 뜻하며, 자기 잇속이나 채우려는 욕심이다(Davies & Allison). 이웃에게 선을 행하며 살지 않으면 자신의 삶이 불행해지고 비참해진다는 경고다(cf. 요 3:19-20).

그러므로 눈이 성하면(남을 도우며 윤리적으로 살면) 온몸이 밝아 조금도 어두운 데가 없을 것이며, 등불의 빛이 비출 때와 같이 온전히 밝을 것이다(36절). 도덕적으로 청렴하고 남을 돕는 삶은 하나님 은혜의 빛 안에서 사는 것이라는 뜻이다.

사람들은 남보다 행복해지려고 자기중심적으로 살고 자기의 삶에만 투자하는데, 정작 결과는 그렇지 않다. 안목이 세상의 보배에 쏠려 있으면 마음은 어두움으로 가득하게 된다(Hagner). 세상에 쌓는 보배는 모두 썩어 없어지기 때문이다. 오히려 불행한 이웃을 돕고 하나님 나라를 위해 투자하는 안목을 가진 이들(눈이 성한 사람들)이 훨씬 더 밝고 행복한 삶을 산다. 하늘에 쌓는 보배는 절대 사라지지 않으며, 하나님이 하늘에 보배를 쌓는 사람들을 축복하시기 때문이다.

이 말씀은 도덕적이고 이웃을 배려하는 삶을 살 것을 권면한다. 우리가 도덕적이고 배려하는 삶을 살면 이웃들의 삶이 밝아질 뿐 아니라 우리의 삶도 밝아진다. 우리는 빛이신 하나님의 자녀답게 어두운 세상을 밝히는 빛으로 살아야 한다.

우리의 일거수일투족이 온 세상에 드러나 있다. 아무리 숨기려 해도 숨길 수 없다. 그러므로 그리스도인들은 살맛 나는 세상과 예수님의 빛으로 가야 할 길을 밝히는 세상을 만들어 나가야 한다. 의지와 상관없이 우리는 하나님의 빛에 젖어 살고 있다. 우리 눈으로 하나님의 빛을 잘 보고 우리의 삶에서 선한 언행을 실천함으로써 하나님의 이름에 누를 끼치지 않게 해야 한다.

V. 예루살렘 여정(9:51–19:27)
  C. 거세지는 반대(11:14–54)

6. 여섯 가지 화 선언(11:37–54)

그동안 예수님은 여러 차례 유대교 지도자들을 직접적으로 혹은 간접적으로 비난하셨지만, 이 본문에서처럼 체계적이고 구체적으로 비난하시기는 처음이다. 또한 비난의 강도가 매우 높다. 그들의 불편한 심기를 극도로 자극하신 것이다. 이 종교 지도자들은 남들에게 가르치는 하나님의 말씀대로 살지 않는 위선을 행하고 있다. 안타까운 것은 그들의 죄를 드러내시는 예수님을 영접하고 회개하는 것이 아니라 오히려 해하려고 음모를 꾸민다는 사실이다. 죄를 더 큰 죄로 덮으려는 것이다. 마음에 화인을 맞은 사람들은 예수님도 어찌할 수 없나 보다. 이 말씀은 다음과 같이 구분된다.

  A. 화를 선포하시게 된 정황(11:37–41)
  B. 바리새인들에게 임한 화(11:42–44)
  C. 율법 교사에게 임한 화(11:45–52)
  D. 바리새인들과 율법 교사들의 대응(11:53–54)

V. 예루살렘 여정(9:51–19:27)
  C. 거세지는 반대(11:14–54)
    6. 여섯 가지 화 선언(11:37–54)

(1) 화를 선포하시게 된 정황(11:37–41)

[37] 예수께서 말씀하실 때에 한 바리새인이 자기와 함께 점심 잡수시기를 청하므로 들어가 앉으셨더니 [38] 잡수시기 전에 손 씻지 아니하심을 그 바리새인이 보고 이상히 여기는지라 [39] 주께서 이르시되 너희 바리새인은 지금 잔과 대접의 겉은 깨끗이 하나 너희 속에는 탐욕과 악독이 가득하도다 [40] 어리

석은 자들아 겉을 만드신 이가 속도 만들지 아니하셨느냐 ⁴¹ 그러나 그 안에 있는 것으로 구제하라 그리하면 모든 것이 너희에게 깨끗하리라

한 바리새인이 점심 식사를 같이 하자며 예수님을 자기 집으로 초청했다(37절). 예전에도 예수님은 바리새인에게 식사 초대를 받으신 적이 있다(7:36-50). 바리새인들은 예수님을 존경해 가르침을 청하기 위해서가 아니라, 흠과 비방거리를 찾으려고 예수님을 초청했다(cf. 7:49; 11:53-54). 예수님은 그들의 의도를 알면서도 초청에 임하신다. 그들에게 한 번 더 회개의 기회를 주기 위해서다.

바리새인들은 식사하기 전에 항상 손을 씻는데, 예수님은 씻지 않고 식탁에 앉으셨다(38a절). '씻다'(βαπτίζω)는 담근다는 뜻이다(BAGD). 위생상 불결한 손을 씻는 것이 아니라, 정결하기 위해 예식적으로 손을 물에 담그는 일을 말한다(Garland). 율법은 제사장만 손을 씻도록 명하지만(출 30:19-21), 바리새인들은 그들의 구전을 통해 모든 사람에게 적용했다. 세례 요한이 사람들에게 베푼 세례도 그들을 물에 '담그는'(βαπτίζω) 일이었다. 예수님을 지켜보던 바리새인이 이상히 여겼다(38b절). '이상히 여기다'(θαυμάζω)는 상당한 충격을 받았다는 뜻이다. 예수님이 당연히 물에 손을 담그실 줄 알았는데, 그렇게 하지 않으셨기 때문이다. 그는 예수님이 손을 씻지 않으신 것을 상식 밖의 일로 생각한다.

예수님은 손을 씻으실 수도 있었지만, 일부러 씻지 않으셨다. 그들의 위선에 대해 깨우침을 주시고자 해서다. 예수님은 바리새인들을 겉은 깨끗하지만 속은 탐욕과 악독으로 가득한 잔과 대접에 비유하셨다(39절).

어떤 이들은 이 말씀을 두고, 잔을 닦을 때 겉과 속을 함께 닦아야 하기 때문에 닦는 자가 먼저 자기 손을 정결하게 한 후 닦아야 한다는 샴마이 학파(Shammai School)와 겉이 안쪽에는 영향을 미치지 않기 때문에 손이 부정하다 할지라도 잔을 물에 담가 안쪽만 씻으면 된다는 힐렐 학파(Hillel School)의 신학적 논쟁을 바탕으로 한 것이라고 한다 (Garland, Keener, McNeile, Neusner, Schweizer). 우리가 보기에는 참으로 한심한 논쟁이다.

대부분 학자는 이 비난이 겉으로는 정결하고 경건하지만 속으로는 부정하고 추한 유대교 지도자들을 상징적으로 비난하는 것이라고 한다(Blomberg, Boring, Carson, Davies & Allison, France, Garland, Hagner, Luz, McNeile). 이 해석이 더 설득력이 있다. 만일 잔에 관한 문자적인 말씀이라면, 잔과 대접 안쪽에 탐욕과 방탕이 있을 리 없다. 탐욕과 방탕은 인간의 내면에 존재하는 것이기 때문이다. 바리새인들은 예수님이 세리와 죄인 등 부정한 사람들과 함께 음식을 잡수신다고 비난한 적이 있다(5:30). 또한 예수님이 식사할 때 손을 씻도록 제자들에게 말씀하지 않으신다며 정결 예식에 관한 장로들의 전통을 지키지 않는다고 비난한 적도 있다(마 15:1-20). 이러한 사례들을 통해 그들이 외적으로 드러나는 정결을 얼마나 중요하게 생각하고 가르쳤는지 알 수 있다.

바리새인들은 사람들 눈에 띄는 겉치장만 정결하게 할 뿐, 사람들이 볼 수 없는 내면은 온갖 부정한 것으로 가득한 상태로 방치한다. 외형적인 정결함은 매우 중요하게 여기면서, 정작 내면적인 부정함은 방치하는 종교적 삶은 참으로 어리석은 것이다(40a절). 그들이 창조주로 고백하는 하나님이 그들의 겉모양뿐 아니라 속도 만드셨기 때문이다(40b절). 예수님은 남의 눈에 띄는 것만 의식하고 사는 사람은 창조주가 그의 속도 창조하셨다는 사실을 모르고 사는 것이라고 하신다.

예수님은 겉으로 드러나는 정결함과 마음속의 부정함을 대조하신다. 사람은 겉모양보다는 그 안에 있는 것을 먼저 구제해야 한다(41a절). 그렇게 하면 모든 것이 깨끗해질 것이다(41b절). 예수님은 속이 겉보다 중요하다며 바리새인들의 가치관을 완전히 뒤집으신다. 속이 깨끗하면 그 정결함이 밖으로 흘러나오기 때문이다. 반면에 겉의 정결함은 마음이 정결하다는 것을 보장하지 못한다.

이 말씀은 병과 증세를 구분하라는 말씀이다. 바리새인들은 마음이 병들었더라도 외적으로 드러나는 증세만 잘 조정하면 된다고 생각한다. 그러므로 그들은 외적인 정결과 경건으로 마음의 병을 가리려 했다. 남들 눈에 정결하게 보이면 되는 것이다. 반면에 예수님은 마음을 정결하게 하라고 하신다. 마음의 병을 치료하면 외적인 증세도 당연히 사라질 것이다. 영적으로 혹은 육적으로 아픈 사람들을 만날 때마다 무엇이 증세이고 무엇이 병인지 구분할 수 있는 지혜가 필요하다.

```
V. 예루살렘 여정(9:51-19:27)
  C. 거세지는 반대(11:14-54)
    6. 여섯 가지 화 선언(11:37-54)
```

(2) 바리새인들에게 임한 화(11:42-44)

⁴² 화 있을진저 너희 바리새인이여 너희가 박하와 운향과 모든 채소의 십일조는 드리되 공의와 하나님께 대한 사랑은 버리는도다 그러나 이것도 행하고 저것도 버리지 말아야 할지니라 ⁴³ 화 있을진저 너희 바리새인이여 너희가 회당의 높은 자리와 시장에서 문안 받는 것을 기뻐하는도다 ⁴⁴ 화 있을진저 너희여 너희는 평토장한 무덤 같아서 그 위를 밟는 사람이 알지 못하느니라

예수님은 바리새인들의 위선과 잘못된 가르침을 맹렬하게 비난하신다. '화 있을진저'(οὐαί)(42a절)는 슬픔과 탄식과 사랑과 안타까움이 섞여 있는 외침이다(cf. Wilkins). 예수님은 이 유형의 스피치를 6:25과 10:13에서 이미 사용하셨다. 하나님의 심판이 스피치의 대상이 된 사람들에게 반드시 임할 것이라는 뜻이다. 시편의 저주시와 비슷하다.

첫 번째 화 선언은 식물의 십일조는 드리되 공의와 하나님에 대한 사랑은 버렸다는 비난이다(42절). 예수님은 우선권에 대해 말씀하신다.

135

바리새인들이 율법의 취지를 무시한 채 아주 작은 디테일에만 치중한다는 것이다.

십일조는 시내산에서 율법이 선포되기 전에 이미 아브라함이 멜기세덱에게 준 것이며(창 14:17-20), 형 에서의 눈을 피해 하란으로 도망하던 야곱이 벧엘에서 서원한 것이다(창 28:18-22). 그러므로 유대인들은 십일조에 관한 율법을 매우 중요하게 여겼다(cf. 레 27:30-33; 민 18:21-29; 신 12:11-18; 14:22-29). 십일조는 레위 지파 사람들이 약속의 땅에서 기업을 받는 대신 다른 지파들에게 받아 생활하는 방법이었다(민 18:21). 또한 레위 사람들과 객이 되어 사는 이방인들 그리고 가난한 사람들을 돕는 일에 사용되었다(레 27:30-32; 신 12:17; 14:28-29).

당시 유대교 지도자들은 하나님의 백성이 십일조를 해야 하는 범위를 두고 많은 논쟁을 벌였다. 짐승을 드리는 것은 당연한 일이지만, 농산물 중에는 곡식과 기름과 포도주로 제한하는 듯한 말씀이 있는가 하면(신 12:17; 14:23; cf. 느 13:5, 12), 모든 생산물을 드릴 것을 요구하는 듯한 말씀도 있었기 때문이다(레 27:30; 신 14:22; cf. 대하 31:5). 결국 채소와 텃밭에서 자라는 박하와 운향과 모든 채소의 십일조도 드려야 한다는 결론에 도달했다(cf. 42절). 정확히 범위를 알 수 없는 상황에서 적게 드려서 문제가 되는 것보다, 많이 드려서 아예 문제를 만들지 않는 것이 낫다는 논리가 작용한 것이다(Boring).

당시 사람들은 수입의 17-20%를 십일조로 드렸다(Keener). 유대교 지도자들이 십일조 율법에 대해 온갖 세부적인 사항을 만들어 지키게 하다 보니 빚어진 일이다. 그러나 예수님은 이런 일을 비난하시는 것이 아니다. 그들이 이처럼 세부적인 디테일을 강요하면서도 정작 율법이 가장 중요하게 여기는 정의와 하나님께 대한 사랑은 버린 것을 문제 삼으신다.

'정의'(κρίσις)는 올바른 판단(judgment)을 의미하며 모든 사람을 공정하게 대해야 한다는 뜻이다(cf. TDNT). 하나님의 가장 기본적인 속성이며(시 9:8, 16; 89:14), 정의가 실현되지 않을 때 선지자들은 맹렬한 심판을 선언했다(사 1:16-18; 렘 22:3; 암 5:14-15). 마태는 '하나님께 대한 사랑'(τὴν ἀγάπην τοῦ θεοῦ) 대신 '긍휼과 믿음'을 버렸다고 한다(마 23:23). '긍휼'(ἔλεος)은 남을 인자하고 자비롭게 대한다는 뜻이며(cf. TDNT), 인애라고도 한다(호 6:6). 예수님은 서로에게 긍휼할 것을 요구하신다. '믿음'(πίστις)은 신뢰와 성실함을 의미한다(TDNT, cf. 미 6:8). 하나님을 온전히 신뢰하는 것이다. 하나님에 대한 사랑은 서로에 대한 인애와 하나님에 대한 신뢰로 표현되어야 한다.

정의와 긍휼(인애)과 믿음은 구약에서 가장 중요한 핵심 가치들이다. 바리새인들은 이 같은 가치를 그들 자신도 추구하지 않았고, 사람들에게도 강요하지 않았다. 그저 십일조 율법을 아주 세세하게 지킬 것만 가르치고 강요했다. 그러나 예수님은 십일조 율법을 준수하는 것도 중요하지만, 하나님에 대한 사랑도 버리면 안 된다며 균형된 신앙생활을 요구하신다(42c절).

두 번째 화 선언은 바리새인들이 명예와 인기를 탐하는 것에 관한 것이다(43절). 회당은 하나님께 기도하는 곳이고 하나님의 말씀을 배우는 곳이다. 그러나 회당에서 예배를 드릴 때면 높은 사람일수록 말씀을 강론하는 사람과 중앙에 펼쳐 놓은 율법 두루마리에 가까이 앉았다. 종교 지도자들은 어디를 가든 이런 자리에 앉는 것이 일상적이었지만, 예수님은 결코 좋은 일이 아니라고 하신다.

시장에서 문안받는 것은 일상적인 인사가 아니다. 마치 중요한 인사를 맞이하는 것처럼 예의와 경의를 표하는 것을 뜻한다. '랍비'(ῥαββί)는 2세기에 가서야 전문적인 호칭(오늘날의 '목사'처럼)으로 사용된다. 예수님 시대에는 단순히 존경과 경의를 표하는 호칭이었다. 당시 일부 랍비는 유대인 마을을 방문할 때면 온 마을 사람들이 나와 그를 자기 부모보다 더 존경한다며 경의를 표할 것을 요구했다고 한다(Keener). 예수님은 바리새인들을 비난하시면서 동시에 그들의 썩어빠진 행태를 반면교사로 삼아 제자들을 가르치고 계신다. 제자들은 이렇게 하면 안 된다는 것이다.

세 번째 화 선언은 겉과 속이 다른 그릇 비유(11:39)와 비슷한 맥락의 말씀으로 바리새인들이 사람들을 속인다고 하신다(44절). '평토장한 무덤'(τὰ μνημεῖα τὰ ἄδηλα)은 표시가 되지 않은 무덤을 뜻한다(NIDNTT). 그러므로 사람들은 그곳에 무덤이 있는 줄 모르고 밟고 지나간다. 이 상황에서 가장 심각한 문제는 부정함이다. 구약은 사람이 무덤을 접하면 7일 동안 부정하다고 한다(민 19:16). 그러므로 바리새인들이 마치 표시가 되지 않아 사람들이 밟고 다니는 무덤 같다는 것은 사람들이 의식하지 못하는 상황에서 그들을 부정하게 한다는 것이다.

바리새인들은 처신을 잘해서 겉으로는 사람에게 옳게 보이지만, 안으로는 외식과 탐욕과 불법이 가득하다(11:39). 그들의 겉모습은 참으로 하나님을 사랑하는 사람처럼 보이지만, 정작 마음으로는 하나님의 뜻을 저버리고(7:30) 온갖 죄와 탐욕과 불법으로 가득한 삶을 살고 있다. 그러므로 그들을 따르는 자들도 그들과 함께 하나님께 부정하게 된다.

이 말씀은 사람을 외모로 판단해서는 안 된다는 권면이다. 겉모습은 온갖 아름다운 것으로 치장되어 있어도 안은 썩을 대로 썩어 있을 수 있다. 이와는 대조적으로 겉모습은 초라하고 별 볼 일 없어 보이지만, 마음은 진국인 사람들이 있다. 우리는 마음이 온갖 아름다운 것으로 가득한 사람이 되어야 하며, 성도들을 이런 사람으로 양육해야 한다.

우리는 하나님의 말씀을 실천할 때 우선권에 관해 생각해야 한다. 하나님의 모든 말씀대로 사는 것은 당연히 중요한 일이지만, 때로는 중요한 순서를 정해서 가장 중요한 것을 우선적으로 지키며 점차적으로 덜 중요한 것들을 지켜 나가야 한다. 바리새인들은 십일조를 드리는 것을 매우 중요시 여겼지만, 공의와 하나님께 대한 사랑은 실천하지 않았다. 이처럼 순서에 혼란이 오면 순종하는 것이 매우 어려운 일이 될 뿐 아니라 순종이 재미없어진다.

또한 우선권이 흔들리면 별로 중요하지 않은 것을 가장 중요한 것처럼 여겨 생명을 걸 수도 있다. 그러므로 우리는 추구해야 할 가치 중에 무엇이 가장 소중한 것인지 곰곰이 생각하며 하나님의 인도하심을 받아야 한다. 목회자들이 성경적이고 건강한 우선권을 가지면 교회와 성도들에게 복을 끼치며, 교회가 이 땅에서 해야 할 일들을 잘 할 수 있다.

```
V. 예루살렘 여정(9:51-19:27)
  C. 거세지는 반대(11:14-54)
    6. 여섯 가지 화 선언(11:37-54)
```

(3) 율법 교사에게 임한 화(11:45-52)

[45] 한 율법교사가 예수께 대답하여 이르되 선생님 이렇게 말씀하시니 우리까지 모욕하심이니이다 [46] 이르시되 화 있을진저 또 너희 율법교사여 지기 어려운 짐을 사람에게 지우고 너희는 한 손가락도 이 짐에 대지 않는도다 [47] 화 있을진저 너희는 선지자들의 무덤을 만드는도다 그들을 죽인 자도 너희 조상들이로다 [48] 이와 같이 그들은 죽이고 너희는 무덤을 만드니 너희가 너희 조상의 행한 일에 증인이 되어 옳게 여기는도다 [49] 그러므로 하나님의 지혜가 일렀으되 내가 선지자와 사도들을 그들에게 보내리니 그 중에서 더러는 죽이며 또 박해하리라 하였느니라 [50] 창세 이후로 흘린 모든 선지자의 피를 이 세대가 담당하되 [51] 곧 아벨의 피로부터 제단과 성전 사이에서 죽임을 당한 사가랴의 피까지 하리라 내가 너희에게 이르노니 과연 이 세대가 담당하리라 [52] 화 있을진저 너희 율법교사여 너희가 지식의 열쇠를 가져가서 너희도 들어가지 않고 또 들어가고자 하는 자도 막았느니라 하시니라

바리새인의 집에 함께 있던 한 율법 교사가 예수님의 말씀에 문제를 제기했다. 그는 예수님이 바리새인들에 대해 이렇게 말씀하시는 것은

자기들(율법 교사들)까지 모욕하는 것이라고 했다(45절). 이에 대해 예수님은 전혀 굴하지 않으시고 오히려 그들에게도 세 가지 화를 선포하셨다(47, 52절).

첫 번째 화는 율법 교사들이 사람들에게 지기 어려운 짐을 지우되, 자신들은 이 짐을 옮기거나 짐을 지운 사람들을 돕기 위해 한 손가락도 움직이려 하지 않는 데 관한 것이다(46절). 율법은 분명 '짐'이 되는 부분이 있다. 그러나 서기관들(율법 교사들)은 모세가 사람들에게 지워 준 짐보다 더 무거운 짐을 사람들에게 지운다. 원래 좋은 스승은 제자들(사람들)이 져야 할 짐을 가볍게 해 준다. 우리의 스승이신 예수님이 우리가 졌던 무거운 짐을 내려놓고 가벼운 짐을 지워 주신 것처럼 말이다(cf. 마 11:28-30).

그들은 율법을 해석해 사람들에게 가르칠 때 사람들이 율법을 범하지 않도록 '율법 주변으로 울타리를 쳤다'(fence around Torah). 서기관들은 이렇게 하는 것이 그들의 사명이라고 생각했다. 그러다 보니 '구전 율법'(the Oral Torah)이라는 명분으로 온갖 규범과 규제를 만들어 사람들에게 강요했다. 율법 해석과 적용이 얼마나 지나친지 사람들이 이를 지키기는커녕 어떤 율법에 어떤 규제가 있는지 다 알기도 힘들 정도였다.

결국 율법을 준수하며 사는 것은 사람이 감당하기 힘들 정도의 어려운 짐이 되었다. 그러나 정작 사람들에게 감당하기 힘든 짐을 지워 준 자들은 평안했다. 사람들이 지는 짐의 무게를 줄여 주거나 그들이 짐 지는 일을 조금이라도 도울 생각은 하지 않았다. '한 손가락도 이 짐에 대지 않은' 것이다. 또한 그들은 사람이 하나님께 범죄하지 않는 방법을 장황하게 늘어놓을 뿐 정작 사람이 하나님을 사랑하고 기쁘시게 하는 길은 제시하지 않았다(Garland). 그러므로 유대교 지도자들의 이 같은 자세는 심각한 윤리적 문제라 할 수 있다(Luz).

두 번째 화는 서기관들이 옛 선지자들을 어떻게 대하는가에 관한 것이다. 예수님은 율법 교사들이 옛적에 그들의 조상이 죽인 선지자들의 무덤을 만든다고 하신다(47절). 하나님의 말씀을 선포하고, 정의롭게 살다가 순교한 선지자들(cf. 히 11장)의 숭고한 삶을 기리기 위해 늦게나마 그들의 무덤을 만드는 것은 좋은 일이다. 그들이 순교했을 때는 제대로 된 장례식을 치르지 못했기 때문이다.

그러나 그들은 선지자를 죽인 사람들의 후손들이다(47b절). 그들은 조상들이 선지자들을 죽인 만행을 아직도 이어 가고 있다. 이미 선지자로 온 세례 요한을 죽였고, 하나님의 아들이신 메시아 예수님을 죽이려고 한다. 그들은 조상들 손에 죽은 선지자들의 무덤을 만듦으로써 스스로 악한 조상들과 거리를 두려 하지만, 실상은 조상들의 죄를 되풀이하며 그들 조상이 선지자들을 죽인 일을 옳게 여기는 결과를 초래하고 있다(48절). 서기관들은 그들이 하고자 하는 일(선지자들을 존귀하게 여기는 것)과 정반대되는 일(선지자들을 죽이는 일)을 하고 있다(Bock). 그들에게 좋은 선지자는 죽은 선지자다(Bo, Hendrickx). 죽은 선지자는 그들이 누리고 있는 지위를 위협할 수 없기 때문이다.

이스라엘은 대대로 하나님의 선지자들을 죽였다. 그러므로 하나님의 지혜는 그들에게 여러 선지자와 사도들을 보낼 것이다(49a절). '하나님의 지혜'(ἡ σοφία τοῦ θεοῦ)는 의인화된 하나님의 말씀(Marshall), 혹은 그 말씀이 성육신한 예수님을 뜻한다(Beale & Carson, Culpepper). 예수님이 여러 선지자와 사도들을 보내시는 이유는 사람들이 그들 중 더러는 죽이고 박해할 것이기 때문이다(49b절).

서기관들이 예수님이 보내시는 사람들을 이처럼 무자비하게 핍박하는 것은 결코 새로운 일이 아니다. 태초부터 인류가 저질러온 만행이다(50절). 정경의 맨 처음 책인 창세기에 기록된 의인 아벨의 피로부터(창 4:8) 유대인 정경의 마지막 책인 역대기하에 기록된 순교자 사가랴의 피(대하 24:20-21)에 이르기까지 그들이 흘린 모든 선지자의 피를 이 세대가 담당해야 할 것이라고 예수님은 말씀하신다(50-51절). 피를 담당한다는 것은 의로운(억울한) 피를 흘린 것에 대해 반드시 심판을 받

을 것이라는 뜻이다(렘 26:16; 욘 1:14). 훗날 그들은 예수님을 십자가에
못 박으라며 "그 피를 우리와 우리 자손에게 돌릴지어다"라고 한다(마
27:25). 만일 예수님을 죽이는 것이 죄라면 자신들과 후손들이 그 죗값
을 감당하겠다는 것이다. 참으로 무서운 사람들이다.

율법 교사들에 대한 세 번째 화는 그들이 하늘나라에 들어가지 않고
남들도 들어가지 못하게 하는 것에 관한 것이다(52절). 그들은 지식의
열쇠를 가졌다. 말씀을 통해 하나님 나라에 들어가는 길을 알고 있다
는 뜻이다(Culpepper). 그들은 하나님 나라에 이르게 하는 율법을 해석
하고 가르치는 능력을 지녔다. 그러므로 그들이 율법을 해석하고 가르
치는 것은 사람들이 하나님께 나아가는 삶을 살도록 하기 위해서라고
하지만, 정작 그들의 해석과 가르침은 사람들이 하나님께 나아가는 길
을 막고 있다. 평토장한 무덤이 아무것도 모르고 그 위를 밟는 사람을
부정하게 하는 것과 비슷한 말씀이다(Bock, cf. 44절). 그들이 '율법 주변
으로 친 울타리'가 사람들을 실족하게 하는 것이다.

그들의 더 심각한 범죄는 온갖 잘못된 율법 해석으로 억지를 쓰며 예
수님을 메시아로 영접하기를 거부한 것이다. 비유로 말하자면 천국 문
을 닫아 놓고 들어가기를 거부한 것이다. 자신들만 천국에 들어가지
않은 것이 아니라, 그곳에 들어가려고 노력하는 다른 사람들까지 들어
가지 못하게 막았다. '들어가고자 하는 자들'(τοὺς εἰσερχομένους)은 적극
적으로 들어가려고 노력하는(conative) 사람들을 뜻하는 현재형 분사다
(Liefeld & Pao). 천국으로 들어간다는 것은 회심하고 하나님의 백성이 된
다는 뜻이다. 그들은 무리가 예수님을 메시아라고 인정하는 것을 막으
려고 안간힘을 썼다. 그러므로 사람들이 천국으로 들어가지 못하게 한
그들의 죄는 비난받아 마땅하다.

이 말씀은 사역자는 어떤 일을 해야 하는지 생각하게 한다. 사역자
가 해야 할 가장 중요한 일은 심방도, 구제도 아니다. 성경을 올바르게
해석하고 가르치는 일이다. 말씀 선포와 공부를 통해 사람들이 예수님

의 제자가 되어 하나님을 경외하며 거룩하게 살도록 하는 것이 우리의 사명이다. 그렇게 하기 위해서 사역자는 평생 성실하게 기도하며 말씀을 연구하고 묵상해야 한다. 우리는 남(성도들)에게 주기 위해 배우라는 사명을 받았다.

또한 우리가 속한 공동체가 과거에 저지른 죄를 마치 우리가 저지른 죄인 것처럼 회개하고 용서를 구해야 한다. 공동체의 일원으로서 우리도 그 자리에 있었기 때문이다. 율법 교사들은 그들 조상의 손에 죽은 선지자들을 기념했지만, 과거에서 배우지는 못했다. 자신들과는 상관없는 일이라며 조상들과 거리를 두었다. 그들은 과거에서 배우지 못했기 때문에 예수님을 죽였다.

종종 유대인 중에 어떻게 하나님의 아들이신 예수님을 죽일 수 있느냐며 분노하는 사람들을 본다. 그러면서 만일 자신이 그 자리에 있었다면 그들을 요절냈을 것이라고 한다. 그러나 예수님이 죽으시던 날 우리 역시 예수님을 어떻게 하면 좋겠냐는 빌라도의 질문에 "십자가에 못 박혀야 하겠나이다"라고 대답한 무리 중에 서 있었다는 사실을 인정해야 한다(cf. 마 27:22).

> V. 예루살렘 여정(9:51-19:27)
>   C. 거세지는 반대(11:14-54)
>   6. 여섯 가지 화 선언(11:37-54)

(4) 바리새인들과 율법 교사들의 대응(11:53-54)

53 거기서 나오실 때에 서기관과 바리새인들이 거세게 달려들어 여러 가지 일을 따져 묻고 54 그 입에서 나오는 말을 책잡고자 하여 노리고 있더라

예수님이 바리새인 집에서 식사를 마치고 나오실 때 서기관(율법 교사)과 바리새인들이 거세게 항의하며 여러 가지를 따져 물었다(53절).

예수님이 하신 말씀이 그들 마음에 들지 않은 것이다. 솔직하게 말하면 예수님도 좋은 손님은 아니셨다. 좋은 손님은 초청한 사람이 내온 음식을 함께 먹으며 담소하는데, 예수님은 세상 말로 '깽판'을 치셨기 때문이다.

그들은 자신들이 따져 묻는 말에 예수님이 대답하시는 것 중 책잡을 만한 것을 노렸다(54절). 하나님을 가장 잘 안다는 사람들이 메시아를 알아보지 못하는 것이 참으로 안타깝다. 예수님의 말씀을 듣고 회개하지 않고 오히려 따져 물으며 반발하는 것도 안타깝다.

이 말씀은 회개는 사람이 결단해서 하는 일이 아니라, 하나님이 은혜를 베풀어 주실 때만 가능하다고 한다. 예수님은 바리새인들과 서기관들에게 회개하라며 그들이 들어야 할 말씀을 해 주셨다. 그러나 그들은 이성이 마비되어 예수님의 말씀을 들으려 하지 않는다. 오직 화를 내며 항의하기에 급급하다.

인류는 태초 이후로 계속 하나님께 반역하며 오늘에 이르렀다. 사람은 절대 스스로 바뀔 수 없다. 스스로 바뀌기에는 본성이 너무나도 악하기 때문이다. 오직 하나님의 은혜만이 변화시킬 수 있다. 모두 하나님의 용서와 구원이 필요하다. 먼저 구원의 은혜를 입은 우리는 끊임없이 하나님이 자비를 베푸셔서 저들을 구원하시길 기도해야 한다.

V. 예루살렘 여정(9:51-19:27)

D. 종말과 최후 심판에 대한 가르침(12:1-13:9)

이 섹션도 바리새인들에 대한 경고와 이 땅에서 어떻게 살아야 할 것인가 등 여러 가지 주제를 다루고 있다. 그러나 종말을 어떻게 분별하고 맞이할 것인가가 주류를 이룬다. 본 텍스트는 다음과 같이 구분된다.

   A. 경고와 격려(12:1-12)

   B. 어리석은 부자 비유(12:13-21)

   C. 걱정과 근심(12:22-34)

   D. 재림을 대비한 삶(12:35-48)

   E. 예수님으로 인한 분열(12:49-53)

   F. 시대 분별(12:54-59)

   G. 회개 권면(13:1-5)

   H. 열매 맺지 못하는 무화과나무(13:6-9)

V. 예루살렘 여정(9:51-19:27)
   D. 종말과 최후 심판에 대한 가르침(12:1-13:9)

1. 경고와 격려(12:1-12)

본 텍스트는 종말을 의식하고 사는 성도의 삶의 자세가 어떠해야 하는 지에 관한 말씀이다. 예수님은 다음과 같이 세 가지로 권면하시며, 올바른 신앙생활로 종말을 준비하라고 하신다.

   A. 바리새인들을 조심하라(12:1-3)

   B. 하나님을 경외하라(12:4-7)

   C. 그리스도를 시인하라(12:8-12)

V. 예루살렘 여정(9:51-19:27)
   D. 종말과 최후 심판에 대한 가르침(12:1-13:9)
     1. 경고와 격려(12:1-12)

(1) 바리새인들을 조심하라(12:1-3)

[1] 그 동안에 무리 수만 명이 모여 서로 밟힐 만큼 되었더니 예수께서 먼저

제자들에게 말씀하여 이르시되 바리새인들의 누룩 곧 외식을 주의하라 ² 감추인 것이 드러나지 않을 것이 없고 숨긴 것이 알려지지 않을 것이 없나니 ³ 이러므로 너희가 어두운 데서 말한 모든 것이 광명한 데서 들리고 너희가 골방에서 귀에 대고 말한 것이 지붕 위에서 전파되리라

예수님은 바로 앞 이야기에서 바리새인들과 서기관들을 맹렬하게 비난하시고, 그들은 예수님께 심하게 항의했다. 이런 일이 진행되는 동안 예수님이 오셨다는 소식이 지역에 퍼지자 수만 명이 모여 인산인해를 이루었다(1a절). 바리새인과 서기관들이 예수님을 비방하며 망언자로 몰아가는 일이 별 효력을 발휘하지 못했다. 아마도 모인 사람 중에는 예수님의 가르침을 듣고자 온 사람들도 있었지만, 병 고침을 받기 위해 찾아온 사람들과 그들의 가족이 대부분이었을 것이다.

예수님은 무리를 가르치고 고치시기 전에 먼저 제자들에게 바리새인들의 누룩 곧 외식을 주의하라고 하셨다(1b절). 누룩은 아주 적은 양으로도 반죽 전체에 영향을 끼친다(13:33; 고전 5:6; 갈 5:9). 그래서 성경에서는 주로 부패를 상징하는 부정적인 의미로 사용된다(출 12:17-20; 23:18; 34:18; 레 2:11; 6:17; 호 7:4). 바리새인들의 율법 해석과 행동 방식을 접하다 보면 조금씩 세뇌되어 어느 순간 자기도 모르는 사이에 타락해 하나님 나라에서 멀어질 수 있다는 경고다. 오늘날에도 별생각 없이 이단들을 접하면 이렇게 된다.

예수님은 제자들에게 주의해야 할 바리새인들의 누룩은 그들의 외식(위선)이라고 하신다. '외식'(ὑπόκρισις)과 '외식하는 자'(ὑποκριτής)는 연극에서 가면을 쓰고 연기하는 데서 비롯되었다(TDNT). 연기는 자신이 아닌 다른 사람의 캐릭터를 마치 자신인 것처럼 속이는 일이다. 바리새인들은 하나님과 사람들을 위해 귀한 일을 하고 있다며 남들만 속이는 것이 아니라 그들 자신도 속인다. 그들이 경건한 척하고 세상에서 하나님을 가장 사랑하는 사람처럼 행동하는 것은 하나님을 경배하고 주님의 뜻에 따라 살고자 해서가 아니라 사람들의 눈에 띄기 위해서다. 그들은 사람들의 칭찬을 탐한다. 그러나 하나님은 속일 수 없다.

바리새인들이 아무리 애를 써서 이 같은 사실을 감추려 해도 감춰진 것은 드러날 것이며, 숨긴 것은 알려질 것이다(2절). '드러날 것이다'(ἀποκαλυφθήσεται)와 '알려질 것이다'(γνωσθήσεται)는 미래형 수동태다. 어떤 이들은 하나님이 종말에 드러내실 것이라고 하는데(Davies & Allison, Luz), 그 전이라도 적절한 때가 되면 하나님이 드러내실 것이라는 뜻이다(Osborne). 지금이 바로 그때다.

보기에는 복음을 반대하는 자들이 숨기는 것 같고 감추는 것 같지만, 실은 하나님이 모든 것을 드러내실 때까지 그들이 숨기고 감추는 것을 허락하신 것일 뿐이다. 진실은 언젠가는 드러나게 되어 있다. 하나님이 그렇게 계획하셨기 때문이다. 그러므로 예수님은 제자들이 바리새인들의 위선과 비난을 두려워하지 않고 오히려 더 담대하게, 자주, 더 큰 소리로 하나님 나라의 진리를 선포할 것을 원하신다.

또한 제자들이 어두운 데서 말한 모든 것이 광명한 데서 들리고, 그들이 골방에서 귀에 대고 말한 것이 지붕 위에서 전파될 것이다(3절). 많은 학자가 어두운 데와 광명한 데를 부활절 전과 후로 해석하지만(cf. Davies & Allison, Hagner), 이는 단순히 제자들에게 사적인 자리에서 은밀하게 나누는 대화도 반드시 온 세상에 드러나게 될 것이라고 경고하시는 말씀이다. 비슷한 맥락에서 전도서 10:20은 "심중에라도 왕을 저주하지 말며 침실에서라도 부자를 저주하지 말라 공중의 새가 그 소리를 전하고 날짐승이 그 일을 전파할 것임이니라"라고 경고한다. 세상에 비밀은 없다. 언젠가는 모든 것이 드러날 것이기 때문이다.

이 말씀은 우리의 삶과 언행에 대한 진실은 아무리 감추고 속이려 해도 반드시 드러나게 될 것이라고 경고한다. 바리새인들의 위선이 온 세상에 드러나고 제자들이 사적인 장소에서 주고받은 말이 온 세상에 드러나는 것처럼 우리의 언행도 그러하다. 또한 한순간 사람을 속일 수는 있어도 하나님을 속일 수는 없다. 그러므로 항상 진실하게 살고자 노력해야 한다. 복음의 가장 강력한 무기는 투명성이기 때문이다(Bovon).

또한 아무리 작은 것이라 해도 계속 접하다 보면 영향을 받는다. 예수님은 제자들이 바리새인들의 위선적인 가르침과 삶이 별거 아니라고 치부할 수도 있지만, 계속 접하다 보면 자신도 모르게 영향을 받을 것이라고 경고하신다. 누룩이 은밀하게 온 반죽을 변화시키는 것처럼 말이다. 그러므로 악한 것은 처음부터 멀리하고 상종하지 않는 지혜가 필요하다.

V. 예루살렘 여정(9:51–19:27)
  D. 종말과 최후 심판에 대한 가르침(12:1–13:9)
    1. 경고와 격려(12:1–12)

---

(2) 하나님을 경외하라(12:4–7)

⁴ 내가 내 친구 너희에게 말하노니 몸을 죽이고 그 후에는 능히 더 못하는 자들을 두려워하지 말라 ⁵ 마땅히 두려워할 자를 내가 너희에게 보이리니 곧 죽인 후에 또한 지옥에 던져 넣는 권세 있는 그를 두려워하라 내가 참으로 너희에게 이르노니 그를 두려워하라 ⁶ 참새 다섯 마리가 두 앗사리온에 팔리는 것이 아니냐 그러나 하나님 앞에는 그 하나도 잊어버리시는 바 되지 아니하는도다 ⁷ 너희에게는 심지어 머리털까지도 다 세신 바 되었나니 두려워하지 말라 너희는 많은 참새보다 더 귀하니라

바리새인들처럼 위선적인 종교인으로 살지 않고, 하나님의 말씀에 따라 진실되고 바르게 살면 핍박을 받을 수도 있다. 전도자의 삶을 살면 더욱더 그렇다. 예수님은 제자들에게 핍박하는 자들을 두려워하지 말라며 제자들을 '내 친구'(τοῖς φίλοις μου)라고 부르신다. 공관복음에서 예수님이 제자들을 친구라고 부르시는 것은 이곳이 유일하다. 정치적

인 정황에서 '친구'(φίλος)는 보호받는 자를 의미한다(TDNT). 그러므로 '황제의 친구'라는 말은 '황제가 보호하는 자'라는 뜻이다. 예수님이 제자들을 친구라고 부르시는 것은 그들이 예수님의 보호 아래 있다는 것을 시사한다.

'몸을 죽이는 자들'(τῶν ἀποκτεινόντων τὸ σῶμα)은 유대교 지도자들을 포함해 제자들을 죽이기까지 핍박하는 모든 사람이다. 예수님은 그들을 두려워하지 말라고 하신다. 그들은 무력을 이용해 제자들을 죽일 수 있지만, 그 후에는 할 수 있는 것이 아무것도 없기 때문이다. 예수님은 그들이 오히려 두려워해야 하는 분은 죽은 사람을 지옥에 던져 넣는 권세를 가지신 하나님(예수님)이라고 하신다(5절).

'지옥'(γέεννα)은 히브리어로 '힌놈의 아들 골짜기'(גֵּי בֶן־הִנֹּם)(수 15:8)가 아람어로 Gēhannā라 불린 것을 헬라어가 도입한 것이다. 힌놈의 아들 골짜기는 예루살렘 남서쪽에 있는 계곡이다. 유다 왕 아하스와 므낫세가 자기 자식들을 몰렉에게 불살라 바친 곳이다(왕하 16:3; 21:6; 렘 32:35). 요시야가 종교 개혁을 단행할 때 이곳을 더럽혔으며(왕하 23:10), 훗날 예루살렘에서 발생하는 쓰레기를 모두 이곳에서 태웠다. '게헨나'(γέεννα)는 이곳에서 쓰레기를 태우던 불이 꺼지지 않고 항상 타고 있었다는 데서 심판하는 불의 상징이 되었다. 예수님은 '게헨나'를 장차 지옥에서 행해질 영원한 심판의 의미로 사용하신다.

옛적에 하나님은 이사야 선지자에게 세상 사람들의 삶의 방식과 기준에 따라 그들의 말을 따르지 말고, 그들이 두려워하는 것을 두려워하지 말라고 하시며 "만군의 여호와 그를 너희가 거룩하다 하고 그를 너희가 두려워하며 무서워할 자로 삼으라"라고 하셨다(사 8:13). 또한 하나님은 주님을 두려워하는 사람들에게 그들을 보호하는 성소가 되어 주실 것도 약속하셨다(사 8:14; cf. 6-7절). 이 말씀에 비추어 볼 때 죄인들을 지옥에 던져 넣는 권세를 지니신 하나님이 제자들에게는 보호와 안식을 제공하실 것이다. 우리가 이 땅에서 예수님으로 인해 받는 핍박은 우리의 영생에 지대한 영향을 미친다. 그러므로 행복한 미래를 위한 일종의 투자라 할 수 있다.

창조주 하나님은 모든 피조물의 형편을 헤아리시는 분이다. 새 중에서 가장 작은 새인 참새 한 마리의 형편까지 아신다(6절). 가난한 사람들의 음식으로 팔리던 참새는 새 중에서 가장 저렴했다. 본문은 참새 다섯 마리가 두 앗사리온에 팔린다고 하는데, 마태는 두 마리가 한 앗사리온에 팔린다고 한다(마 10:29). '앗사리온'(ἀσσάριον)은 구리로 만들었으며, 로마 동전 중 가치가 정말 작은 동전 중 하나였다(ABD). 당시 노동자들의 하루 임금이었던 한 데나리온(δηνάριον)은 16앗사리온이었다. 그러므로 오늘날에 비하자면 한 앗사리온의 가치는 아르바이트로 받는 시급(時給)의 절반 정도가 된다.

참새 다섯 마리가 한 시간 임금에 팔리지만, 하나님은 한 마리도 잊지 않으신다. 창조주 하나님은 참새 한 마리까지 모두 헤아리시며, 하나님의 허락 없이는 사람의 먹이가 되지 않는다는 뜻이다. 예수님은 다섯 마리가 두 앗사리온에 팔리는 참새도 창조주 하나님이 철저히 보호하신다면, 하나님의 형상과 모양대로 창조된 사람은 얼마나 더 확고하게 보호하시겠냐며 아포르티오리(a fortiori, 전에 인정한 것이 진실이라고 한다면, 현재 주장되는 것은 한층 더 강력한 이유에 의해 진실이라는 논법) 논리로 가르침을 이어 가신다.

예수님은 하나님이 제자들을 얼마나 철저하게 보호하시는지를 그들의 머리털을 예로 들어 말씀하신다(7절). 머리털은 인간의 신체 부위 중 가장 작고(가늘고), 수를 셀 수 없을 정도로 많은 가장 흔한 것이다. 한마디로 말해 몇십 개 잃어도 별 탈이 없다. 그런데 하나님은 이 별 볼 일 없는 머리털까지 모두 세신다. 하나님은 우리의 머리털 수까지 헤아리시며, 그분이 허락하지 않으시면 하나도 떨어지지 않는다(cf. 삼상 14:45; 삼하 14:11; 왕상 1:52; 눅 21:18; 행 27:34). 이처럼 하나님은 그분이 보호하시는 사람들의 형편을 철저하게 헤아리시며 보살피신다. 그러므로 예수님은 세상이 아무리 힘들게 하더라도 두려워하지 말라고 하신다(cf. 4절).

이렇게 생각할 수도 있다. 하나님은 죄에서 인간을 구원하기 위해 하나뿐인 아들을 보내셨다. 그런데 보내신 아들의 사역을 돕겠다고 나선 이들이 있다. 하나님이 그들을 얼마나 귀하게 여기시겠는가! 그러므로 더욱더 그들을 보호하실 것이다.

이 말씀은 우리에게 한 가지 중요한 진리를 가르쳐 준다. 사람들은 하나님이 큰일에는 관심이 있지만, 작은 일에는 관심이 없으시다고 한다. 그러나 예수님은 그렇지 않다고 하신다. 하나님은 아주 작은 일, 심지어 우리의 머리털 개수까지 관심을 가지신다. 하나님은 좋은 일이라면 큰일과 작은 일을 차별하지 않으시는 전능하신 분이다. 우리도 하나님을 닮아 선한 일이라면 큰일뿐 아니라 작은 일도 성실하게 해야 한다.

V. 예루살렘 여정(9:51-19:27)
   D. 종말과 최후 심판에 대한 가르침(12:1-13:9)
      1. 경고와 격려(12:1-12)

(3) 그리스도를 시인하라(12:8-12)

[8] 내가 또한 너희에게 말하노니 누구든지 사람 앞에서 나를 시인하면 인자도 하나님의 사자들 앞에서 그를 시인할 것이요 [9] 사람 앞에서 나를 부인하는 자는 하나님의 사자들 앞에서 부인을 당하리라 [10] 누구든지 말로 인자를 거역하면 사하심을 받으려니와 성령을 모독하는 자는 사하심을 받지 못하리라 [11] 사람이 너희를 회당이나 위정자나 권세 있는 자 앞에 끌고 가거든 어떻게 무엇으로 대답하며 무엇으로 말할까 염려하지 말라 [12] 마땅히 할 말을 성령이 곧 그 때에 너희에게 가르치시리라 하시니라

예수님은 우리가 이 땅에서 예수님과의 관계를 어떻게 증언하는가에

따라 하늘에서 우리에 대해 동일하게 증언하실 것이라고 하신다. 우리가 사람들 앞에서 예수님을 시인하면, 예수님도 하나님의 사자들 앞에서 우리를 시인하실 것이다(8절). '시인하다'(ὁμολογέω)는 예수님을 '메시아'(요 9:22)로 혹은 '주'(롬 10:3, 9)로 고백할 때 사용되는 단어다(BAGD).

이미지는 하늘에 세워진 법정이다. 이 이미지는 다니엘서 7장의 '옛 적부터 항상 계신 이' 앞에 펼쳐진 심판정이다(단 7:9-14). 그곳에서 '옛 적부터 항상 계신 이'는 '인자'에게 권세와 영광과 나라를 주고 모든 백성과 나라와 다른 언어를 말하는 모든 자로 하여금 그를 섬기게 하셨다(단 7:14). 그러므로 사람 앞에서 예수님을 부인하는 것은 하나님의 뜻을 거역하는 행위다.

'부인하다'(ἀρνέομαι)(9절)는 배교와 연관된 언어다(NIDNTT). 위협과 고문을 견디지 못해 예수님을 비난하는 일도 여기에 속한다. 예수님은 하나님 앞에서 이 땅에서 우리가 주님께 어떻게 했는가에 따라 우리를 판단하신다. 우리가 언행으로 주님을 구주로 시인하고 고백하는 삶을 산다면 예수님도 우리를 시인하실 것이다. 만일 우리가 그렇게 하지 않으면 예수님도 우리를 부인하실 것이다.

누구든지 인자이신 예수님을 거역하면 용서를 받지만, 성령을 모독하는 자는 용서를 받을 수 없다(10절). '모독하다'(βλασφημέω)는 신성 모독으로, 사람이 하나님에 대해 할 수 있는 가장 나쁜 말이다. 예수님은 성령을 모독하는 자는 절대 용서받지 못할 것이라고 경고하신다. 구약은 결코 용서받지 못할 죄를 '손을 높이 들고 하는 일'(עֹשָׂה בְּיָד רָמָה)이라 하는데, 개역개정은 '고의로 무엇을 범하면'이라고 번역했다(민 15:30-31; cf. 『엑스포지멘터리 민수기』). 신약도 용서받지 못할 죄에 대해 종종 언급한다(히 6:4-6; 10:26-31).

무엇이 영원히 용서받지 못할 죄, 곧 성령을 모독하는 죄인가? 모든 사람을 만족시킬 수 있는 해석은 없다고 하는 학자들도 있다(cf. Bock, Bovon, Culpepper, Fitzmyer). 그러나 어느 정도는 설명할 수 있다. 절대 바꾸지 않을 완강하고 완악한 마음으로 지속적으로 하나님의 구원을 받아들이지 않는 것이다(Wilkins). 하나님과 예수님을 모욕하는 것은 한동안 있을 수 있는 일이다. 그러나 하나님이 성령의 능력으로 예수님을 통해 세상에서 이루시는 구원 사역을 보면서도 계속 거부하는 일은 결코 용서받을 수 없다. 이는 곧 하나님이 세상에서 사역하신다는 사실 자체를 부인하는 것이기 때문이다(Verseput).

그러므로 이 죄는 믿는 사람은 결코 지을 수 없는 죄다. 혹시 자신이 성령을 거역하는 죄를 범하고 있지 않은지 질문하는 것 자체가 이미 이런 죄를 지을 수 없다는 것을 시사한다. 이와는 대조적으로 바리새인들은 하나님이 성령의 능력으로 예수님을 통해 하시는 일을 두고 마귀가 하는 짓이라며 삼위일체를 모독했다.

복음은 분명 온 인류에게 좋은 소식이다. 그렇다고 해서 모든 사람이 복음을 환영하는 것은 아니다. 제자들이 복음을 선포할 때 영접하지는 않는 자들도 있을 것이다. 그들을 비방하거나 핍박하는 자들도 있고, 심지어 그들을 회당이나 위정자나 권세 있는 자들 앞으로 끌고 가는 자들도 있을 것이다(11절).

'회당'(συναγωγή)으로 끌고 가는 것은 공회에 회부해 재판을 받게 한다는 뜻이다. '공회'(συνέδριον)는 당시 유대인들이 종교적인 이슈를 판결하기 위해 각 지역에 세운 일종의 종교 법원이었다. 보통 재판관 세 명으로 구성되었으며, 회당에서 재판이 진행되었다. 처음 범죄에 대해서는 경고 조치하고, 이후에는 같은 죄가 반복될 때마다 채찍질을 벌로 내렸다(cf. 신 25:1–3; 행 4:18–21; 5:40). 바울은 그의 서신에서 채찍으로 세 차례 맞은 일을 회고한다(고후 11:25; cf. 행 16:22).

유대교 지도자들의 핍박을 받으면 제자들은 낙심할 것이 아니라 더욱더 담대해야 한다. 그들은 예수님으로 말미암아 위정자들과 권세 있는 자들 앞에 끌려갈 것이기 때문이다. 이방인들도 재판에 회부하는 등 그들을 핍박할 것이라는 뜻이다. 마치 온 세상이 하나님을 대적하는 자로 가득한 듯한 느낌을 준다. 예수님은 훗날 이방인 총독 빌라도 앞에 서셨고, 바울은 서기오 바울(Sergius Paulus, 행 13:7)과 벨릭스(Felix, 행 24:3)와 베스도(Festus, 행 25:1) 등 로마 관료들 앞에 섰다. 그러다가 바울은 네로 황제에 의해 순교했다. 이처럼 초대교회 지도자들은 먼저 유대교 지도자들에게 재판을 받았고(행 4:1–22; 5:17), 이어서 이스라엘을 다스리는 사람들 앞에서(행 12:1–4; 21:27–23:11) 재판을 받았으며, 마지막으로 로마 제국을 다스리는 사람들에게 재판을 받았다(행 14:5; 16:19–34; 17:1–9; 18:12–17; 23:24–26:32; 28:17–31).

누구든 재판정에 서는 것은 심리적으로 매우 부담스러운 일이다. 더욱이 복음을 선포하다가 잡혀 재판에 회부되는 일은 참으로 두려우며 큰 위압감을 줄 것이다. 복음을 선포하다가 잡히는 사람 대부분은 평생 다른 일로 법정에 서 본 적이 없기 때문이다. 그러므로 이런 상황에 처하면 대부분 할 말을 제대로 하지 못하는 것이 당연할 수도 있다.

예수님은 제자들에게 재판에 회부되면 무엇을 말할까 걱정하지 말라고 하신다(11b절). 하나님이 성령을 통해 그들이 할 말을 가르치실 것이기 때문이다(12절). 훗날 사도들은 재판받을 때 성령이 그들을 통해 말씀하시는 것을 여러 번 경험했다(cf. 행 4:8–12, 19–20; 5:29–32; 7:1–53; 16:22–34; 21:37–22:21; 23:1–7, 10–26; 26:1–29; 28:17–28).

하나님이 성령을 통해 주시는 말씀은 그들의 무죄를 효과적으로 변호하는 말씀뿐 아니라, 재판을 기회로 삼아 복음을 선포하는 증거가 되게 하시는 말씀도 포함할 것이다. 세례 요한은 자신은 물로 세례를 주지만 장차 오실 메시아는 성령과 불로 세례를 주실 것이라고 했는데(3:16), 본문은 성령으로 세례를 받는 것이 무엇을 의미하는지 묘사하는 첫 번째 실용적 사례다(France). 또한 예수님이 승천하시면 보혜사(παράκλητος)가 오셔서 우리와 영원히 함께하실 것이라고 했는데(cf. 요 14:16, 26; 15:26; 16:7), 본문은 이 보혜사가 하시는 일 중 하나가 무엇인지를 미리 알려 준다.

물론 복음을 전파하다가 재판을 받게 된 사람은 최선을 다해 자신을 변호할 준비를 해야 한다. 그러나 재판정에서 순간순간 순발력을 발휘해 당면한 상황에 가장 적절하고 지혜로운 말을 할 수 있도록 성령이 가르쳐 주실 것이다. 그러므로 우리는 언제, 어디서, 어떤 상황에 처하든지 매 순간 성령의 가르침을 받아야 한다.

이 말씀은 우리의 믿음에 대해 당당하라고 한다. 하나님의 백성이 되어 예수님을 사랑하는 것은 부끄러운 일이 아니다. 오히려 주님을 섬기는 것은 영광스러운 일이다. 그러므로 우리의 믿음을 숨기지 말고 온 세상 사람이 보고 자극을 받게 해야 한다.

사람이 짓는 죄 중에는 하나님께 용서받지 못할 것도 있다. 하나님을 의식하고 사는 한 우리는 이런 죄를 짓지 않겠지만, 같은 죄를 밥 먹듯이 지으면 가능하다. 하나님의 용서는 같은 죄를 반복해도 된다는 면죄부가 아니기 때문이다.

전도와 선교에는 핍박이 따를 것이다. 우리가 선포하는 복음을 듣고 무시하는 사람이 있는가 하면, 악의적으로 반응하는 사람들도 있다. 그러므로 우리는 고난을 감수하고 하나님 나라 복음을 선포해야 한다. 이 고난은 그리스도의 고난이며, 하나님이 우리를 그리스도의 고난에 동참시키실 정도로 귀하게 여기신다는 뜻이다.

> V. 예루살렘 여정(9:51–19:27)
> D. 종말과 최후 심판에 대한 가르침(12:1–13:9)

2. 어리석은 부자 비유(12:13–21)

[13] 무리 중에 한 사람이 이르되 선생님 내 형을 명하여 유산을 나와 나누게 하소서 하니 [14] 이르시되 이 사람아 누가 나를 너희의 재판장이나 물건 나누는 자로 세웠느냐 하시고 [15] 그들에게 이르시되 삼가 모든 탐심을 물리치라 사람의 생명이 그 소유의 넉넉한 데 있지 아니하니라 하시고 [16] 또 비유로 그

들에게 말하여 이르시되 한 부자가 그 밭에 소출이 풍성하매 ¹⁷ 심중에 생각하여 이르되 내가 곡식 쌓아 둘 곳이 없으니 어찌할까 하고 ¹⁸ 또 이르되 내가 이렇게 하리라 내 곳간을 헐고 더 크게 짓고 내 모든 곡식과 물건을 거기 쌓아 두리라 ¹⁹ 또 내가 내 영혼에게 이르되 영혼아 여러 해 쓸 물건을 많이 쌓아 두었으니 평안히 쉬고 먹고 마시고 즐거워하자 하리라 하되 ²⁰ 하나님은 이르시되 어리석은 자여 오늘 밤에 네 영혼을 도로 찾으리니 그러면 네 준비한 것이 누구의 것이 되겠느냐 하셨으니 ²¹ 자기를 위하여 재물을 쌓아 두고 하나님께 대하여 부요하지 못한 자가 이와 같으니라

무리 중 한 사람이 예수님을 찾아와 그의 형에게 유산을 나누도록 말해 달라고 했다(13절). 당시 사회는 사람들이 노력한다고 해서 부를 쌓을 수 있는 구조가 아니었다. 거의 모든 사람이 가난을 대물림했고, 부를 누리는 사람들은 대부분 부모에게 유산을 받았기 때문이었다. 그러므로 고대 사회에서 공정한 유산 분배는 오늘날만큼이나 중요했다.

율법은 부모가 재산을 나눠 자식들에게 유산으로 줄 때 따라야 할 가이드라인을 제시한다(cf. 민 27:10-11; 36:2-10; 신 21:15-17). 당시 딸들은 유산 분배에서 제외되었으며, 아들의 숫자에 1을 더해 부모의 재산을 나누었다. 예를 들어 아들이 4명이면 1을 더해 다섯 몫으로 나눈 것이다. 그중 장자가 두 몫을 받고, 나머지 아들들은 한 몫씩 받았다.

만일 본문 속의 형이 이 같은 가이드라인을 따르지 않았다면 동생은 소송을 제기할 수 있다. 이 사람이 법정으로 가지 않고 예수님을 찾아와 형에게 명령해 달라고 하는 것으로 보아, 어떠한 형태로든 유산이 정리되었지만 만족할 수 없으니 한마디 해 달라는 것이다. 그는 예수님을 오늘날로 말하자면 자기 대변인 혹은 변호사 정도로 생각하고 있다. 메시아이신 예수님은 하실 일이 참으로 많은데 그가 와서 이런 부탁을 하는 것이 참으로 한심하다.

예수님은 자신은 재판장이나 물건을 나누어 주는 사람이 아니라며

거부하셨다(14절). 예수님은 그의 불만을 해소해 주실 만한 법적인 위치에 계시지 않으며, 랍비도 아니시다. 게다가 이 사람이 예수님을 영접했다 할지라도, 만일 그의 형이 영접하지 않았다면 더더욱 그에게 하실 말씀이 없다. 그러므로 예수님은 영역 밖의 일이라며 개입하지 않겠다고 하신다. 게다가 하나님의 아들이신 예수님은 하실 일이 많다. 이런 허접한 일에 개입하지 않으시는 것이 좋다.

서로 더 많이 갖고자 하는 형제의 유산 분쟁이 재물에 대해 가르칠 기회를 제공했다. 예수님은 비유를 통해 말씀하시는데, 이 비유는 재물에 관한 것이 아니라 재물을 대하는 자세에 관한 것이다. 재물 자체는 사용하는 사람에 따라 좋을 수도 있고 나쁠 수도 있다. 모든 재물을 나쁘다고 하시는 것이 아니라, 재물을 대하는 사람의 태도에 대해 가르치신다. 그러므로 예수님은 재물을 버리라고 하지 않으시고, 탐심을 물리치라고 하신다(15a절). '탐심'($\pi\lambda\epsilon o\nu\epsilon\xi\acute{\iota}\alpha$)은 재물을 충분히 가지고 있으면서도 더 많은 욕심을 부리는 것이다.

왜 더 많은 재물에 대한 욕망을 버려야 하는가? 사람의 생명이 소유의 넉넉한 데 있지 않기 때문이다(15b절). 만일 사람이 재물을 많이 쌓을수록 오래 살 수 있다면 더 많이 쌓으려 하는 것은 당연한 일이다. 그러나 아무리 많은 부를 쌓는다 해도 죽음을 피할 수는 없다. 오늘날에 빗대자면 재벌도 죽기는 마찬가지라는 것이다. 이러한 사실을 일찍이 깨달아 탐심을 버리고 하나님 나라와 의에 대한 욕망(열정)을 추구하는 사람은 복이 있다.

예수님은 탐심에 사로잡힌 사람에 대한 비유를 들려주신다. 이 사람은 부자다(16절). 이미 남들보다 훨씬 더 풍요롭게 살고 있다는 것이다. 이 사람은 추수철에 큰 수확을 거두었다(16절). 가진 것이 많은 사람이 풍성한 소출을 거두었으니, 참으로 많이 가진 사람이다.

그는 즐거운 고민에 빠졌다. 그의 곳간은 이미 곡식으로 가득 차 있기 때문에 새로 수확한 곡식을 들여놓을 공간이 부족했던 것이다(17절).

그는 곡식으로 가득한 곳간을 헐고 더 큰 곳간을 지어 그 안에 모든 곡식과 물건을 쌓아 두기로 했다(18절). 옛적에 요셉이 이집트의 국무총리가 된 다음에 7년 동안 곡식을 쌓아 둔 일을 생각하면 쌓아 두는 일자체가 나쁜 것은 아니다. 미래에 대한 투자(저축)가 될 수 있기 때문이다. 그러나 이 사람은 그저 가진 것을 쌓아 두려는 호더(hoarder)이지 투자가가 아니다. 쌓아 두는 목적이 문제인 것이다(cf. 잠 11:26).

큰 곳간을 지어 모든 곡식과 물건을 들여놓은 부자는 "여러 해 쓸 물건을 많이 쌓아 두었으니 평안히 쉬고 먹고 마시고 즐거워하자"라며 스스로 기뻐했다. 이 사람은 이웃들과 함께 '쉬고, 먹고, 마시고, 즐거워하자'는 것이 아니라, 자기 자신만 이렇게 하겠다고 한다. 개역개정은 이 부자의 스피치를 기록하는 17-19절을 번역하면서 1인칭 표현인 '나(I), 내(my)'를 최소 여섯 차례 사용했다. 이 사람은 철저하게 자기중심적인 사람일 뿐 아니라 재물에 사로잡힌 자다.

자신이 소유한 것을 모두 먹지도 누리지도 못하고 겨우 극소량만 소비할 수 있을 텐데 왜 이러는 걸까? 한 심리학자는 사람의 욕심은 뒤집어진 결혼 케이크라고 한다. 가지면 가질수록 더 많이 갖기를 원하기 때문이다. 게다가 재물이라는 것은 처음에는 사람이 소유하지만, 나중에는 재물이 그를 소유하게 된다.

이 부자는 가난한 이웃에 대한 배려라고는 전혀 없는 매정한 사람이다. 구약은 우리가 누리는 모든 것이 하나님의 것이라고 한다(시 24:1; 50:10-12). 그렇기 때문에 우리는 서로에게 자비를 베풀며 도와야 한다. 하나님이 인애(헤세드)를 베푸실 때 주로 사람들을 통해서 하시기 때문이다. 보아스가 과부가 된 나오미와 룻을 돌본 일이 모범 사례라 할 수 있다. 그러나 이 부자는 하나님이 그에게 재물을 맡기신 사실을 인정하지 않는다. 모든 것이 자기 것이라고 생각한다.

이 부자는 자신이 쌓아 놓은 부로 인해 행복하고 풍요로운 삶을 계속 누릴 수 있을까? 예수님은 아니라고 하신다. 하나님이 그날 밤에 그의 영혼을 도로 찾으실 것이기 때문이다(20절). '도로 찾다'(ἀπαιτέω)는 하나님이 그에게 영혼을 주셨음을 뜻한다. 하나님을 믿든, 믿지 않든, 모든 사람의 영혼은 하나님이 주신 것이므로 언제든 하나님이 도로 가져가실 수 있다. 우리의 생(生)과 사(死)는 하나님이 결정하신다.

재물이 이 부자를 죽였다. 그가 자신만을 위해 재물을 쌓았기 때문이다. 부자가 죽으면 그가 쌓아 둔 재물은 누구의 것이 될까? 가족들과 친족들의 것이 되겠지만, 그는 죽었기 때문에 쌓아 둔 것을 누리지 못한다. 가져갈 수도 없다. 결국 모든 것을 남겨 두어 '남 좋은 일'만 하고 죽은 것이다. 예수님은 앞에서 육신을 멸하는 자를 두려워하지 말고, 영혼을 멸하는 이를 두려워하라고 하셨는데(12:4-5), 이런 상황을 두고 하시는 말씀이다.

예수님은 이 부자처럼 자기를 위해 재물을 쌓지 말고 하나님께 대해 부요하라고 하신다(21절). 하나님께 부요하다는 것은 자신의 부유함을 이웃들과 나누고 하나님 나라를 위해 투자하는 것을 뜻한다. 재정적으로 남을 돕기로 마음을 정하고 찾기 시작하면 도울 만한 사람이 우리 주변에 허다하다(cf. 16:19-31; 21:1-4). 예수님의 이름으로 가장 작은 자에게 베푸는 일은 자기가 모은 재산에 대해 소유권을 부인하고 자신은 하나님이 부를 관리하라고 하신 청지기에 불과하다고 고백할 때 가능한 일이다.

이 말씀은 우리의 재물관을 돌아보게 한다. 우리는 누구와 무엇을 위해 부를 추구하는가? 오로지 자기 자신과 가족들을 위해서라면 깊이 묵상해 보아야 한다. 우리가 소유한 부는 하나님이 이웃을 돕고 주님의 나라를 위해 사용하라며 맡기신 것들이다. 그러므로 축적하는 것보다 바르게 사용하는 일을 더 중요하게 여겨야 한다. 재물을 잘못 사용하면 영적인 삶을 망칠 수 있다.

V. 예루살렘 여정(9:51-19:27)
  D. 종말과 최후 심판에 대한 가르침(12:1-13:9)

3. 걱정과 근심(12:22-34)

²² 또 제자들에게 이르시되 그러므로 내가 너희에게 이르노니 너희 목숨을 위하여 무엇을 먹을까 몸을 위하여 무엇을 입을까 염려하지 말라 ²³ 목숨이 음식보다 중하고 몸이 의복보다 중하니라 ²⁴ 까마귀를 생각하라 심지도 아니하고 거두지도 아니하며 골방도 없고 창고도 없으되 하나님이 기르시나니 너희는 새보다 얼마나 더 귀하냐 ²⁵ 또 너희 중에 누가 염려함으로 그 키를 한 자라도 더할 수 있느냐 ²⁶ 그런즉 가장 작은 일도 하지 못하면서 어찌 다른 일들을 염려하느냐 ²⁷ 백합화를 생각하여 보라 실도 만들지 않고 짜지도 아니하느니라 그러나 내가 너희에게 말하노니 솔로몬의 모든 영광으로도 입은 것이 이 꽃 하나만큼 훌륭하지 못하였느니라 ²⁸ 오늘 있다가 내일 아궁이에 던져지는 들풀도 하나님이 이렇게 입히시거든 하물며 너희일까보냐 믿음이 작은 자들아 ²⁹ 너희는 무엇을 먹을까 무엇을 마실까 하여 구하지 말며 근심하지도 말라 ³⁰ 이 모든 것은 세상 백성들이 구하는 것이라 너희 아버지께서는 이런 것이 너희에게 있어야 할 것을 아시느니라 ³¹ 다만 너희는 그의 나라를 구하라 그리하면 이런 것들을 너희에게 더하시리라 ³² 적은 무리여 무서워 말라 너희 아버지께서 그 나라를 너희에게 주시기를 기뻐하시느니라 ³³ 너희 소유를 팔아 구제하여 낡아지지 아니하는 배낭을 만들라 곧 하늘에 둔 바 다함이 없는 보물이니 거기는 도둑도 가까이 하는 일이 없고 좀도 먹는 일이 없느니라 ³⁴ 너희 보물 있는 곳에는 너희 마음도 있으리라

예수님은 어리석은 부자 이야기(12:13-21)를 통해 재물을 이 땅에 쌓아 두지 말고 하나님 나라의 일에 사용하라고 하셨다. 이 섹션에서는 무엇을 구하며 어떻게 살아야 하는지에 대한 가르침을 이어 가신다. 예수님은 그 무엇에 대해서도 걱정하지 말고, 오직 하나님의 나라를 구하면서 살라고 하신다. 그러므로 본 텍스트는 우리가 삶에서 추구해

야 할 우선권에 대한 것이다.

예수님은 제자들에게 먹고 입는 것에 대해 어떠한 걱정도 하지 말라고 하신다(22절). 하나님이 그들을 입히시고 먹이실 것이기 때문에 이러한 필요를 채우기 위해 탐심을 품을 필요가 없다는 것을 암시한다(cf. 30절). '목숨'(ψυχή)(22절)은 생명을 뜻하며, 이를 유지하기 위해서는 먹고 마시는 것이 필요하다. 그러나 목숨이 음식보다 더 귀하다(23a절). '몸'(σῶμα)은 사람의 신체를 뜻하며 이를 보호하려면 입을 것(의복)이 필요하다. 그러나 몸이 의복보다 귀하다(23b절).

'염려하다'(μεριμνάω)는 22-26절에서 세 차례 사용되는데, 정신적으로 불안해한다는 뜻이다(TDNT). 이 불안감은 사람이 자신의 필요를 채우기 위해 열심히 노력하게 한다(Guelich). 그러나 문제는 열심히 노력하다 보면 자신도 모르는 사이 불안의 노예가 된다는 것이다. 비슷한 말인 '근심하다'(μετεωρίζομαι)도 한 차례 사용된다(29절). 이 섹션의 중심 테마는 의식주에 대해 염려하거나 걱정하지 않는 것이다.

세상은 하나님을 의지하지 않는 사람에게 수많은 걱정거리를 안겨준다. 그러므로 어떤 때는 하나님을 믿지 않는 사람들이 참으로 용감하다는 생각이 든다. 주님을 온전히 믿는 사람이라 해서 걱정이 전혀 없는 것은 아니다. 그러나 믿지 않는 사람들의 걱정거리에 비하면 별거 아니라는 생각이 든다.

하나님이 우리에게 참으로 소중한 생명과 몸을 주셨으므로 목숨과 몸을 유지하는 데 필요한 작은 것들(음식과 물과 의복)도 당연히 주실 것이다(23절). 만일 우리가 하나님을 주인으로 섬기고 하늘에 보배를 쌓는 일만 한다면, 우리의 개인적 필요는 어떻게 될 것인가? 예수님은 우리가 하나님을 섬기는 한, 하나님이 우리를 섬겨 우리의 필요를 채우실 것이라고 하신다! 하나님이 우리를 섬기신다! 생각만 해도 참으로 황송하다.

예수님은 까마귀와 백합화를 예로 드시며 수사학적인 질문으로 하나님이 우리의 모든 필요를 채우신다는 사실을 재차 선포하신다(24-26절). 하나님이 우리의 모든 필요를 채우실 것이라는 믿음을 주는 첫 번째 예는 까마귀들이다(24절). '까마귀들'(τοὺς κόρακας)은 부정하다(레 11:15; 신 14:14). 게다가 까마귀는 심지도 않고, 거두지도 않고, 골방도 없고, 창고도 없다. 예수님은 까마귀가 하지 않고 가지지 않은 것 네 가지를 언급하시는데, '4'는 총체성을 상징하는 숫자다. 곧 까마귀가 아무것도 하지 않고 아무것도 소유하지 않는다는 사실을 강조하시는 것이다. 인간이 생존하기 위해 하는 모든 일(심기, 거두기, 저장하기)을 하지 않고도 부족함 없이 산다. 소유한 것이 아무것도 없고 아무 노동도 하지 않는 까마귀들이 부족함 없이 잘 살며, '생육하고 번성한다.' 하나님이 그들을 기르시기 때문이다.

새들도 본능적으로 창조주 하나님을 신뢰하는데, 하나님의 보호와 인도하심을 훨씬 더 많이 받는 사람은 어떤지 생각하게 하는 것이 이 말씀의 핵심이다. "너희는 새보다 얼마나 더 귀하냐"(24c절). 하나님이 새들도 먹이시는데, 창조의 절정인 우리는 얼마나 더 애지중지 보호하시겠는가! 시편 8:4은 "사람이 무엇이기에 주께서 그를 생각하시며 인자가 무엇이기에 주께서 그를 돌보시나이까"로 시작해 8절까지 온 세상을 보호하시고 모든 피조물을 사람의 발아래 두신 하나님의 놀라운 은총에 대한 노래를 이어 간다. 걱정이 앞설 때 반드시 묵상해야 할 말씀이다.

성경은 하나님의 보호를 받는 새들도 생존을 위해 열심히 일한다고 한다(cf. 잠 6:6-8). 그러므로 예수님이 우리에게 일하지 말라고 하시는 것이 아니다. 삶에 성실하게 임하고 최선을 다하면 하나님도 책임을 다하셔서 우리를 보호하실 것이라고 하신다. 새들은 하나님의 보살핌을 받으며 별문제 없이 삶을 즐긴다. 그러나 하나님의 모양과 형상대로 창조된 인간은 불만과 걱정으로 충만하다! 결국 걱정하는 것은 자연의 이치에서 배우지 못했다는 뜻이다(Carson, cf. 롬 1:20).

예수님은 걱정의 무익함에 관해 말씀을 이어 가신다(25절). 사람이 심히 염려하고 걱정하는 것으로 자기 키를 한 자라도 더할 수 있느냐며 두 번째 질문을 하신다. '자'(πῆχυς)는 구약의 '규빗'이며, 성인의 팔꿈치에서 손가락 끝까지의 길이다. 보통 45㎝로 계산한다. 개역개정이 '키'로 번역한 헬라어 단어(ἡλικία)는 '나이, 시간'을 뜻하기도 한다(BAGD, cf. 요 9:21, 23; 히 11:11). 훨씬 더 많은 사람이 키를 더하는 것보다 수명 연장하기를 더 바란다는 것을 고려할 때(cf. Betz, Davies & Allison), 본문에서는 수명에 시간을 더하는 것으로 해석해야 한다(새번역, 공동, NIV, NRS, ESV, NIRV). 재미있는 모순은 걱정을 많이 할수록 오래 사는 것이 아니라 일찍 죽는다는 사실이다!

예수님의 세 번째 질문은 두 번째 질문에 바탕을 둔다. "가장 작은 일도 하지 못하면서 어찌 다른 일들을 염려하느냐?"(26절). 수명을 연장하는 것은 가장 기본적인 일인데, 걱정함으로써 자기 수명에 한 시간도 더하지 못하면서 어찌 다른 일들을 걱정하느냐고 물으신다. 걱정하는 것은 무익하고 부질없는 짓이라는 뜻이다.

먹을 것을 걱정하지 말고 까마귀도 키우시는 하나님을 의지하라고 하신 예수님이 두 번째 예로 드시는 것은 입을 것이다(27a절, cf. 25절). '백합화'(κρίνον)는 이름 모를 들꽃을 뜻한다(공동, NIV). 이른 봄에 갈릴리 호수 주변 언덕에 만발하는 붉고 노란 아네모네와 파란 붓꽃을 연상케 한다(cf. ABD, BAGD). 당시 이런 색은 염료가 비싸서 부자들만 누릴 수 있었다. 들꽃은 실도 만들지 않고, 옷감을 짜지도 않으면서 이처럼 화려한 옷을 입는다. '짜다'(νήθω)는 옷감을 만들기 위해 물레 돌리는 일을 묘사한다(NIDNTT). 들에 핀 이름 모를 꽃과 물레질은 서로 상호보완적 이미지를 형성하고 있다. 남자들은 들에 나가서 일해 거두고, 여자들은 집에서 남자들이 거두어들인 것을 옷감으로 가공한다(Guelich, Strecker).

예수님은 세상에서 가장 부유하게 살았던 솔로몬도 이름 모를 들꽃이 입은 옷에 버금가는 옷을 입지 못했다고 하신다(27b절). 솔로몬의 부유함은 상상을 초월했다(왕상 4:20-34; 7:1-51; 10:14-29; 대하 9:13-28). 오늘날로 말하면 재벌 중의 재벌이었으며, 그가 입은 옷의 화려함은 유대인들에게 전설이 되었다(Josephus). 그러나 솔로몬의 화려한 옷도 들에 핀 한 송이 꽃의 화려함에 비하면 초라하고 흐릿했다. 온 들판을 수놓은 수많은 꽃의 화려함을 생각하면 더욱더 그러했다.

하나님이 창조하시는 아름다움은 가장 큰 부자도 흉내 낼 수 없다. 그러므로 우리는 하나님이 만들어 주시는 아름다운 옷을 입어야 한다. 이 말씀도 사람에게 일하지 말라고 하는 것이 아니라, 열심히 일하되 자기 능력을 의지하지 말고 하나님을 의지하며 주님이 주시는 힘으로 살아가라는 뜻이다(cf. 약 4:13-17).

예수님은 하나님을 '오늘 있다가 내일 아궁이에 던져지는 들풀'도 이처럼 화려하게 입히시는 분이라고 하신다(28a절). '들풀'(ἐν ἀγρῷ τὸν χόρτον)이 들꽃(백합화)을 대신하고 있다. 구약에서 풀은 덧없음 (transience)과 순식간에 바뀌는 운명을 상징한다(시 37:2; 102:4, 11; 129:6; 사 40:6-8). 그러므로 예수님은 하나님이 아주 짧은 생을 마감하고 연료가 되어 아궁이에 던져지는 들풀도 가장 아름답고 화려하게 입히시는데 하물며 사람은 더욱더 잘 입히시지 않겠느냐는 수사학적인 질문 (28b절)을 통해 하나님이 우리를 좋은 것으로 입히실 것이라고 하신다.

의식주에 대해 걱정하는 것은 믿음이 작은 자들이나 하는 일이다(28c절). 제자들이 바로 믿음이 작은 자들이다. '믿음이 작은 자들'(ὀλιγόπιστοι)은 믿음이 전혀 없는 사람을 두고 하는 말씀이 아니라, 없지는 않은데 충분하지도 않은 사람들이다. 앞으로 제자들은 충분한 믿음을 쌓아 가도록 평생 노력해야 한다. 우리의 믿음도 죽는 순간까지 계속 자라야 한다.

예수님은 다시 한번 하나님은 우리의 필요를 알고 채우시는 분이니 무엇을 먹고 마실까 구하지 말고 근심하지도 말라고 하신다(29절). '구하다'(ζητέω)는 열심히 추구하는 것이며, '근심하다'(μετεωρίζομαι)는 걱정하고 불안해하는 것이다(NIDNTT). 먹고 마시고 입는 것을 어디서 어떻게 얻을 것인지 염려하지 말라는 뜻이다. 이 말씀은 22절을 재차 강조하며 23-28절 내용을 요약한다. 걱정하는 것은 사람의 본능이기 때문에 전혀 걱정하지 않을 수는 없겠지만, 걱정과 근심이 삶을 지배하는 일이 없게 하라는 뜻이다. 우리의 마음이 걱정으로 가득 차면 하나님이 들어오실 틈이 없다.

공중을 나는 새들과 들꽃(들풀)을 예로 드신 예수님이 세 번째로 세상 백성을 예로 드신다(30a절). 의식주에 대해 걱정하는 것은 세상 사람들이나 하는 일이라는 것이다. 마태는 '이방인들'(τὰ ἔθνη)이라고 하는데 (마 6:32), 누가는 '세상 [모든] 백성들(이방인들)'(τὰ ἔθνη τοῦ κόσμου)이라며 범위를 넓힌다. '이방인들, 백성들'(ἔθνη)은 일상적으로 유대인이 아닌 사람들을 뜻하지만, 본문에서는 하나님을 의지하지 않는 모든 백성이다. 누가가 범위를 넓히는 것은 먹고 마시고 입을 것을 걱정하는 일은 온 인류의 문제이기 때문이기도 하지만, 누가복음의 주 대상이 이방인이기 때문이다. 세상 사람들은 만물을 먹이고 보호하시는 창조주 하나님을 믿지 않기 때문에 먹고, 마시고, 입는 것에 완전히 몰입한 삶을 산다.

그렇다면 주님의 자녀들은 왜 세상 사람들이 구하는 '이 모든 것'(πάντα)에 대해 걱정하지 말아야 하는가? '이런 것들'(τούτων)이 우리에게 있어야 한다는 것을 하나님이 아시기 때문이다(30b절). 본문에서 '알다'(οἶδα)는 지적으로 아는 것에 대해 적절한 행동을 취하는 것을 뜻한다. 우리의 필요를 아시는 하나님이 채워 주실 것이다. 예수님이 제자들에게 하나님을 '너희 아버지'라고 하시는 것은 이번이 두 번째인데(cf. 6:36), 순종하기 쉽지 않은 것을 요구하실 때 하나님을 '너희 아버지'라 하신다. 우리의 형편을 모두 아시는 하나님이 우리에게 필요한 것을 모두 채우실 것을 믿고 기다리는 것이 쉽지는 않겠지만, 그렇게 하라는 권면이다.

우리는 삶의 모든 영역에서 하나님을 신뢰해야 한다. 부적절한 걱정은 하나님에 대한 부적절한 신뢰에서 온다(Blomberg). 그러므로 제자들은 세상 사람들과 질적으로 다른 가치관에 따라 믿고 실천하는 삶을 살아야 한다.

의식주에 대한 걱정은 이방인들이나 하는 것이라며 제자들이 걱정하는 것을 금하신 예수님은 그들이 정작 무엇을 '걱정해야 하는지'에 대해 말씀하신다. 예수님은 제자들에게 먹고 입는 것이 아니라 하나님의 나라를 구하라고 하신다(31a절). 구하기는 구하되 세상 사람들이 구하는 것을 구하지 말고, 우리가 필요한 것도 구하지 말고, 더 고상한 것으로 대체해서 구하라는 권면이다. 또한 주기도문이 구하는 여섯 가지 간구 중 처음 두 간구(11:2)를 삶에서 실현하라는 권면이다. '다만 구하라'(πλὴν ζητεῖτε)는 앞에서 언급된 내용과 전적으로 대조를 이루는 가르침이 시작되고 있음을 암시한다. 하나님을 아버지라고 부르는 사람들은 세상 사람들이 구하는 것과 질적으로 다른 것을 구한다.

하나님은 우리를 참으로 사랑하시고 우리의 모든 필요를 채우시는데, 우리가 우리 자신만을 위해 구하며 사는 것은 참으로 안타까운 일이라 할 수 있다. 그러므로 우리 삶에서 가장 중요한 우선권과 가치는 하나님 나라를 구하는 것, 곧 이 땅에서 하나님의 나라를 실현하는 것이 되어야 한다.

예수님은 우리가 하나님의 나라를 구하면 하나님이 우리의 모든 필요를 채우실 것이라고 하신다(31절). 세상 끝 날 이렇게 하실 것이라는 뜻이 아니다. 오늘 이 순간에 이렇게 하실 것이다. 어떻게 하시는가? 메시아의 나라에 이미 들어온 사람들이 하나님의 손과 발이 되어 서로 돌보는 일을 통해서 하신다(Blomberg, Boring, cf. 33절). 우리는 서로를 위해 오늘을 성실히 살고 내일은 하나님께 맡겨야 한다(약 4:13-15). 이것이 하나님의 백성이 취해야 할 삶의 자세다.

예수님은 이러한 삶을 살 사람이 그리 많지 않을 것을 아신다. 그러므로 '적은 무리여'라며 말씀을 이어가신다(32a절). '무리'(ποίμνιον)는 양과 같은 짐승 떼를 뜻한다(공동, NAS, NIV, NRS). 그들은 숫자가 많지 않고 세상에서 가진 것도 별로 없기 때문에 위축될 수 있다. 그러므로 예수님은 그들에게 '무서워 말라'고 하신다(32b절). 제자들을 바라보는 예수님의 마음이 마치 소수의 어린양을 바라보는 목자처럼 애틋하다. 소수의 어린양과 같은 그들이 위축될 필요가 없고 무서워할 필요도 없는 것은 하나님이 그들에게 그분의 나라 주시길 기뻐하시기 때문이다(32c절). 그들은 하나님의 나라를 상속할 것이다.

그러므로 이 땅에 사는 동안 작은 것이라도 소유한 것을 팔아 구제하는 일에 사용하라고 하신다(33a절). 남을 구제하는 일은 낡지 않는 배낭을 만드는 것과 같다(33b절). 하늘에 영원한 보물을 쌓는 일이기 때문이다(33c절). 하나님 나라를 이 땅에 더 굳건하게 세워 나가기 위해 선교와 전도에 시간과 돈을 아끼지 않는 것도 하나님 나라에 부를 쌓는 일이다. 바울은 우리가 하나님 나라를 위해 사용하는 모든 금과 은을 마지막 날 반드시 보상받을 것이라고 한다(고전 3:12-15). 또한 그리스도의 고난에 동참하는 것도 하늘에 부를 쌓는 일이다. 하늘에 보물을 쌓으면 좋은 점은 도둑을 맞을 일도, 좀이 먹는 일도 없다는 것이다(33d절).

예수님이 하늘에 보물을 쌓으라고 하시는 또 한 가지 이유는 우리의 보물이 있는 곳에 마음도 있기 때문이다(34절). '마음'(καρδία)은 사람의 인격과 판단과 의지의 중심이 되는 장기다(BAGD). 그러므로 마음은 사람이 가장 중요하다고 생각하는 가치가 무엇인지 엿볼 수 있게 한다. 사람은 자신이 보물로 여기는 것들을 얻고 강화하기 위해 산다. 그러므로 우리가 부를 하늘에 쌓으면 우리 삶은 항상 하늘을 향해 있을 것이다(Plummer).

무엇을 먹고 입을 것인지 걱정하지 말라며 시작한 가르침이 천국에 보물을 쌓으라는 권면으로 마무리되고 있다. 성경은 믿음의 반대는 걱정과 두려움이라고 하는데, 의식주를 걱정하며 사는 것의 정반대되는 삶은 믿음으로 천국에 보물을 쌓는 삶이기 때문이다.

이 말씀은 가난한 사람이라도 먹고 마시고 입는 것에 노예가 되지 않고 살 수 있다는 소망을 준다. 우리에게 목숨과 몸을 주신 하나님이 우리의 필요를 모두 채워 주시기에 누구든 이런 것들을 염려하지 않고 하나님 나라와 그의 의를 구할 수 있는 심적 여유를 가질 수 있다. 현실은 언제나 어렵다. 현실의 어려움에 위축되지 말고 더 크고 고귀한 하나님 나라를 마음에 품고 살자. 걱정하지 않고 하나님을 의지하며 하나님 나라에 부를 쌓는 삶을 살았더니 주님이 우리의 모든 필요를 채워 주시더라는 간증은 계속되어야 한다.

> V. 예루살렘 여정(9:51-19:27)
>   D. 종말과 최후 심판에 대한 가르침(12:1-13:9)

4. 재림을 대비한 삶(12:35-48)

[35] 허리에 띠를 띠고 등불을 켜고 서 있으라 [36] 너희는 마치 그 주인이 혼인 집에서 돌아와 문을 두드리면 곧 열어 주려고 기다리는 사람과 같이 되라 [37] 주인이 와서 깨어 있는 것을 보면 그 종들은 복이 있으리로다 내가 진실로 너희에게 이르노니 주인이 띠를 띠고 그 종들을 자리에 앉히고 나아와 수종들리라 [38] 주인이 혹 이경에나 혹 삼경에 이르러서도 종들이 그같이 하고 있는 것을 보면 그 종들은 복이 있으리로다 [39] 너희도 아는 바니 집 주인이 만일 도둑이 어느 때에 이를 줄 알았더라면 그 집을 뚫지 못하게 하였으리라 [40] 그러므로 너희도 준비하고 있으라 생각하지 않은 때에 인자가 오리라 하시니라 [41] 베드로가 여짜오되 주께서 이 비유를 우리에게 하심이니이까 모든 사람에게 하심이니이까 [42] 주께서 이르시되 지혜 있고 진실한 청지기가 되어 주인에게 그 집 종들을 맡아 때를 따라 양식을 나누어 줄 자가 누구냐 [43] 주인이 이를 때에 그 종이 그렇게 하는 것을 보면 그 종은 복이 있으리로

다 ⁴⁴ 내가 참으로 너희에게 이르노니 주인이 그 모든 소유를 그에게 맡기리라 ⁴⁵ 만일 그 종이 마음에 생각하기를 주인이 더디 오리라 하여 남녀 종들을 때리며 먹고 마시고 취하게 되면 ⁴⁶ 생각하지 않은 날 알지 못하는 시각에 그 종의 주인이 이르러 엄히 때리고 신실하지 아니한 자의 받는 벌에 처하리니 ⁴⁷ 주인의 뜻을 알고도 준비하지 아니하고 그 뜻대로 행하지 아니한 종은 많이 맞을 것이요 ⁴⁸ 알지 못하고 맞을 일을 행한 종은 적게 맞으리라 무릇 많이 받은 자에게는 많이 요구할 것이요 많이 맡은 자에게는 많이 달라 할 것이니라

앞 섹션(12:22-34)에서 예수님은 의식주에 대해 걱정하지 말고 하늘에 재물을 쌓으며 살아가라고 권면하셨다. 이번에는 항상 종말을 의식하며 깨어 있으라고 하신다. 주제가 오늘을 어떻게 살 것인가에서 미래를 위해 어떻게 준비할 것인가로 바뀌고 있다. 재림 등 종말에 있을 일에 대한 신학적 가르침을 종말론이라고 하는데, 사람들이 종말론의 의도를 많이 착각하는 듯하다. 신학자들은 종말에 있을 일들에 대해 자신들이 추측한 정보를 장황하게 늘어놓는다. 그러나 성경이 종말에 대해 말할 때는 종말을 대비하는 삶을 살도록 권면하는 데 초점을 둔다. 본문도 어떻게 사는 것이 종말을 대비하는 삶인지에 관한 것이다.

예수님은 허리에 띠를 띠고 등불을 켜고 서 있으라고 하신다(35절). 허리에 띠를 띠는 것은 유월절에 이집트를 탈출하기 위해 이스라엘 백성이 취한 모습이다(출 12:11). 또한 어떤 일을 위해 급히 떠나는 사람의 모습이다(왕상 18:46; 왕하 4:29; 사 59:17). '[띠를] 띠라'(περιεζωσμέναι)는 현재형 명령문이다. 띠를 띤 상태를 계속 유지하라는 것으로, 항상 준비하고 있으라는 뜻이다(Bock). '[등불을] 켜라'도 같은 의미를 지닌다. 한 번 켜면 꺼지지 않도록 유지해야 한다. 언제든 어떤 상황에서도 준비된 자세로 맞이하라는 권면이다. 구약도 끊임없이 다가올 날을 위해 만반의 준비를 하라고 한다(cf. 사 13:6; 겔 30:3; 욜 1:15; 2:1; 암 5:18;

욥 1:15; 슥 1:14-18; 말 4:5)

예수님은 두 가지 비유로 종말에 준비된 삶이 어떤 것인지 말씀하신다. 첫 번째 비유는 혼인 잔치에서 언제 돌아올지 모르는 주인에게 문을 열어 주려고 기다리는 종의 이야기다(36절). 주인이 밤늦게까지 벌어진 혼인 잔치, 혹은 먼 곳에서 열린 혼인 잔치에 참석했다가 깊은 밤에 돌아온 상황이다. 초저녁에는 주인을 기다리기 쉽지만, 밤이 깊어 갈수록 몰려오는 졸음과 무료함으로 인해 점점 깨어서 기다리기가 어려워진다. 밤새 등불을 켜 놓고 불침번을 서고 있다가 주인이 문을 두드리자마자 곧 열어 주는 종은 복이 있다(36-37a절). 마태복음의 열 처녀 비유(25:1-13)와 비슷하지만, 중요한 차이가 있다. 마태복음의 이야기에서 처녀들은 결혼식에 들어가기 위해 신랑을 기다렸지만, 이 이야기에서는 종들이 결혼식에 참석했다가 돌아오는 주인을 기다린다.

'복이 있다'(μακάριοί)는 그가 주인의 축복을 누릴 것이라는 수훈(beatitude) 양식이다. 깨어 있는 종들을 본 주인은 그들을 자리에 앉히고 스스로 띠를 띠고 그들의 수종을 들 것이다(37b절). 주인이 종처럼 종들을 섬길 것이다. 종들이 자거나 졸지 않고 자기를 맞이한 것에 감동했기 때문이다. 주인은 무엇에 이처럼 감동한 것인가? 주인이 종들에게 요구하는 단 한 가지는 자신이 집을 떠나 있을 때 그들이 집을 잘 지키고 있다가, 돌아오면 그에게 모든 권한을 넘겨주는 것이다. 만반의 준비를 하고 집을 지켰던 종들이 이렇게 한 것에 대해 주인은 감동했다.

예수님의 두 번째 비유는 언제 침입할지 모르는 도둑에 관한 이야기다(39절). 만일 집주인이 도둑이 언제 올지 안다면 만반의 준비를 해서 그의 침입에 철저하게 대비할 것이다. 누구든 집에 도둑이 들어 물건을 훔쳐 가는 것을 원치 않기 때문이다. 그러나 문제는 도둑이 언제 들지 아무도 모른다는 사실이다. 그러므로 언제 들이닥칠지 모르는 도둑의 침입에 대비해 집주인이 준비할 수 있는 유일한 것은 언제든 대응할 수 있는 경각심이다.

예수님은 인자의 오심도 이러할 것이라고 하신다(40절). 언제 재림하실지 모르니 만반의 준비(허리에 띠를 띠고 등불을 켜고, 35절)를 하고, 귀가가 늦어지는 주인을 기다리는 종처럼 깨어 있어야 한다. 도둑이 언제 침입할지 모르는 집주인처럼 우리도 주님이 언제 오실지 도무지 알 수 없다(cf. 살전 5:1-2; 벧후 3:10; 계 3:3; 16:15). 예수님의 재림에 대해 구체적인 날짜를 제시하는 자들은 모두 예언자를 가장한 점쟁이들이며, 그들의 말은 모두 거짓이다. 예수님도 자신이 언제 다시 오실 줄 모른다고 하셨는데 이들은 안다고 한다! 깨어 있는 것만이 언제 있을지 모르는 재림에 대한 유일한 대비책이다.

예수님은 제자들뿐 아니라 수많은 사람이 모인 곳에서 가르침을 주신다(cf. 12:1, 13). 베드로가 제자들을 대표해 이 비유를 자신들에게 하시는 것인지, 혹은 모든 사람에게 하시는 것인지 물었다(41절). 예수님은 직답을 피하시며 다시 비유로 말씀하신다(cf. 42-48절). 비유로 말씀하시는 것은 '귀 있는 자들은 들으라'는 취지이며, 베드로의 질문이 조금 잘못되었다는 것을 암시한다. 예수님이 제자들을 따로 불러 가르침을 주시지 않는 한 모든 사람에게 주시는 가르침이다.

예수님은 집을 떠나 있는 주인을 위해(대신해서) 집안 모든 종에게 때를 따라 양식을 나누어 줄 청지기가 누구냐고 물으신다(42절). 당시 부자들은 수십 명의 종을 거느렸으며, 심지어 400명의 종을 거느리는 이도 있었다(ABD). 어떤 이들은 이 경고 말씀의 대상을 교회 지도자로 제한하지만(Gundry, Keener), 모든 성도에게 주시는 말씀이다(Osborne, Wilkins).

'청지기'(οἰκονόμος)도 종이었으며 주인이 부재할 때 집안을 운영했다. 베드로는 예수님을 '주'(κύριος)라고 불렀고, 누가도 예수님을 '주'(κύριος)라고 부르며 이 구절을 시작한다. '주인'(κύριος)도 같은 단어다. 이 비유에서 '주인'은 곧 예수님이다. 그러므로 이 질문은 하나님의 집(교회)을 잘 운영할 청지기들이 되라는 도전이라 할 수 있다.

드디어 주인이 집에 돌아왔을 때 종은 다음의 네 가지 청지기 모습 중 하나를 보일 것이다. 첫째, 주인이 맡긴 일을 성실하게 잘 해낸 신실한 종이다(43절). 이 종은 주인이 맡긴 일을 위해 자신의 재능과 판단력을 잘 활용했다. 주인이 돌아와서 보니 종이 참 잘하고 있어서 그에게 상을 내리고(43절) 집안 살림뿐 아니라 모든 재산도 관리하게 했다(44절).

둘째, 주인이 한참 늦게 돌아올 것이라고 생각해 남녀 종들을 때리고 흥청망청하는(먹고, 마시고, 술에 취하는) 종이다(45절). 그는 실컷 즐기다가 주인이 올 때쯤 자세를 가다듬고 잘하면 된다고 생각했을 것이다. 그러나 주인은 그가 생각한 것보다 빨리 돌아와 종의 방탕한 모습을 모두 보았다. 예수님의 재림도 사람들이 기대한 것보다 일찍 임할수 있다는 사실을 암시한다. 두 번째 유형이 거짓 종교 지도자들에 관한 말씀이라고 하는 이들도 있다(Liefeld & Pao).

주인은 그를 엄히 때리고 신실하지 않은 자가 받는 벌에 처했다(46절). '엄히 때리다'(διχοτομέω)를 직역하면 '몸통을 두 동강 내다'라는 뜻이다 (BAGD, cf. NAS, NIV, NRS, ESV). '신실하지 않은 자들'(τῶν ἀπίστων)은 하나님을 믿지 않는 불신자들을 뜻한다(NIDNTT, cf. NAS, NIV, NIRV). 그는 불신자들이 받는 것과 같은 벌을 받는다.

셋째, 주인이 무엇을 원하는지 알고도 그대로 행하지 않고 자기 마음대로 행한 종이다(47a절). 주인의 뜻을 알고도 자기 뜻대로 행동하는 자는 고의로 죄를 짓는 것이다(민 15:30; 시 19:13; 약 4:17; 벧후 2:21). 그러므로 그는 주인에게 많이 맞을 것이다(47b절). 혹독한 벌을 받을 것이라는 뜻이다.

넷째, 주인이 무엇을 원하는지 알지 못해 맞을 일을 한 종이다(48a절). 모르면 물어야 했는데 그러지 않았으니 이 사람도 분명 잘못이 있다. 그러나 몰라서 그랬다면 자세하게 알려 주지 않고 떠난 주인에게도 어느 정도 책임이 있다. 혹은 능력이 안 되는 사람을 청지기로 세운 책임이 있다. 그러므로 이 종도 벌은 받지만, 알고도 행하지 않은 종보다는 적게 맞는다(48b절; cf. 민 15:27-29).

　예수님은 이처럼 네 가지 유형의 청지기에 대해 말씀하시면서 그리스도인들에게 주인이 맡긴 일을 성실하게 잘 해내는 신실한 종(cf. 43절)이 될 것을 권면하신다. 하나님이 자기에게 많은 재능과 은사를 주시고 큰일을 맡기셨다고 생각하는 사람들은 더욱더 잘해야 한다. 하나님은 많이 받은 자에게는 많이 요구하시고, 많이 맡은 자에게는 많이 달라고 하시기 때문이다(48c-d절). 교회 지도자가 되고자 하는 사람들이 더욱더 마음에 새겨야 하는 경고다.

　이 말씀은 하나님의 종이 된 우리의 진가는 주인이신 하나님이 우리 눈에 보이지 않을 때 드러난다고 한다. 신실하고 지혜로운 종은 주인이 집을 비웠다는 사실에 상관하지 않고 주인이 맡긴 일을 성실하게 해낸다. 주인은 돌아와 그를 인정하며 상을 주고 더 큰 일을 맡긴다. 우리도 하나님의 일을 성실하게 하면, 우리에게 상을 주시고 더 큰 일을 맡기실 것이다. 이렇게 하기 위해 우리는 항상 준비하고 깨어 있어야 한다. 주님이 언제 다시 오실지 모르기 때문이다.

V. 예루살렘 여정(9:51-19:27)
　D. 종말과 최후 심판에 대한 가르침(12:1-13:9)

5. 예수님으로 인한 분열(12:49-53)

[49] 내가 불을 땅에 던지러 왔노니 이 불이 이미 붙었으면 내가 무엇을 원하리요 [50] 나는 받을 세례가 있으니 그것이 이루어지기까지 나의 답답함이 어떠하겠느냐 [51] 내가 세상에 화평을 주려고 온 줄로 아느냐 내가 너희에게 이르노니 아니라 도리어 분쟁하게 하려 함이로라 [52] 이 후부터 한 집에 다섯 사람이 있어 분쟁하되 셋이 둘과, 둘이 셋과 하리니 [53] 아버지가 아들과, 아들이 아버지와, 어머니가 딸과, 딸이 어머니와, 시어머니가 며느리와, 며느리가 시어머니와 분쟁하리라 하시니라

선지자들은 메시아가 오시면 온 세상에 평화를 주실 것이라고 예언했다(사 9:6; 26:3; 53:5). 실제로 예수님은 세상에 평화를 주기 위해 오셨다(cf. 마 10:12-13; 요 14:27). 그러나 예수님이 주시는 평화는 죄인이 회개해 구원에 이를 때 비로소 하나님이 주시는 평화다. 본문은 사람이 이 평화를 얻기 전에는 엄청난 혼란과 고난을 겪어야 할 경우도 있다고 경고한다. 예수님은 심지어 "장차 형제가 형제를, 아비가 자식을 죽는 데에 내주며 자식들이 부모를 대적하여 죽게 하리라"라고 하셨다(마 10:21).

예수님은 자신이 불을 땅에 던지러 오셨다고 하는데(49a절), 불을 성령으로 해석하는 이들도 있다(Liefeld & Pao). 그러나 본문이 이어 가는 심판에 대한 문맥에서 불은 부정적인 의미를 지닌다(cf. 3:9, 17; 9:54; 17:29). 불이 때로는 부정한 것을 태워 정결하게 하는 긍정적인 의미를 지니기도 하지만, 예수님이 세상에 불을 던지신다는 것은 혹독한 심판을 뜻하며 세례 요한이 경고한 것이기도 하다(Marshall, cf. 3:16-17).

'이 불이 이미 붙었으면 내가 무엇을 원하리요'(49b절)는 아직 실현되지 않은 것에 대해 희망하는 것, 곧 '이미 심판의 불이 붙었으면 좋으련만!'으로 해석할 수 있으며, 이 심판이 예수님이 세례를 받으신 후(십자가 죽음을 당하신 후, 50절) 시작된다는 뜻이다(Bock). 또한 이미 실현된(되고 있는) 일에 만족하며 '이 불이 이미 붙었으니 이 부분에 대해서는 더 바랄 것이 없다!'라는 의미로 해석할 수도 있다. 이렇게 해석할 경우 예수님이 사역을 시작하신 순간부터 심판의 불이 세상을 삼키고 있다는 뜻이며, 십자가 사건은 이 심판을 완성하기 위해 거쳐야 할 최종 단계다(cf. Bovon, Fitzmyer, Garland). 후자가 더 설득력 있어 보인다.

예수님은 이미 세상에 불을 던지셨지만, 아직도 받을 세례가 있다며 답답해하신다(50절). '답답하다'(συνέχω)는 마음이 어떤 생각으로 가득 차 심한 스트레스를 받는 것을 의미한다(TDNT). 예수님은 장차 지실 십자가를 생각할 때마다 큰 스트레스를 받으신다. 십자가를 지는 것은 온 인류를 구원하는 일인 만큼 메시아이기 때문에 십자가 지는 일이 쉬웠다는 말은 있을 수 없다. 예수님도 십자가에 대해 참으로 많이 고민하셨다.

예수님은 세상에 화평이 아니라 도리어 분쟁을 주러 오셨다(51절). 복음이 때로는 사람과 사람을 나누는 분쟁거리가 된다. 복음은 같은 집에 있는 사람들을 나누기도 한다. 다섯 사람 중 둘이 셋과 분쟁하고, 혹은 셋이 둘과 분쟁할 것이다(52절). 복음을 영접한 사람이 세 명이면 영접하지 않은 두 명과 분쟁할 것이고, 영접한 사람이 두 명이면 영접하지 않은 세 사람과 분쟁할 것이다.

아버지가 아들과, 어머니가 딸과, 딸이 어머니와, 시어머니가 며느리와, 며느리가 시어머니와 분쟁할 것이다(53절). 미가 7:6을 인용한 말씀이다. 미가는 불신자요 우상 숭배자인 아하스왕으로 인해 온 나라가 영적 혼란과 가치관의 붕괴를 겪은 모습을 이렇게 묘사했다. 예수님은 이 말씀을 인용하시며 하나님과 율법을 멀리해 죄와 가치관의 혼돈에 빠져 있는 사회가 복음으로 정화되려면 다시 이런 산통을 겪어야 한다고 하신다.

당시 가족과 친척 관계가 얼마나 끈끈하고 가까웠는지를 고려하면 예수님의 청중은 참으로 큰 불편함을 느꼈을 것이다. 그러나 이런 일은 오늘날에도 수없이 반복된다. 특히 믿지 않는 집안에서 처음으로 믿는 사람이 나오면 이런 일이 일어난다. 그러므로 예수님은 화평이 아니라 칼을 주러 오셨다. 복음으로 인해 가정이 깨지고 친척들이 갈등하기 때문에 원수는 다름 아닌 집안 식구다(마 10:36).

이 말씀은 가족이 우리의 신앙생활에 가장 큰 걸림돌이 될 수 있다고 한다. 믿음의 가정에 태어난 사람들은 믿음을 격려하는 축복을 누린다. 그러나 집안에서 처음 믿는 사람들, 혹은 형식적으로 믿는 가정에서 참되게 믿으려는 사람들은 가족들의 비난과 방해에 직면할 것이다. 그러므로 하나님을 반대하고 거부하는 사람을 멀리서 찾을 필요가 없다. 우리 주변, 특히 가장 가까운 사람 중에 있다. 안타까운 것은 관계가 가까울수록 전도하기가 더 어렵다는 사실이다. 그러므로 우리는 적절한 때에 믿지 않는 친인척들을 전도하기 위해서라도 행실을 바로 해야 한다.

V. 예루살렘 여정(9:51–19:27)
　D. 종말과 최후 심판에 대한 가르침(12:1–13:9)

6. 시대 분별(12:54–59)

⁵⁴ 또 무리에게 이르시되 너희가 구름이 서쪽에서 이는 것을 보면 곧 말하기를 소나기가 오리라 하나니 과연 그러하고 ⁵⁵ 남풍이 부는 것을 보면 말하기를 심히 더우리라 하나니 과연 그러하니라 ⁵⁶ 외식하는 자여 너희가 천지의 기상은 분간할 줄 알면서 어찌 이 시대는 분간하지 못하느냐 ⁵⁷ 또 어찌하여 옳은 것을 스스로 판단하지 아니하느냐 ⁵⁸ 네가 너를 고발하는 자와 함께 법관에게 갈 때에 길에서 화해하기를 힘쓰라 그가 너를 재판장에게 끌어 가고 재판장이 너를 옥졸에게 넘겨 주어 옥졸이 옥에 가둘까 염려하라 ⁵⁹ 네게 이르노니 한 푼이라도 남김이 없이 갚지 아니하고서는 결코 거기서 나오지 못하리라 하시니라

사람들은 구름이 서쪽에서 이는 것을 보면 소나기가 올 것이라고 한다(54절). 가나안 지역에서는 서쪽 지중해에서 불어오는 습한 공기가 소나기를 내렸다. 남풍은 사막(광야)에서 불어오는 바람이라 건조하고 더웠다. 그러므로 사람들은 남풍이 불면 날씨가 심히 더울 것으로 생각했다(55절; cf. 사 49:10; 약 1:11). 예수님은 실제로 그들의 예측이 옳다고 하신다. 그러면서 이처럼 날씨는 분별할 줄 알면서 시대는 분간하지 못하는 사람들을 외식하는 자들이라고 책망하신다(56절). '외식하는 자'(ὑποκριτής)는 연극에서 가면을 쓰고 연기하는 연기자다(TDNT). 연기

는 자신이 아닌 다른 캐릭터를 자신인 것처럼 속이는 일이다.

사람들은 그다지 중요하지 않은 징조는 잘 읽으면서, 정작 중요한 징조는 읽지 못한다. 만일 그들의 영적 분별력이 예민했다면, 이미 예수님이 행하신 온갖 표적을 보고 메시아로 영접했을 것이다. 그러나 그들은 영적 눈이 먼 자들이다(Morris).

무엇이 옳은지 스스로 판단하지도 않으려고 한다(57절). 이 말씀은 하나님 나라를 선포하시는 예수님과 그분을 반대하는 종교 지도자들 중 스스로 판단해 선택하라는 취지의 권면이다. 언제까지 잘못된 주장을 하는 바리새인들과 서기관들의 말만 귀담아듣겠냐는 것이다. 이제는 각자 스스로 옳은 것을 판단할 때가 임했다.

예수님은 지혜로운 판단의 중요성에 대해 말씀하시면서 재판장에 끌려가는 상황을 예로 드신다(58–59절). 어떤 사람에게 고발을 당해 재판장에 가야 한다. '고발하는 자'(ἀντίδικος)는 '원수, 반대하는 자'라는 의미를 지녔다(BAGD). 예수님의 가르침을 듣고 있는 제자를 고소해 감옥에 처넣을 수 있는 것으로 보아(58절), 제자가 그 사람에게 상당한 잘못을 저지른 것을 전제한다. 또한 감옥에서 나오기 위해서는 한 푼도 남김없이 다 갚아야 한다고 하시는 것(59절)은 제자가 저지른 잘못이 경제적인 것임을 암시한다. 유대인 법정은 금전 문제로 사람을 감옥에 가두지 않았다. 그러므로 이 말씀은 이방인들의 법정을 배경으로 한다.

상대방은 이유 없이 제자에게 화를 내는 것이 아니다. 잘못한 제자가 재판을 받아 감옥에 갇히면 마지막 한 푼까지 다 갚아야 풀려날 수 있다. '한 푼'(λεπτὸν)은 로마 제국에서 사용된 동전 중 가장 작은 구리 동전이었으며, 노동자들의 하루 임금인 한 데나리온의 128분의 1의 가치를 지녔다(Culpepper). 우리 말로 '땡전 한 푼'이다.

'화해하다'(ἀπαλλάσσω)는 합의한다는 뜻이다(TDNT). 예수님은 그와 함께 법정으로 '가는 길'(ἐν τῇ ὁδῷ)에 합의하라고 하신다. 아마도 그가 이미 소송을 제기해 법정으로 가는 길에 그와 마주친 상황을 말씀하시는 것으로 생각된다. 예수님은 이처럼 절박하게 상황을 묘사하시지만, 이 말씀을 듣는 사람들 관점에서 채권자는 평상시에도 기피하고 싶은 사람이다. 이럴 때 용기를 내야 한다. 예수님은 피하고 싶은 마음을 억누르고 신속하게 그와 화친하라고 하신다.

이 말씀은 예수님에 대해 지혜롭게 판단하고, 기회가 주어졌을 때 올바른 선택과 결단을 할 것을 권면한다. 사람들의 소리에 귀를 기울이며 판단을 미루다 보면 잘못된 쪽으로 현혹될 수 있다. 그러나 기회는 항상 있는 것이 아니다. 또한 판단을 늦춘다고 해서 현명한 결단을 내릴 것이라는 보장도 없다. 기회가 주어졌을 때 잘 살려야 한다. 이것이 살길이며 지혜다.

V. 예루살렘 여정(9:51-19:27)
   D. 종말과 최후 심판에 대한 가르침(12:1-13:9)

7. 회개 권면(13:1-5)

[1] 그 때 마침 두어 사람이 와서 빌라도가 어떤 갈릴리 사람들의 피를 그들의 제물에 섞은 일로 예수께 아뢰니 [2] 대답하여 이르시되 너희는 이 갈릴리 사람들이 이같이 해 받으므로 다른 모든 갈릴리 사람보다 죄가 더 있는 줄 아느냐 [3] 너희에게 이르노니 아니라 너희도 만일 회개하지 아니하면 다 이와 같이 망하리라 [4] 또 실로암에서 망대가 무너져 치어 죽은 열여덟 사람이 예루살렘에 거한 다른 모든 사람보다 죄가 더 있는 줄 아느냐 [5] 너희에게 이르노니 아니라 너희도 만일 회개하지 아니하면 다 이와 같이 망하리라

이 섹션은 12:1에서 시작된 종말과 종말을 대비한 삶에 대한 가르침을 마무리한다. 예수님은 우리가 삶에서 종종 목격하는 비극적인 일들과 하나님 심판의 연관성에 대해 말씀하시며 기회가 있을 때 빨리 회개하라고 하신다. 우리도 언제 이런 일을 당하게 될지 알 수 없기 때문

이다. 본문이 언급하는 비극적인 일들은 폭력적인 사람들이 남을 해치는 경우, 그리고 천재지변이나 사고에서 비롯된 경우 등 두 가지다.

첫째, 폭력적인 사람들이 다른 사람을 죽이는 재앙이다. 어떤 사람들이 예수님을 찾아와 빌라도가 갈릴리 사람들의 피를 그들의 제물에 섞은 일을 알렸다(1절). 제물에 피를 섞었다는 것은 이 사람들이 성전(신전)에서 예배를 드리거나 혹은 예배하기 위해 성전으로 가다가 봉변당한 것을 암시한다. 성전과 연관된 학살이기 때문에 사람들은 하나님이 이 죄인들의 예배를 받지 않으시려고 그들에게 재앙을 내린 것으로 생각했을 수 있다. 이 사건이 어떠한 역사 자료에도 언급되어 있지 않은 것으로 보아 아마도 큰 규모의 학살은 아니었던 것으로 보인다. 한 가지 확실한 것은 빌라도가 필요 이상의 폭력을 사용했다는 것이다.

빌라도는 티베리우스 황제(Caesar Tiberius)에 의해 총독으로 임명되어 주후 26년부터 36년까지 유대와 사마리아 지역을 관리했다(ABD). 요세푸스에 따르면 그는 참으로 잔인하고 폭력적인 사람이었다. 또한 매우 강한 반유대주의 성향을 지닌 사람이었으며 갖가지 만행을 저질렀다. 반면에 성경은 그를 우유부단하고 유대인들의 눈치를 보는 사람으로 묘사한다. 그럴 수밖에 없는 것이 그가 예수님을 십자가에 매달 즈음에는 그의 정치적인 입지가 매우 좁아져 있었기 때문이다. 결국 그는 몇 년 후 로마의 문책성 소환을 받았다. 빌라도는 평상시에는 가이사랴(Caesarea Maritima)에서 살았지만, 유대인들의 주요 절기 때는 병력을 이끌고 예루살렘에 와 있었다.

예수님이 이들에게 '대답하시는 것'(ἀποκριθείς)으로 보아(2절) 이 사람들은 빌라도의 만행 소식을 전하고 그 사건에 관해 예수님께 질문한 것으로 보인다. 아마도 그들이 빌라도에게 죽임당한 것이 그들의 죄 때문인지 물었을 것이다. 이에 대해 예수님은 수사학적인 질문으로 대답하시며 아니라고 하신다(2절). 그들은 다른 모든 갈릴리 사람보다 죄가 더 많아서 죽은 것이 아니다. 구약은 우리가 이 땅에서 겪는 질병과 재앙이

179

때로는 우리의 죄로 인한 것이라고 한다(출 20:5; 욥 4:7-8; 8:4, 20; 22:5; 잠 10:24-25 등). 그러나 항상 그렇다고 하지는 않는다(Fitzmyer, Plummer).

빌라도가 상징하는 세상 권세는 악하기 때문에 공정하게 정의를 행하지 않는다. 때로는 하나님이 악한 권세를 사용해 죄인들을 벌하시기도 하지만, 항상 그런 것은 아니다. 그러므로 이런 일을 겪게 되면 희생된 사람들이 우리보다 죄가 더 많아서 참변을 당한 것이라는 생각은 버려야 한다.

예수님은 이 일을 교훈으로 삼아 그들에게 경고하신다. "너희도 만일 회개하지 아니하면 다 이와 같이 망하리라"(3절; cf. 렘 12:7; 시 7:11-16). 이 사람들은 빌라도의 손에 죽임을 당했지만, 회개하지 않는 죄인들은 하나님께 더 혹독한 벌을 받을 것이라는 경고다. 그러므로 영원한 죽음을 당하지 않으려면 아직 시간이 있을 때 회개해야 한다.

둘째, 사고나 자연재해로 인한 재앙이다. 예수님은 실로암에서 망대가 무너진 이야기로 대화를 이어 가신다. '실로암'(Σιλωάμ)은 히브리어로 '보냄'을 뜻하는 단어(שִׁלֹחַ)를 소리 나는 대로 음역한 것이다. 실로암은 히스기야가 아시리아의 침략에 대비해 예루살렘성 밖에 있는 기혼 샘에서 터널을 통해 물을 끌어들여 만든 못으로, 예루살렘성의 유일한 우물이었다(cf. 사 22:10-11). 예로부터 유대인들은 실로암 물에 치유하는 능력이 있다고 여겨 많은 병자가 찾아왔다. 지금도 실로암 주변에는 여관들이 즐비해 있으며, 병이 낫고자 하는 사람들이 찾는다. 이곳에 있던 망대가 무너져 열여덟 명이 죽은 것이다.

이 사건 또한 그 어디에도 기록되어 있지 않다. 그러므로 망대가 무너진 정확한 이유를 알 수는 없지만, 빌라도의 학살과는 대조되는 사고로 인한 참사 혹은 자연재해(지진으로 인해 무너짐 등)인 것은 확실하다. 예수님은 무너진 망대에 깔려 죽은 사람들이 다른 사람보다 죄가 많아서 그런 것이 아니라고 하신다. 살다 보면 예기치 못한 재앙이 언제든 우리 삶을 급습할 수 있다. 예수님은 이런 일을 보면 회개하라고 하신다(5절). 저들의 죽음이 경고가 되어야 한다는 것이다.

이 말씀은 재앙을 겪는 사람을 보면 자신을 돌아보라고 한다. 암에 걸린 성도가 가장 힘들어하는 것 중 하나가 "죄를 지어서 병에 걸린 거야"라는 교인들의 수군거림이다. 예수님은 재앙은 누구든 급습할 수 있다며, 이처럼 잘못된 판단을 버리고 자신을 돌아보고 점검하라고 하신다. 만일 회개할 것이 있으면 회개하라고 하신다. 그들이 당한 일이 언제든 우리에게도 임할 수 있기 때문이다.

> Ⅴ. 예루살렘 여정(9:51-19:27)
> D. 종말과 최후 심판에 대한 가르침(12:1-13:9)

8. 열매 맺지 못하는 무화과나무(13:6-9)

⁶ 이에 비유로 말씀하시되 한 사람이 포도원에 무화과나무를 심은 것이 있더니 와서 그 열매를 구하였으나 얻지 못한지라 ⁷ 포도원지기에게 이르되 내가 삼년을 와서 이 무화과나무에서 열매를 구하되 얻지 못하니 찍어버리라 어찌 땅만 버리게 하겠느냐 ⁸ 대답하여 이르되 주인이여 금년에도 그대로 두소서 내가 두루 파고 거름을 주리니 ⁹ 이 후에 만일 열매가 열면 좋거니와 그렇지 않으면 찍어버리소서 하였다 하시니라

예수님은 재앙을 겪는 사람들을 보면 회개하라고 두 차례나 권면하셨다(13:3, 5). 이번에는 회개하고 삶을 바로잡을 시간이 많지 않다며, 속히 회개하고 열매 맺는 삶을 살 것을 당부하신다. 예수님은 열매 맺지 못하는 무화과나무 비유를 통해 가르침을 주신다.

한 사람이 포도원에 심어 둔 무화과나무가 있어 열매를 기대했지만, 어찌 된 일인지 무화과나무는 열매를 맺지 않았다(6절). 구약이 이스라엘을 포도원으로 묘사하는 것은 종종 있는 일이다(시 80:8; 사 5:1-7; 렘 2:21). 유다와 예루살렘은 무화과나무에 비유된다(렘 8:13; 미 7:1; 호

9:10). 그러므로 앞선 1-5절이 각 개인을 향한 권면이라면, 이 비유는 국가 혹은 공동체를 향한 경고라 할 수 있다(cf. Evans, Fitzmyer).

포도나무 사이에 무화과를 재배하는 것은 당시 흔한 일이었다(cf. 미 4:4). 그러므로 선지자 미가는 포도원에 포도와 무화과가 없다며 탄식한다(미 7:1). 가나안 지역에서 무화과는 5-6월과 8-10월 등 매년 두 차례 열매를 맺었다. 처음 열리는 무화과는 여름의 시작을 알리는 열매로 환영받았고, 두 번째 열매는 매우 풍성했다. 그러므로 풍요로움의 상징이었던 무화과나무에 열매가 없다는 것은 특이한 일이다.

주인은 지난 3년 동안 이 무화과나무에서 열매를 얻지 못했다며 포도원지기에게 나무를 찍어 버리라고 했다(7a-b절). 열매를 얻지 못하는 상황에서 땅만 버리게 할 수는 없다고 했다(7c절). 무화과나무는 흙에서 영양분을 많이 섭취하는 것으로 알려져 있다(Garland).

무화과나무는 심은 지 3년이 지나야 열매를 맺기 시작한다. 그러나 첫 열매를 하나님께 드리라는 율법에 따라 심은 지 넷째 해의 열매는 사람이 먹을 수 없고, 5년째 되는 해부터 사람이 먹을 수 있다. 그러므로 주인이 3년 동안 열매를 얻고자 했다는 것은 나무를 심은 지 6년이 되었거나(Jeremias), 그 이상 되었다는 뜻이다(Bailey). 더욱이 매년 두 차례 열매를 맺는 무화과가 여러 해 동안 열매를 맺지 않은 것은 주인이 납득하기 어려운 상황이다.

무화과나무를 찍어 버리라는 것은 세례 요한이 좋은 열매를 맺지 않는 나무마다 찍혀 불에 던져질 것이라고 한 것(3:9)과 예수님이 못된 열매 맺는 좋은 나무가 없고 또 좋은 열매 맺는 못된 나무가 없다고 하신 말씀(6:43-44)과 맥을 같이한다. 좋은 열매를 맺지 않는 나무를 찍어 버리는 것은 당연한 일이다.

주인의 말을 들은 포도원지기는 한 번 더 기회를 주자고 한다(8절). 자기가 무화과나무 주변에 고랑을 파고 거름을 주겠다고 한다. 원래 무화과나무 주변에는 고랑을 파지 않는다. 거름만 주면 된다. 그러므로 포도원지기가 이렇게 말하는 것은 최대한 정성을 들여 보살필 테니 이 나무를 당장 찍어내지 말고 한 해만 더 두고 보자는 뜻이다.

농부의 특별한 노력으로 무화과나무가 열매를 맺으면 참으로 좋은 일이다(9a절). 그러나 정성과 보살핌에도 불구하고 열매를 맺지 않으면, 그때는 찍어 버리라고 한다(9b절). 사람이 열매를 맺지 못하는 나무를 위해 더 할 수 있는 일은 없기 때문이다.

이 말씀은 주님의 백성이 회개하고 열매를 맺어 하나님의 심판을 피할 수 있는 시간이 많지 않다고 한다. 주인은 나무가 열매를 맺도록 충분한 시간을 주었다. 이번에는 포도원지기의 부탁으로 한 해 더 기다리기로 했지만, 이듬해에도 열매를 맺지 않으면 나무를 찍어 없앨 것이다. 우리에게도 회개하고 순종하는 삶을 살 기회가 항상 있는 것은 아니다. 그러므로 기회가 있을 때 회개하고 경건한 삶을 살아야 한다.

E. 가르침과 치료(13:10-15:32)

이 섹션은 예수님의 여러 가지 가르침과 치료 사역을 회고한다. 하나님 나라에 대한 비유와 겸손하라는 권면이 가르침의 중심을 이룬다. 본 텍스트는 다음과 같이 구분된다.

A. 안식일과 등 굽은 여인(13:10-17)
B. 겨자씨 비유(13:18-19)
C. 누룩 비유(13:20-21)
D. 천국 입성(13:22-30)
E. 예루살렘에 대한 한탄(13:31-35)
F. 수종병 환자(14:1-6)

183

G. 낮은 자리(14:7-14)

H. 큰 잔치 비유(14:15-24)

I. 제자의 삶(14:25-35)

J. 잃은 것들에 대한 비유(15:1-32)

> V. 예루살렘 여정(9:51-19:27)
>   E. 가르침과 치료(13:10-15:32)

1. 안식일과 등 굽은 여인(13:10-17)

¹⁰ 예수께서 안식일에 한 회당에서 가르치실 때에 ¹¹ 열여덟 해 동안이나 귀신 들려 앓으며 꼬부라져 조금도 펴지 못하는 한 여자가 있더라 ¹² 예수께서 보시고 불러 이르시되 여자여 네가 네 병에서 놓였다 하시고 ¹³ 안수하시니 여자가 곧 펴고 하나님께 영광을 돌리는지라 ¹⁴ 회당장이 예수께서 안식일에 병 고치시는 것을 분 내어 무리에게 이르되 일할 날이 엿새가 있으니 그 동안에 와서 고침을 받을 것이요 안식일에는 하지 말 것이니라 하거늘 ¹⁵ 주께서 대답하여 이르시되 외식하는 자들아 너희가 각각 안식일에 자기의 소나 나귀를 외양간에서 풀어내어 이끌고 가서 물을 먹이지 아니하느냐 ¹⁶ 그러면 열여덟 해 동안 사탄에게 매인 바 된 이 아브라함의 딸을 안식일에 이 매임에서 푸는 것이 합당하지 아니하냐 ¹⁷ 예수께서 이 말씀을 하시매 모든 반대하는 자들은 부끄러워하고 온 무리는 그가 하시는 모든 영광스러운 일을 기뻐하니라

예수님이 안식일에 회당에 들어가 가르치셨다(10절). 누가복음에서 예수님이 회당에서 가르치시는 것은 이번이 마지막이다. 회당에는 열여덟 해 동안 꼬부라져 조금도 펴지 못하는 한 여인이 있었다(11절). 귀신이 들려 앓게 된 병이었다. 귀신이 지난 18년 동안 이 여인을 완전히 억압한 것이다.

예수님은 여인을 불러 "네가 병에서 놓였다"라고 하셨다(12절). 앞서 예수님은 사역을 시작하실 때 자라신 나사렛 지역의 회당에서 이사야서 말씀을 읽으신 후 포로 된 자에게 자유를 주기 위해 오셨다고 했는데 (4:16-21), 지난 18년 동안 사탄에게 얽매여 있던 여인을 해방시키셨다.

이 여인은 다른 사람들처럼 낫고자 해서 예수님의 소문을 듣고 회당에 온 것이 아니다. 평소처럼 하나님께 예배드리는 때가 되어 회당에 나온 것이다. 예수님이 먼저 그녀에게 다가가 병에서 놓였다고 선언하셨다. 이 기적에서는 귀신이 소란스럽게 쫓겨나는 일이 없다. 또한 예수님은 '놓였다'(ἀπολέλυσαι)라며 신적(神的) 수동태를 사용하신다. 이 동사(ἀπολύω)는 칠십인역(LXX)에서 하나님이 억압된 사람들을 풀어 주시는 일을 묘사하는 데 자주 사용되는 단어다(Hamm). 이러한 정보는 잠시 후 안식일에는 이런 일을 하지 말라고 반대하는 사람들의 억지를 극대화하는 효과를 발휘한다. 이 일은 하나님이 하신 일이며 소란스럽게 귀신을 쫓아내신 것도 아닌데, 그들은 율법을 빙자한 참으로 어이없는 논리로 반대하고 있다(cf. 14절).

예수님이 안수하시자 여인의 몸이 곧 펴지고, 그녀는 하나님께 영광을 돌렸다. 지난 18년 동안 굽어 있던 허리가 펴졌으니 얼마나 기뻤겠는가! 게다가 이 긴 세월 동안 그녀를 괴롭혔던 귀신이 쫓겨났으니 더욱더 기뻤을 것이다. 하나님은 어떤 특별한 은총을 기대하지 않고 예배를 드리기 위해 회당에 온 이 여인을 완전히 새로운 사람으로 변화시켜 집으로 돌려보내셨다. 이 여인이 18년 동안 질병과 마귀에 시달리면서도 신앙을 버리지 않은 것을 보면 하나님이 그녀를 고쳐 주신 것은 은총이지만, 은총을 베푸실 만한 여인이라는 생각이 든다.

옆에서 이 일을 지켜보던 회당장이 여러 사람을 대표해 문제를 제기했다(14절, cf. 17절). '회당장'(ἀρχισυνάγωγος)은 예배 때 성경을 봉독하거나 강론하며 재정 관리까지 담당하는 세명의 회당 지도자 중 하나였다 (TDNT). 하나님이 하시는 일이고 아무리 좋은 일이라 할지라도 탐탁지 않은 눈으로 바라보고 반대하는 자들이 항상 있다. 더 기가 막힌 것은 이런 사람들은 하나님을 가장 잘 아는 것처럼 신학적인(성경적인) 가르침을 근거로 문제를 제기한다는 것이다.

회당장은 예수님을 직접 비난하지는 못하고, 모인 무리를 책망하며 우회적으로 예수님을 비난한다(14절). 그는 화를 내며 "일할 날이 엿새가 있으니 그 동안에 와서 고침을 받을 것이요 안식일에는 하지 말 것이니라"라고 말했다. 일주일 중 6일은 병든 사람을 고치는 일을 해도 되지만, 안식일은 일을 해서는 안 되는 특별한 날이니 병 고치는 일을 하지 말라는 것이다.

안식일에는 예배만 드리고 하나님께 집중하라는 그의 말이 참 신앙인의 말로 들릴 수 있다. 그러나 그는 1분이라도 더 빨리 질병과 귀신에게서 해방되고 싶은 여인의 마음을 헤아리지 못한다. 만일 그가 이웃의 아픔과 고통에 공감하는 사람이었다면 이런 말을 하지 않았을 것이다. 그는 홀로 의롭고, 홀로 경건한 신앙인이라고 생각한다. 또한 그는 예배 중에 임하셔서 이 불쌍한 여인을 고치시는 하나님의 일을 반대하고 있다. 참으로 매정한 사람이다.

이야기가 시작된 후 '예수'라는 호칭을 사용하던 누가가 "주(ὁ κύριος)께서 대답하여 이르시되"(15절)라며 호칭을 바꾸고 있다. 지금부터 주시는 안식일에 대한 가르침은 안식일의 주인(6:5)이 직접 가르치시는 것이라는 사실을 암시하기 위해서다. 안식일의 주인이신 예수님이 안식일에 대해 주시는 가르침에는 이견이 있을 수 없다.

예수님은 문제를 제기하는 사람들을 '외식하는 자들'(ὑποκριταί)이라고 부르며 말씀을 시작하신다(15절). 회당장 한 사람이 말했지만 그는 여러 사람을 대표하고 있었던 것이다(cf. 17절). 그들은 안식일에 하나님이 하신 일을 보고도 하나님이 하신 일이 아니라고 한다. 옛 선지자들이 종말에 하나님이 하실 것이라고 했던 일들이 그들 앞에서 실현되고 있는데도 보지 못하는 '종말적 눈멂'(end-time blindness)을 겪고 있다

(Hamm). 이 사람들은 날씨는 예측하면서도 하나님이 하시는 일은 보지 못하는 자들과 비슷하다(cf. 11:16).

예수님은 그들의 일상에서 그들의 모순(위선)을 지적하신다. 그들은 안식일에도 소나 나귀를 외양간에서 풀어 밖으로 끌고 나가 물을 먹인다(15b절). 안식일이라 할지라도 외양간에 묶여 있던 짐승들을 끌고 나가 물과 먹이를 먹이는 것은 안식일 율법을 범하지 않는 일이라고 생각하기 때문이다.

이 여인은 18년 동안 사탄에게 매인 바 된 아브라함의 딸이다(16절). 예수님은 짐승이 외양간에 묶여 있는 이미지를 이어 가시는데, 다만 이 여인은 외양간에 묶인 것이 아니라 사탄에게 묶여 있었다. 게다가 이 여인은 짐승이 아니라 '아브라함의 딸'이다. 예수님은 작은 것에서 큰 것으로 가는 아포르티오리 논법을 사용하신다. 안식일에 외양간에 묶여 있는 하찮은 짐승도 풀어 주면서, 하물며 아브라함의 딸을 마귀의 얽매임에서 풀어 주는 것은 더욱더 당연한 일이 아니냐는 논리다.

사탄은 질병을 통해 이 여인을 18년이나 묶어 두었다. 안식일의 주인이신 예수님이 마귀의 묶음을 풀고 그녀를 자유롭게 하신 것은 은혜이며, 안식일 율법의 원래 취지를 확인하시는 일이다. 하나님은 이스라엘에 십계명을 주시면서 그들이 안식일을 기념해야 하는 이유를 이렇게 말씀하신다. "너는 기억하라 네가 애굽 땅에서 종이 되었더니 네 하나님 여호와가 강한 손과 편 팔로 거기서 너를 인도하여 내었나니 그러므로 네 하나님 여호와가 네게 명령하여 안식일을 지키라 하느니라"(신 5:15). 안식일은 사람을 매임에서 풀어 주는 날이다. 그러므로 안식일에 사탄에게 매여 있던 여인에게 자유를 주시는 것은 당연한 일이다.

예수님이 이렇게 말씀하시자 무리가 둘로 나뉘었다(17절). 반대하는 자들은 부끄러워할 뿐 그들의 입장을 바꾸지 않고 계속 안식일에 치료하는 것은 옳지 않다고 생각했다. 그러나 대부분은 예수님이 하시는 모든 영광스러운 일을 기뻐했다. '영광스러운 일들'(ἐνδόξοις)은 칠십인역(LXX)이 하나님이 하시는 놀라운 일을 묘사할 때 사용하는 표현이다 (Hamm, cf. 출 34:10; 신 10:21). 예수님은 자신이 세상에 불을 지르고 사람들을 나누기 위해 오셨다고 했는데(12:49-53), 이번에도 예수님으로 인해 사람들이 나뉘었다.

이 말씀은 안식일은 함께 모여 하나님을 예배하고 하나님의 특별한 은총이 임하기를 기대하고 기뻐하는 날이라고 한다. 또한 하나님의 영광이 드러나고 사탄이 쫓겨나는 날이다. 우리가 주일에 모여 함께 예배드릴 때 하나님이 우리 중에 거하시기 때문이다(cf. 시 22:3). 그러므로 함께 모여 예배드릴 때마다 하나님의 놀라우신 일을 기념하며 기뻐하자.

> V. 예루살렘 여정(9:51-19:27)
>   E. 가르침과 치료(13:10-15:32)

2. 겨자씨 비유(13:18-19)

¹⁸ 그러므로 예수께서 이르시되 하나님의 나라가 무엇과 같을까 내가 무엇으로 비교할까 ¹⁹ 마치 사람이 자기 채소밭에 갖다 심은 겨자씨 한 알 같으니 자라 나무가 되어 공중의 새들이 그 가지에 깃들였느니라

예수님은 하나님 나라는 마치 사람이 자기 채소밭에 갖다 심은 겨자씨 한 알 같다고 하신다(19a절). 겨자씨는 세상에서 가장 작은 씨앗은 아니지만, 당시 가나안 지역 사람들이 접할 수 있는 가장 작은 씨앗이었다(Wilkins). 예수님은 사람들이 쉽게 알아들을 수 있도록 그들 삶의 정황을 바탕으로 이렇게 말씀하신다. 겨자씨는 모든 씨보다 작지만, 자란 후에는 풀보다 커져서 새들이 가지에 깃들 정도가 된다(19b절).

겨자씨가 얼마나 크게 자라 공간을 많이 차지하는지 당시에는 겨자씨를 정원에 심지 말라는 말이 있을 정도였다(Nolland, Witherlington). 그런데 작은 겨자씨가 새들이 쉴 만한 나무로 자란다는 것은 무엇을 의미하는가? 한 주석가는 학자들의 해석을 다음과 같이 네 가지로 정리한다(Luz). 첫째, 기독교가 끝에 가서는 온 세상을 아우르는 종교로 기적적인 성장을 할 것이다. 둘째, 예수님이 선포하신 하나님 나라를 영접한 사람들과 교회를 크게 변화시킬 것이다. 셋째, 성도들이 세상에 조용히 침투해 큰 영향력을 행사하는 것처럼 교회도 세상에 조용히 침투해 크게 성장할 것이다. 넷째, 하나님 나라가 세상 끝 날 최종적으로, 절대적으로 승리할 것이다. 두 번째와 세 번째 해석이 어느 정도 설득력이 있어 보이지만, 누룩 비유(13:21)가 함께 언급되는 것으로 보아 세 번째 해석이 가장 설득력이 있다. 예수님이 시작하신 하나님 나라가 현재는 매우 미약하지만, 나중에는 참으로 커져 많은 사람을 포함할 것이다.

이 비유는 하나님 나라가 유대인들의 기대와 전혀 다르게 시작되었음을 암시한다. 유대인들은 하나님 나라가 매우 화려하고 극적으로 임할 것을 기대했다. 반면에 예수님은 하나님의 나라가 매우 미약한 형태로 시작될 것이라고 하신다. 아주 작은 겨자씨가 매우 크게 자라는 것처럼 하나님 나라도 범 세계적인 영향력을 발휘할 정도로 크게 자랄 것이며, 모든 인류와 족속을 포함할 것이다(Beale & Carson). 그러므로 이 비유는 예수님 시대의 미약한 하나님 나라 모습과 미래의 왕성한 하나님 나라 모습을 대조하기도 한다. "네 시작은 미약하였으나 네 나중은 심히 창대하리라"라는 말씀을 생각나게 한다(욥 8:7).

겨자씨가 자라 나무(관목)가 되면 많은 새가 와서 그 자리에 깃들 것이다(19b절). 구약에서 새는 이스라엘을 차지하기 위해 오는 이방인들을 상징하기도 한다(겔 17:23; 31:6; 단 4:9-12, 20-22). 그러므로 많은 학자가 이 말씀을 이방인 선교를 뜻하는 알레고리로 해석한다(Davies & Allison, Hill, Gundry, Luz, Morris, Nolland). 예수님이 이 땅에 세우신 하나님 나라가 당시에는 참으로 미약했지만, 세월이 지나면서 온 열방 사람 중에 크게 세워질 것이다.

이 말씀은 하나님 나라는 참으로 대단한 영향력을 지녔다고 한다. 겨자씨같이 작은 말씀이라도 어디든 심어지면 상상을 초월하는 나비 효과를 발휘하며 온 세상을 이롭게 한다. 우리의 신앙과 삶도 남에게 항상 덕을 끼쳐야 한다.

V. 예루살렘 여정(9:51-19:27)
　E. 가르침과 치료(13:10-15:32)

3. 누룩 비유(13:20-21)

20 또 이르시되 내가 하나님의 나라를 무엇으로 비교할까 21 마치 여자가 가루 서 말 속에 갖다 넣어 전부 부풀게 한 누룩과 같으니라 하셨더라

누룩이 성경에서 부정적인 의미를 지녔다고 해서(cf. 출 12:8, 15-20; 23:18; 34:25; 레 2:11; 마 16:6; 고전 5:6-7; 갈 5:9) 이 비유에서도 부정적인 의미로 해석해야 한다고 주장하는 이들이 있다(cf. Carson). 그러나 이 비유에서 누룩은 긍정적인 의미로 사용되었다. 겨자씨 비유(13:18-19) 처럼 이 누룩 비유도 눈에 보이지 않을 만큼 지극히 작은 것이 크게 자라는 것을 의미한다.

천국은 마치 여자가 가루 서 말 속에 갖다 넣어 전부 부풀게 한 누룩과 같다(21절). 서 말은 약 40ℓ에 달하는 많은 양이다. 이 정도 밀가루로 빵을 만들면 100-150명이 먹을 수 있다(Gundry, Keener). 그러므로 이 비유에 등장하는 여인이 잔치 음식을 준비하는 것이라 하기도 하고, 대안으로 3세아(=22ℓ)를 제시하기도 한다(Carson). 그러나 3세아도 한 가족이 먹기에는 지나치게 많다. 그러므로 포인트는 밀가루의 양보다는 반죽이 참으로 많이 부푸는 데 있다.

당시 사람들은 이미 누룩이 들어가 부풀어 오른 반죽을 조금 떼어

놓았다가 나중에 새 반죽과 섞는 방식으로 누룩을 보존하며 사용했다 (Wilkins). 이러한 정황을 배경으로 본문은 서 말 속에 갖다 넣었다고 한다.

유대인들은 하나님 나라가 임하면 세상의 질서가 완전히 변할 것으로 기대했다. 반면에 예수님이 시작하신 하나님 나라는 세상에 곧바로 눈에 띄는 변화를 가져오지 않았다. 누룩이 은밀하게 온 반죽을 변화시키는 것처럼 하나님 나라는 조용히 세상을 바꿔 나갈 것이다. 예수님이 선포하신 복음이 사람의 마음부터 바꿔 나가기 시작했기 때문이다.

이 말씀은 하나님 나라의 복음은 은밀하게 조금씩 세상을 바꿔 나간다고 한다. 먼저 예수님을 영접한 사람의 마음을 바꾸고, 그다음 그를 통해 세상을 바꿔 나간다. 그러므로 당장 변화가 보이지 않는다고 낙심하지 말자. 좋은 일은 시간이 걸린다.

V. 예루살렘 여정(9:51-19:27)
  E. 가르침과 치료(13:10-15:32)

4. 천국 입성(13:22-30)

²² 예수께서 각 성 각 마을로 다니사 가르치시며 예루살렘으로 여행하시더니 ²³ 어떤 사람이 여짜오되 주여 구원을 받는 자가 적으니이까 그들에게 이르시되 ²⁴ 좁은 문으로 들어가기를 힘쓰라 내가 너희에게 이르노니 들어가기를 구하여도 못하는 자가 많으리라 ²⁵ 집 주인이 일어나 문을 한 번 닫은 후에 너희가 밖에 서서 문을 두드리며 주여 열어 주소서 하면 그가 대답하여 이르되 나는 너희가 어디에서 온 자인지 알지 못하노라 하리니 ²⁶ 그 때에 너희가 말하되 우리는 주 앞에서 먹고 마셨으며 주는 또한 우리의 길거리에서 가르치셨나이다 하나 ²⁷ 그가 너희에게 말하여 이르되 나는 너희가 어디에서 왔는지 알지 못하노라 행악하는 모든 자들아 나를 떠나 가라 하리라 ²⁸ 너희가 아브라함과 이삭과 야곱과 모든 선지자는 하나님 나라에 있고 오직 너희

는 밖에 쫓겨난 것을 볼 때에 거기서 슬피 울며 이를 갈리라 ²⁹ 사람들이 동서남북으로부터 와서 하나님의 나라 잔치에 참여하리니 ³⁰ 보라 나중 된 자로서 먼저 될 자도 있고 먼저 된 자로서 나중 될 자도 있느니라 하시더라

예수님은 예루살렘을 향해 가시는 길에 각 성에 있는 마을을 다니시며 가르치셨다(22절). 하루는 한 사람이 왜 구원을 받는 자가 적은지 물었다(23절). 이 사람은 복음은 참으로 좋은 소식이고 예수님이 온갖 기적을 병행하고 계시니 당장 온 세상 사람이 모두 믿을 것 같은데 그렇지 않은 것에 대해 아쉬움을 표현하고 있다. 특히 하나님 나라가 채소밭에 심긴 겨자씨와 같고 온 반죽을 부풀어 오르게 하는 누룩과 같다면(13:18-21) 왜 더 많은 사람이 모여들지 않는 것일까?

유대인들은 민족과 나라에 신실한 자들이 종말에 하나님의 축복을 누릴 것이라고 생각했다. 그러므로 그들은 유대인 대부분이 구원에 이를 것을 기정사실화했다(Bock). 그러나 예수님은 아니라고 하신다. 오직 좁은 문으로 들어가는 사람만이 구원에 이를 것이라며, 좁은 문으로 들어가기를 힘쓰라고 하신다(24a절). 우리말 번역본에는 차이가 없지만, 본문과 평행을 이루는 마태복음 7:13은 '대문'(gate, πύλη)으로 표현하는 데 반해 본문은 '문'(door, θύρα)으로 표현한다. 마태복음의 대문보다는 누가복음의 문이 훨씬 더 좁고 초라하다. 이를 통해 누가는 사람이 천국에 입성하는 것이 얼마나 어려운지를 강조한다(Guelich, Plummer). 그러므로 예수님은 들어가기를 구해도 못하는 자가 많을 것이라고 경고하신다(24b절). 또한 주인이 문을 닫으면 아무리 밖에서 문을 두드리며 열어 달라고 해도 열어 주지 않을 것이다(25절).

예수님은 종말론적인 의미에서 천국 입성에 관해 이렇게 말씀하지만, 그리스도인들이 이미 하나님 나라에 입성했다는 사실을 고려할 때 이 말씀은 현재의 삶에 관한 것이기도 하다. 구약에서는 사람이 하나님께 나아가는 것을 문을 통과하는 것으로 표현한다. 성전으로 올라가

면서 불렀던 순례자들의 노래인 시편 118편은 이렇게 기도하며 노래한다. "내게 의의 문들을 열지어다 내가 그리로 들어가서 여호와께 감사하리로다 이는 여호와의 문이라 의인들이 그리로 들어가리로다"(시 118:19-20).

넓은 대문은 세상이 지향하는 삶의 방식이다. 어떠한 가치관과 윤리도 허용하기 때문에 매우 관대하고 아량이 넓어 보인다. 이 길을 가는 사람은 보따리와 짐도 얼마든지 가져갈 수 있다. 그러므로 많은 사람이 이 길을 택한다. 하지만 그 길의 최종 목적지는 멸망, 곧 영원한 고통이다(cf. 벧후 3:7; 계 17:8). 반면에 예수님이 우리에게 권하시는 생명의 문은 좁다.

좁은 문은 들어가기 쉽지 않으므로 열심히 노력해야 한다. 들어가려고 해도 들어가지 못하는 사람이 많기 때문이다(24절). 그나마 주인이 한 번 문을 닫으면 아무리 두드리며 열어 달라고 해도 열어 주지 않는다(25a절). 주인은 오히려 "나는 너희가 어디에서 온 자인지 알지 못하노라"라고 할 것이다(25b절).

문밖에서 주인의 말을 들은 사람들은 주인과 함께 먹고 마셨고, 가르침을 받았다고 호소한다(26절; cf. 마 7:22). 그러나 주인은 그들을 알지 못한다며 그들에게 떠나라고 한다(27절). 정말 주인이 그들을 모르는가? 주인은 그들을 안다. 이 이야기에서는 '주인'과 '주'가 서로 교차해 사용되고 있다. 주인은 곧 하나님(예수님)이시다. 그러므로 하나님이 그들을 모르실 리가 없다. 하나님이 그들의 삶을 아시기에 천국에서 배제시키신다(cf. Marshall). 게다가 그들에게 떠나라고 하시며 '행악하는 모든 자들'이라고 부르신다(27절). 하나님은 그들이 행실이 악한 자들이었으므로 설령 그들이 예수님께 배움을 받고 함께 먹고 마셨다 할지라도 소용이 없다며 그들을 멀리하시는 것이다. 예수님을 식사에 초대했던 바리새인과 율법 교사들이 이런 사람들이다(11:37-54). 그들은 예수님과 함께 먹고 마셨으며, 가르침도 받았다. 그러나 그들은 예수님을 영접하지 않았다. 그러므로 예수님은 그들에게 천국의 문을 열어 주지 않으신다.

이 말씀은 거짓 선지자들과 그들을 추종하는 자들, 그리고 믿음으로 삶을 살지 않는 사람들에 대한 경고다. 예수님은 '주여 주여' 한다고 해서 천국에 들어가는 것은 아니라고 하셨다(마 7:21). 그렇다면 어떻게 해야 천국에 들어갈 수 있는가? 하나님의 뜻대로 행하면 들어갈 수 있다. 본문은 그렇게 살지 않은 사람들을 '행악하는 자들'이라고 한다. 그리스도인의 삶에서 윤리와 도덕은 선택이 아니라 필수이며, 경건한 삶 없이는 천국에 들어갈 수 없다. 그러므로 우리는 우리의 일상이 가장 효과적인 설교가 되는 삶을 살아야 한다. 소금과 빛이 되는 삶이 바로 이런 것이다.

예수님의 판결 선언은 절대 번복되지 않을 것이며, 최종적이고, 확정적이며, 지체되지도 않는다. 닫힌 좁은 문은 다시 열리지 않으며, 밖에 있는 사람들은 명령에 따라 떠날 수밖에 없다. 예수님은 그들이 아브라함과 이삭과 야곱과 모든 선지자가 하나님 나라에 있고 오직 자신들만 천국에 들어가지 못하고 밖에 있는 것을 깨달을 때 슬피 울며 이를 갈 것이라고 하신다(28절). 울며 이를 가는 것은 기회를 놓친 일에 대한 슬픔과 좌절감의 표현이다. 그러나 무언가를 바꾸기에는 너무 늦었다.

하나님은 아브라함과 이삭과 야곱과 모든 선지자를 위해 큰 잔치를 베푸시는데, 종말에 있을 잔치다(Fitzmyer, France, cf. 사 25:6-8; 55:1-2; 65:13-14; 습 1:7). 밖에서 슬피 울며 이를 가는 사람들의 자리를 세상 곳곳에서 온 사람들이 차지한다(29절). 어떤 이들은 하나님이 유대인을 거부하시고 이방인만 하나님 나라로 환영하시는 것으로 해석하기도 한다. 그러나 하나님의 백성이 세상 모든 족속을 포함할 것이라는 의미로 해석하는 것이 바람직하다. 유대인도 이 무리에 포함되어 있는 것이다. 이러한 사실을 강조하기 위해 예수님은 "나중 된 자로서 먼저 될 자도 있고 먼저 된 자로서 나중 될 자도 있느니라"라는 격언과 같은 말씀으로 이 섹션을 마무리하신다(30절; cf. 마 8:12; 22:13; 24:51; 25:30). 먼저 하나님의 백성이 된 사람들을 향해 주시는 자만하지 말라는 경고다(Wilkins).

이 비유는 한 사람이 예수님께 드린 질문에서 시작되었다(23절). 그의 질문은 "구원을 받을 자가 적습니까?"였다. 이에 예수님은 비유를 통해 "너는 구원을 받을 자냐?"라고 되물으신다. 주변에 '하나님을 섬기며 살아가는 자가 많지 않다'고 하는 우리에게 하나님은 '너는 하나님을 섬기며 사느냐?'라고 질문하시는 것이다.

이 일은 종말에 있을 일이다. 그러므로 우리는 기회가 있을 때 하나님을 사랑하고 순종하는 삶을 살아야 한다. 거짓 성도들은 자신이 하나님을 안다고 하지만, 하나님은 그들을 거부하며 천국에 들어오지 못하게 하신다. 이 사람들은 자신이 한 발은 세상에, 다른 한 발은 하나님 나라에 들여놓았다고 생각할지 모른다. 그러나 예수님이 보시기에 그들의 두 발은 모두 하나님의 나라 밖에 있다. 우리가 스스로 어떻게 생각하느냐보다 하나님이 우리를 어떻게 보시느냐가 중요하다.

하나님 나라로 들어가는 문은 좁다. 열심히 노력해야 들어갈 수 있다. 신앙적-도덕적 기준이 높다는 뜻이다. 이 문으로 들어가는 것이 쉽지는 않겠지만 할 수 있기 때문에 우리를 부르셨다. 우리는 이처럼 높고 고상한 기준과 윤리에 따라 살도록 부르심을 받았다.

이 말씀은 교회에 출석하는 사람이라고 해서 모두 하나님의 자녀인 것은 아니라고 한다. 그리스도인이 대부분이지만, 그리스도인이 아니면서 그리스도인으로 속이는 자들도 있고, 스스로 착각하는 자들도 있다. 그렇다고 해서 교회가 당장 어떤 조치를 취할 필요는 없다. 세상이 끝나는 날, 하나님이 옥석을 구분하실 것이기 때문이다. 그러나 교회가 이 땅에 존재하는 한, 다양한 사람이 교회 안에 있다는 사실은 인지하고 사역해야 한다.

5. 예루살렘에 대한 한탄(13:31-35)

> [31] 곧 그 때에 어떤 바리새인들이 나아와서 이르되 나가서 여기를 떠나소서 헤롯이 당신을 죽이고자 하나이다 [32] 이르시되 너희는 가서 저 여우에게 이르되 오늘과 내일은 내가 귀신을 쫓아내며 병을 고치다가 제삼일에는 완전하여지리라 하라 [33] 그러나 오늘과 내일과 모레는 내가 갈 길을 가야 하리니 선지자가 예루살렘 밖에서는 죽는 법이 없느니라 [34] 예루살렘아 예루살렘아 선지자들을 죽이고 네게 파송된 자들을 돌로 치는 자여 암탉이 제 새끼를 날개 아래에 모음 같이 내가 너희의 자녀를 모으려 한 일이 몇 번이냐 그러나 너희가 원하지 아니하였도다 [35] 보라 너희 집이 황폐하여 버린 바 되리라 내가 너희에게 이르노니 너희가
>
> 주의 이름으로 오시는 이를
>
> 찬송하리로다
>
> 할 때까지는 나를 보지 못하리라 하시니라

바리새인들이 예수님께 나아와 헤롯왕이 주님을 죽이려 한다고 알려 주었다(31절). 어떤 이들은 바리새인들이 이 같은 정보를 입수하고 순수한 동기에서 알려 주는 것이라고 하지만(Garland), 학자들 대부분은 이들이 좋지 않은 목적으로 이렇게 말한다고 생각한다(cf. Culpepper). 바리새인들이 예루살렘에 있는 산헤드린과 내통하면서 함정을 만들어 놓고 예수님을 그 함정에 빠트리기 위해 이런 말을 하는 것이라고 주장하는 이들이 있다(Plummer). 다른 이들은 바리새인들이 예수님을 이 지역에서 내보내기 위해 이렇게 말한다고 주장한다(Marshall). 혹은 예수님 스스로 도망가게 함으로써 거짓 선지자임이 드러나게 하려는 것이라고 주장하기도 한다(Johnson). 그러나 예수님이 헤롯을 여우라고 비난하시는 것으로 보아 바리새인들이 제공하는 정보가 전혀 근거 없는

것은 아니다. 그들은 헤롯이 예수님을 죽이려 한다는 정보를 입수해 이렇게 말하고 있다.

예수님은 바리새인들에게 가서 주님의 목숨을 노리는 '여우'에게 오늘과 내일은 귀신을 쫓아내고 병을 고치다가 제삼일에는 완전해질 것이라고 전하라 하신다(32절). 헤롯의 위협에 굴하지 않고 때가 찰 때까지 하시던 일을 하다가 때가 되면 드디어 목표를 이루실 것이라는 뜻이다. 어떤 목표인가? 예루살렘으로 가서 죽으시는 일이다(33절). 사흘째 되는 날은 구원의 날이다(호 6:2; 욘 1:17; cf. 눅 9:22). 헤롯이 예수님의 운명을 결정하는 것이 아니라, 예수님이 스스로 복종하시는 하나님의 뜻이 결정짓는다(Bovon). 그러므로 헤롯을 여우라고 부르시는 것은 그의 간교함을 지적하시는 것이 아니라, 헤롯은 하나님의 역사가 이루어지는 데 어떠한 영향력도 행사할 수 없는 별 볼 일 없는 사람이라는 의미다(Petronis, Buth, Hermanson, cf. 느 4:3). 예수님이 죽음에 대해 말씀하시는 것은 이번이 네 번째다(9:22, 44; 12:50).

헤롯의 위협에 개의치 않고 평상시 하시던 일을 하다가 예루살렘에서 죽음을 맞이하시는 것은 선지자가 예루살렘 밖에서는 죽는 법이 없기 때문이다(33절). 예수님은 메시아이시며, 동시에 하나님의 뜻을 사람들에게 알리고 가르치는 일에 있어 선지자이시다(Bock). 그러므로 이 말씀을 통해 예수님을 죽이려는 헤롯의 손아귀에서 벗어난다고 해서 죽음을 피할 수 있는 것은 아니라고 하신다.

예루살렘은 누가에게 매우 중요하다. 그는 누가복음-사도행전에서 예루살렘을 99차례 언급한다. 신약의 나머지 책이 다 합해서 49차례 언급하는 것과 대조적이다(Garland). 33-34절에서도 예루살렘을 세 차례 언급한다. 누가가 이처럼 예루살렘을 중요하게 여기는 것은 그곳이 온 인류의 구원을 이루기 위해 예수님이 죽으시는 곳이기 때문이다.

예루살렘은 오래전부터 선지자가 순교하는 곳이 되었다. 여호야김은 우리야 선지자가 예루살렘에서 예언하자 그가 도망한 이집트까지 사람을 보내 죽였다(렘 26:20-23). 요아스는 성전 뜰에서 스가랴를 죽였다 (대하 24:20-22; cf. 눅 11:51). 므낫세는 무고한 사람의 피로 예루살렘을 가득 채웠다. "므낫세가 유다에게 범죄하게 하여 여호와께서 보시기에 악을 행한 것 외에도 또 무죄한 자의 피를 심히 많이 흘려 예루살렘 이 끝에서 저 끝까지 가득하게 하였더라"(왕하 21:16). 그러므로 선지자의 전승에 따라서 오신 예수님이 예루살렘에서 죽으시는 것은 당연한 일 이라 할 수 있다(Marshall). 예수님은 죽음을 맞이하기 위해 예루살렘으 로 올라가시는 중이다.

유대교 지도자들을 맹렬하게 비난하고 그들을 따르는 유다 사람들에 게 심판을 선언하신 예수님이 끝내 그들이 불쌍하고 안타까워 눈물을 보이신다(34절). 예수님은 구약의 탄식시 혹은 애가를 부르는 심정으로 이 심판을 선언하신다. 다윗이 자신을 죽이려고 큰 군대를 이끌고 나 왔던 아들 압살롬이 죽었다는 소식을 듣고 통곡한 일을 떠오르게 한다 (삼하 18:33). 예수님은 세상 그 어느 민족보다 많은 특권을 누리면서 이 방인들도 하지 않는 상식 밖의 짓을 하는 하나님의 백성을 보며 슬퍼 하신다.

'예루살렘아 예루살렘아'(34절)는 온 이스라엘을 부르는 외침이다 (Wilkins). 예루살렘은 하나님이 보내신 선지자들을 죽이고 돌로 쳤다. 예수님을 죽이는 것으로 모자라 앞으로 주님이 보내실 선교사들도 죽 일 것이다. 그럼에도 불구하고 예수님은 이스라엘을 생각할 때마다 안 타까우시다. 그러므로 암탉이 새끼를 날개 아래 모으는 것처럼 예루살 렘의 자녀들을 여러 차례 그분의 날개 아래 모으려고 하셨다. 구약에 서 '날개 아래'는 하나님의 보호를 상징한다(출 19:4; 신 32:11; 룻 2:12; 시 17:8; 36:7; 57:1; 91:4). 예루살렘이 온 이스라엘을 상징하므로 예루살렘 의 자녀는 온 이스라엘 백성을 뜻한다. 예수님은 어떻게 해서든 그들 을 품고자 여러 차례 하나님 나라에 입성할 기회를 주셨지만, 그들은 계속 예수님을 거부했다. 유대인들의 거부와 그들을 향한 지칠 줄 모르는 예수님의 사랑이 대조된다.

결국 예수님을 거부한 그들은 심판을 받아 황폐하여 버려진 바 될 것이다(35a절). '너희 집'(ὁ οἶκος ὑμῶν)에 대한 학자들의 해석이 회당(Boring), 이스라엘(Hill, Green), 예루살렘(McNeile, Manson, Senior), 성전(France, Luz, Nolland, Wilkins), 예루살렘과 성전(Davies & Allison), 이스라엘과 예루살렘과 성전(Carson, Hagner) 등 다양하다. 이 말씀은 바리새인과 서기관들뿐 아니라 온 이스라엘을 상대로 하는 만큼 회당은 너무 제한적이다. 이스라엘과 예루살렘과 성전은 서로 떼어 놓을 수 없는 관계에 있다. 하나가 망하면 나머지 둘도 망한다. 그러므로 셋을 모두 의미하는 것으로 해석하는 것이 바람직하다(Carson, Hagner).

이스라엘과 예루살렘과 성전이 황폐해진다는 것은 주후 70년에 있을 파괴에 대한 말씀이다(Liefeld & Pao). 황폐하여 버려진 바가 된다는 것은 마치 광야나 사막처럼 되어 사람이 살 수 없게 되는 것을 뜻한다(cf. 왕하 21:14; 렘 12:7; 22:5). 하나님의 심판이 임하면 이스라엘은 황무지처럼 변할 것이다.

그들이 '주의 이름으로 오시는 이를 찬송하리로다' 할 때까지 그들은 예수님을 보지 못할 것이다(35b절). 이 말씀은 시편 118:26을 인용한 것이며, 예수님이 나귀를 타고 예루살렘에 입성하실 때 무리가 주님을 메시아로 환영한 외침이기도 하다. 장차 정복자 메시아로 영광스러운 모습으로 돌아오실 것을 예고한다(Fitzmyer, Marshall).

그들이 예수님을 보지 못한다는 것은 예루살렘으로 올라가 죽음과 부활을 이루시고 그들을 떠나실 것이라는 예언이다. 학자들은 심판과 부정적인 말씀 중에 매우 긍정적인 말씀이 나오는 것에 대해 다양한 해석을 내놓았다. 첫째, 이 외침은 예수님이 정복자 메시아로 다시 오실 때 정복당한 유대인들이 강제로 엎드려 주님을 예배하며 외치는 음성이다(Garland, Gnilka, Luz, Manson). 둘째, 교회의 선교를 통해(Nolland) 이스라엘이 최종적으로 회개해 구원에 이르러 주님을 경배하는 외침이다

199

(Blomberg, Gundry, Plummer, Schweizer, cf. 롬 11:25-32). 셋째, 유대인들이 회개해 이처럼 고백할 때까지 기다리시겠다는 뜻이다(Davies & Allison).

세 번째 해석은 별 설득력이 없어 보인다. 그리고 첫 번째와 두 번째 해석은 결과론적인 관점으로 보면 별 차이가 없다. 예수님이 다시 오시면 모든 사람이 자원해서 기쁨으로 하든지, 혹은 억압된 상태에서 강제로 하든지 주님을 찬양해야 하기 때문이다(Carson, Osborne, Wilkins, cf. 빌 20:10-11). 예수님은 온 세상의 찬송 속에 다시 오실 것이다.

이 말씀은 죄인들을 정죄하고 비난하면서 예수님이 얼마나 안타까워하고 슬퍼하셨는지 조금 엿보게 한다. 예수님의 마음이 결코 편치 않으시다. 우리도 예수님의 마음을 품어야 한다. 죄인들을 대할 때 분노나 정죄하기보다는 함께 안타까워하며 함께 울 수 있으면 좋겠다. 그 죄인들도 결국 우리 형제요 자매들이 아닌가. 또한 우리에게는 소망이 있다. 예수님을 거부하는 사람들이 주님을 찬양할 날이 오고 있다는 소망이 있다.

V. 예루살렘 여정(9:51-19:27)
   E. 가르침과 치료(13:10-15:32)

6. 수종병 환자(14:1-6)

¹ 안식일에 예수께서 한 바리새인 지도자의 집에 떡 잡수시러 들어가시니 그들이 엿보고 있더라 ² 주의 앞에 수종병 든 한 사람이 있는지라 ³ 예수께서 대답하여 율법교사들과 바리새인들에게 이르시되 안식일에 병 고쳐 주는 것이 합당하냐 아니하냐 ⁴ 그들이 잠잠하거늘 예수께서 그 사람을 데려다가 고쳐 보내시고 ⁵ 또 그들에게 이르시되 너희 중에 누가 그 아들이나 소가 우물에 빠졌으면 안식일에라도 곧 끌어내지 않겠느냐 하시니 ⁶ 그들이 이에 대하여 대답하지 못하니라

안식일에 한 바리새인 지도자가 예수님을 식사에 초대했다(1a절). 예수님이 좋아서 초청한 것은 아니고, 엿보기 위해서다(1b절). 그들은 예수님을 철저히 감시하고 있다. 또한 이 일을 위해 이 지도자는 다른 바리새인들과 율법 교사들도 초청했다(3절). 누가복음은 바리새인이 예수님을 식사에 초청한 일을 세 차례 기록하는데(cf. 7:36-50; 11:37-54), 이 이야기가 세 번째이자 마지막이다. 또한 안식일에 대한 네 번째 논쟁이기도 하다(Liefeld & Pao, cf. 6:1-11; 13:10-17). 예수님이 바리새인들의 두 번째 초청에 임하셨을 때 그들을 맹렬하게 비난하셨던 만큼 그들이 다시 예수님을 초청하는 것이 다소 의외다. 그들은 수모를 무릅쓰고 어떻게든 예수님을 비난할 틈을 찾으려고 안간힘을 쓰고 있다(1절). 그들의 이러한 의도를 아시는 예수님은 이번에도 식사 초청을 기뻐하며 좋은 말만 해 주는 손님이 못 되신다.

안식일은 일을 할 수 없는 날이기 때문에 이날 손님을 초대하는 것이 다소 이상하게 보일 수 있다. 그러나 별문제 없다. 유대인들은 안식일이면 전날 준비해 둔 음식을 먹으며 교제했다. 이 바리새인 지도자도 전날 손님을 맞이할 모든 준비를 해 두었을 것이다. 이 사람은 아마도 회당장이거나, 산헤드린 멤버거나, 혹은 둘 다였을 것이다(Garland, Liefeld & Pao). 이날 자기가 회당장으로 있는 회당에서 가르치도록 예수님을 초청하고, 회당 예배 후 안식일 식사로 이어지는 것은 자연스러운 일이었기 때문이다.

예수님이 앉으신 자리 앞에 수종병이 든 한 사람이 있었다(2절). '수종병'(ὑδρωπικὸς)은 배와 다리 등 신체 부위에 체액이 고여 심하게 부풀어 오르는 질병이다. 당시 사람들은 이 병을 식탐의 결과로 생각했다(Braun). 완치할 수 없는 병이었기 때문에 신의 벌로 여겼다(Bock, cf. 민 5:11-27). 또한 종종 명예욕의 상징으로 간주되었던 만큼(Liefeld & Pao) 이는 다음 섹션에 이어지는 잔치에 가면 낮은 자리에 앉으라는 가르침과 연관이 있다. 이 사람이 예수님 '앞에'(ἔμπροσθεν αὐτοῦ), 정면에 앉아

201

있는 것을 의심의 눈초리로 바라보는 사람이 많다. 바리새인들이 예수님과 논쟁하기 위해 일부러 이 사람을 예수님 눈에 가장 잘 띄는 곳에 데려다 놓았다는 것이다. 그들이 예수님을 엿보기 위해 식사에 초대한 것을 보면 충분히 가능한 일이다. 그러나 본문이 직접 언급하지 않으니 확실하지는 않다.

예수님은 율법 교사들과 바리새인들에게 안식일에 병 고치는 일이 합당한지, 합당하지 않은지 물으셨다(3절). 자타 공인 율법 전문가들에게 안식일에 환자를 치료하는 것이 율법을 위반하는 일인지 물으신 것이다. 예수님은 이미 같은 질문을 하신 적이 있다(6:9). 또한 이번이 안식일 갈등에 대한 네 번째 언급이다(Liefeld & Pao, cf. 6:1-11; 13:10-17). 안식일이 자주 언급되는 것으로 보아 예수님과 율법주의자들이 가장 첨예하게 대립하는 이슈인 것이 확실하다(cf. 13:10-17). 바리새인들과 율법 학자들은 예수님이 안식일의 주인이시라는 사실(6:5)을 인정하지 않기 때문에 갈등이 계속되고 있다. 만일 안식일에 환자를 치료하는 것이 불법이라면 그들이 먼저 질문하신 예수님께 증명해야 한다.

바리새인과 율법 교사들은 할 말이 없다(4a절). 그들의 구전 율법도 긴급한 상황에는 안식일에 일을 할 수 있다고 한다. 그러므로 이슈는 수종병 환자를 고치는 일이 긴급한 상황인가 하는 점이다. 이에 대해 그들은 치료는 주중에 할 수 있는 긴급한 상황이 아니라고 대답해야 한다(cf. 13:14). 그러나 이미 이렇게 대답했다가 큰 수모를 당한 동료들이 있다(13:17). 게다가 이것은 그들의 판단이지 율법에 근거한 것이 아니다. 그러므로 할 말이 없다.

바리새인과 율법 교사들이 아무 대답도 하지 못하자 예수님은 더는 대답을 강요하지 않으시고 수종병 환자를 고쳐 집으로 보내셨다(4절). 예수님은 이미 세 차례나 안식일에 환자를 치료하셨다(4:31-37; 6:6-11; 13:10-17). 따라서 안식일에 환자를 치료하시는 일이 새롭지는 않다. 이번에는 이 사람이 귀신에 잡혀 있다는 언급이 없는 것으로 보아 순수한 신체적 결함이지 영적인 문제가 있어서 비롯된 질병은 아닌 것으로 보인다.

예수님은 아무 대꾸도 못 하고 속으로만 분노하며 지켜보는 바리새인과 율법 교사들에게 상식적으로 생각해 보라고 하신다. 만일 그들의 아들이나 소가 우물에 빠졌다면 안식일이라 해도 곧 끌어내지 않겠느냐는 것이다(5절). 아무리 안식일이라 해도 누구든지 아들이나 소가 물에 빠지면 구해내는 것이 당연하다고 생각한다. 많은 사본이 '아들'(υἱός) 대신 '나귀'(ὄνος)로 표기하고 있다(cf. Culpepper). 아마도 13:15과 평행을 이루게 하기 위해서일 것이다. '곧'(εὐθέως)은 긴급한 상황을 반영한다. 짐승을 구하는 일은 주저하지 않으면서 질병에서 사람을 구하는 일은 주저하느냐는 질책이다.

이번에도 바리새인과 율법 교사들은 아무 대답도 하지 못한다(6절). 그들의 유일한 반박은 짐승은 구해도 되지만 사람은 안 된다는 논리를 되풀이하는 것인데, 이러한 논리는 자신들 외에 그 누구도 설득하지 못한다(cf. 13:17). 또한 잘못된 가치관에서 비롯된 논리다. 그러므로 그들은 침묵할 수밖에 없다.

이 말씀은 우리의 가치관과 우선권을 정비하라고 도전한다. 무엇이 옳고 그른지에 대한 올바른 이해가 필요하다. 또한 옳은 일이라 할지라도 먼저 해야 할 일과 나중에 할 수 있는 일에 대해 생각해 보아야 한다. 그렇게 해야 바리새인과 율법 교사들이 저지른 과오를 피할 수 있다. 사람이 율법을 준수하기 위해 있는 것이 아니라, 율법이 사람을 위해 있다는 것을 기억하며 우선순위를 정해야 한다.

V. 예루살렘 여정(9:51-19:27)
    E. 가르침과 치료(13:10-15:32)

7. 낮은 자리(14:7-14)

⁷ 청함을 받은 사람들이 높은 자리 택함을 보시고 그들에게 비유로 말씀하여 이르시되 ⁸ 네가 누구에게나 혼인 잔치에 청함을 받았을 때에 높은 자리에 앉지 말라 그렇지 않으면 너보다 더 높은 사람이 청함을 받은 경우에 ⁹ 너와 그를 청한 자가 와서 너더러 이 사람에게 자리를 내주라 하리니 그 때에 네가 부끄러워 끝자리로 가게 되리라 ¹⁰ 청함을 받았을 때에 차라리 가서 끝자리에 앉으라 그러면 너를 청한 자가 와서 너더러 벗이여 올라 앉으라 하리니 그 때에야 함께 앉은 모든 사람 앞에서 영광이 있으리라 ¹¹ 무릇 자기를 높이는 자는 낮아지고 자기를 낮추는 자는 높아지리라 ¹² 또 자기를 청한 자에게 이르시되 네가 점심이나 저녁이나 베풀거든 벗이나 형제나 친척이나 부한 이웃을 청하지 말라 두렵건대 그 사람들이 너를 도로 청하여 네게 갚음이 될까 하노라 ¹³ 잔치를 베풀거든 차라리 가난한 자들과 몸 불편한 자들과 저는 자들과 맹인들을 청하라 ¹⁴ 그리하면 그들이 갚을 것이 없으므로 네게 복이 되리니 이는 의인들의 부활시에 네가 갚음을 받겠음이라 하시더라

예수님은 바리새인 지도자의 집에 계속 머물고 계신다. 가만히 보니 사람들이 서로 높은 자리에 앉으려고 경쟁하고 있었다(7a절). 당시에는 잔치를 베푸는 주인 가까이 앉을수록 주인과 가깝고 귀한 손님으로 간주되었다. 그러므로 이 사람들은 예수님을 초대한 바리새인 지도자가 앉은 상석 가까운 자리에 앉으려고 다툼을 벌인 것이다.

이러한 상황을 지켜보시며 예수님이 비유로 말씀하셨다(7b절). 먼저 초대받은 손님들에게 두 가지 사례로 말씀하시고(8-10절), 그다음 잔치를 베푼 사람에게 두 가지 사례와 권면을 말씀하셨다(12-14절). 초대받은 사람에 관한 두 가지 사례 중 첫 번째는 높은 자리에 앉았다가 밀려나는 것이다(8-9절). 잔치에 초대받아 갔다가 높은 자리가 비어 있다고

섣불리 앉지 말라는 권면이다. 만일 그 자리에 앉았다가 더 높은 사람이 들어오면 일어나 자리를 내어주고 끝자리로 밀려날 수 있다. 이런 상황이 생기면 수치심을 피하기가 어렵다.

예수님은 잔치에 초대받으면 차라리 끝자리에 앉으라고 하신다(10절). 주인이 보고 그 자리에 앉을 사람이 아니라고 생각되면 더 높은 자리로 옮기게 할 것이다. 그렇게 되면 모든 사람 앞에서 존귀함을 인정받는다. 이와 비슷한 가르침이 잠언 25:6-7에도 기록되어 있다. "왕 앞에서 스스로 높은 체하지 말며 대인들의 자리에 서지 말라 이는 사람이 네게 이리로 올라오라고 말하는 것이 네 눈에 보이는 귀인 앞에서 저리로 내려가라고 말하는 것보다 나음이니라."

예수님은 손님에 대해 비유로 말씀하신 후 하나님 나라의 원칙을 가르치신다. 자기를 높이는 자는 낮아지고, 자기를 낮추는 자는 높아질 것이라는 원리다(11절). 명예와 존귀함은 스스로 노력하고 광고해서 쟁취하는 것이 아니라 하나님이 주시는 것이다. 또한 하나님은 스스로 높아지려고 하는 자들을 낮추실 것이다. 그러므로 이 말씀은 겸손하라는 권면이다.

이어서 잔치를 베푸는 바리새인 지도자에게 권면하신다(12-14절). 누구를 식사에 초청할 때면 벗이나 형제나 친척이나 부한 이웃을 청하지 말라고 하신다(12b절). '벗, 형제, 친척, 부한 이웃' 등의 네 부류는 일상적으로 사람들이 초청할 만한 사람을 총망라한다. 이 말씀은 이런 사람들을 절대 식사에 초대하면 안 된다는 뜻이 아니라, 누구를 초대할 때 이런 사람들만으로 제한하지 말라는 뜻이다(Garland, cf. 15:3-7, 8-10; 행 10:24). 이런 사람들이 초대받으면 나중에 식사에 초대하는 것으로 화답해 서로 주고받는 일이 될 것이기 때문이다(12c절). 이렇게 될 경우 사람이 하늘에서 받을 상이 없다.

대신 잔치를 베풀거든 차라리 가난한 사람들과 몸 불편한 사람들과 저는 자들과 맹인들을 청하라고 하신다(13절). 이번에도 예수님은 네

가지 예를 드시며 받은 호의를 갚을 여력이 되지 않는 사회적-경제적 약자들을 통틀어 말씀하신다. 이런 사람들을 초청해 대접하면 당장 그들은 갚을 수 없지만, 하나님이 그의 선행을 보고 부활할 때 갚으실 것이기 때문이다(14절).

이 말씀은 우리가 이 땅에서 약자들을 배려하고 섬기면 하나님 나라에서 절대 상을 잃지 않을 것이라고 한다. 비슷한 맥락에서 고린도전서 4:5도 "그러므로 때가 이르기 전 곧 주께서 오시기까지 아무 것도 판단하지 말라 그가 어둠에 감추인 것들을 드러내고 마음의 뜻을 나타내시리니 그 때에 각 사람에게 하나님으로부터 칭찬이 있으리라"라고 한다. 교회와 사회에서 되갚을 수 없는 사람들에게 더 많이 베풀고 섬기며 살아야 한다. 하나님은 우리가 그들에게 베푼 것에 적절한 상을 주실 것이다.

V. 예루살렘 여정(9:51-19:27)
  E. 가르침과 치료(13:10-15:32)

8. 큰 잔치 비유(14:15-24)

15 함께 먹는 사람 중의 하나가 이 말을 듣고 이르되 무릇 하나님의 나라에서 떡을 먹는 자는 복되도다 하니 16 이르시되 어떤 사람이 큰 잔치를 베풀고 많은 사람을 청하였더니 17 잔치할 시각에 그 청하였던 자들에게 종을 보내어 이르되 오소서 모든 것이 준비되었나이다 하매 18 다 일치하게 사양하여 한 사람은 이르되 나는 밭을 샀으매 아무래도 나가 보아야 하겠으니 청컨대 나를 양해하도록 하라 하고 19 또 한 사람은 이르되 나는 소 다섯 겨리를 샀으매 시험하러 가니 청컨대 나를 양해하도록 하라 하고 20 또 한 사람은 이르되 나는 장가 들었으니 그러므로 가지 못하겠노라 하는지라 21 종이 돌아와 주인에게 그대로 고하니 이에 집 주인이 노하여 그 종에게 이르되 빨리 시내의 거리와 골목으로 나가서 가난한 자들과 몸 불편한 자들과 맹인들과 저

는 자들을 데려오라 하니라 ²² 종이 이르되 주인이여 명하신 대로 하였으되 아직도 자리가 있나이다 ²³ 주인이 종에게 이르되 길과 산울타리 가로 나가서 사람을 강권하여 데려다가 내 집을 채우라 ²⁴ 내가 너희에게 말하노니 전에 청하였던 그 사람들은 하나도 내 잔치를 맛보지 못하리라 하였다 하시니라

이 가르침도 바리새인 지도자 집에서 있었던 일이다(cf. 15, 25절). 예수님은 바리새인과 율법 교사들이 주님을 식사에 초청한 일을 후회할 정도로 그들이 싫어하는 가르침을 이어 가신다. 이번 가르침도 특권의식에 젖어 있던 유대인들, 특히 유대교 지도자들이 참으로 싫어할 만한 것이다.

예수님과 함께 바리새인 지도자 집에서 식사하던 사람 중 하나가 주님의 이 말씀을 듣다가 "하나님의 나라에서 떡을 먹는 자는 복되도다"라고 외쳤다(15절). '이 말씀'은 잔치에 초청받으면 낮은 자리에 앉고, 잔치를 열면 초대할 만한 사람들만 초대하지 말고 누가 초대하지 않으면 절대 이런 잔치에 참석할 수 없는 형편이 어려운 사람들을 초대하라는 권면을 의미한다(14:7–13). 예수님의 가르침을 통해 하늘나라의 기준과 가치는 이 세상 것과 다르다는 사실을 깨달은 그는 하늘나라에 들어가고 싶다. 또한 예수님이 부활에 대해 말씀하셨으니(14:14), 그 역시 부활해 하나님이 베푸시는 잔치에 참여하고 영생을 누리는 사람이 되고 싶다며 자신의 간절함을 이렇게 표현하고 있다.

이에 예수님은 그가 간절히 입성하고 싶어 하는 하나님 나라에 대해 비유로 말씀하신다(16–24절). 이와 비슷한 비유가 마태복음 22:1–14에도 나온다는 점에서 흔히 두 비유를 비교하고 대조하지만(cf. Bovon, Fitzmyer, Garland), 차이점이 너무나도 많은 만큼 서로 다른 비유로 취급하는 것이 바람직하다.

어떤 사람이 큰 잔치를 베풀고 많은 사람을 청했다(16절). 큰 잔치를

베풀고 많은 사람을 청했다는 것은 이 사람이 상당한 사회적 지위를 지닌 재력가임을 암시한다. 심지어 이 사람을 왕으로 보는 학자들도 있다(Sanders). 그러나 왕의 초청을 거부할 사람은 없다. 그러므로 왕은 아니다.

이 사람의 초청을 받은 사람들이 그의 초청을 거부하는 것은 그들 역시 상당한 재력과 지위를 누리는 사람들임을 암시한다(Garland). 잔치를 베푸는 사람은 자신의 사회적 지위와 재력에 어울리는 '초청할 만한 사람들'만 초청한 것이다.

당시 상류층이 잔치를 할 때면 먼저 사람들을 초청하고(cf. 에 5:8; 6:14), 그들의 가부에 따라 잔치에 참여할 인원을 파악한 후 음식을 준비했다. 그리고 잔치를 베푸는 날이 되면 다시 한번 사람을 보내 초대했다. 본문에서도 사전에 이미 종들을 보내 초청했고(16절), 잔칫날 다시 종들을 보내 모든 것이 준비되었으니 잔치에 참여하라고 기별했다(17절). 잔치를 베푸는 사람이 처음에 사람을 보내 잔치에 참석하겠냐고 물었을 때 참석하겠다는 의사를 밝힌 사람은 긴급한 상황이 발생하지 않는 한 잔치에 반드시 참석해야 하는 책임이 있다.

그런데 초청받은 사람들의 반응이 의외였다. 마치 잔치를 보이콧하기로 합의한 것처럼 한결같이 사정이 생겨 올 수 없다고 했다(18a절). '다 일치하게'(ἤρξαντο ἀπὸ μιᾶς πάντες)는 모두 한마음 한뜻이었다는 의미다. 예수님은 세 가지 변명을 나열하시지만, 잔치에 초대된 사람들의 수는 훨씬 많았으므로(cf. 22절) 이 세 가지 변명은 샘플에 불과하다. 어떤 이들은 이 세 가지가 잔치에 참석하지 않아도 되는 정당한 이유라고 하지만(Linnemann, Sanders) 설득력이 부족하다. 세 가지 사례 모두 긴급한 상황이 아니기 때문이다. 그들은 잔치에 참석하기 싫어 변명을 늘어놓는 것이지 갑자기 생긴 일 때문에 잔치에 참석할 수 없는 것이 아니다.

첫 번째 사람은 새로 산 밭을 돌아봐야 해서 갈 수 없다고 했다(18b절).

그는 이미 밭의 소유권을 넘겨받았기 때문에 굳이 잔칫날 둘러볼 필요가 없다(cf. Fitzmyer). 두 번째 사람은 소 다섯 겨리를 샀으니 시험하러 가야 한다고 했다(19절). 이 사람도 이미 소를 사들였기 때문에 다음 날 소들을 시험하면 된다(cf. Bailey). 이미 언급한 것처럼 초청받은 이들은 상당한 부를 누리는 사람들이었다. 세 번째 사람은 장가들었으니 가지 못하겠다고 했다(20절). 이 또한 핑계에 불과하다. 초청받았을 때 그는 이미 자기 결혼식 날짜를 알고 있었을 것이다. 또한 신혼이라 해도 몇 시간 동안 진행되는 잔치에 참석하지 못할 이유가 없다. 그러므로 이 세 사람은 모두 잔치에 참여하지 않으려고 변명을 늘어놓을 뿐 타당한 불참 이유를 제시하는 것은 아니다.

종들이 돌아와 주인에게 상황을 보고했다(21a절). 보고를 받은 주인은 분노했다. 그들이 참석하지 않겠다는 이유는 변명에 불과했고, 그들의 변명은 초청한 사람에게 엄청난 사회적 수모를 안겨 주었기 때문이다(Green). 주인은 종들에게 빨리 시내의 거리와 골목으로 나가서 가난한 자들과 몸 불편한 자들과 맹인들과 저는 자들을 데려오라고 했다(21b-c절). '가난한 자들과 몸 불편한 자들과 맹인들과 저는 자들'은 사회적 지위가 낮거나 몸이 불편한 사회적 약자들을 통틀어 일컫는 말이다. 예수님은 잔치를 하면 이런 사람들을 초청하라고 하셨다(14:12-14).

종들이 나가서 이런 사람들을 만나는 대로 초청해 잔치에 데려왔지만, 그래도 자리가 남았다(22절). 주인은 종들에게 길과 산울타리로 나가서 사람을 강권해 데려다가 빈자리를 채우라고 했다(23절). 이런 곳은 창녀와 거지 등 사회적으로 따돌림을 받는 자들이 사는 곳이다(Green). 이런 사람들은 마을 안으로 들어올 수는 있어도 살 수는 없었다. 주인은 이런 사람들을 강권해서 데려오라고 한다. '강권하다'(ἀναγκάζω)는 무력을 사용하지 않는 한도에서 최대한 권하라는 뜻이다(NIDNTTE). 큰 잔치에 참여하는 것은 영광스러운 일인데, 이 사람들은 왜 주저하는 것일까? 당시 사회적 관습은 누가 잔치에 초청하면 답

209

례로 상대방을 자기 잔치에 초청해야 했다(cf. 14:12). 그러나 이 사람들은 잔치를 베푸는 사람을 초청할 만한 여력이 없다. 따라서 이 사람의 초청에 쉽게 응할 수 없다. 그러니 종들에게 "우리 주인을 초청하지 않아도 되니 오라"라며 설득시키라는 것이다. 주인은 사회적 지위와 신분에 상관없이 누구든지 닥치는 대로 조건 없이 데려오라고 한다.

주인은 종들에게 이같이 명령하면서 처음에 청했던 사람들(사회적 지위와 재력이 있는 사람들)은 자기 잔치를 맛보지 못할 것이라고 했다(24절). 만일 이 비유에서 주인이 예수님이라면, 예수님은 자기를 초청한 바리새인 지도자도 잔치를 맛보지 못할 것이라고 하신다. 이러한 해석이 충분히 가능한 것은 이 비유가 '어떤 사람'(ἄνθρωπός τις)(16절)의 이야기로 시작해 '주, 주인'(κύριος)과 '집주인'(οἰκοδεσπότης)(21절)의 이야기로 바뀌며 종말에 천국에서 있을 잔치를 암시하기 때문이다(Bock, cf. 15절). 이번 초대도 지난번 초대(11:37-54)처럼 좋지 않게 끝나고 있다. 처음부터 그들이 좋은 의도로 예수님을 초대한 것이 아니기 때문이다(cf. 14:15). 어느덧 처음 된 자들(바리새인과 율법 교사들)이 천국에서는 나중이 되고 있다.

이 말씀은 하나님 나라는 하나님의 초청에 응하는 사람들만 들어갈 수 있다고 한다. 또한 하나님 나라에 들어가지 못하는 것은 각자의 선택에 의해 빚어지는 일이라고 한다(Manson). 하나님은 가장 연약한 자들까지 천국 잔치에 초청하셨고, 천국 잔치에 참여하지 않은 사람들은 가지 않겠다며 스스로 거부했다. 누구든 하나님의 초청에 응하면 천국에 갈 수 있다.

또한 이 말씀은 하나님께 구원받을 선민이 더는 이스라엘로 제한되는 것이 아니라 온 열방이 될 것이라고 한다(cf. Liefeld & Pao). 이스라엘 지도자들이 예수님을 영접하지 않고 백성도 영접하지 못하게 했기 때문이다. 죄는 지도자들이 지었지만, 결과는 온 백성이 감당해야 한다. 구약 선지자들이 가르친 원리인 '책임 추궁은 소수(지도자들)에게, 책임

전가는 모두(온 백성)에게'가 이 비유에서 실현되고 있다(cf.『엑스포지멘터리 선지서 개론』).

교회 지도자인 우리도 각별히 신중하고 하나님의 인도하심에 예민해야 한다. 우리가 잘못하면 우리 개인 문제로 끝나는 것이 아니라, 우리가 인도하고 있는 온 공동체가 책임을 피할 수 없기 때문이다. 그러므로 사역자들이 좋은 성도들을 만나는 것도 하나님의 축복이지만, 성도들이 좋은 목회자를 만나는 것은 더 큰 축복이다.

V. 예루살렘 여정(9:51-19:27)
　　E. 가르침과 치료(13:10-15:32)

9. 제자의 삶(14:25-35)

25 수많은 무리가 함께 갈새 예수께서 돌이키사 이르시되 26 무릇 내게 오는 자가 자기 부모와 처자와 형제와 자매와 더욱이 자기 목숨까지 미워하지 아니하면 능히 내 제자가 되지 못하고 27 누구든지 자기 십자가를 지고 나를 따르지 않는 자도 능히 내 제자가 되지 못하리라 28 너희 중의 누가 망대를 세우고자 할진대 자기의 가진 것이 준공하기까지에 족할는지 먼저 앉아 그 비용을 계산하지 아니하겠느냐 29 그렇게 아니하여 그 기초만 쌓고 능히 이루지 못하면 보는 자가 다 비웃어 30 이르되 이 사람이 공사를 시작하고 능히 이루지 못하였다 하리라 31 또 어떤 임금이 다른 임금과 싸우러 갈 때에 먼저 앉아 일만 명으로써 저 이만 명을 거느리고 오는 자를 대적할 수 있을까 헤아리지 아니하겠느냐 32 만일 못할 터이면 그가 아직 멀리 있을 때에 사신을 보내어 화친을 청할지니라 33 이와 같이 너희 중의 누구든지 자기의 모든 소유를 버리지 아니하면 능히 내 제자가 되지 못하리라 34 소금이 좋은 것이나 소금도 만일 그 맛을 잃으면 무엇으로 짜게 하리요 35 땅에도, 거름에도 쓸 데 없어 내버리느니라 들을 귀가 있는 자는 들을지어다 하시니라

예수님이 바리새인 지도자의 집을 떠나 예루살렘 여정을 다시 시작하셨을 때 수많은 무리가 함께했다(25절). 예수님은 십자가에서 죽기 위해 그 길을 가시지만, 그들은 퍼레이드(parade) 정도로 생각한다(Craddock). 예수님은 수많은 사람이 함께한 것을 기회로 여기시고 그들을 가르치셨다.

그동안 제자도에 대해서는 제자들과 따로 계실 때만 가르침을 주셨는데(9:18-27, 57-62) 이번에는 수많은 사람과 길을 가면서 제자도를 가르치신다. 대부분은 예수님의 제자가 되는 일에 관심이 없겠지만 그 가운데는 소수의 관심 있는 사람이 있기 때문이다.

예수님은 '능히 내 제자가 되지 못하리라'(οὐ δύναται εἶναί μου μαθητής)라는 말을 후렴구처럼 세 차례 반복하시며(26, 27, 33절) 제자가 되려면 세 가지 조건을 충족해야 한다고 하신다. 예수님과 역사적 현장에 함께 있었고, 가르침을 들었고, 기적을 체험하거나 목격했고, 함께 먹었다고 해서 제자가 될 수 있는 것은 아니다. 오직 예수님이 제시하시는 세 가지 조건에 합당한 사람들만 제자로 받아 주실 것이다.

첫째, 자기 삶에서 사랑할 만한 사람들을 모두 미워해야 한다(26절). 앞에서는 원수까지 사랑하라고 하셨다가(6:35) 이번에는 소중한 사람들을 미워하라고 하시는 것이 잘 이해되지 않을 수 있다. 심지어 부모를 미워하라는 말씀은 십계명 중 제4계명을 무효화하는 것이라고 주장하는 이들도 있다(Hengel). 그러나 '미워하다'와 '사랑하다'는 구약에서 비롯된 법적 용어이며, 비교할 때 사용하는 표현이다(창 29:30-33; 신 21:15-17; 말 1:2-3). 누구를 미워하는 것은 그가 사랑하는 사람보다 덜 사랑한다는 뜻이다(Evans, Fitzmyer, Marshall, Nolland, 마 10:37-38).

그러므로 제자가 되려면 부모와 처자와 형제와 자매와 자기 목숨을 미워하라는 것이 아니라, 예수님보다 덜 사랑해야 한다는 의미다. 제자의 삶에서 최우선은 가족이나 자신에 대한 사랑이 아니다. 예수님에 대한 사랑이 최우선 되어야 한다. 가족과 예수님 중 하나를 선택해야 한다면, 예수님을 선택하는 사람이 제자다.

둘째, 자기 십자가를 지고 예수님을 따라야 한다(27절). 십자가는 당시 가장 수치스러운 죽음과 고난을 상징했다(cf. 히 12:2). 예수님의 제자가 되는 첫 번째 조건이 자기 자신을 주님보다 덜 사랑해야 하는 것이라면, 두 번째 조건은 자기를 철저히 부인하라고 한다. 오직 자기 자신을 온전히 버리고 예수님과 함께 죽을 각오를 하는 사람만이 자기 십자가를 지고 주님을 따를 수 있기 때문이다. '지다'(βαστάζει)는 현재형 동사로 지속성을 강조한다. 제자가 되려면 십자가를 한 번만 지고 내려놓는 것이 아니라, 평생 지고 가야 한다.

예수님은 우리에게 이미 이러한 삶의 롤모델이 되셨다. 예수님은 어쩔 수 없이, 삶에 떠밀려 십자가를 지신 것이 아니다. 하나님의 뜻을 아시기에, 그 뜻에 순종해 자신의 의지로 십자가를 지기 위해 예루살렘으로 가고 계신다. 솔선수범하시는 예수님이 스승의 순종에 버금가는 순종을 제자들에게 요구하신다.

희생과 헌신을 각오하지 않고는 주님을 따를 수 없다. 존귀와 영광을 얻기 위해 예수님을 따르려는 사람은 다시 생각해야 한다. 예수님은 이 땅에서 오직 가시밭길을 가셨다. 주님은 고난을 받으신 후 영광을 받으셨기 때문에 영광과 존귀를 얻기 위해 예수님을 따르려는 사람들도 먼저 고난을 감수해야 한다.

제자도에 대해 두 가지 원리를 말씀하신 예수님은 이어서 두 가지 비유를 들려주시며 주님을 따르려면 치러야 할 대가를 반드시 계산해 본 후 지혜로운 선택을 하라고 하신다. 첫 번째 비유는 망대를 세우는 일에 관한 비유다(28-30절). 어떤 사람이 망대를 세우고자 한다면, 공사가 끝나 망대를 사용하게 될 때까지 드는 비용을 사전에 계산해 보는 것은 당연한 일이다(28절). 공사가 마무리될 때까지 필요한 비용이 충분히 준비되었을 때 공사를 시작해야 한다. 재정이 부족하면 중간에 공사가 중단될 것이고, 그러면 사람들은 그를 무능하고 어리석다며 비웃을 것이기 때문이다(29-30절).

두 번째 비유는 전쟁에 나가는 임금에 관한 비유다(31-32절). 2만 명을 거느린 한 왕이 침략해 왔다. 이에 왕이 그를 대적하기 위해 군대를 모아 보니 1만 명밖에 되지 않았다. 왕은 자기가 거느린 군대 1만 명으로 침략해 온 왕의 군대 2만 명을 물리칠 수 있을지 신속하고 정확하게 판단해야 한다. 만일 침략자들을 물리칠 수 없다는 결론이 나온다면 2만 명을 거느린 왕이 아직 멀리 있을 때 그에게 사신을 보내 화친을 청해야 한다. 그래야 자신과 군대와 백성이 살 수 있다. 무모하게 2만 명을 상대로 싸우면 치러야 할 대가가 너무나도 크고 잔혹하다.

예수님은 이 두 가지 비유를 통해 제자가 되려는 사람은 무엇이 필요하고, 어떤 대가를 치러야 하는지 먼저 계산해 보라고 권면하신다. 제자의 삶은 중간에 그만두면 차라리 시작하지 않은 것만 못하다. 또한 오랫동안 결정을 보류할 만한 이슈도 아니다. 신속하고 지혜롭게 결정해야 한다.

셋째, 예수님의 제자가 되려면 자기의 모든 소유를 버려야 한다(33절). 예수님은 두 가지 비유를 통해 섣불리 제자가 되려 하지 말고 신중하게 득과 실을 셈해 보라고 하신 다음 이 세 번째 조건을 말씀하신다. 모든 소유를 버리라는 것은 소유한 모든 것을 팔아서 가난한 사람들에게 주라는 뜻이다(cf. 12:33; 18:22). 예수님의 제자가 되는 세 가지 조건 중 가장 어려운 조항이다. 많은 부를 소유하고 있으면 마음이 하나님과 재물을 향해 둘로 나눠질 것이며, 십자가를 지고 주님을 따르는 일이 거의 불가능하기 때문이다.

지금까지 말씀하신 세 가지 조건을 충족시키지 않으면서 주님을 따르려는 것은 짠맛을 내지 못하는 소금과 같다(34절). 예수님은 소금의 어떤 면모를 염두에 두고 제자의 삶을 소금에 비교하시는가? 옛적부터 오늘날까지 소금은 식재료를 썩지 않게 보존하고, 음식에 맛을 더하고, 비료 역할을 하는 등 그 쓰임새가 매우 다양하다. 그렇다 보니 학자들은 이 은유가 정확히 소금의 어떤 성향(면모)과 연관 있는지를 두고 매우 다양한 추측을 내놓았다. 한 주석은 그동안 학자들이 이 은유에 대해 내놓은 11가지 가능한 해석을 요약하기도 한다(Davies & Allison, cf. Hagner). 그중 가장 설득력 있는 세 가지는 식재료를 보존할 때 쓰이는 것(Blomberg, Carson, McNeile), 음식에 풍미를 더하는 것(Harrington, Luz, Schnackenburg), 한때 비료로 사용된 것(Deatrick, Gundry) 정도다.

동서고금을 막론하고 가장 흔하고 의미 있는 소금의 용도는 식재료를 보존하는 것과 음식에 풍미를 더하는 것이다. 냉장고가 대중화되지 않은 곳에서는 지금도 소금이 방부제 역할을 한다. 또한 소금으로 간을 맞추지 않은 음식은 먹기가 참으로 힘들다. 예수님은 소금의 이 두 가지 기능을 염두에 두고 제자들을 세상의 소금이라고 하신 것이다. 세상의 기준과 가치관에 물든 삶을 살지 않고, 예수님이 새로 시작하신 하나님 나라의 의와 기준에 따라 살아감으로써 썩어 망해 가는 세상을 그나마 보존하는 방부제 역할을 하라는 권면이다. 방부제 역할을 하려면 많은 양의 소금이 필요하다. 그러므로 이 말씀은 제자들이 힘을 합해 이런 역할을 할 것을 당부하는 듯하다. 오늘날로 말하면 교회가 이런 역할을 해야 한다.

또한 소금은 모든 음식에 풍미를 더한다. 그리스도인은 조금 더 건강하고 아름답고 살맛 나는 세상을 만들어 가야 한다는 말씀이다. 음식에 맛을 내기 위해 필요한 소금은 지극히 적은 양이다. 그러므로 이 같은 소금의 역할은 제자들이 각자 개인적으로 해낼 수 있다. 누군가가 우리에게 "당신 때문에 세상이 아직 살 만하다" 혹은 "당신 때문에 살 용기를 얻었다"라는 말을 한다면 우리는 이 역할을 잘 감당하고 있는 것이다.

소금이 음식에 간을 더해 맛있게 하는 것처럼 제자의 삶은 살맛 나는 세상이 되도록 간을 더한다. 그러나 소금이 짠맛을 잃으면 그 무엇으로도 다시 짠맛을 찾을 수 없는 것처럼, 잘못된 제자도 역시 하나님이 의도하신 역할을 할 방법이 없다. 결국 맛을 잃은 소금과 제 역할을 하지 못하는 제자도는 그 어디에도 쓸데없는 쓰레기와 같다(35a절). 소금이 맛을 잃는 것에 대해 학자들은 수많은 추측을 내놓았다. 화학적으로 소금(NaCl)은 물(H_2O)처럼 안정적이어서 짠맛을 잃지 않기 때문이다.

그러나 이 말씀을 지나치게 과학적으로 접근하는 것은 문제가 있다. 예수님은 지금 은유로 말씀하시는 중이다. 소금이 짠맛을 내어 제 역할(보존과 풍미)을 하는 것이 얼마나 중요한지를 강조하기 위해 소금이 짠맛을 잃어 제 역할을 하지 못하는 상황을 가상 시나리오로 제시하신다. 이 가상 시나리오에서는 소금이 짠맛을 잃을 수 있는지 없는지는 중요하지 않다. 예수님은 단지 짠맛을 잃은 소금을 예로 들어 말씀하시는 것뿐이다. 만일 예수님이 하신 모든 말씀에 과학적-현실적 잣대를 들이댄다면 쉽게 설명되지 않는 비유가 참으로 많을 것이다. 게다가 예수님은 소금이 맛을 잃을 수 있는 상황을 기정사실로 간주하지 않으신다. 만일 그렇게 하셨더라면 '만일'(ἐάν)을 사용하지 않고 '만일'(εἰ)을 사용하셨을 것이다(34절).

예수님이 이렇게 도전하셔도 모두가 다 제자가 되지는 않을 것이다. 제자의 삶을 살고 살지 않고는 각자의 선택이기 때문이다. 그러므로 예수님은 "들을 귀가 있는 자는 들을지어다"라는 말씀으로 이 섹션을 마무리하신다. 모든 사람이 제자가 되면 참 좋은 일이지만, 현실은 그렇지 않다. 오히려 제자의 삶을 사는 사람이 훨씬 적다(cf. 13:23).

이 말씀은 주님을 사랑하는 사람들이 모인 교회와 성도들의 정체성을 매우 인상적이고 아름답게 정의한다. 우리는 그 누구보다 하나님을 더 사랑하고, 자기 십자가를 지고, 재물을 나누고, 세상을 살맛 나는 곳으로 변화시키라는 소명을 받았다. 아직 이러한 삶을 살지 못하고 있다면 이러한 삶을 살도록 도와 달라고 성령님께 기도하면서 조금씩 변화해 가면 된다.

소금이 방부제 역할을 하는 것처럼 그리스도인들도 힘을 합해 날로 부패하는 세상을 덜 썩게 해야 한다. 그래서 죄로 가득한 세상에 임할 하나님의 심판이 최대한 보류되게 해야 한다. 이것이 교회의 역할이다. 또한 소금이 음식에 풍미를 더하는 것처럼 주님의 자녀들은 주변 사람들에게 살맛 나는 세상을 열어 주어야 한다. 이 일은 개인이 각자 할 수 있다.

> V. 예루살렘 여정(9:51-19:27)
>   E. 가르침과 치료(13:10-15:32)

10. 잃은 것들에 대한 비유(15:1-32)

학자 중 일부는 누가복음 15-19장을 '소외된 자들의 복음'(Gospel of the Outcast)이라고 한다(Manson). 이 섹션을 구성하는 이야기들은 대부분 누가의 독창적인 것들이며(L), 소외된 자들에 대한 예수님의 염려가 곳곳에 배어 있기 때문이다(15:1; 16:19-25; 17:11-19; 18:1-8, 9-14; 19:1-10). '소외된 자들의 복음'을 시작하는 15장은 세 개의 '잃어버린 것에 대한 비유'로 구성되어 있다. 세 비유의 기본적인 공통점은 잃은 것을 찾을 때 동반하는 지체할 수 없는 기쁨이다.

대부분 학자는 세 비유가 공통점을 지녔고 세 이야기에 흐름이 있다고 인정하면서도 처음 두 비유와 세 번째 비유를 따로 구분한다. 처음 두 비유와 세 번째 비유의 분량에 차이가 있고, 또 세 번째 비유는 처음 두 이야기와 비슷한 흐름으로 전개되지만 동시에 다른 점도 있기 때문이다. 처음 두 비유는 다음과 같은 구조로 전개된다. (1)질문으로 시작, (2)잃었다가 찾은 것, (3)친구와 함께 기뻐함, (4)교훈.

세 비유는 '잃음'과 '찾음' 등의 공통적인 테마를 지닌다. 또한 '기쁨'도 세 이야기에 통일성을 더한다(5-6, 7, 9, 10, 23-24, 29, 32절). 다음은 세 이야기의 흐름을 요약한 것이다(Culpepper).

I. 잃은 양

　"하나를 잃음"(4절)

　"그 잃은 양을 찾아내기까지 찾아다니지 아니하겠느냐?"(4절)

　"찾아낸즉"(5절)

　"잃은 양을 찾아내었노라"(6절)

II. 잃은 동전

　"하나를 잃음"(8절)

　"찾아내기까지 부지런히 찾지 아니하겠느냐?"(8절)

　"찾아낸즉"(9절)

　""잃은 드라크마를 찾아내었노라"(9절)

III. 잃은 아들

　"잃었다가 다시 얻었노라"(24절)

　"잃었다가 얻었다"(32절)

'잃은 아들 비유'(15:11-32)는 유산을 탕진하기 위해 집을 떠난 방탕한 아들이 이제나저제나 돌아올까 간절히 기다리는 아버지의 이야기다. 아버지는 방탕한 아들이 남긴 상처와 아픔에 연연하지 않고 제발 돌아오라며 간절한 마음으로 그를 기다린다. 드디어 만신창이가 된 아들이 돌아오자 그를 껴안고 감격한다.

또한 집을 떠나 미리 받은 유산을 탕진하고 밑바닥까지 내려가 고생하다가 거지가 되어 돌아온 동생의 이야기이기도 하다. 그는 가장 낮은 곳으로 내려간 후에야 비로소 집과 아버지를 그리워한다. 다행인 것은 그가 모든 것을 체념한 채 그곳에서 삶을 마감하지 않고 종이 될 각오로 집으로 돌아왔다는 것이다. 동생은 온갖 수치와 주변의 빈정댐을 감수하는 용기를 지녔다.

더불어 이 이야기는 하나밖에 없는 동생이 잘못된 것에 대해 전혀 안타까워하지도 않고, 또 아버지가 돌아온 동생을 위해 잔치를 벌였다는 소식을 듣고 기뻐하기는커녕 오히려 분노하는 형의 이야기다. 이 비유의 가장 기본적인 초점은 아버지에게 맞춰져 있지만, 형의 반응도 중요한 플롯이다. 이러한 사실은 두 가지를 통해 암시된다. 첫째, 예수님이 이 비유들을 들려주시게 된 동기는 복음을 듣고 세리와 죄인들(잃어버린 동생)이 하나님께 나오는 것을 달갑게 여기지 않는 바리새인과 서기관들(동생이 돌아온 것을 기뻐하지 않는 형)에게 교훈을 주기 위해서다(1-2절). 둘째, 예수님은 세 비유에서 10배수로 말씀하신다. 첫 번째 양 비유에서는 100마리 중 한 마리를, 두 번째 동전 비유에서는 10개 중 한 개를 잃었다가 찾았다. 이 공식을 연장하면 다음과 같다. 이 이야기는 잃은 아들에 대한 비유이지만, 동시에 잃은 동생에 관한 이야기인 것이다.

잃은 양	잃은 동전	잃은 동생
100마리 중 1마리(1/100)	10개 중 1개(1/10)	1명 중 1명(1/1)

돌아온 탕자 이야기는 그가 돌아오기만을 간절히 바라다가 드디어 돌아온 아들을 껴안은 아버지의 이야기다. 또한 동생이 돌아온 것을 기뻐하지 않는 형에 관한 이야기다. 사람이 100마리 중 한 마리를 잃었다가 찾아도 기뻐하고, 10개 중 하나를 잃었다가 찾아도 기뻐하건만, 바리새인과 서기관들이 대표하는 하나님의 백성은 하나밖에 없는 잃었던 동생이 돌아왔는데 왜 기뻐하지 않느냐는 것이다. 잃었다가 찾은 것에 대한 비유들로 구성된 본 텍스트는 다음과 같이 구분된다.

A. 정황: 유대교 지도자들의 비난(15:1-2)
B. 잃은 양 비유(15:3-7)
C. 잃은 동전 비유(15:8-10)
D. 잃은 아들 비유(15:11-32)

```
V. 예루살렘 여정(9:51-19:27)
   E. 가르침과 치료(13:10-15:32)
      10. 잃은 것들에 대한 비유(15:1-32)
```

(1) 정황: 유대교 지도자들의 비난(15:1-2)

¹ 모든 세리와 죄인들이 말씀을 들으러 가까이 나아오니 ² 바리새인과 서기관들이 수군거려 이르되 이 사람이 죄인을 영접하고 음식을 같이 먹는다 하더라

바리새인과 서기관들은 조금도 바뀌지 않았다. 그들은 요한이 세례를 줄 때 세리들과 죄인들이 와서 세례받는 것을 보고 그에게 세례받기를 거부했다(cf. 7:29-30). 또한 레위라고 불리는 마태가 예수님을 따르기로 결심하고 베푼 잔치에 예수님과 제자들이 참석하자 세리와 죄인과 함께 먹고 마신다며 비난했다(5:30). 이번에도 복음을 들으려고 세리와 죄인들이 예수님께 나아오자 수군거리며 "이 사람이 죄인을 영접하고 음식을 같이 먹는다"라며 비난했다. '이 사람'(οὗτος)은 예수님을 경멸하는 말이다. 그들은 예수님이 죄인들을 영접하고 함께 식사하시는 모습을 보고 "이런 자의 언행을 어찌 우리가 하나님이 그를 통해 하시는 일이라고 인정하겠느냐!"라는 투로 말하고 있다(Garland).

한번 병든 영혼은 치유하기가 쉽지 않다. 유대교 지도자인 이 사람들은 자신들이 하늘나라를 독점하는 것으로 생각했다. 경건과 거룩의 본질도 모른 채 그들처럼 경건하고 거룩한 사람만이 하나님 나라에 입성할 수 있다고 했다. 그들은 어떻게 해서 이처럼 독선적인 입장을 고수하게 된 것일까? 무엇보다도 그들의 생각은 구약을 잘못 해석하고 적용한 데서 비롯된 신학적 오류에 근거를 두고 있다. 신학은 사람을 살리지만, 잘못된 신학은 오히려 죽이는 결과를 초래한다.

이 말씀은 불신자들을 대할 때 긍휼과 자비로 대할 것을 주문한다. 죄인들이 복음을 듣고 하나님의 자녀가 되는 것은 좋은 일이다. 먼저 하나님의 자녀가 되었다고 자부하는 우리가 문제를 제기하거나 반대할 일이 아니다. 이런 문제 제기는 영혼이 병든 자나 하는 일이다. 오히려 함께 기뻐할 일이다. 이런 일은 이웃을 긍휼과 자비로 바라볼 때 가능하다.

V. 예루살렘 여정(9:51-19:27)
    E. 가르침과 치료(13:10-15:32)
        10. 잃은 것들에 대한 비유(15:1-32)

(2) 잃은 양 비유(15:3-7)

³ 예수께서 그들에게 이 비유로 이르시되 ⁴ 너희 중에 어떤 사람이 양 백 마리가 있는데 그 중의 하나를 잃으면 아흔아홉 마리를 들에 두고 그 잃은 것을 찾아내기까지 찾아다니지 아니하겠느냐 ⁵ 또 찾아낸즉 즐거워 어깨에 메고 ⁶ 집에 와서 그 벗과 이웃을 불러 모으고 말하되 나와 함께 즐기자 나의 잃은 양을 찾아내었노라 하리라 ⁷ 내가 너희에게 이르노니 이와 같이 죄인 한 사람이 회개하면 하늘에서는 회개할 것 없는 의인 아흔아홉으로 말미암아 기뻐하는 것보다 더하리라

예수님은 바리새인과 서기관들이 수군거리는 것을 아시고 그들에게 비유로 말씀하셨다(3절). 한 목자가 양 100마리를 먹이다가 그중 한 마리가 길을 잃으면, 양 99마리를 두고 가서 길 잃은 양을 찾는 것은 당연한 일이 아니겠냐고 물으신다(4절). 예수님은 이 수사학적인 질문을 통해 목자가 이렇게 하는 것은 당연한 일이라고 하신다. 당시 양 떼는 보통 20-200마리로 이루어졌으며(Jeremias), 양 100마리는 한 사람이 돌볼 수 있는 보통 규모였다(ABD).

구약에서 하나님의 백성을 양에 비유하는 것은 자주 있는 일이다(시 23편; 77:20; 사 53:6; 렘 3:15; 10:21; 13:17; 겔 24장; 슥 10:3; 13:7). 길을 잃

은 양은 믿음에서 떨어져 나갈 위험에 처한 사람이나 믿음이 아예 없는 사람, 곧 바리새인과 서기관들이 싫어하는 세리와 죄인들이다(cf. 2절).

종종 목자가 양 한 마리를 찾기 위해 99마리를 방치하는 것을 문제 삼는 이들이 있다. 그러나 이 비유는 남아 있는 99마리가 아니라 길을 잃은 한 마리에 대한 것이며, 비유는 강조하고자 하는 포인트를 중심으로 해석해야지 모든 디테일을 해석하거나 설명하려고 하는 것은 바람직하지 않다(cf. Bailey, Stein). 게다가 양 99마리는 함께 모여 있고, 목자는 길 잃은 양을 찾으러 가면서 주변에 있는 다른 목자에게 자기 양을 잠시 맡아 달라고 부탁했을 것이다(Garland, Wilkins, cf. 삼상 17:28).

당시 목자가 길 잃은 양을 찾는 것은 어려운 일이었다(Morris). 그러므로 만일 목자가 길 잃은 양을 찾는다면 길을 잃지 않은 99마리보다 더 기뻐할 것이다(cf. 5–6절). 목자는 벗과 이웃을 불러 모으고 잃은 양을 찾았으니 함께 기뻐하고 즐기자고 한다(6절). 이와 같이 죄인 한 사람이 회개하면 하늘에서는 회개할 것이 없는 의인 아흔아홉으로 말미암아 기뻐하는 것보다 더할 것이라고 하신다(7절; cf. 5:32). 그러므로 예수님은 길을 잃은 양들을 찾으러 오셨다.

어떤 이들은 이 말씀에 대해 문제를 제기하지만, 목자이신 하나님이 99마리 양을 기뻐하지 않으신다는 뜻이 아니다. 탕자 이야기에서 불만을 토로하는 큰아들(양 99마리)에게 아버지(목자)가 돌아온 작은아들(잃은 양)에 대해 한 말을 생각해 보라. "너는 항상 나와 함께 있으니 내 것이 다 네 것이로되 이 네 동생은 죽었다가 살아났으며 내가 잃었다가 얻었기로 우리가 즐거워하고 기뻐하는 것이 마땅하다"(15:31–32). 우리는 한 사람도 잃어서는 안 된다. 하나님의 뜻이 아니기 때문이다(14절).

이 말씀은 한 영혼의 소중함을 절실히 느끼게 한다. 공동체는 가장 연약한 구성원 한 사람이라도 무시하거나 업신여기면 안 된다. 신앙을 버리고 하나님을 떠나려는 사람이 있으면 어떻게 해서든 돌아오게 해야 한다. 그 사람은 하나님께 한없이 소중한 사람이기 때문이다. 그렇다고 해서 하나님이 길을 잃고 헤매는 사람을 직접 회개시키지는 않으실 것이다. 그를 회개시키고 회복시키는 것은 공동체의 몫이기 때문이다.

(3) 잃은 동전 비유(15:8-10)

8 어떤 여자가 열 드라크마가 있는데 하나를 잃으면 등불을 켜고 집을 쓸며 찾아내기까지 부지런히 찾지 아니하겠느냐 9 또 찾아낸즉 벗과 이웃을 불러 모으고 말하되 나와 함께 즐기자 잃은 드라크마를 찾아내었노라 하리라 10 내가 너희에게 이르노니 이와 같이 죄인 한 사람이 회개하면 하나님의 사자들 앞에 기쁨이 되느니라

두 번째 비유는 열 드라크마 중 하나를 잃어버린 여인의 이야기다. 드라크마(δραχμή)는 그리스의 은 동전이었으며, 로마의 데나리온(=노동자의 하루 일당)과 같은 가치를 지녔다(BAGD). 그러므로 큰 금액은 아니다. 어떤 이들은 이 여인이 시집올 때 결혼 지참금(dowery)으로 가져온 열 드라크마 동전으로 머리 장식을 만들어 사용하다가 하나를 잃어버린 것이라고 하지만(Jeremias, Marshall), 이 이야기를 그렇게 해석할 만한 근거는 없다. 금액이 크지 않은 것으로 보아 아마도 그동안 절약해 모은 돈이었을 것이다(Garland).

여인은 잃어버린 동전을 찾기 위해 등불을 켜고 온 집을 쓸며 부지런히 집 안 곳곳을 살폈다(8절). 드디어 잃어버린 드라크마 동전을 찾고는 이웃들을 불러 동전을 찾은 기념으로 함께 즐기자며 잔치를 열었다(9절). 찾은 드라크마보다 더 큰 돈으로 잔치를 하는 상황이다. 중요한 것은 이 여인의 기쁨이다. 잃어버린 동전을 찾은 여인의 기쁨은 주체

할 수 없을 정도다. 양 100마리 중 한 마리를 잃었다가 찾은 목자의 기쁨보다 동전 10개 중 하나를 잃었다가 찾은 여인의 기쁨이 더 크다.

이처럼 죄인 한 사람이 회개하면 하나님의 사자들 앞에 기쁨이 된다 (10절). 죄인 하나가 회개할 때마다 하늘은 기쁨으로 가득하다. 마치 동전 10개 중 하나를 잃어버렸다가 찾은 여인이 이웃들을 초청해 함께 기뻐하고 잔치하는 것처럼 온 하늘이 열광한다.

이 말씀은 인간의 회개가 얼마나 하나님을 기쁘시게 하는지 다시 한 번 생각하게 한다. 죄인이 회개할 때마다 온 하늘은 기쁨으로 가득하게 된다. 이것이 바로 우리가 전도하고 선교하는 이유다.

V. 예루살렘 여정(9:51-19:27)
  E. 가르침과 치료(13:10-15:32)
    10. 잃은 것들에 대한 비유(15:1-32)

---

(4) 잃은 아들 비유(15:11-32)

[11] 또 이르시되 어떤 사람에게 두 아들이 있는데 [12] 그 둘째가 아버지에게 말하되 아버지여 재산 중에서 내게 돌아올 분깃을 내게 주소서 하는지라 아버지가 그 살림을 각각 나눠 주었더니 [13] 그 후 며칠이 안 되어 둘째 아들이 재물을 다 모아 가지고 먼 나라에 가 거기서 허랑방탕하여 그 재산을 낭비하더니 [14] 다 없앤 후 그 나라에 크게 흉년이 들어 그가 비로소 궁핍한지라 [15] 가서 그 나라 백성 중 한 사람에게 붙여 사니 그가 그를 들로 보내어 돼지를 치게 하였는데 [16] 그가 돼지 먹는 쥐엄 열매로 배를 채우고자 하되 주는 자가 없는지라 [17] 이에 스스로 돌이켜 이르되 내 아버지에게는 양식이 풍족한 품꾼이 얼마나 많은가 나는 여기서 주려 죽는구나 [18] 내가 일어나 아버지께 가서 이르기를 아버지 내가 하늘과 아버지께 죄를 지었사오니 [19] 지금부터는 아버지의 아들이라 일컬음을 감당하지 못하겠나이다 나를 품꾼의 하나로 보소서 하리라 하고 [20] 이에 일어나서 아버지께로 돌아가니라 아직도 거

리가 먼데 아버지가 그를 보고 측은히 여겨 달려가 목을 안고 입을 맞추니 [21] 아들이 이르되 아버지 내가 하늘과 아버지께 죄를 지었사오니 지금부터는 아버지의 아들이라 일컬음을 감당하지 못하겠나이다 하나 [22] 아버지는 종들에게 이르되 제일 좋은 옷을 내어다가 입히고 손에 가락지를 끼우고 발에 신을 신기라 [23] 그리고 살진 송아지를 끌어다가 잡으라 우리가 먹고 즐기자 [24] 이 내 아들은 죽었다가 다시 살아났으며 내가 잃었다가 다시 얻었노라 하니 그들이 즐거워하더라 [25] 맏아들은 밭에 있다가 돌아와 집에 가까이 왔을 때에 풍악과 춤추는 소리를 듣고 [26] 한 종을 불러 이 무슨 일인가 물은대 [27] 대답하되 당신의 동생이 돌아왔으매 당신의 아버지가 건강한 그를 다시 맞아들이게 됨으로 인하여 살진 송아지를 잡았나이다 하니 [28] 그가 노하여 들어가고자 하지 아니하거늘 아버지가 나와서 권한대 [29] 아버지께 대답하여 이르되 내가 여러 해 아버지를 섬겨 명을 어김이 없거늘 내게는 염소 새끼라도 주어 나와 내 벗으로 즐기게 하신 일이 없더니 [30] 아버지의 살림을 창녀들과 함께 삼켜 버린 이 아들이 돌아오매 이를 위하여 살진 송아지를 잡으셨나이다 [31] 아버지가 이르되 얘 너는 항상 나와 함께 있으니 내 것이 다 네 것이로되 [32] 이 네 동생은 죽었다가 살아났으며 내가 잃었다가 얻었기로 우리가 즐거워하고 기뻐하는 것이 마땅하다 하니라

한 사람에게 두 아들이 있었다(11절). 큰아들은 요즘 말로 '엄친아' 였고, 둘째 아들은 천방지축이었다. 하루는 둘째 아들이 아버지의 재산 중 자기 분깃을 달라고 했다(12a절). 장차 받을 유산을 미리 달라는 것이었다. 원래 유산은 아버지가 죽은 후에 아들들이 나누는 것이다. 버젓이 살아 있는 아버지에게 유산을 달라고 하는 것은 매우 특이한 일인데다가, 이는 곧 가족을 버리겠다는 의지를 표현하는 것과 같다 (Green). 둘째 아들은 한마디로 "아버지가 죽었으면 좋겠지만, 죽지 않으시니 더는 기다릴 수 없습니다"라고 말하는 것이다(Garland). 그러므로 훗날 이 아들이 돌아왔을 때 아버지는 그가 '죽었다가 살아났다'고

한다(24, 32절).

둘째 아들의 의지가 완강했는지 아버지는 자기 재산을 나눠 두 아들에게 유산으로 챙겨 주었다(12b절). 유산을 나눌 때 장자는 다른 아들들의 배를 받으므로(신 21:17), 아버지는 자기 재산을 세 몫으로 나누어 둘째 아들에게 한 몫을 주고 나머지는 자기와 함께 있는 큰아들에게 주었을 것이다.

아버지에게 유산을 받고 며칠 후 둘째는 재물을 다 모아 가지고 먼 나라로 떠났다(13a절). 유산으로 받은 땅을 처분해 돈으로 바꿨다는 뜻이다(Fitzmyer). 당시 법에 따르면 아버지가 살아 있을 때 아들이 땅을 유산으로 받을 경우에는 아버지가 죽을 때까지 그 땅을 처분할 수 없었다. 아버지가 죽은 후에야 비로소 법적 소유권이 땅을 산 사람에게 넘어갔으며, 아버지가 살아 있는 동안에는 땅을 산 사람은 사용권만 가졌다(Jeremias). 그러므로 둘째 아들이 땅을 처분할 수 있었던 것은 아마도 그가 유산을 '선물'로 둔갑시켰기 때문일 것이다(Daube, Nolland, cf. 창 25:5-6).

둘째 아들은 아버지의 가슴에 대못을 박고 있다. 그는 큰아들처럼 아버지와 함께 집에 있으면서 순종하며 살아야 한다. 아버지가 버젓이 살아 있는데도 그가 유산을 요구한 것은 온 가족에게 큰 불명예를 안기는 일이며, 집안에 불화를 싹트게 하는 행위였다(Bock). 그럼에도 아버지가 이 모든 수치를 감수하며 둘째에게 유산을 나눠 주었더니 몽땅 챙겨서 먼 나라로 떠났다. 이는 그를 옆에 두고 싶어 하는 아버지를 두 번 죽이는 행위다.

아버지에게 씻을 수 없는 상처를 남기고 떠난 아들이 그나마 챙겨간 재산으로 성실하게 살았다면 얼마나 좋았을까! 그는 허랑방탕하여 가져간 재산을 낭비했다(13b절). '허랑방탕하다'(διασκορπίζω)는 계획이나 절제없이 가진 것을 마구 흩는다는 뜻이다(BAGD). 둘째 아들은 가져간 재산을 모두 탕진한 것이다. 나중에 형은 그가 창녀들과 어울리며 재산을 모두 날렸다고 한다(30절). 이렇게 살면 아무리 많은 돈이라도 순식간에 없어진다.

그가 빈털터리가 되었을 때 엎친 데 덮친 격으로 그가 머무는 나라에 큰 흉년이 들어 형편이 더욱더 궁핍해졌다(14절). 생존을 위해 그가 타국에서 구할 수 있는 유일한 일거리는 돼지를 치는 일이었다. 이 비유는 그가 유대인임을 전제하는 만큼 그가 부정한 짐승인 돼지(레 11:7; 신 14:8)를 친다는 것은 참으로 절박하고 서글픈 일이었을 것이다. 그러나 어떡하겠는가!

짐승을 친다는 것은 마을에서 살 수 없다는 것을 의미했다. 짐승의 먹을거리가 있는 곳으로 떼를 몰고 가야 했기 때문이다. 또한 몇 날 며칠 들에서 지내는 동안 강도와 들짐승의 공격에 노출되는 위험한 일이었다. 그러므로 당시 이런 일은 주로 노예가 했다. 들에서 돼지를 치는 그는 가족과 민족과 종교적 정체성을 모두 잃었다(Donahue).

그가 돼지를 치면서 기대한 것은 그나마 돼지의 먹이인 쥐엄 열매라도 마음껏 먹는 것이었다(16a절). 쥐엄(carob)은 초콜릿 맛이 나는 암갈색 열매가 달리는 나무다(NIDNTT). 쥐엄 열매는 돼지의 사료로 쓰였다. 그러나 쥐엄 열매를 먹는 일도 녹록지 않았다. 아무도 그에게 주지 않았기 때문이다(16b절). 사람들이 돼지에게 먹이로 주는 열매를 이 사람에게는 주지 않은 것이다. 그는 돼지보다 못한 대우를 받는 상황에 처했다.

자신의 궁핍함과 처량함을 깨달은 그는 스스로 돌이켰다(17a절). '스스로 돌이키다'(εἰς ἑαυτὸν δὲ ἐλθὼν)는 정신을 차린다는 뜻이며(cf. BAGD), 본문에서는 그가 지난날 저지른 잘못에 대해 회개했다는 뜻이다(Jeremias). 그는 자신이 아버지와 가족에게 얼마나 큰 상처를 입혔으며, 얼마나 어리석게 살았는지 반성했다. 그의 회개는 21절에서 더 확실해진다.

타국에서 거지가 된 그는 아버지 집을 생각했다. 고향에 있는 그의 아버지는 품꾼들에게도 풍족한 양식을 주는 자비로운 사람이다(17절). 반면에 이 아들은 타국에서 굶어 죽어가고 있다. 그는 집으로 돌아가기로 결심했다. 그러나 차마 아버지에게 다시 아들로 받아 달라는 말을 할 수는 없다. 그러므로 그는 "아버지 내가 하늘과 아버지께 죄를 지었사오니 지금부터는 아버지의 아들이라 일컬음을 감당하지 못하겠나이다 나를 품꾼의 하나로 보소서"라는 말을 준비했다(18-19절).

그는 자신이 저지른 일에 핑계를 대거나 남을 탓하지 않고 전적으로 자신의 잘못이라고 인정한다. 아버지에게 아무것도 요구하지 않고 오직 종으로 받아 달라는 각오로 돌아가고자 한다. 좀 더 일찍 깨달았다면 좋았겠지만, 지금이라도 깨달은 것이 다행이다. 아들은 자기 죄를 철저히 뉘우치고 있다. 죄인이 하나님께 돌아올 때 이런 자세로 돌아와야 한다.

집으로 돌아가기로 마음을 굳힌 아들은 주저하지 않고 곧바로 돌아갔다(20a절). 사실 아버지가 이런 아들을 죽여도 나무랄 사람은 없을 것이다(cf. 신 21:18). 그러나 아버지의 환영은 아들의 상상을 초월했다. 아직 집이 멀리 보일 때 아버지가 그를 알아보고 버선발로 뛰어나왔다(20b절). 아버지는 그에게 달려와 목을 껴안고 입을 맞추었다(20c절).

아들이 집을 떠났다가 돌아오면 아버지는 앉아서 아들의 인사를 받으며 보고를 받는 것이 일상적이다. 그러므로 뛰어나가 아들을 맞이하는 아버지의 모습은 문화적으로 상당히 충격적인 일이다(Blomberg). 또한 당시에는 나이 든 사람이 뛰어가는 것을 경망스럽게 보았다. 뛰는 것은 시간을 조절하지 못하고 상황도 통제하지 못한다는 증거로 여겨졌기 때문이다(Jeremias). 또한 달리려면 자칫 밟혀 넘어지지 않도록 긴 겉옷을 양손으로 잡고 두 발을 드러내며 뛰어야 했다(Liefeld & Pao). 이 또한 경망스러운 모습으로 여겨졌다. 그러나 아버지는 주변의 이목을 상관하지 않는다. 죽은 아들이 살아 돌아왔는데 이런 것이 무슨 소용이 있겠는가! 렘브란트의 그림이 생각난다.

아들은 미리 준비해 두었던 고백에 진심을 담아 아버지에게 말했다. "아버지 내가 하늘과 아버지께 죄를 지었사오니 지금부터는 아버지의 아들이라 일컬음을 감당하지 못하겠나이다"(21절). 아들의 이 말을 듣고 아버지는 이제 되었으니 더 말하지 말라며 그의 입을 막았다. 원래 아들은 "나를 품꾼의 하나로 보소서"라는 말까지 할 참이었다(cf. 19절). 이제 되었으니 더 말할 필요가 없다는 것은 아버지의 참으로 큰 사랑의 표현이다(Nolland). 아버지는 아들이 잘못을 뉘우치는 것으로 만족하고 행복하다. 아들이 뉘우친 것만으로도 너무나 감사한 일이라고 생각한다.

아버지는 종들에게 제일 좋은 옷을 내어다가 아들에게 입히고, 손에 가락지를 끼우고, 발에 신을 신기라고 명령했다(22절). 겉옷은 아들 신분의 회복을 상징하며, 반지는 그가 이 집안의 사람이라는 것을 증명하며, 신발은 그가 노예가 아니라 아들이라는 것을 상징한다. 당시 노예들은 신발을 신지 않았기 때문이다(Culpepper). 아들은 아버지와 가족을 버리고 떠났지만, 아버지는 한 번도 이 아들을 버린 적이 없다. 아들이 저지른 온갖 어리석은 일도 아버지-아들 관계를 깨지 못했다. 용서와 은혜는 이런 것이다.

아버지는 종들에게 살진 송아지를 끌어다가 잡으라고 했다(23절). 나중에 형이 염소 새끼로 친구들과 하는 잔치에 대해 말하는 것으로 보아(29절), 살진 송아지의 크기를 고려하면 아버지가 온 동네 사람을 잔치에 초청하려는 것임을 알 수 있다. 아버지는 양 100마리 중 한 마리를 잃었다가 찾은 목동보다 더 기쁘고, 동전 10개 중 하나를 잃었다가 찾은 여인보다 더 기쁘다. 아들이 방탕한 생활을 마치고 집으로 돌아온 것은 죽었다가 다시 살아났으며 잃었다가 다시 얻은 것과 같기 때문이다(24절). '죽다와 살다' 그리고 '잃다와 찾다'는 그리스도를 영접하기 전과 후를 대조하는 언어다(Blomberg, cf. 엡 2:1-5). 소식을 들은 사람들이 모두 아버지와 함께 기뻐했다(24b절).

온 집안과 동네 사람들이 기뻐하고 즐거워하는데, 유독 한 사람만 화를 낸다. 바로 이 집안의 맏아들이다. 밭일을 하고 집으로 돌아오던 맏아들이 집에서 잔치하는 소리를 들었다(25절). 종에게 무슨 일인지 물으니 그의 아버지가 동생이 건강하게 돌아온 일을 기뻐해 살진 송아지를 잡아 잔치를 하는 중이라고 했다(26-27절).

소식을 들은 큰아들은 화가 머리끝까지 났고, 잔치가 벌어지고 있는 집에 들어가려고 하지 않았다(28a절). 종에게서 큰아들이 집으로 들어오기를 거부하고 있다는 소식을 들은 아버지는 밖으로 나가 안으로 들어가자며 큰아들을 달랬다(28b절). 둘째 아들이 살아 돌아와 다시 가족이 되었으니 이제는 화가 난 큰아들을 달래 가족으로 회복시키는 상황이다.

큰아들은 마음에 있는 말을 한다며 아버지에게 매우 불손한 태도를 보인다. 대부분 우리말 번역본에는 반영되어 있지 않지만, 그의 스피치는 '보십시오'(ἰδοὺ)라는 말로 시작한다(29절; cf. 아가페, NAS, NIV, NRS, ESV). 아들이 아버지에게 일상적으로 사용하는 말은 아니다. 무엇을 가르치려 할 때 주로 사용되는 말이기 때문이다. 또한 그는 동생을 두고 '이 아들'(ὁ υἱός σου οὗτος)이라고 하는데(30절), '당신의 이 아들'은 그를 동생으로 인정하고 싶지 않다는 뜻이다. 형제가 이미 각자의 길을 간 이상 더는 엮이고 싶지 않다는 것이다.

큰아들은 그동안 성실하게 아버지를 섬겼고 아버지가 명령하는 것은 어김없이 모두 실천했다(29a절). 그동안 아버지는 그에게 친구들과 잔치하라며 염소 새끼 한 마리 내준 적이 없다(29b절). 그런데 유산을 미리 달라고 해서 탕진하고 돌아온 둘째를 위해서는 살진 송아지를 잡았다(30절). 어찌 보면 큰아들이 서운해할 만하다는 생각이 들 수 있다. 큰아들은 아버지가 자기를 너무 당연하게 여긴다고 생각한 것이다.

겉으로는 '엄친아'로 보이는 큰아들은 상처가 많은 사람이다. 그는 아버지의 인정과 보상을 바라고 집안일을 해 왔다. 그는 자신이 매우 공정하고 정의롭다고 생각한다. 그러나 용서가 정의보다 더 위대하다는 생각은 하지 못한다. 그는 한 번도 아버지의 재산이 자기 것이라고 생각해 본 적이 없다. 이미 모든 재산을 분배해 유산으로 각자에게 나눠 주었는데도 그는 동생이 '아버지의 살림을 창녀들과 함께 삼켰다'고 한다(30절). 그는 잃어버린 동생에 대해 어떠한 관심도 없다. 오직 그로 인해 재산이 탕진된 일에 분노한다. 또한 아버지에 대한 큰아들의 태도는 그가 여러 가지 문제점을 안고 있다는 것을 암시한다(Garland).

1. 그는 자신은 어떠한 것에 대해도 회개할 필요가 없다고 생각한다. 그러므로 회개하지 않는다.
2. 동생은 아버지에게 버림받고 자신은 사랑받아야 한다며 자신이 지난 날 아버지를 위해 한 일을 근거로 항의한다.
3. 그는 일하면서 아버지에게 보상받길 원했다. 그러므로 아버지의 사랑만으로는 기쁨을 누리지 못했다.
4. 친구들과 즐기고 싶다는 그는 즐기기 위해 탕진한 동생과 별반 다르지 않다. 염소는 소수를 먹일 수 있다(Bailey). 그러므로 그는 친구 몇 명하고만 즐기기를 원한다. 그의 태도는 바리새인과 서기관들과 다르지 않다.

동생은 몸과 마음이 탕자였고, 그의 방탕함은 여실히 드러났다. 한편 형은 마음이 탕자였지만, 잘 드러나지 않다가 이제야 드러났다(Garland). 형은 동생을 사랑하거나 긍휼히 생각하지 않는다. 아버지의 인정과 사랑을 얻기 위해 경쟁하는 경쟁자로만 생각했다. 어쩌면 이 같은 형의 마음이 동생으로 하여금 집을 떠나게 했는지도 모른다.

큰아들의 말을 들은 아버지는 동생의 죄에 대해서는 어떤 언급도 하지 않으며 그를 달랬다. "얘 너는 항상 나와 함께 있으니 내 것이 다 네 것이로되"(31절). '얘'(τέκνον)는 애칭이다. 아버지는 큰아들의 수고와 헌신을 무시하지 않는다. 그의 모든 수고와 노력을 인정한다. 또한 아버지의 재산도 모두 큰아들의 것이니 아버지의 허락을 받고 잔치할 필요가 없다. 그는 자신이 행할 수 있는 권리를 행하지 않고서 아버지를 원망한 것이다. 아버지는 이런 아들이 가족으로 돌아오기를 바란다.

아버지는 집에 있는 모든 것이 큰아들 것이라는 사실을 확인해 준 다음 둘째 아들이 돌아온 기쁨에 대해 말한다. "이 네 동생은 죽었다가 살아났으며 내가 잃었다가 얻었기로 우리가 즐거워하고 기뻐하는 것이 마땅하다"(32절). 큰아들은 동생을 두고 아버지에게 '당신의 이 아들'(ὁ υἱός σου οὗτος)이라고 했는데(30절), 아버지는 큰아들에게 '이 네 동생'(ὁ ἀδελφός σου)이라며(32절) 재산을 탕진하고 돌아온 아이를 동생으로 받아 줄 것을 권면한다. 큰아들이 작은아들을 바라보는 관점이 바뀌면 '우리가' 함께 즐거워할 수 있기 때문이다.

큰아들은 바리새인과 서기관들 같은 태도를 취하고 있다. 그들은 하나님의 은혜가 예수님의 사역을 통해 남발된다고 생각한다. 또한 죄인에게 하나님의 은혜가 임하는 것이 불합리한 것은 아니지만, 자신들이 반드시 그 과정의 일부가 되어야 한다는 생각에 젖어 있다.

이 비유의 마지막 장면에서 큰아들은 바리새인과 서기관들처럼 집밖에 서 있다(cf. 15:1-2). 집 안으로 들어올 것인지 혹은 말 것인지는 그들의 선택이다. 바리새인과 서기관들 그리고 비유 속 큰아들은 자신의 의로움을 버리고 회개하지 않는 한 집에 들어올 수 없다(Liefeld & Pao).

이 말씀은 하나님이 한 가족으로 묶어 주신 믿음 공동체가 어떠해야 하는지 큰 가르침을 준다. 가족은 계산하지 않는다. 어떠한 대가도 바라지 않고 아낌없이 주며, 아낌없이 사랑하며, 아낌없이 격려하는 것이 가족이다. 또한 무한한 용서가 있는 곳이 가족이다. 죄인이 회개하고 돌아오면 진심으로 환영하는 것이 가족이다. 이 말씀은 먼저 하나님의 자녀가 된 우리에게 무한한 용서와 자비를 베풀어야 한다고 도전한다.

둘째 아들은 하나님의 품으로 돌아와야 하는 죄인들을 상징한다. 그들은 방탕하고 하나님에게 많은 상처를 준다. 자신의 한계를 실감하고 나서야 비로소 하나님께 돌아가야겠다고 생각한다. 하나님께 돌아올 때는 겸손하게 자신을 낮추며 돌아온다.

큰아들은 이미 하나님의 품에 있는 용서받은 죄인들을 상징한다. 이들도 한때 죄인이었지만 그때를 잘 기억하지 못한다. 그러므로 올챙이 시절을 기억하지 못하는 개구리가 되어 동생을 정죄한다. 하나님께 서운한 것이 많다. 그러나 실상은 이미 하나님이 그에게 주신 많은 은혜와 축복을 제대로 누리지 못해서 하나님께 서운하고 동생에게 냉정하다.

아버지는 지금도 죄인들이 돌아오기를 간절히 기다리시는 하나님이다. 죄인 하나가 돌아오면 버선발로 뛰어나가 그를 껴안고 축복하신다. 그가 저지른 죄를 질책하지 않으시며, 그저 그가 돌아온 것에 기뻐하신다. 어떠한 조건 없이 그를 환영하며 가족으로 받아들이신다.

F. 재물에 대한 가르침(16:1-31)

이 섹션은 재물에 대한 가르침으로 구성되어 있다. 제자도에서 가장 중요한 것은 재물관이다. 우리는 물질 만능을 지향하는 자본주의 세상에 살고 있다. 그리스도인의 삶과 재물의 관계가 어떠해야 하는지를 정리하는 본 텍스트는 다음과 같이 구분된다.

   A. 불의한 청지기 비유(16:1-13)
   B. 율법과 하나님 나라(16:14-18)
   C. 부자와 거지 나사로(16:19-31)

1. 불의한 청지기 비유(16:1-13)

¹ 또한 제자들에게 이르시되 어떤 부자에게 청지기가 있는데 그가 주인의 소
유를 낭비한다는 말이 그 주인에게 들린지라 ² 주인이 그를 불러 이르되 내
가 네게 대하여 들은 이 말이 어찌 됨이냐 네가 보던 일을 셈하라 청지기 직
무를 계속하지 못하리라 하니 ³ 청지기가 속으로 이르되 주인이 내 직분을
빼앗으니 내가 무엇을 할까 땅을 파자니 힘이 없고 빌어 먹자니 부끄럽구나
⁴ 내가 할 일을 알았도다 이렇게 하면 직분을 빼앗긴 후에 사람들이 나를 자
기 집으로 영접하리라 하고 ⁵ 주인에게 빚진 자를 일일이 불러다가 먼저 온
자에게 이르되 네가 내 주인에게 얼마나 빚졌느냐 ⁶ 말하되 기름 백 말이니
이다 이르되 여기 네 증서를 가지고 빨리 앉아 오십이라 쓰라 하고 ⁷ 또 다
른 이에게 이르되 너는 얼마나 빚졌느냐 이르되 밀 백 석이니이다 이르되
여기 네 증서를 가지고 팔십이라 쓰라 하였는지라 ⁸ 주인이 이 옳지 않은 청
지기가 일을 지혜 있게 하였으므로 칭찬하였으니 이 세대의 아들들이 자기
시대에 있어서는 빛의 아들들보다 더 지혜로움이니라 ⁹ 내가 너희에게 말하
노니 불의의 재물로 친구를 사귀라 그리하면 그 재물이 없어질 때에 그들이
너희를 영주할 처소로 영접하리라 ¹⁰ 지극히 작은 것에 충성된 자는 큰 것에
도 충성되고 지극히 작은 것에 불의한 자는 큰 것에도 불의하니라 ¹¹ 너희가
만일 불의한 재물에도 충성하지 아니하면 누가 참된 것으로 너희에게 맡기
겠느냐 ¹² 너희가 만일 남의 것에 충성하지 아니하면 누가 너희의 것을 너희
에게 주겠느냐 ¹³ 집 하인이 두 주인을 섬길 수 없나니 혹 이를 미워하고 저
를 사랑하거나 혹 이를 중히 여기고 저를 경히 여길 것임이니라 너희는 하
나님과 재물을 겸하여 섬길 수 없느니라

이 비유는 수많은 논쟁을 낳았다. 예수님의 비유 가운데 해석하기
어려운 것 중 하나로 정평이 나 있다(cf. Bock, Bovon, Fitzmyer, Nolland,

Plummer). 내용이 어려워서가 아니다. 예수님이 비유로 드시는 청지기가 매우 교활하고 악한 사람이기 때문이다. 그는 주인이 자신을 해고하려고 하자 장부를 정리하면서 자기 마음대로 채무자들의 빚을 일부 탕감해 준다. 그런데 나중에 이 사실을 알게 된 주인은 그를 처벌하는 것이 아니라 오히려 칭찬한다. 이 부도덕한 종과 주인의 칭찬을 어떻게 해석하느냐가 관건이다. 그러나 이 이야기를 세상 사람들이 어떻게 미래를 준비하는지에 대한 비유(1-8a절), 그리고 이 비유를 바탕으로 하는 예수님의 가르침(8b-13절) 등 두 파트로 나누어 해석하면 별 어려움 없이 설명할 수 있다(cf. Liefeld & Pao).

어느 한 부자에게 청지기가 있었다(1a절). '청지기'(οἰκονόμος)는 주인을 대신해 재산을 관리하는 사람이다. 사업체의 지배인과 같다. 그런데 이 청지기가 주인의 재산을 낭비한다는 말이 주인에게 들렸다(1b절). '낭비하다'(διασκορπίζω)는 탕자가 아버지에게 받은 유산을 헛되이 흩은 일을 묘사한 단어이기도 하다(15:13). '들렸다'(διεβλήθη)는 '보고하다, 고발하다'(διαβάλλω)의 수동태. 구체적으로 그가 어떻게 주인의 돈을 낭비했는지는 알 수 없다.

주인은 청지기를 불러서 들리는 소문의 진의를 물었다(2a절). 청지기가 주인의 질문에 침묵하는 것은 소문이 상당 부분 사실임을 인정하는 행위다. 그러므로 주인은 그가 더는 청지기 직무를 계속하지 못할 것이라고 했다(2b절). 그를 해고하겠다는 말이다. 주인은 일을 그만두기 전에 그가 '보던 일을 셈하라'고 한다. 쉽게 말해 장부를 정리해 다음 사람에게 넘겨줄 준비를 하라며 며칠의 말미를 준 것이다.

해고당하는 청지기는 고민에 빠졌다. 지금 하는 청지기 일을 그만두면 할 일이 마땅치 않기 때문이다(3a절). 그는 땅을 파자니 힘이 없고, 빌어먹자니 부끄럽다고 한다. 육체적인 노동을 하기에는 몸이 약하다. 당시 일은 대부분 육체노동이었기 때문에 몸이 약하면 직업을 구하기가 참으로 어려웠다. 구걸을 하자니 한때는 부자의 재산 관리를 했던 사람으로서 체면이 말이 아니다.

그는 고심하다가 묘책을 생각해 냈다. 계획대로만 된다면 청지기 일을 그만둔 후에도 사람들이 그를 문전 박대하지 않고 영접하게 하는 계책이었다(4절). 그는 곧바로 계획한 바를 행동으로 옮겼다. 주인에게 빚을 진 사람들을 불러 그들이 갚아야 할 금액을 줄여 준 것이다. 그가 채무자들을 '일일이'(ἕνα ἕκαστον) 불렀다고 하는 것은(5절) 본문이 언급하는 두 가지 사례 외에 장부에 기록되어 있는 모든 사람을 불러 비슷하게 조치했다는 뜻이다.

첫 번째 사례는 기름 백 말을 빚진 사람에게 증서를 내주며 오십으로 고치게 한 것이다(6절). '말'(βάτος)은 구약의 '밧'(בת)을 번역한 단어이며, 약 40ℓ에 해당하는 액체 단위였다(TDNT). 그러므로 100말이면 4,000ℓ 정도 되는 많은 양이다. 이 정도 양의 올리브기름이면 당시 1,000데나리온, 곧 노동자들의 3년 치 봉급에 해당하는 가치다(Bock). 청지기는 보관하던 증서(계약서)를 내주며 직접 오십이라고 쓰라고 했다. 갚아야 할 빚에서 약 500데나리온을 줄여 준 것이다.

두 번째 사례는 밀 백 석을 빚진 사람에게 증서를 내주며 팔십으로 고치게 한 것이다(7절). '석'(κόρος)은 구약의 '고르'(כֹּר)를 번역한 것이며, 350-400ℓ에 달하는 곡식 단위였다(TDNT). 곡식 한 석은 당시 땅 한 에이커(=1,224평)에서 수확하는 양이었다(Jeremias). 그러므로 100석은 약 12만 평에서 거두는 곡식의 양이며, 당시 2,500-3,000데나리온의 가치를 지녔다(Bock). 이는 노동자들의 10년 치 봉급에 달했다. 청지기는 증서를 내주면서 팔십으로 고치게 했다. 이번에도 약 500데나리온을 줄여 준 것이다(Liefeld & Pao).

청지기는 참으로 간교하게(지혜롭게) 일을 처리하고 있다. 만일 빚을 모조리 탕감해 주면 사람들에게 의심을 받고, 모든 것을 잃게 되는 주인의 진노를 피할 수 없을 것이다. 그러므로 모두 탕감해 주지는 않고 '적절하게' 금액을 조정했다. 또한 그는 각 사람에게 계약서(증서)를 다시 작성하게 했다. 만일 자신이 일률적으로 금액을 고쳤으면 이 또한 쉽게 들통날 수 있다. 반면에 빚진 사람들에게 증서를 다시 쓰게 해 그들을 이 일에 공범으로 끌어들이면, 설령 주인이 나중에 이 사람들을 불러 정확한 액수를 파악하려 해도 쉽지 않을 것이다.

또한 우리가 충분히 상상할 수 있는 것은 청지기가 이 일에 대한 '모든 영광을 주인에게' 돌렸을 것이라는 점이다. 채무자들이 어떻게 해서 빚을 줄여 주는 것이냐고 물었을 때 청지기는 '내가 주인에게 잘 말씀드려서 주인이 당신에게 자비를 베풀기로 한 것'이라고 했을 것이다. 이렇게 말하면 주인과 그는 모두 채무자에게 고마운 사람으로 추앙을 받는다. 주인이 이러한 사실을 알게 되면 청지기가 한 일을 번복하기가 쉽지 않다. 모든 사람의 존경은 순식간에 사라지고 오히려 더 큰 원성을 살 것이기 때문이다.

얼마 후 주인이 이 옳지 않은 청지기가 한 일을 모두 알게 되었고, 그를 벌하지 않고 오히려 칭찬했다(8a절). 주인은 청지기의 농간으로 인해 엄청난 손해를 보았을 텐데 왜 청지기를 칭찬한 것일까? 이 이슈에 대해 매우 다양한 해석이 제시되었다(cf. Culpepper, Garland, Bovon, Fitzmyer, Nolland). 본문은 그를 '옳지 않은'(ἀδικίας) 청지기라며, 그가 주인을 속이고 장부를 조작한 것이 나쁜 일이라고 한다. 그러나 미래를 대비한 그의 '지혜, 간교함'(φρόνιμως, 세상 말로 '잔머리')은 칭찬할 만하다는 것이다.

비유는 여기서 끝이 난다. 이후 주인이 채권자들을 불러 빚진 금액을 다시 고치게 했는지, 혹은 이 청지기를 감옥에 넣었는지는 알 수 없다. 아마도 주인은 모든 것을 묵인하고 넘어갔을 것이다. 그는 큰 부자이기 때문에 굳이 사람들을 불러 정확한 금액을 따져 물을 필요가 없다. 그는 청지기가 탕감해 준 돈이 없어도 부자로 살 수 있다. 그러므로 청지기가 한 일을 '비용으로 처리'하고 이 일로 인해 사람들의 존경을 받게 된 것으로 만족했을 것이다. 또한 이 비유의 결말이 어떻게 되었는지는 예수님이 가르치고자 하는 점을 고려할 때 그다지 중요하지 않다.

예수님은 이 비유를 통해 '이 세대의 아들들이 자기 시대에 있어서는 빛의 아들들보다 더 지혜롭다'고 하신다(8a절). 이 말씀은 비유에 드러난 세상 사람들(청지기)과 하나님 나라에 이미 입성한 빛의 자녀들(제자들)을 대조한다. 세상 사람들이 어떻게 하나님의 자녀들보다 더 지혜롭다고 말씀하시는가? 예수님은 다가오는 미래를 준비하는 일에 있어서 세상 사람들이 주님의 자녀들보다 더 지혜롭다고 하신다. 청지기는 주인의 돈을 이용해 자기 미래를 챙겼다. 앞으로 우리에게 임할 미래가 어떤 것인지 안다면, 그에 대한 대비책을 세워야 한다는 것이다.

예수님은 사람들이 세상에 쌓는 부를 '불의의 재물'(μαμωνᾶ τῆς ἀδικίας)이라며 재물 사용법에 대해 가르침을 주신다. '재물'(μαμωνᾶς)을 의인화하면 '맘몬'(μαμωνᾶς)이라는 우상이 된다. 예수님이 13절에서 하나님과 재물을 겸하여 섬길 수 없다고 하실 때도 '하나님과 맘몬'(θεῷ καὶ μαμωνᾷ)을 함께 섬길 수 없다고 하신다. 하늘나라에 쌓아 두는 재물이 아니면 재물은 모두 불의하다. 예수님이 제안하시는 이 세상의 불의한 재물 사용법은 다음과 같다. 이 중 첫 번째 방법은 이 세상에서 재물을 어떻게 사용할 것인가에 관한 내용이고, 나머지는 모두 다음 세상(하늘나라)을 마음에 두고 재물을 대하는 태도에 관한 것이다.

첫째, 불의의 재물로 친구를 사귀라(9절). 재물을 쌓아 두지 말고 이웃과 나누고 그들을 섬기는 데 사용해 평생 고마워하는 친구로 만들라는 뜻이다. 이렇게 하면 우리가 소유하던 재물이 모두 사라져 빈털터리가 되어도 예전에 베푼 온정을 생각해 우리를 영접할 것이다. 재물은 영원히 같은 사람과 머물지 않는다. 그러므로 재물이 있을 때 움켜쥐려고 하지 말고 베풀면, 재물이 없을 때 예전에 우리의 도움을 받았던 사람들이 버팀목이 되어 줄 것이다.

둘째, 작은 재물에 충성하라(10절). 이제부터는 종말론적인 관점에서 하나님의 자녀들에게 주는 교훈이다(Garland). 재물은 없을 때 조심히 사용하고, 있을 때는 신중히 사용해야 한다. 가진 것이 얼마 안 된다고 자기 마음대로 허튼 일에 사용하는 것은 옳지 않다. 아무리 작은 것이라도 소중히 여기고 충성하는(지혜롭게 사용하면) 사람이 큰 것에도 충성하며, 작은 것에 불의한 사람은 큰 것에도 불의하다. 그러므로 하나님이 우리에게 작은 재물을 주실 때는 신실함을 테스트하는 것이라 할 수 있다.

셋째, 이 땅의 재물은 장차 참된 것을 맡기 위한 준비 훈련이다(11절). 만일 우리가 이 땅의 불의한 재물에 충성하지 않으면(지혜롭게 사용하지 않으면) 하나님은 참된 것도 우리에게 맡기지 않으신다. 하나를 보면 열을 알 수 있다고, 재물은 썩어 없어질 것이라며 대충 관리하는 사람은 하나님이 참된 것을 맡기셨을 때도 대충 관리할 것이다. 하나님은 이런 사람에게 참된 것(더 가치 있고 소중한 일)을 맡기지 않으신다. 아무리 작은 것이라 할지라도 하나님이 맡기신 재물을 잘 관리하는 것은 다음 단계를 위해 매우 중요하다.

넷째, 재물에 충성하는 것은 우리 것을 얻기 위한 훈련이다(12절). 이 땅에서 우리가 맡아 경영하는 재물은 모두 '남의 것'(하나님 것)이다 (Culpepper, Liefeld & Pao). 재물은 우리가 죽을 때 천국에 가져갈 수 없다. 우리는 잠시 '남의 재물'을 맡아서 경영하다가 삶을 마감한다. 이 땅에서 맡은 재물에 충성하면 하나님은 진정한 우리 것(=영생?)을 주실 것이다. 이 땅에서 '남의 것'에 충성할 때 비로소 천국에서 '우리 것'을 얻게 된다.

다섯째, 하나님과 재물을 함께 섬길 수 없다(13절). 한 하인이 두 주인을 섬길 수는 없다. 한 주인을 사랑하고, 다른 주인은 미워하게 된다. 혹은 한 주인을 귀하게 여기고, 다른 주인은 홀대한다. 이처럼 사람은 하나님과 재물(맘몬)을 겸하여 섬길 수 없다(cf. 롬 6:19-22). 둘 중 하나를 사랑하고 다른 하나를 미워하게 될 것이기 때문이다. 예수님은 하나님과 돈 중 하나를 택해 섬기라고 하신다.

239

이 말씀은 오늘 가진 것을 충성되게 사용해 미래를 준비하라고 한다. 가진 것이 많든 적든 상관없이 쌓아 두려 하지 말고 좋은 일에 사용해야 한다. 어려움을 겪는 사람들에게 베풀어 훗날 우리가 곤경에 처했을 때 그들이 도울 수 있게 하는 것도 좋다. 나눔과 섬김은 많이 가진 사람만 할 수 있는 일이 아니다. 적게 가진 사람도 얼마든지 할 수 있다. 우리가 맡은 것에 충성할 때 하나님은 더 좋고 참된 것을 맡기실 것이다. 항상 기억해야 할 것은 하나님과 돈(맘몬)은 함께 섬길 수 없다는 진리다. 우리가 가진 모든 것으로 하나님을 사랑하고 섬겨야 한다.

> V. 예루살렘 여정(9:51-19:27)
>   F. 재물에 대한 가르침(16:1-31)

2. 율법과 하나님 나라(16:14-18)

¹⁴ 바리새인들은 돈을 좋아하는 자들이라 이 모든 것을 듣고 비웃거늘 ¹⁵ 예수께서 이르시되 너희는 사람 앞에서 스스로 옳다 하는 자들이나 너희 마음을 하나님께서 아시나니 사람 중에 높임을 받는 그것은 하나님 앞에 미움을 받는 것이니라 ¹⁶ 율법과 선지자는 요한의 때까지요 그 후부터는 하나님 나라의 복음이 전파되어 사람마다 그리로 침입하느니라 ¹⁷ 그러나 율법의 한 획이 떨어짐보다 천지가 없어짐이 쉬우리라 ¹⁸ 무릇 자기 아내를 버리고 다른 데 장가 드는 자도 간음함이요 무릇 버림당한 여자에게 장가드는 자도 간음함이니라

예수님은 하나님과 맘몬(재물)을 둘 다 섬길 수 없다며 둘 중 하나를 택하여 섬기라고 하셨다(16:13). 바리새인들은 돈을 좋아하기 때문에 예수님의 이 같은 도전과 가르침을 비웃었다(14절). 어려운 사람들에게 경제적 도움을 주고, 낮은 자들을 잔치에 초청하라는 예수님의 가르침

을 고려할 때, 그들이 돈을 좋아한다는 것은 남에게 베풀지 않는다는 뜻이다(Danker). 그들은 맘몬을 섬기고 있다. 그들은 신학만 잘못된 것이 아니라, 삶에서 매우 중요한 가치관 중 하나인 재물관도 잘못된 사람들이다. 이런 사람들이 당시 '신학자들'이었으니 그들의 가르침에 따라 신앙생활을 하는 사람들은 오죽했을까 하는 생각이 든다(cf. 18:9).

예수님은 바리새인들이 빈정대는 것을 보시고 그들의 '아킬레스 건'(Achilles' Hill)을 가격하신다(15절). 바리새인들은 사람들에게 잘 보이기 위해 신앙생활을 했다고 해도 과언이 아니다. 예수님은 그들의 이 같은 행태를 '사람 앞에서 스스로 옳다'고 하는 것이라고 하신다. 바리새인들은 사람들 앞에서 스스로 옳다 함을 받기 위해 사람 중에 높임을 받는 그것을 추구한다. 사람들이 귀하게 여기는 것들을 추구한다는 것이다. 세상 사람들과 바리새인들이 추구하는 '높임을 받는 그것'(ὑψηλός)은 명예욕(14:7–14), 특권 의식(15:1–2), 돈(16:13), 사치(16:19) 등이다(Garland).

사람을 마음에 있는 것으로 평가하시는 하나님은 그들의 마음을 아신다. 바리새인들은 사람 중에 높임을 받기 위해 온갖 짓을 다 하지만, 정작 그들의 노력은 하나님 앞에서 미움을 받으려는 것과 같다. '미움'(βδέλυγμα)은 '가증스러움'(abomination)을 뜻한다(NIDNTT). 칠십인역(LXX)에서는 '가증스러움'이 우상을 뜻하기도 한다(신 7:25–26; 왕상 14:24; 사 1:13; 44:19; 66:3). 하나님은 바리새인들이 사람들 앞에서 잘 보이기 위해 하는 신앙생활을 가증스럽게 여기신다. 하나님은 사람을 겉으로 판단하지 않고 마음을 보시기 때문이다(cf. 신 8:2; 삼상 16:7; 왕상 8:39; 대상 28:9; 시 7:10; 44:21; 잠 21:2). 예수님은 바리새인들이 하나님이 가장 싫어하시는 짓만 골라서 한다고 비난하신다. 그들은 회개가 거의 불가능한 삶을 살고 있다(Garland).

예수님은 옛 시대는 끝나고 새로운 시대가 시작되었다고 하신다(16절). 이미 끝이 난 옛 시대는 율법과 선지자의 시대다. 구약 시대는 끝이 났으며, 세례 요한이 그 시대의 마지막 선지자라고 하신다. 예수님은 요한을 가장 위대한 선지자라고 하셨는데(7:25-28), 이 말씀은 그가 옛 시대 사람임을 확실히 한다. 바리새인들은 이미 끝난 옛 시대를 살고 있다.

요한은 옛 시대의 마침표를 찍었고, 예수님은 하나님 나라의 복음을 전파하며 새로운 시대를 시작하셨다. 예수님이 시작하신 새로운 시대는 사람들에게 새로운 방법으로 하나님 나라에 입성할 수 있는 길을 마련해 주었다. 더는 율법의 문이 아니라 복음의 문으로 하나님 나라에 들어갈 길이 생긴 것이다(cf. 13:24). 이러한 사실을 접하게 된 사람들은 어떻게 해서든지 새로운 방법, 곧 복음을 통해 하나님 나라에 들어가려고 안간힘을 쓰고 있다. '침입하다'(βιάζω)는 천국에 입성하려고 안간힘을 쓰는 사람들의 노력을 묘사한다(cf. 13:24).

그렇다면 옛 시대의 중심 가치였던 율법은 효력을 상실한 무용지물이 되었는가? 예수님은 아니라고 하신다(17절). 율법의 한 획이 떨어지는 것보다 천지가 없어지는 것이 더 쉽다고 하신다. 율법도 영원한 가치와 효력을 지녔다는 것이다. 이 말씀은 예수님이 시작하신 하나님 나라가 어떤 것인지를 이해하는 데 매우 중요하다(Beale & Carson, Wilkins). 예수님이 선포하시는 하나님 나라가 구약과 비교해 문제가 될 수 있는 상황에서 둘의 관계를 정리해 주시기 때문이다. 구약을 폐하거나 등한시하는 것은 이단이나 하는 일이다(Keener).

예수님은 자신이 선포하는 하나님 나라의 새 토라(율법)가 구약 토라와의 관계를 단절하거나 대체하는 것이 아니라는 사실을 강조하고자 하신다. '율법과 선지자'('Ο νόμος καὶ οἱ προφῆται)(16절)는 구약을 통틀어 일컫는 말이다. '율법'(Torah)은 모세 오경을 뜻하며, '선지자'에는 우리가 역사서라고 부르는 전선지서(수-왕하)와 선지서라고 부르는 후선지서(사-말)가 포함된다. 나머지 책은 모두 '성문서'로 분류되었다.

'떨어지다'(πίπτω)는 물건이 땅에 떨어져 조각나는 상황을 뜻한다

(NIDNTT). 예수님은 율법의 한 획도 땅에 떨어지지 않았고, 천지가 없어지는 한이 있어도 율법은 영원할 것이라고 하신다. 예수님은 단 한 번도 자신이 구약을 더는 효력이 없는 무용지물로 만들거나 폐지하러 왔다고 생각하신 적이 없다. 그렇다면 예수님은 구약과 연관해 무엇을 하려고 오셨는가? 마태복음에서 예수님은 구약을 완전하게 하기 위해 왔다고 말씀하셨다(마 5:17). '완전하다'(πληρόω)는 '가득 채우다, 성취하다'라는 의미를 지녔으며, 예수님이 구약 말씀을 성취하기 위해 오셨다는 의미로 사용된다(cf. 마 1:22; 2:15, 17, 23; 3:15; 4:14).

예수님이 율법을 완전하게 하기 위해 오셨다는 것은 정확히 무엇을 의미하는가? 학자들은 최소한 아홉 가지 해석을 내놓았다(Davies & Allison, cf. Carson, Hagner). 예수님이 율법이 요구하는 대로 혹은 율법이 제시하는 기준에 따라 행함으로써 율법을 성취하신 것이라는 이들이 있다(Bruner, Keener). 그러나 이 해석은 율법 성취를 지나치게 예수님의 개인적 삶과 연결한다는 문제를 안고 있다. 예수님은 구약 율법의 완성은 새로 시작된 하나님 나라에도 영향을 미친다고 하신다. 하나님 나라의 토라는 완성된 구약 율법을 토대로 하기 때문이다.

어떤 이들은 예수님이 구약의 '언약-성취' 면모를 완성하고 하나님과 새 구원적-역사적(redemptive-historical) 관계를 시작하신 것을 의미한다고 한다(Guelich, Moule, Turner, Whitherington). 구약이 장차 오실 메시아에 대해 예언하고 기대한 것들이 예수님을 통해 모두 완성된 것은 맞다(cf. Wilkins). 그러나 이 해석은 성취된 구약과 새로운 시작인 신약을 지나치게 단절시킨다. 반면에 예수님은 두 언약의 연계성을 강조하신다.

어떤 이들은 예수님의 가르침과 행동에 율법이 요구하는 것들을 반영해 율법의 효력을 인정하고 정당성을 세우신 것을 뜻한다고 한다(Hill). 만일 구약을 완전하게 하는 일이 단지 효력을 인정하고 정당성을 세우는 것이라면 굳이 예수님이 오셔서 새로운 시대를 여실 필요가 있었을까? 또한 예수님이 새로 도입하시는 하나님 나라의 토라는 옛 율법을 인정하고 정당성을 세우는 일을 초월한다.

　어떤 이들은 예수님이 자신의 가르침과 율법 해석에서 율법이 의미하는 바를 완성하셔서(채우셔서) 하늘나라 백성이 율법을 더 온전하게 실천하며 살게 하신 것을 의미한다고 한다(Davies & Allison, Hagner, Strecker, Nolland). 당시 많은 율법학자와 랍비들이 율법의 의도(정신)를 파악해 가르치는 것보다는 실천을 더 중요하게 여겼던 점을 고려할 때 가장 설득력이 있는 해석이다. 예수님은 율법의 정신을 가르침으로써 하나님과 말씀에 대한 어떠한 열정도 없이 언약적 율법주의(covenant nomism) 빠져 있던 바리새인들과 유대인들을 큰 충격에 빠트리셨다. 예수님은 가르침과 실천을 통해 대부분 사람이 잊어버린 구약의 의미를 완성하시고, 옛 율법을 새로운 경지에 올려놓으셨다(Carson, Morris). 그러므로 예수님의 사역을 통해 율법의 한 획도 땅에 떨어지지 않았고 앞으로도 그런 일은 없을 것이다.

　예수님은 하나의 예로 결혼과 이혼에 대해 말씀하신다(18절). 하나님은 남자와 여자의 결혼이 영구적이기를 바라신다(창 2:24). 그러므로 하나님은 이혼을 미워하신다(말 2:16). 그럼에도 불구하고 남자와 여자가 이혼할 수 있는 경우가 하나 있다. 신명기 24:1은 남편이 아내에게 '수치 되는 일'이 있음을 발견하면 이혼할 수 있다고 한다.

　'수치되는 일'(עֶרְוַת דָּבָר)이 무엇인지 성경이 더 설명하지 않기 때문에 학자들 사이에 온갖 추측이 난무하다. '수치'(עֶרְוָה)의 문자적인 의미는 '발가벗음/성기'이며, 레위기는 근친상간을 '발가벗음을 벗기는 것'(עֶרְוַת לְגַלּוֹת)으로 표현한다(레 18:6). 그래서 일부 학자는 여자가 간통을 포함한 부적절한 성행위를 했다는 것으로 풀이한다. 그러나 율법은 이런 경우 죽이라고 하지 이혼증서를 써 주고 내보내는 것을 허락하지 않는다(cf. 신 22:22). 어느 정도 확실한 것은 이 표현이 상당히 포괄적인 개념이었을 것이라는 사실이다. 여러 가지 성적 부도덕함을 의미했으나, 정작 무엇이 이런 행위에 속하는지는 전적으로 남편의 개인적인 판단에 달렸다.

예수님 시대에는 구약을 해석하고 적용하는 두 학파가 쌍벽을 이루고 있었다. 보수적인 샴마이 학파(Shammai School)와 진보적인 힐렐 학파(Hillel School)였다. 이 두 학파는 남자가 어떤 경우에 아내에게 이혼 증서를 써 줄 수 있는지에 대해 매우 다른 해석을 내놓았다. 샴마이 학파는 아내의 성적 부도덕함이 드러날 때와 천박함(immodesty)이 드러날 때로 제한했다. 그러면서 여자가 머리를 단정하게 하지 않고 외출하는 것을 천박함의 한 예로 들기도 했다! 힐렐 학파는 남편은 어떠한 이유로든 아내에게 이혼 증서를 써 줄 수 있다고 했다. 음식을 태우는 것도 이혼 사유가 되었으며, 심지어 남편이 딴 여자에게 매력을 느끼면 아내와 이혼할 수 있다고도 했다(Allison, Bockmuehl, Meier)!

율법이 이혼할 때 이혼 증서를 써 주라고 한 데(cf. 신 24:1-4)는 세 가지 이유가 있다. 첫째, 결혼 제도가 심하게 오염된 상황에서 결혼의 신성함을 보존하기 위해서였다. 고대 근동에서 이혼은 매우 흔한 일이었다(Allison, Meier). 언제든 이혼과 재혼이 신속하게 진행되었다. 이런 상황에서 이혼 증서는 가정과 부부에 대해 한 번 더 생각하게 했다. 둘째, 아무런 이유 없이 이혼을 남발하는 남편에게서 아내를 보호하기 위한 조치였다. 당시 이혼은 오늘날처럼 법정 소송을 통해 판결하는 것이 아니라, 각자 집에서 결정하는 이슈였다. 또한 남편만이 아내에게 이혼 증서를 써 줄 수 있었다. 구두로 이혼하는 것보다 문서로 이혼하는 것이 남편에게 상당한 심적 부담으로 작용했다. 셋째, 이혼한 여자를 보호하기 위한 조치였다. 이혼 증서는 남자가 더는 여자에 대한 어떠한 법적인 권리를 주장할 수 없음을 의미했다. 예를 들어, 남편이 이혼 증서를 써 주지 않고 아내를 내보낸 상황에서 여자가 다른 남자와 재혼하면 간통죄가 적용될 수 있다. 그러므로 여자 입장에서 이혼 증서를 보관하는 것은 매우 중요했다. 요셉이 마리아가 임신한 것을 알고 조용히 끊고자 할 때(마 1:19) 그녀에게 주어야 하는 것이 바로 이 이혼 증서였다.

예수님은 아내가 음행한 경우 외에는 이혼하지 말라고 하셨다(마 5:32). 그러므로 본문의 '남자가 아내를 버리고 다른 데 장가드는 것'에서도 아내의 음행은 배제된다. 만일 아내가 음행하지 않았는데도 이혼하고 다른 데 장가들면 남편은 간음죄를 범하는 것이라고 하신다. 또한 버림받은(이혼당한) 여자에게 장가드는 것도 간음이라고 하신다. 모든 재혼은 간음이기 때문이다.

예수님이 재혼을 간음이라며 금하시는 이유는 알 수 없다(cf. Beale & Carson). 다만 이혼에 대한 율법을 강화해 새로 시작된 하나님 나라의 율법으로 삼으신다. 바리새인들이 기준으로 삼는 옛 율법보다 예수님이 시작하신 새 시대의 율법이 훨씬 더 강화된 것을 알 수 있다. 예수님은 율법 지상주의를 지향하는 바리새인들에게 율법대로 살려면 똑바로 알고 살아갈 것을 요구하신다.

이 말씀은 우리가 하나님 나라의 율법으로 매일 새로워져야 한다고 권면한다. 율법을 가장 잘 안다고 자부하던 바리새인들은 예수님이 시작하신 새로운 시대에 적응하지 못하고 낙오자가 되었다. 자신이 아는 것만이 최고인 듯 교만했기 때문이다. 예수님이 재물에 대해 새로운 가르침을 주실 때 그들은 비웃었다. 스스로 멸망의 길로 접어든 것이다. 하나님의 세미한 음성에도 항상 귀를 기울이는 겸손한 자세로 살아야 한다.

> V. 예루살렘 여정(9:51-19:27)
> F. 재물에 대한 가르침(16:1-31)

3. 부자와 거지 나사로(16:19-31)

¹⁹ 한 부자가 있어 자색 옷과 고운 베옷을 입고 날마다 호화롭게 즐기더라
²⁰ 그런데 나사로라 이름하는 한 거지가 헌데 투성이로 그의 대문 앞에 버려

진 채 [21] 그 부자의 상에서 떨어지는 것으로 배불리려 하매 심지어 개들이 와서 그 헌데를 핥더라 [22] 이에 그 거지가 죽어 천사들에게 받들려 아브라함의 품에 들어가고 부자도 죽어 장사되매 [23] 그가 음부에서 고통중에 눈을 들어 멀리 아브라함과 그의 품에 있는 나사로를 보고 [24] 불러 이르되 아버지 아브라함이여 나를 긍휼히 여기사 나사로를 보내어 그 손가락 끝에 물을 찍어 내 혀를 서늘하게 하소서 내가 이 불꽃 가운데서 괴로워하나이다 [25] 아브라함이 이르되 얘 너는 살았을 때에 좋은 것을 받았고 나사로는 고난을 받았으니 이것을 기억하라 이제 그는 여기서 위로를 받고 너는 괴로움을 받느니라 [26] 그뿐 아니라 너희와 우리 사이에 큰 구렁텅이가 놓여 있어 여기서 너희에게 건너가고자 하되 갈 수 없고 거기서 우리에게 건너올 수도 없게 하였느니라 [27] 이르되 그러면 아버지여 구하노니 나사로를 내 아버지의 집에 보내소서 [28] 내 형제 다섯이 있으니 그들에게 증언하게 하여 그들로 이 고통 받는 곳에 오지 않게 하소서 [29] 아브라함이 이르되 그들에게 모세와 선지자들이 있으니 그들에게 들을지니라 [30] 이르되 그렇지 아니하니이다 아버지 아브라함이여 만일 죽은 자에게서 그들에게 가는 자가 있으면 회개하리이다 [31] 이르되 모세와 선지자들에게 듣지 아니하면 비록 죽은 자 가운데서 살아나는 자가 있을지라도 권함을 받지 아니하리라 하였다 하시니라

한동안 학자들 사이에 이 이야기가 비유인지, 혹은 장차 종말에 있을 실제 일인지에 대해 상당한 논란이 있었다(cf. Bock, Bovon, Nolland, Fitzmyer). 일상적으로 비유에 등장하는 인물들은 이름을 갖지 않는데, 이 비유에서는 나사로와 아브라함이라는 구체적인 이름이 등장하기 때문이다. 최근에는 거의 모든 학자가 이 이야기를 비유로 분류한다.

내용에 관해서도 문제 제기가 있었다. 이 비유는 부자는 죽으면 무조건 지옥으로 가고, 가난한 사람은 무조건 천국으로 간다고 하는가? 만일 그렇다면 신앙에 상관없이 세상에서 고생만 하는 사람들에게는 큰 위로가 될 것이다. 그러나 신앙생활을 잘하는 부자들에게는 매우

불공평하고 옳지 않은 일일 수 있다.

　문맥과 비유의 내용을 살펴보면, 거지 나사로는 아브라함의 품에 있고 부자는 아브라함을 아버지라고 부르는 것으로 보아 둘 다 유대인이라는 것을 알 수 있다. 그들은 서로 보살펴야 하는 위치에 있었던 것이다. 예수님은 14:12-14에서 잔치를 하려거든 나사로와 같은 약자들을 초청하라고 하셨다. 또한 천국 잔치에는 세상 잔치에 참여할 수 없는 사람들이 참여할 것이라고 하셨다(14:15-24). 바로 앞에서도 주인의 돈으로 자기 미래를 준비한 청지기를 지혜롭다고 하시며 빛의 자녀들이 이 땅에서 재물을 어떻게 사용해야 하는지 말씀하셨다(16:1-13). 그러나 이 부자는 예수님의 가르침을 하나도 따르지 않았다.

　이 부자가 예수님의 말씀을 따르지 않았다면, 율법은 따랐는가? 아니다. 아브라함이 부자에게 하는 말을 생각해 보면 그는 율법과 선지자(구약 말씀)에 따라 살지 않았다. 그는 자기 형제들이 자기와 같은 죄를 지어 지옥에 오지 않도록 나사로를 그들에게 보내 달라고 하는데, 이는 곧 구약 말씀만으로는 사람을 회개시키기에 부족하다는 뜻이다. 자신이 회개하지 않은 것도 율법과 선지자만으로는 만족할 수 없었기 때문이라는 것을 암시한다.

　심지어 그는 자기 집 앞에 쓰러져 있는 이스라엘 형제(cf. 레 25:25, 35, 39; 신 15:7, 9, 11; 느 5:7) 나사로를 외면했다. 몰라서 그런 것이 아니다. 그가 아브라함과 나눈 대화를 보면 그는 나사로에 대해 알고 있다. 심지어 그의 이름도 알고 있다. 부자는 나사로의 형편을 알고도 외면한 것이다. 그는 구약이 요구하는 자선을 베풀지 않았다. 아브라함은 그와 그의 형제들에게 율법과 선지자만으로도 충분하다며 나사로를 보내지 않는다. 이 부자는 구약이 요구하는 삶을 살지 않은 부도덕하고 불순종한 신앙인이었다. 그러므로 이 비유는 부자들은 무조건 지옥에 간다고 하는 것이 아니다. 하나님의 말씀에 순종하지 않는 부자는 순종하지 않는 가난한 사람과 마찬가지로 지옥으로 간다고 한다. 뒤집어 말하면 가난한 사람이나 부자나 상관없이 율법과 선지자의 말씀에 따라 이웃들과 나누고 섬기는 사람들은 천국에 입성할 수 있다(cf. 16:16).

비유는 부자의 이야기로 시작한다. 자색 옷과 고운 베옷을 입은 부자가 있었다(19a절). 염료가 귀하고 비싼 시대에 '자색 옷'(πορφύρα)은 가장 화려하고 비싼 옷이었으며, 왕이 입을 만한 옷이었다(cf. 삿 8:26). '고운 베옷'(βύσσος)은 이집트에서 수입한 고가품, 오늘날로 말하면 명품이었다(cf. NIDNTT). 이 사람은 겉옷으로는 왕이 입을 만한 자색 옷을, 속옷으로는 명품 수입품을 입은 부자였다. 그의 집 문 앞에서 구걸하고 있는 나사로의 헌데투성이인 모습과 매우 큰 대조를 이룬다.

부자는 이처럼 화려하게 차려입고 날마다 호화롭게 즐겼다(19b절). '즐기다'(εὐφραίνω)는 탕자 이야기에서 여러 차례 사용된 단어다(15:23, 24, 29, 32). 즐기는 것 자체는 나쁜 일이 아니지만, 매일 '호화롭게'(λαμπρως) 즐겼다는 것은 한마디로 '흥청망청'했다는 뜻이다. 문제는 그가 이렇게 호화롭고 사치스러운 생활을 하면서도 그의 대문 앞에 누워 있는 나사로는 거들떠보지도 않았다는 점이다. 이 부자는 재물(맘몬)을 숭배하는 자이며(16:13), 나사로 같은 사람을 데려다가 먹이라고 하신 예수님 말씀(14:13-14)을 져버린 매정한 사람이다. 그는 어리석은 부자가 꿈꾸었던 일(12:19)을 실천으로 옮겼다.

부자의 대문 앞에는 나사로라는 거지가 헌데투성이로('누더기 옷을 입고') 버려져 있다(20절). '버려졌다'(ἐβέβλητο)는 수동태다. 그가 스스로 온 것이 아니라 누군가가 그를 이곳에 데려다 놓았다는 뜻이다. 이곳은 부잣집 앞이니 이 집에 구걸해 생명을 보존하라며 데려다준 것으로 보인다. 아마도 나사로는 질병을 앓거나 장애가 있어 누가 돕지 않으면 살 수 없는 절박한 상황에 처한 딱한 사람이었을 것이다(cf. 마 8:6). 그럼에도 불구하고 그는 '나사로'라는 이름으로 불린다. 반면에 호의호식하는 부자는 이름으로 불리지 않는다. 어느 이야기에서든 등장인물이 이름으로 불리는 것은 내레이터가 그에게 인격을 부여한다는 뜻이다.

249

그러므로 누가는 나사로가 이 이름 모를 부자보다 더 소중하고, 기억되어야 할 사람이라고 한다.

당시 가나안 지역의 집에는 대문이 없었다. '대문'(πυλών)(20절)은 성전이나 저택 등으로 들어가는 큰 문을 뜻한다(cf. 행 12:10; 14:13). 그러므로 이 부자는 참으로 크고 화려한 좋은 집에서 살았다. 큰 문이 있으니 당연히 문지기들이 수시로 밖을 지키며 감시하고 있었다. 이러한 상황을 고려하면 그들은 주인에게 나사로에 대해 보고했을 것이다. '나사로'(Λάζαρος)는 구약의 '엘리에셀'(אֱלִיעֶזֶר)을 헬라어로 표기한 것이며, '하나님은 나의 도움'(God is my help)이라는 의미를 지녔다(TDNT). 아마도 예수님이 하나님의 도움을 의지하지 않고 사는 부자와 대조하기 위해 이 사람의 이름을 이렇게 정하신 것으로 보인다(Garland).

배고픈 나사로의 바람은 소박했다. 부자의 상에서 떨어지는 것으로 배를 채우는 것이었다(21a절). 부자가 먹고 남은 것, 곧 부자에게 더는 필요하지 않은 것을 구걸해 얻어먹겠다는 뜻이다. 그는 부자의 집 안으로 초대받기를 원하지 않는다. 그저 부자의 쓰레기통이라도 뒤져서 먹고 살고자 했다(cf. 막 7:27-28; 눅 15:16; 약 2:16). 아마도 나사로를 이곳으로 데려온 사람도 부자와 나사로 둘 다 유대인이니 부자가 나사로에게 먹고 남은 음식이라도 줄 것으로 기대했을 것이다(cf. 23-24절). 그러나 나사로는 아무런 도움도 받지 못했다.

부자가 나사로의 일을 몰라서 돕지 않은 것일까? 그렇지 않다. 그가 음부에서 아브라함에게 나사로를 보내 달라고 하는 것을 보면 그는 나사로에 대해 잘 알고 있다(24절). 그는 나사로의 어려운 형편을 알면서도 돕지 않은 것이다. '심지어'(ἀλλὰ καὶ)는 나사로가 도움을 받기는커녕 오히려 그의 형편이 악화되었음을 뜻한다. 다른 곳에서 구걸하는 것보다 못한 상황이다(Garland). 결국 부자가 품어 주기를 거부한 나사로의 상처를 개들이 핥았다(21b절). 나사로는 얼마나 아프고 약한지 그의 몸을 핥는 개들을 물리칠 수도 없다. 개들은 부정한 짐승이며, 시체를 먹기도 했다(왕상 14:11; 16:4; 21:19-24; 22:38). 정결한 음식을 배가 터지게 먹는 부자와 부정한 짐승들 속에서 배고픔에 죽어가는 나사로의 모습이 참으로 참혹한 대조를 이룬다.

나사로와 부자가 비슷한 시기에 죽었다(22절). 부자나 가난한 사람이나 그 누구도 죽음을 피할 수 없다. 죽음은 모든 사람에게 공평하게 찾아온다. 이 땅에서 굶주리고 병들어 고통스러운 삶을 살던 나사로가 죽었다. 부자도 죽어 장사되었다. 가족들은 부자의 장례식을 성대하고 화려하게 치렀을 것이다. 반면에 이 땅에 아무 연고가 없는 나사로는 쓰레기처럼 버렸을 것이다.

나사로는 죽자마자 천사들에게 받들려 아브라함의 품에 안겼다(22a절). 하나님이 천사들을 보내 나사로를 천국으로 데려가신 것이다. 세상은 죽고 나면 아무것도 없으니 살아 있는 동안 마음껏 누리고 즐기라고 한다. 그러나 성경은 죽음 후에 새로운 삶이 시작된다고 한다.

나사로가 아브라함의 품으로 들어갔다고 하는데, '들어가다'(ἀποφέρω)는 원래의 위치로 들어간다는 뜻이다(Horst). 나사로는 죽어서 자기의 원래 자리로 돌아간 것이다. 이러한 해석이 가능한가? 이사야 선지자는 "의를 따르며 여호와를 찾아 구하는 너희는 내게 들을지어다 너희를 떠낸 반석과 너희를 파낸 우묵한 구덩이를 생각하여 보라"(51:1)라고 사람들을 격려한다.

이 말씀은 채석장 이미지를 사용한다. 우리가 알다시피 화강암이 나오는 채석장에서는 화강암만, 대리석이 나오는 채석장에서는 대리석만 나온다. 탄광에서는 금이 나오지 않고, 금광에서는 석탄이 나오지 않는다.

비록 나사로가 세상에서는 사람들에게 밟히는 돌조각 같은 신세였지만, 그는 세상에서 가장 진귀한 채석장에서 떨어져 나와 잠시 이 땅에 머물다가 갔다. 그는 드디어 그가 떨어져 나온 채석장으로 돌아가 자기가 있어야 할 곳에 있게 된 것이다.

우리도 마찬가지다. 우리가 떨어져 나온 바위와 구덩이는 누군가? 예수님, 하나님이 아니겠는가? 하나님은 우리를 하나하나 자신의 품에서 떼어내 사명을 주시고 이 세상에 파견하셨다. 그 소명이 성취될 때까지 우리는 열심히 살아야 한다. 그리고 하나님은 우리가 돌아가지 않는 한 채워지지 않는 빈 공간을 가슴에 안고 우리를 응원하신다.

아브라함의 품에서 평안과 안식을 누리는 나사로와 달리 부자는 음부에서 고통을 받는다(23a절). '음부'(ᾅδης)는 죽은 죄인들이 영원히 고통받는 곳, 곧 지옥이다(cf. 10:15). 고통 중에 그는 아브라함과 그의 품에 있는 나사로를 보았다(23b절).

부자는 음부의 불꽃 가운데서 괴로워하고 있다. 목이 많이 마르다는 뜻이다. 아주 적은 양의 물이라도 마실 수 있으면 큰 도움이 될 것 같다. 그는 아브라함에게 자기를 불쌍히 여겨 나사로를 보내 그 손가락 끝에 물을 찍어 자기 혀를 서늘하게 해 달라고 한다(24절). 아브라함을 '아버지 아브라함'이라 부르며 혈연(이스라엘)을 근거로 호소한다. 그러나 세례 요한은 이미 이런 일이 아무 소용없다고 경고했다. "아브라함이 우리 조상이라 말하지 말라 내가 너희에게 이르노니 하나님이 능히 이 돌들로도 아브라함의 자손이 되게 하시리라"(3:8). 하나님 나라에서는 혈연이 아니라 서로에게 자비를 베푸는 일로 관계가 정의된다 (Garland).

아브라함은 부자에게 두 가지를 알려 주었다. 첫째, 그는 살았을 때 좋은 것을 받았고 나사로는 고난을 받았으니 죽은 후에는 서로 위치가 바뀌었다(25절). 만일 부자가 사는 동안 자신이 받은 좋은 것을 하나님이 맡기신 것으로 생각해(cf. 16:9-12) 고난받는 자들, 곧 나사로 같은 사람들과 나눴으면 상황이 달라졌을 것이다. 그러나 그는 홀로 즐겼을 뿐 남들에게 전혀 긍휼을 베풀지 않았다. 그러므로 죽어서는 상황이 완전히 반전되었다.

둘째, 아브라함과 나사로가 있는 곳과 부자가 있는 음부 사이에는 큰 구렁텅이가 있다(26절). '구렁텅이'(χάσμα)는 '나뉨'(경계)이라는 의미다(BAGD). 게다가 이 나뉨의 간격이 매우 '크다'(μέγας). 그러므로 아무도 건너갈 수 없다. 천국에서 지옥으로 건너갈 수 없고, 지옥에서 천국으로 넘어갈 수 없다는 것이다. 아브라함은 나사로를 음부에 있는 부자에게 보낼 수 없다고 한다.

갈증 해소를 포기한 부자는 아브라함에게 한 가지를 더 부탁한다(27절). 나사로를 아직 살아 있는 그의 다섯 형제에게 보내 증언하게 해 그들만큼은 죽어서 음부로 오지 않게 해 달라는 것이다(28절). '증언하다'(διαμαρτύρομαι)는 '경고하다, 알리다'라는 뜻을 지녔다(NIDNTTE). 자신은 누가 알려 주지 않아 내세에 대해 전혀 모르고 있다가 음부로 오게 되었으니, 자기 형제들은 회개하고 선행을 베풀어 죽은 뒤 음부에 오지 않도록 나사로를 보내 경고 메시지를 전해 달라는 것이다. 그는 아직도 혈육만이 형제라고 생각한다. 구약은 가난한 사람들도 우리의 형제라고 한다(레 25:25, 35, 39; 신 15:7, 9, 11; 느 5:7). 또한 이 사람은 율법이 대가를 바라지 않고 조건 없이 남을 도우라고 하는 것을 알지 못한다. 그는 자기 형제들이 음부에 오지 않게 살아서 선을 행하도록 경고하라고 한다.

그러나 아브라함은 그들에게는 모세와 선지자들이 있으니 나사로를 보낼 필요가 없다고 한다(29절). '모세와 선지자들'(Μωϋσέα καὶ τοὺς προφήτας)은 구약 전체를 칭하는 말이다. 죽은 후에 음부로 가지 않겠다고 마음먹기만 하면 그들의 길을 인도할 하나님의 말씀이 이미 그들과 함께 있다는 것이다. 문제는 그들이 하나님의 말씀을 옆에 두고도 순종하지 않는 데 있지, 하나님의 말씀에 대한 무지함에 있지 않다. 이미 그들에게 주어진 하나님의 말씀에 순종하지 않는다면 다른 방법이 없다(cf. 신 30:11-14).

부자는 그렇지 않다고 한다(30a절). 만일 죽은 사람 중 하나가 그들에게 가서 사실을 말하면 그들이 회개할 것이라고 확신한다(30b절). 자기도 죽은 사람이 찾아와 말해 주었다면 회개했을 것이라는 뜻이다. 그는 하나님의 말씀(모세와 선지자들)만으로는 사람을 회개하게 할 수 없다고 한다. 더 자극적이고 충격적인 증언이 필요하다고 한다. 정말 그럴까? 성경 외에 더 필요한 것이 있는가?

아브라함은 누구든 모세와 선지자들(하나님 말씀)을 듣지 않으면 죽은 사람 중 하나가 살아나 찾아가도 권함을 받지 않을 것이라고 한다 (31절). 부자가 하는 말은 불순종에 대한 변명에 불과하다는 것이다. 하나님은 우리의 영생을 위한 말씀을 이미 성경을 통해 모두 주셨다. 주신 말씀에 순종하고 안 하고는 각자의 몫이며, 말씀에 설득되지 않는 사람은 죽었다 살아난 사람이 찾아가 말해도 듣지 않을 것이다. 예수님은 이 말씀을 하시면서 자신의 부활도 포함하시는 듯하다. 죽음에서 돌아온 예수님의 말씀을 모두가 믿은 것은 아니었다.

헤롯은 예수님과 제자들의 사역에 대해 듣고 자신이 죽인 세례 요한이 죽은 자 가운데서 살아났다고 했다(9:7-9). 그러나 헤롯은 예수님의 말씀에 귀를 기울이기는커녕 오히려 주님을 죽이려 했다(13:31). 오직 하나님의 말씀에 구원이 있다. 성경이 믿음을 요구하는 것이 바로 이런 의미다. 새롭고 자극적인 것을 찾지 말고 이미 주신 말씀을 믿고 행하라는 뜻이다.

이 말씀은 성경의 절대성과 최종성에 대해 생각하게 한다. 사람이 내세를 준비하는 일에 성경 외에 필요한 것은 없다. 이미 주신 하나님의 말씀대로만 하면 된다. 이단들이 주장하는 추가적인 '정보'(비밀)에 신경 쓸 필요가 전혀 없다. 그럴 시간이 있으면 성경을 한 절 더 공부해 알아 가는 것이 좋다.

G. 공동체의 삶(17:1-37)

앞 섹션에서 재물에 대해 말씀하신 예수님은 이제 공동체의 삶에 대해 말씀하신다. 믿음 공동체 안에서 서로를 어떻게 대해야 하는지, 공동체에서 가장 중요한 것은 무엇인지에 관한 말씀이다. 본 텍스트는 다음과 같이 세 파트로 구분된다.

    A. 실족과 용서와 믿음(17:1-10)
    B. 감사(17:11-19)
    C. 임재한 하나님 나라(17:20-37)

1. 실족과 용서와 믿음(17:1-10)

[1] 예수께서 제자들에게 이르시되 실족하게 하는 것이 없을 수는 없으나 그렇게 하게 하는 자에게는 화로다 [2] 그가 이 작은 자 중의 하나를 실족하게 할진대 차라리 연자맷돌이 그 목에 매여 바다에 던져지는 것이 나으리라 [3] 너희는 스스로 조심하라 만일 네 형제가 죄를 범하거든 경고하고 회개하거든 용서하라 [4] 만일 하루에 일곱 번이라도 네게 죄를 짓고 일곱 번 네게 돌아와 내가 회개하노라 하거든 너는 용서하라 하시더라 [5] 사도들이 주께 여짜오되 우리에게 믿음을 더하소서 하니 [6] 주께서 이르시되 너희에게 겨자씨 한 알만한 믿음이 있었더라면 이 뽕나무더러 뿌리가 뽑혀 바다에 심기어라 하였을 것이요 그것이 너희에게 순종하였으리라 [7] 너희 중 누구에게 밭을 갈거나 양을 치거나 하는 종이 있어 밭에서 돌아오면 그더러 곧 와 앉아서 먹으라 말할 자가 있느냐 [8] 도리어 그더러 내 먹을 것을 준비하고 띠를 띠고 내가 먹

255

고 마시는 동안에 수종들고 너는 그 후에 먹고 마시라 하지 않겠느냐 [9] 명한 대로 하였다고 종에게 감사하겠느냐 [10] 이와 같이 너희도 명령 받은 것을 다 행한 후에 이르기를 우리는 무익한 종이라 우리가 하여야 할 일을 한 것뿐 이라 할지니라

본 텍스트는 제자들의 삶이 어떠해야 하는지에 관한 것이며, (1)경고 (1-3a절), (2)지침(3b-4절), (3)권면(5-6절), (4)섬김에 대한 비유(7-10절) 등 네 파트로 구성되어 있다. 예수님은 제자들에게 이 가르침을 주시지 만, 바리새인들도 그들과 함께 듣고 있는 상황이다(cf. 16:14). 그러므로 이 가르침은 바리새인들의 태도를 간접적으로 비난하는 것이며, 또한 바리새인처럼 되지 말라는 취지의 가르침이기도 하다(cf. Liefeld & Pao).

예수님은 우리가 이 땅에서 공동체를 형성하며 사는 한 서로를 실 족하게 하는 일은 피할 수 없는 현실이지만, 남을 실족하게 하는 사 람은 하나님의 심판을 피할 수 없다고 하신다(1절). '없을 수는 없 다'(ἀνένδεκτος)는 불가능하다는 의미다(NIDNTT). '실족'(σκάνδαλον)은 죄 를 짓거나 신앙에서 떠나는 것이다(Blomberg, France, Luz, cf. TDNT). 또 한 한 번이 아니라 여러 차례 혹은 지속적으로 이렇게 하도록 영향을 주는 것이다(Bock). 신앙 공동체를 형성하는 구성원 중에 남에게 죄를 짓거나 신앙에서 떠나게 하는 일을 하고 싶어 하는 사람은 없다. 그러 나 본의 아니게, 혹은 자신도 모르게 남을 실족하게 하는 일은 피할 수 없는 현실이다. 그러므로 최선을 다해 자신의 언행을 꾸준히 돌아보아 야 한다. 설령 본의 아니게 남을 실족하게 했더라도 책임을 피할 수 없 기 때문이다.

예수님은 믿음 공동체에 속한 사람 가운데 작은 자 중 하나를 실족하 게 하는 것보다 차라리 연자 맷돌이 그 목에 매여 바다에 던져지는 것 이 낫다고 하신다(2절). '이 작은 자들'(τῶν μικρῶν τούτων ἕνα)은 하나님 의 특별한 보호를 받는 사람들이다(Bock). 거지 나사로(cf. 16:20-21)와

탕자(15:11-32)와 세리들과 죄인들(15:1)과 장애인들(14:13, 21)과 병자들(14:1-6; 13:11-16)이다(Garland). 세상의 눈에는 별로 중요하지 않아 쉽게 무시당할 수 있는 사람들이다. 예수님은 우리는 모두 하나님 앞에서 동일하다는 사실을 강조하며 제자들에게 이렇게 경고하신다. 가장 보잘것없는 사람이라 해도 차별하거나 실족하게 해서는 안 된다.

'연자 맷돌'(λίθος μυλικὸς)은 방앗간에서 나귀가 돌리는 큰 맷돌이다 (cf. Culpepper). 블레셋 사람들이 삼손의 눈을 뽑고 그에게 이런 일을 시켰다(삿 16:21). 이런 돌을 목에 달고 바다에 빠지면 물에서 빠져나올 수 없다. 우리 때문에 실족하는 사람이 없게 하라는 강력한 경고다. 남을 실족하게 하는 것보다 차라리 죽는 것이 낫다는 각오로 노력하고 조심해야 한다.

믿음 공동체에 속한 사람들이 서로 실족시키지 않도록 최선을 다해야 하는 이유는 우리 모두 각자 실족하게 하는 세상과 싸워야 하기 때문이다. 마귀의 영향을 받는 세상은 끊임없이 하나님의 자녀들을 실족시키려고 한다. 실족하는 사람은 믿음이 연약해서 실족하지만, 그들도 하나님께 참으로 소중한 사람들이다. 그러므로 하나님은 실족시킨 자들을 벌하실 것이다. 믿음 공동체에 속한 사람 중 마귀와 세상에 이용당해 남을 실족시키는 도구로 사용되는 사람도 심판을 피하지 못할 것이다.

이 말씀은 교회 내에서 영적 혼란과 타락을 야기하는 거짓 선생과 선지자들도 모두 심판받을 세상의 일부임을 암시한다(Osborne). 또한 주님의 자녀들은 자신이 남들에게 끼치는 영향을 의식하며 살아야 한다는 권면이다(cf. 롬 14:13; 고전 8:9-10; 요일 2:10; 계 2:14).

믿음 공동체에서 매우 중요한 것은 경고와 용서다(3절). 우리는 삶에 대해 항상 신중해야 하며 죄를 짓지 않으려는 노력을 평생 해야 한다. 간혹 형제가 죄를 범하면 경고해야 한다. 그가 경고를 받아들여 회개하면 형제를 하나 얻은 것과 다름없다. 또한 형제가 회개하면 용서해야 한다. '형제'(ἀδελφός)는 기독교적 용어다. 함께 믿음 공동체를 형성하며 살아가는 사람을 뜻한다.

형제가 회개하면 몇 번이나 용서해야 하는가? 예수님은 하루에 일곱 번이라도 용서하라 하신다(4절). 탕자 이야기와 연결해 생각해 보면 용서는 마치 지은 죄가 없는 것처럼 간주하는 것이 아니라, 회개한 죄인을 다시 가족으로 받아들이는 것이다. 또한 용서는 형처럼 굴지 않는 것이다. 탕자 이야기에서 형은 용서하는 자가 아니라 저격수(sniper)였다. 신앙은 홀로 사적으로 추구하는 것이 아니라 한 가족이 되어 함께 살아가는 것이다. 그러므로 우리는 서로 감시하는 자가 아니라 용서하는 자로 살아야 한다.

예수님의 가르침을 받은 제자들이 망연자실한다. 사람은 본능적으로 이렇게 할 수 없기 때문이다. 하나님이 주시는 믿음이 있어야 용서가 가능한데, 그들에게는 이렇게 살 만한 믿음이 없다고 생각한다. 그러므로 제자들은 예수님께 그들의 믿음을 더해 달라고 호소한다(5절). '더하다'(προστίθημι)는 '늘리다, 키우다'라는 뜻이다(NAS, NIV, NRS, ESV). 제자들은 예수님의 말씀대로 용서하며 살기에는 자신의 믿음이 너무 작으니 키워 달라며 이렇게 말하고 있다.

예수님은 사람이 겨자씨 한 알만 한 믿음을 가져도 뽕나무더러 뿌리가 뽑혀 바다에 심기라고 명령할 수 있으며, 명령을 받은 뽕나무는 바다로 옮겨가 심길 것이라고 하신다(6절). 믿음은 양(크기)이 이슈가 아니라, 있고 없고가 이슈다. 제자들은 자신들에게 믿음이 있지만 크지 않다며 예수님께 그들의 믿음을 크게 해 달라고 했는데, 예수님은 그들에게 겨자씨 크기의 믿음만 있어도 온갖 기적과 특이한 일들을 행할 수 있다고 하신다. 그들에게는 겨자씨만 한 믿음도 없다는 우회적인 책망이다.

이어서 예수님은 제자들을 종에 비유하며 하나님 나라에 충성할 것을 권면하신다(7-10절). 수사학적인 질문을 통해 종들이 처할 수 있는 세 가지 사례를 말씀하신다. 첫째, 온종일 밭을 갈고 양을 치고 돌아온 종이라 해도 집에 도착하면 곧바로 앉아서 먹고 쉴 수 있는 것이 아니다(7절). 만일 주인이 여러 종을 거느린 부자라면 각 종이 맡은 일이 다르기 때문에 일하고 들어온 종이 곧바로 먹고 쉴 수 있겠지만, 몇 명 안 되는 종을 거느린 주인이라면 한 종에게 여러 가지 일을 맡긴다. 이런 상황에서는 종일 밖에서 일하고 돌아온 종이라 해도 집에 오면 다른 일을 해야 한다.

둘째, 밖에서 일하고 온 종이라 할지라도 집에 오면 주인이 먹을 음식을 요리해야 하며, 주인이 먹고 마시는 동안에는 곁에서 수종을 들어야 한다(8절). 주인이 먹고 난 후에야 비로소 배고프고 피곤한 종이 먹고 마실 수 있다.

셋째, 주인이 명령한 모든 것을 종이 성실하게 이행했다고 해서 주인이 그에게 감사하는 일은 없다(9절). 종은 주인의 명령에 따라 당연히 해야 할 일을 했을 뿐이다. 그러므로 주인이 시킨 대로 했다고 해서 종이 보상이나 감사를 기대하는 것은 어리석은 일이다.

그렇다면 종은 어떻게 처신해야 하는가? 주인이 명령한 모든 것을 행한 후에 주인에게 자신은 무익한 종이며 자신이 당연히 해야 할 일을 한 것뿐이라고 고백하는 것이다(10절). 선한 종은 주인 앞에서 자신을 낮추고, 자신을 거두어 준 주인에게 모든 영광을 돌린다. 예수님은 제자들에게 하나님의 모든 명령에 순종하고 난 후에 겸손한 자세를 취할 것을 권면하신다.

이 말씀은 남을 실족하게 하는 일을 최대한 피하라고 한다. 하나님은 실족하는 사람뿐 아니라 그를 실족하게 한 사람도 벌하실 것이기 때문이다. 서로를 신앙의 길로 인도하며 격려하는 것이 최선이다. 또한 진심으로 회개하고 용서를 구하는 사람은 용서하고 품어야 한다. 신앙 공동체는 가족이기 때문이다.

하나님의 종으로서 우리는 어떠한 대가도 바라지 않으며 하나님이 명령하신 바를 성실하게 이행해야 한다. 하나님은 분명 우리에게 큰 상을 내리실 것이지만, 상을 바라고 사역하는 것은 바람직하지 않다. 우리는 하나님께 속한 종이기 때문이다. 또한 맡은 일을 성실하게 실천한 후에는 모든 영광을 하나님께 돌려야 한다. 종은 주인의 빛나는 업적 뒤에 숨겨져야 한다.

V. 예루살렘 여정(9:51-19:27)
G. 공동체의 삶(17:1-37)

2. 감사(17:11-19)

[11] 예수께서 예루살렘으로 가실 때에 사마리아와 갈릴리 사이로 지나가시다가 [12] 한 마을에 들어가시니 나병환자 열 명이 예수를 만나 멀리 서서 [13] 소리를 높여 이르되 예수 선생님이여 우리를 불쌍히 여기소서 하거늘 [14] 보시고 이르시되 가서 제사장들에게 너희 몸을 보이라 하셨더니 그들이 가다가 깨끗함을 받은지라 [15] 그 중의 한 사람이 자기가 나은 것을 보고 큰 소리로 하나님께 영광을 돌리며 돌아와 [16] 예수의 발 아래에 엎드리어 감사하니 그는 사마리아 사람이라 [17] 예수께서 대답하여 이르시되 열 사람이 다 깨끗함을 받지 아니하였느냐 그 아홉은 어디 있느냐 [18] 이 이방인 외에는 하나님께 영광을 돌리러 돌아온 자가 없느냐 하시고 [19] 그에게 이르시되 일어나 가라 네 믿음이 너를 구원하였느니라 하시더라

9:51에서 시작된 예루살렘 여정이 계속되고 있다(cf. 13:22). 예수님은 이곳저곳을 들리시며 느리게 예루살렘을 향해 가고 계신다. 누가는 예수님이 어떤 경로로 예루살렘을 향해 가시는지 정확하게 기록하지는 않는다. 그는 지역 이름에 그다지 큰 관심을 두지 않기 때문이다. 지금 예수님은 갈릴리와 사마리아 접경 지역을 지나고 계시며(11절), 방향은 동쪽에서 서쪽으로 향하고 있다(Bock). 이 지역은 갈릴리 사람들도 사

마리아 사람들도 자기네 지역이라 할 수 없는 애매한 곳이다. 본문이 묘사하는 사건은 예수님이 예루살렘 여정 중 행하시는 다섯 가지 기적 중 네 번째 기적이다(cf. 11:14; 13:10-13; 14:1-4; 18:35-43).

사마리아와 갈릴리 접경 지역에 있는 한 마을에 들리셨을 때 나병 환자 10명이 예수님을 만나러 왔다(12절). 이미 5:12-16에서 언급한 것처럼 성경은 한센병을 포함한 다양한 피부 질환을 나병(λεπρός)이라 한다. 나병의 가장 큰 문제는 성전과 사람들로부터 격리되어야 한다는 것이다(cf. 레 13:45-46; 민 5:2; 눅 5:12-16). 건강한 사람들이 감염을 우려해 그들이 가까이 오는 것을 허락하지 않았기 때문이다. 이러한 정황을 알기에 이 나병 환자들도 멀리 서서 예수님께 도움을 청한다.

환자들은 예수님이 자기 지역에 오셨다는 소문을 듣고 쫓아왔다. 또한 그들은 예수님이 나병 환자들을 멀리하지 않으시고 따뜻하게 대하며 치료하시는 자비로운 분이라는 사실도 알고 있다. 그러나 예수님이 허락하지 않으시면 가까이 올 수가 없다. 그러므로 그들은 먼발치에서 소리 높여 자신들을 불쌍히 여겨 달라고 호소한다(13절). 그들이 앓고 있는 나병을 고쳐 달라는 부르짖음이다. 그들은 가족들과 공동체로 돌아가고 싶은 마음이 간절하다.

예수님은 그들에게 성전에 있는 제사장들을 찾아가서 몸을 보이라고 하셨다(14a절). 제사장들에게 몸을 보이는 것은 더는 나병을 앓지 않을 때 하는 일이다. 유대교에서는 나병의 완치 판단을 제사장들이 했기 때문이다(cf. 레 13-14장). 예수님이 이같이 명령하시는 것은 나병 환자 모두(대다수) 유대인이라는 것을 전제한다.

예수님이 제사장들에게 몸을 보이라고 하신 것은 환자들에게도 믿음을 요구한다. 그 자리에서 당장 치료해 주시지 않고, 제사장들에게 보이러 가는 동안에 치료될 것을 믿고 가라고 하신 것이기 때문이다. 이러한 상황은 옛적에 엘리사가 시리아의 장군 나아만에게 요단강 물로 일곱 번 씻으면 그의 나병이 나을 것이라고 한 일과 비슷하다(Green,

Nolland, cf. 왕하 5:10).

예수님의 명령에 따라 제사장들에게 몸을 보이러 가던 10명이 모두 나음을 입었다(14b절). 그들이 깨끗함을 받았다는 것은 곧 정결하게 되었다는 뜻으로, 성전 예배에 참석할 수 있게 되었다는 의미다. 10명 중 한 명을 제외하고 모두 유대인이었던 것이다.

나병에서 완치된 10명 중 한 사람이 자신이 나은 것을 보고 큰 소리로 하나님께 영광을 돌리며 예수님께 돌아왔다(15절). 그가 '보고'(ἰδών), '돌아와'(ὑπέστρεψεν) '하나님께 영광을 돌린 것'(δοξάζων τὸν θεόν)은 천사에게서 예수님의 탄생 소식을 듣고 아기 예수님을 찾아온 목자들이 취한 행동과 비슷하다(Hamm). "목자들은 자기들에게 이르던 바와 같이 듣고 본 그 모든 것으로 인하여 하나님께 영광을 돌리고 찬송하며 돌아가니라"(2:20).

돌아온 사람은 누가 자신을 낫게 했는지를 안다. 하나님이 예수님을 통해 자기를 치료하신 것을 확신한다(Liefeld & Pao). 어떤 이들은 이 사람이 제사장을 찾아가지 않은 것을 두고 그가 스스로 제사장 역할을 하고 있다고 해석하기도 하지만(cf. Garland), 그가 제사장에게 가지 않고 예수님께 돌아온 것은 치료에 대한 기쁨과 감격의 표현이며, 예수님을 경배하기 위해서다. 그의 돌아옴은 회심이라고 할 수 있다. 그가 예수님 발 앞에 엎드리는 것(16절)과 예수님이 그에게 "네 믿음이 너를 구원하였느니라"라고 선언하시는 것(19절)을 보면 알 수 있다.

게다가 이 사람은 사마리아 사람이다(16절). 유대인들은 사마리아 사람들을 혼혈이라며 경멸했다. 그러므로 하나님이 사마리아인을 치료하신 일을 상당히 충격적으로 생각했을 것이다. 이러한 정황을 고려하면 그가 유대교 제사장에게 나아갈 필요는 더욱더 없다. 그의 선한 행동(돌아와서 예수님을 경배한 것)은 선한 사마리아인 비유(10:33-35)를 생각나게 한다. 감사할 줄 모르는 유대인 9명보다 감사하는 사마리아인 한 명이 더 낫다.

　　예수님은 돌아와 낫게 해 주셔서 감사하다며 절하는 사마리아 사람에게 세 가지 질문을 하신다(17-18절). 이 질문은 모두 은혜를 체험하고도 참으로 어처구니없는 반응을 보인 9명과 당연하고 합리적으로 반응한 사마리아인 한 사람을 대조한다. (1)열 사람이 다 깨끗함을 받지 아니하였느냐? (2)아홉은 어디 있느냐? (3)이 이방인 외에는 하나님께 영광을 돌리러 온 자가 없느냐? '이방인'(ἀλλογενής)은 신약에서 단 한 차례 사용되는 단어며, 이스라엘 사람들과 이방인들을 구별하는 용어다(NIDNTTE). 예루살렘 성전 뜰에서 이방인들이 출입할 수 있는 영역을 표시하는 단어였다(Hamm). 예수님의 질문은 이방인 백부장의 믿음에 감탄하셨던 일을 생각나게 한다. "내가 너희에게 이르노니 이스라엘 중에서도 이만한 믿음은 만나보지 못하였노라"(7:9). 복음에 대한 올바른 반응은 온 열방에서 일어날 것이다(Bock).

　　예수님은 홀로 돌아와 감사를 표한 사마리아 사람에게 "일어나 가라 네 믿음이 너를 구원하였느니라"라고 말씀하셨다(19절). '네 믿음이 너를 구원했다'(cf. 7:50; 8:48, 50; 18:42)는 질병에서 완치된 것과 구원이 별개임을 의미한다(Bock). 돌아오지 않은 9명은 병은 나았지만 구원에 이르지는 못했다. 반면에 이 사마리아 사람은 병도 낫고 구원도 얻게 되었다. 그가 경험한 은혜에 감사를 표하고자 했기에 가능한 일이었다.

　　이 말씀은 성도들이 더는 성전에 가서 제물을 드리며 하나님을 예배할 필요가 없다고 한다(cf. 레 14:1-32). 직접 예수님께 나아가면 된다. 또한 이방인이라고 해서 하나님께 나아오는 것을 금해서는 안 된다고 한다. 질병이나 이방인이라는 이유로 성전에서 배제되었다 할지라도 하나님께 나아오는 일에서 배제된 것은 아니라는 선언이다(Culpepper).

V. 예루살렘 여정(9:51-19:27)
G. 공동체의 삶(17:1-37)

3. 임재한 하나님 나라(17:20-37)

²⁰ 바리새인들이 하나님의 나라가 어느 때에 임하나이까 묻거늘 예수께서 대답하여 이르시되 하나님의 나라는 볼 수 있게 임하는 것이 아니요 ²¹ 또 여기 있다 저기 있다고도 못하리니 하나님의 나라는 너희 안에 있느니라 ²² 또 제자들에게 이르시되 때가 이르리니 너희가 인자의 날 하루를 보고자 하되 보지 못하리라 ²³ 사람이 너희에게 말하되 보라 저기 있다 보라 여기 있다 하리라 그러나 너희는 가지도 말고 따르지도 말라 ²⁴ 번개가 하늘 아래 이쪽에서 번쩍이어 하늘 아래 저쪽까지 비침같이 인자도 자기 날에 그러하리라 ²⁵ 그러나 그가 먼저 많은 고난을 받으며 이 세대에게 버린 바 되어야 할지니라 ²⁶ 노아의 때에 된 것과 같이 인자의 때에도 그러하리라 ²⁷ 노아가 방주에 들어가던 날까지 사람들이 먹고 마시고 장가 들고 시집 가더니 홍수가 나서 그들을 다 멸망시켰으며 ²⁸ 또 롯의 때와 같으리니 사람들이 먹고 마시고 사고 팔고 심고 집을 짓더니 ²⁹ 롯이 소돔에서 나가던 날에 하늘로부터 불과 유황이 비오듯 하여 그들을 멸망시켰느니라 ³⁰ 인자가 나타나는 날에도 이러하리라 ³¹ 그 날에 만일 사람이 지붕 위에 있고 그의 세간이 그 집 안에 있으면 그것을 가지러 내려가지 말 것이요 밭에 있는 자도 그와 같이 뒤로 돌이키지 말 것이니라 ³² 롯의 처를 기억하라 ³³ 무릇 자기 목숨을 보전하고자 하는 자는 잃을 것이요 잃는 자는 살리리라 ³⁴ 내가 너희에게 이르노니 그 밤에 둘이 한 자리에 누워 있으매 하나는 데려감을 얻고 하나는 버려둠을 당할 것이요 ³⁵ 두 여자가 함께 맷돌을 갈고 있으매 하나는 데려감을 얻고 하나는 버려둠을 당할 것이니라 ³⁶ (없음) ³⁷ 그들이 대답하여 이르되 주여 어디오니이까 이르시되 주검 있는 곳에는 독수리가 모이느니라 하시니라

바리새인들이 예수님께 하나님의 나라가 '어느 때' 임하는지 물었다(20a절). 한편, 예수님의 가르침이 끝날 즈음에는 제자들이 하나님 나라

가 '어디에' 임하는지 묻는다(37절). 하나님 나라의 임재에 대한 질문들이 이 섹션을 감싸고 있는 것이다(37절).

지금까지 누가복음에서 바리새인들이 보여 준 모습을 고려하면 그들이 궁금해서, 혹은 예수님께 배우고자 해서 질문하는 것이 아님을 알 수 있다. 예수님의 사역을 통해 하나님 나라는 이미 임했다. 그러나 바리새인들은 이러한 사실을 부인한다. 예수님이 하나님 나라는 볼 수 있게 임하는 것이 아니라고 대답하시는 것으로 보아, 그들은 하나님 나라가 매우 특별하고 스펙터클한 징조들을 동반해야 한다고 생각하는데 예수님의 사역이 이런 징조들을 동반하지 않았다고 하는 것이다.

바리새인들은 하나님 나라가 이 땅에 임할 때 하나님이 보내신 천군천사가 메시아를 호위하고, 출애굽 사건에 버금가는 기적적인 일과 징조 등이 동반되며, 메시아가 로마 사람들로부터 이스라엘을 해방시키는 일이 일어날 것으로 생각한다. 그러나 유대 땅에는 아직도 빌라도가 로마가 보낸 총독으로 군림해 있다. 그러므로 그들은 이미 하나님 나라가 예수님을 통해 임한 것을 부인한다.

예수님은 그들에게 하나님 나라는 볼 수 있게 임하는 것이 아니라고 하신다(20b절). '볼 수 있는 것'(παρατήρησις)은 천재지변, 자연재해 등 사람이 쉽게 보고 느끼는 것을 뜻한다. 예수님은 하나님의 나라가 임재할 때 온갖 스펙터클을 동반할 것으로 생각하는 바리새인들에게 그들의 생각이 잘못되었음을 지적하신다. 하나님 나라는 겨자씨와 누룩처럼(13:18-21) 아무도 모르는 사이에 조용히 임한다.

하나님의 나라는 '여기 있다' 혹은 '저기 있다'라고 할 수 있는 것이 아니다(21a절). 하나님 나라는 그들(바리새인들) 안에 있기 때문이다(21b절). 학자들은 이 말씀을 여러 가지로 해석한다(cf. Bock, Bovon, Fitzmyer, Nolland). 그중 세 가지가 주류를 이룬다. 첫째, 하나님의 나라는 내면적인 것이다. '안'(ἐντός)은 신약에서 두 차례 사용되는 단어며, 정확한 의미를 파악하기가 쉽지 않다. 마태복음 23:26에서 이 단어는 그릇의

'안쪽'을 의미한다. 이 해석을 따를 경우 하나님의 통치는 그들(바리새인들) 안(내면)에 임하는 것이다. 그러나 바리새인들이 이때까지 보여 준 태도를 고려하면 하나님 나라가 그들 안에 임했다고 할 수 없다. 또한 하나님의 나라는 성령이 사람 안에 내재하시는 것처럼 임하거나 사람의 마음에만 존재하는 것이 아니다. 하나님 나라는 사람의 마음에 침투하는 것이 아니라, 사람이 온 세상에 임한 하나님의 나라에 들어간다(Marshall).

둘째, 하나님 나라는 매우 가까이 와 있다. 하나님의 나라는 사람이 마음만 먹으면 언제든 얻을 수 있는 가까운 위치에 있다는 뜻이다. 사람이 언제든 회개하고 마음에 믿음을 둘 수 있는 것에 근거한 모델이다(cf. 신 30:14; 롬 10:17). 그러나 이 해석은 사람이 하나님 나라에 들어가는 일에서 인간의 의지를 지나치게 강조한다. 하나님 나라로 들어가는 문은 좁기 때문에 그곳에 들어가기 위해서는 사람이 열심히 노력해야 하는 면모가 있다(13:24). 그러나 사람이 원한다고 해서 들어갈 수 있는 것이 아니다. 하나님이 먼저 허락하셔야 한다. 또한 바리새인들은 '어느 때'에 대해 묻고 있는데, 이 해석은 '어떻게'에 대해 답하고 있으므로 질문에 어울리지 않는 답이다.

셋째, 하나님의 나라는 이미 세상에 임했다. 이 해석은 '안'(ἐντός)을 '중'(midst, among)으로 이해한다(새번역, 공동, NAS, NIV, NRS, ESV). 예수님의 가르침과 치유를 통해 하나님 나라는 이미 그들(바리새인들을 포함한 세상 사람들) 중에 임했다(cf. 7:22-23; 9:27; 11:20). 또한 앞으로도 임할 것이다(cf. 10:9, 11; 21:31; 22:16, 18). 하나님의 나라는 '이미-아직'(already-not yet) 면모를 지니고 있다. 그러나 바리새인들은 예수님의 사역을 통해 임한 하나님 나라의 '이미'(already) 면모는 거부한 채 '아직'(not yet) 면모만 강조하고 있다(cf. 20절). 그러므로 예수님은 이 말씀을 통해 바리새인들의 비뚤어진 시선을 바로잡거나, 미래를 바라보고 있는 그들의 시선을 현실로 돌리고자 하신다. 하나님 나라는 이미 예수님의 가르침과 사역을 통해 이 땅에 임했고, 시작되었기 때문이다. 이 해석이 가장 설득력 있다. 바리새인들이 인정하든 거부하든 하나님 나라는 이미 임했고, 그들이 주장한 대로 스펙터클하게 임한 것이 아니라 매우 조용히 임했다.

바리새인들의 질문에 답하신 예수님이 이번에는 제자들에게 말씀하신다(22a절). 때가 되면 그들이 인자의 날 하루를 보고자 하되 보지 못할 것이라고 하신다(22b절). '인자의 날'(τῶν ἡμερῶν τοῦ υἱοῦ τοῦ ἀνθρώπου)은 온갖 재앙과 심판으로 인한 고통이 세상에 임하는 날이다(cf. 24, 26절). 그날이 되면 하나님의 나라는 바리새인들이 생각하는 것처럼 온 세상을 뒤흔드는 현상들을 동반할 것이다. 그러나 제자들은 그날을 볼 수 없다. '인자의 날 하루'(μίαν τῶν ἡμερῶν τοῦ υἱοῦ τοῦ ἀνθρώπου)는 인자가 오셔서 온 세상을 다스리는 날 중 하루(one of the days of the Son of Man) 혹은 시작을 의미한다(Liefeld & Pao, cf. NAS, NIV, NRS, ESV). 인자의 날(재림)은 제자들이 죽은 후에 임할 것이기 때문이다(Garland).

인자의 날이 임할 때까지 사람들은 '보라 저기 있다, 보라 여기 있다'를 반복할 것이다(23a절). 메시아가 오셨다고 떠들어 대며 지속적으로 사람들을 속일 것이라는 뜻이다. "너희더러 말하기를 '보아라, 저기에 계신다', [또는] '보아라, 여기에 계신다' 할 것이다"(새번역, NIV). 예수님이 거짓 메시아에 대해 말씀하시는 것은 그만큼 그들의 파괴력이 클 것이라는 경고다. 그들은 교회 밖이 아니라 안에서 속임수로 성도들을 공략할 것이기 때문이다. 가짜들은 옛날에도 있었고, 지금도 있고, 앞으로도 계속 성도들을 괴롭힐 것이다(cf. 신 13:14; 계 13:13).

기독교 역사를 보면 사이비와 이단들이 판치는 때는 인류가 당면한 상황이 불안하고 불확실할 때다. 한국에서도 사회가 혼란스러울 때 이단들이 판을 친다. 이유는 간단하다. 사람들의 불안 심리를 악용하기 때문이다. 또한 이들에게 현혹되는 사람들을 보면 대부분 삶이 고단하고 힘들어서 돌파구를 찾는 이들이다. 인간의 연약함과 고통을 먹이로 삼는 이 사이비들은 참으로 야비한 자들이다.

예수님은 가짜 그리스도들과 거짓 선지자들에게 미혹되지 말라고 하신다(23b절). 이런 자들은 아예 상종하지 않는 것이 최선이다. 심지어 그들이 큰 표적과 기사를 보인다 할지라도 미혹되지 않아야 한다. 믿음은 바라는 것들의 실상이며 보지 못하는 것들의 증거이기 때문이다 (히 11:1). 우리 눈에 그럴싸하게 보이는 것은 대부분 믿음이 아니다.

예수님은 번개가 하늘 아래 이쪽에서 번쩍이고, 저쪽까지 비침같이 인자도 자기 날에 그러하리라고 하신다(24절). 번개는 예고 없이 친다. 이와 같이 예수님의 재림도 예고 없이 올 것이라는 뜻이다. 또한 번개가 동편에서 치면 빛(줄기)이 그곳에만 머물지 않고 서쪽까지 뻗어 나가(cf. 욥 36:30; 시 97:4; 슥 9:14) 동쪽과 서쪽에 있는 사람들이 모두 볼 수 있다. 이처럼 예수님의 재림은 온 세상에 드러나고 알려지는 스펙터클한 일이 될 것이다. 거짓 메시아들처럼 비밀스럽고 은밀하게 오지 않으신다.

예수님은 인자의 날이 스펙터클하게 임하기 전에 반드시 거쳐야 할 일이 있다고 하신다. 인자는 먼저 많은 고난을 받으며 이 세대에게 버린 바 되어야 한다(25절). 예루살렘에서 당하실 고난과 지셔야 할 십자가에 대한 말씀이다. 이 땅에서의 고난은 영광스러운 재림 전에 예수님이 반드시 거치셔야 할 과정이다. 우리도 예수님처럼 영광스러운 미래를 위해 오늘 이 순간 고난을 마다하지 않으면 좋겠다.

예수님은 노아 시대를 예로 드시며 인자의 날(재림)도 그러할 것이라고 하신다(26-27절; cf. 창 7장). 노아와 가족들은 120년에 걸쳐 방주를 완성했다. 노아와 가족들의 이야기는 믿음과 순종이 어떤 것인지 많은 생각을 하게 한다. 그들은 방주를 만드는 120년 동안 온갖 비아냥과 비난을 감수해야 했다. "가족도 많지 않은데 왜 이렇게 큰 배를 만드느냐? 배의 모양이 왜 이렇게 생겼느냐? 홍수가 올 거라고 한 지 100년이

나 지났는데, 아직도 안 왔다. 진짜 오는 거냐?" 등을 상상해 보라. 노아의 이야기에서 보듯이 때로는 믿음과 순종이 세상의 웃음거리가 되기도 한다. 그럼에도 결국 노아는 방주를 완성했으며, 홍수가 있기 얼마 전에는 방주에 태워 달라며 세상에 있는 모든 짐승이 종류별로 몰려왔다(cf. 『엑스포지멘터리 창세기 1권』). 하나님이 보내신 것이다.

그러나 당대 사람들은 이런 일을 지켜보면서도 전혀 개의치 않고 먹고, 마시고, 장가들고, 시집가는 등 일상적으로 하던 일을 계속했다(27절). 그러므로 예수님은 노아 시대 사람들의 죄를 문제 삼는 것이 아니라 그들의 안일함을 지적하신다. 만일 그들이 징조를 읽을 수 있는 분별력을 지녔더라면 짐승들이 방주로 몰려올 때 알아차리고 대응했을 것이다. 결국 그들은 자신들이 어떤 시대를 살고 있는지 깨닫지 못해 모두 홍수에 휩쓸려 갔다.

시대를 분별하지 못하고 안일하게 경거망동하는 일은 롯의 때도 있었다(28-29절; cf. 창 19장). 천사들이 소돔과 고모라를 심판하러 왔는데도 그들은 먹고, 마시고, 사고, 팔고, 심고, 집 짓는 일을 멈추지 않았다(28절). 그들은 자신들이 어떤 때를 살고 있는지 분별하지 못해 평상시처럼 살다가 하늘로부터 불과 유황이 비 오듯 하여 순식간에 멸망했다(29절). 노아 시대에는 하나님이 물로 심판하셨고, 소돔은 불로 심판하셨다. 하나님의 심판은 최종적이다(Bock). 예외나 번복은 없다.

예수님은 재림도 이와 같을 것이라고 하신다(30절). 징조는 분명 있을 것이다. 또한 하나님은 분명히 당대 의인들을 재앙에서 구원하실 것이다(Bridge). 하나님이 반드시 징조와 기회를 주실 것이기 때문이다. 우리는 하나님이 주시는 징조들을 놓치지 않고 구분할 분별력을 달라고 기도하며 하나님의 인도하심에 예민하게 반응해야 한다.

예수님은 노아 시대와 롯 이야기를 사례로 드시며 하나님의 심판이 순식간에 임할 것이니 주저하거나 안일하게 대처하면 망할 것이라고 하셨다. 재림하실 때도 마찬가지다(31-32절). 만일 사람이 지붕 위에 있을 때 그날이 임하면 집 안으로 들어가 세간을 챙기려 하면 화를 면할 수 없다(31a절). 밭에 있는 사람은 집으로 돌아가면 안 된다(31b절). 신속하게 도망해야 한다. 예수님은 절대 주저하면 안 된다며 롯의 아내를 기억하라고 하신다(32절). 롯의 아내는 하나님의 말씀을 어기고 남겨 둔 집과 재산에 대한 미련을 버리지 못해 뒤돌아보다가 소금 기둥이 되었다(창 19:17, 26). 하나님이 주신 기회를 살리지 못한 것이다.

누구든지 자기 목숨을 보전하고자 하는 자는 잃을 것이요, 잃는 자는 살 것이다(33절). 그날에 뒤에 남겨 둔 재산이나 가족들을 챙기려고 주저하면 낭패를 볼 것이라는 경고다(cf. 마 16:25; 막 8:35; 눅 9:24). 상황의 긴급성을 강조한다.

밤에 두 사람이 함께 잠을 자다가도 하나는 데려감을 얻지만, 하나는 버려둠을 당할 것이다(34절). 심지어 두 여자가 함께 맷돌을 갈고 있다가 하나는 데려감을 얻고 하나는 버려둠을 당할 것이다(35절). 맷돌질을 하는 두 여인은 서로 반대편에 마주 앉아 맷돌의 어처구니를 번갈아 돌리고 있다. 두 여인은 같은 어처구니를 잡고 일하지만 하나는 구원받고, 다른 하나는 구원받지 못한다. 그날이 되면 믿음에 근거한 차별이 분명히 있을 것이라는 경고다.

'데려가다'(παραλαμβάνω)는 안전한 곳으로 이동하는 것을, '버리다'(ἀφίημι)는 뒤에 두고 떠나는 것을 의미한다(Davies & Allison). 이 비유에서 버려둠을 당할 자들과 데려감을 얻는 자들 중 누가 구원을 받는 사람들인가에 대해 다소 논란이 있다. 그러나 그다지 중요한 이슈는 아니다(Carson). 대부분 학자는 예수님과 함께 있으며 구원을 누릴 사람들이 데려감을 받는 것으로 해석한다(Boring, Davies & Allison, Hagner, Morris). 중요한 것은 구원받는 사람들이 있는가 하면 버림받는 사람들도 있다는 사실이다. 세대주의자들은 이 사례들을 근거로 휴거를 주장하는데 휴거와는 별 상관없는 말씀이다.

일부 고대 사본은 36절에 "밭에 있는 두 사람 중 하나는 데려가고 한 사람은 버려둠을 당할 것이다"(τότε δύο ἔσονται ἐν τῷ ἀγρῷ, εἷς παραλαμβάνεται καὶ εἷς ἀφίεται)라는 말을 포함한다. 마태복음 24:40을 이곳에 인용한 것이다. 본문에 새로운 의미를 더하는 것이 아니며, 대부분 고대 사본이 이 말씀을 포함하지 않는 만큼 개역개정처럼 원본에는 없었던 것으로 간주하는 것이 바람직하다(cf. NAS, NIV, NRS, ESV).

예수님의 말씀을 듣고 난 제자들이 인자의 날(하나님 나라가 임하는 날)이 어디에 임할 것이냐고 물었다(37a절). 바리새인들은 '언제' 임하냐며 시기에 대해 물었는데, 제자들은 '어디'에 임하냐며 장소에 대해 묻고 있다. 그들은 하나님이 구원받은 사람들을 어디로 데려가실지 묻고 있는 것이다(Garland).

예수님은 제자들의 질문에 "주검 있는 곳에는 독수리가 모이느니라"라고 대답하셨다(37b절). 일종의 격언으로 여겨지는 '주검 있는 곳에는 독수리들이 모이느니라'를 본문의 내용과 연결해 해석하는 것이 쉽지는 않다. 또한 제자들의 질문에 애매한 대답이라 할 수 있다(Garland). 한 학자는 20가지 해석을 한곳에 모았다(Bridge). 그중 가장 설득력이 있어 보이는 세 가지는 다음과 같다.

첫째, 사체가 독수리를 끌어모으듯이 세상의 부패와 타락과 영적으로 죽은 자들이 가짜 메시아와 거짓 선지자들을 모이게 한다는 뜻이다(Morris). 이 해석은 가짜 메시아와 거짓 선지자들과 잘 어울린다. 그러나 예수님의 재림과는 연관이 없다는 문제를 지닌다.

둘째, 독수리들이 사체를 먹기 위해 모이듯이 사람들이 예수님의 재림을 보려고 모인다는 뜻이다(Blomberg, cf. Calvin). 본문의 문맥과 어느 정도 어울리는 듯하다. 그러나 예수님의 재림과는 잘 어울리지 않는 이미지를 사용한다는 문제점이 있다. 재림이 사체에 비교되고 있기 때문이다.

셋째, 사람이 높은 곳에서 사체 위를 나는 독수리들을 보듯이 썩고 타락한 세상을 심판하려고 높은 곳에서 오시는 예수님의 재림을 볼 것이라는 뜻이다(Hagner). 예수님을 사체 위를 맴도는 독수리에 비교하는 것이 다소 아쉽기는 하지만, 그래도 가장 설득력 있는 해석이다. 사람들이 재림하시는 예수님을 보지 못할 수는 없을 것이다(Carson).

이 말씀은 하나님의 나라는 예수님을 통해 이미 이 땅에 임했고 앞으로도 임할 것이라고 한다. 또한 하나님 나라가 예수님의 재림을 통해 최종적으로 임하기 전에 많은 거짓 메시아가 올 것이라고 경고하는 말씀이기도 하다. 한국 교회를 괴롭히는 이단과 사이비 문제는 어제오늘의 일이 아니다. 옛적부터 이단과 사이비는 교회 안팎에 만연했고, 주님이 다시 오실 때까지 이러한 상황은 바뀌지 않을 것이다.

세상의 주요 종교 중에서 기독교처럼 이단과 사이비가 많은 종교는 없다. 이러한 상황을 무조건 나쁘게만 생각할 필요는 없다. 하나의 비유를 들어 말하자면, 싸구려에는 가품(假品, 일명 '짝퉁')이 없다. 오직 명품과 진품에만 짝퉁이 존재한다. 그러므로 사이비와 이단이 많은 것은 기독교가 진리이기 때문이다.

예수님은 재림하시기 전에 여러 가지 징조를 보여 주실 것이다. 그러므로 우리는 항상 깨어 있어 이러한 징조들을 보는 즉시 적절하게 반응해야 한다. 삶에 몰입해 살다 보면 하나님이 주시는 종말과 재림이 가깝다는 징후를 놓칠 수도 있다. 가끔은 고개를 들어 하늘을 보며 숨을 고르자. 우리가 어디에 와 있는지, 종말에 대한 징후는 없는지 살펴보는 여유를 가져야 한다. 주저하거나 미련을 가지고 세상을 돌아보면 안 된다. 오직 하나님의 인도하심을 갈망해야 한다.

> V. 예루살렘 여정(9:51-19:27)

H. 천국에 들어가는 사람들(18:1-19:27)

예수님의 예루살렘 여정 이야기의 마지막 섹션이다. 여러 가지 비유와 가르침으로 구성되어 있는데, 공통점은 모두 예수님의 사역으로 시작된 하나님 나라에 입성하는 사람들에 관한 것이라는 점이다. 누가는 어떤 사람이 하나님 나라에 입성하는지 설명한다. 본 텍스트는 다음과 같이 구분된다.

A. 과부와 재판관 비유(18:1-8)
B. 바리새인들과 세리 비유(18:9-14)
C. 어린아이들(18:15-17)
D. 부자 지도자(18:18-30)
E. 세 번째 수난 예고(18:31-34)
F. 눈먼 거지(18:35-43)
G. 삭개오(19:1-10)
H. 열 므나 비유(19:11-27)

V. 예루살렘 여정(9:51-19:27)
 H. 천국에 들어가는 사람들(18:1-19:27)

1. 과부와 재판관 비유(18:1-8)

¹ 예수께서 그들에게 항상 기도하고 낙심하지 말아야 할 것을 비유로 말씀하여 ² 이르시되 어떤 도시에 하나님을 두려워하지 않고 사람을 무시하는 한 재판장이 있는데 ³ 그 도시에 한 과부가 있어 자주 그에게 가서 내 원수에 대한 나의 원한을 풀어 주소서 하되 ⁴ 그가 얼마 동안 듣지 아니하다가 후에 속으로 생각하되 내가 하나님을 두려워하지 않고 사람을 무시하나 ⁵ 이 과부가 나를 번거롭게 하니 내가 그 원한을 풀어 주리라 그렇지 않으면 늘 와서 나를 괴롭게 하리라 하였느니라 ⁶ 주께서 또 이르시되 불의한 재판장이 말한 것을 들으라 ⁷ 하물며 하나님께서 그 밤낮 부르짖는 택하신 자들의 원한을 풀어 주지 아니하시겠느냐 그들에게 오래 참으시겠느냐 ⁸ 내가 너희에게 이

273

르노니 속히 그 원한을 풀어 주시리라 그러나 인자가 올 때에 세상에서 믿음을 보겠느냐 하시니라

17장에서 시작된 종말에 대한 예수님의 가르침이 이 이야기를 통해 계속되고 있다(Bock, Garland, Liefeld & Pao). 제자들에게 이 비유를 말씀하시는 이유는 분명하다. 그들이 항상 기도하고 낙심하지 않도록 하기 위해서다(1절). 우리말 번역에는 잘 드러나지 않지만, 그들이 항상 기도하고 낙심하지 않는 일은 반드시 '필요한 것'(δεῖν, it is necessary)이라고 하신다. 세상이 끝나고 하나님 나라가 임하는 날까지 믿음을 유지하려면 항상 기도하고 낙심하지 않는 것이 반드시 필요하다(cf. 11:2; 고전 16:22; 계 22:20).

이 말씀을 뒤집어 생각하면 항상 기도하고 낙심하지 않고 하나님을 바라는 일이 결코 쉽지 않을 것이라는 뜻이다. 그러므로 신정론(神正論, theodicy)에 관한 말씀으로 생각할 수도 있다. 특히 핍박과 환난이 삶에 임할 때 계속 기도하고 하나님을 바라는 일은 쉽지 않다. 그러나 우리가 기억해야 할 것은 우리의 신앙과 하나님을 향한 사랑을 확인하는 가장 중요한 테스트는 시간이라는 사실이다. 아무리 많은 시간이 지나도 변하지 않는 신앙과 사랑이야말로 진짜 믿음이고 사랑이다.

한 도시에 하나님을 두려워하지 않고 사람을 무시하는 재판장이 있었다(2절). 이 사람은 정의를 지향하는 사회, 특히 믿음을 중심으로 한 공동체에는 최악의 법관이다. 율법은 재판장은 하나님을 대신해서 판결하는 사람이기 때문에 매우 공정하고 정의로워야 한다고 한다. "너희가 너희의 형제 중에서 송사를 들을 때에 쌍방간에 공정히 판결할 것이며 그들 중에 있는 타국인에게도 그리 할 것이라 재판은 하나님께 속한 것인즉 너희는 재판할 때에 외모를 보지 말고 귀천을 차별 없이 듣고 사람의 낯을 두려워하지 말 것이며 스스로 결단하기 어려운 일이 있거든 내게로 돌리라 내가 들으리라"(신 1:16-17; cf. 대하 19:7).

이 재판장은 하나님을 두려워하지 않고 사람을 무시하는 자다. 최고로 교만한 재판관이다. 신앙이 전혀 없으며, 사회적 통념도 완전히 무시하고 멋대로 판결하는 독불장군이다. 이런 사람에게 가장 중요한 것은 뇌물이다. 돈을 더 많이 가져다주는 자가 유리한 판결을 받는다. 무전유죄, 유전무죄의 상황에서는 돈이 곧 정의다.

이 악한 재판장이 있는 도시에 한 과부가 있었다(3절). 과부는 수시로 재판장을 찾아가 자기의 원한을 풀어 달라고 호소했다. '자주 갔다'(ἤρχετο)는 '가다'(ἔρχομαι)의 미완료형으로, 반복적인 행동을 강조한다. 그러므로 '자주[수시로] 찾아갔다'는 좋은 번역이다(cf. 새번역, 공동, NAS, NIV, NRS). 참으로 억울한 일을 당했으니 자신의 억울함을 헤아려 정의로운 판결을 내려 달라고 계속 찾아간 것이다. 율법은 과부와 고아와 이방인들의 법적 권리를 보호하라고 지시한다(출 22:22-24; 레 19:9-10; 23:22; 신 10:17-18; 14:28-29; 24:19-22; cf. 시 65:8; 82:2-7; 146:9). 누구도 이 사회적 약자들의 권리를 보호하려 하지 않을 것이기 때문에 법정은 그들이 정의를 기대할 수 있는 마지막 보루가 되어야 한다는 취지의 율법이다. 그러나 하나님을 두려워하지 않는 재판장이 과부의 청을 들어줄 리 없다.

악한 재판장은 처음에는 뇌물을 주지 않은 과부의 청을 들어주지 않았다(4a절). 그러나 과부가 계속 찾아와 그를 귀찮게 하자 마음이 바뀌었다. 악한 재판장은 자신이 하나님이나 사람 때문에 마음을 바꾼 것이 아님을 분명히 밝힌다(4b절). 그가 마음을 바꾸어 과부의 원한을 풀어 주기로 작심한 유일한 이유는 과부가 계속 찾아와 그를 번거롭게 하고 괴롭히기 때문이다(5절). '괴롭히다'(ὑπωπιάζω)는 복싱(boxing)에서 유래한 단어이며, 요즘 말로 '눈탱이 밤탱이 만든다'(눈을 때려서 시커멓게 멍들게 한다)는 뜻이다(TDNT). 그래서 어떤 이들은 재판장이 과부가 참다못해 그를 가격하는 일을 우려하는 것으로, 혹은 그녀가 그의 명예에 먹칠하는 것을 걱정하는 것으로 해석하기도 한다(cf. Garland). 심

275

지어 어떤 이들은 그가 판결을 빌미로 과부를 통해 성적인 욕구를 충족시키기 위해 계속 만난다는 스캔들이 날 것을 걱정하는 것이라고 해석하기도 한다(Derrett).

지나친 해석이다. 재판장은 사람을 무시하는 자로 여론 따위에는 관심이 없다. 그가 유일하게 염려하는 것은 과부가 귀찮을 정도로 찾아와 그를 지치게 하는 것이다(Manson). 포기하지 않고 계속 재판장을 찾아간 과부의 모습은 성전에 머물며 주야로 하나님께 기도했던 안나를 생각나게 한다(2:37-38). 결국 이 재판장은 하나님보다 사람을 더 무서워하게 되었다. 또한 사람을 무시하는 자가 자신을 귀찮게 하는 과부는 무시하지 못하게 되었다. 과부는 재판장의 거부나 보류를 받아들이지 않을 것이기 때문이다.

예수님은 제자들에게 이 불의한 재판장이 말한 것을 들으라고 하신다(6절). 재판장이 왜 과부의 청을 들어줄 수밖에 없었는지 스스로 판단해 보라는 뜻이다. 과부가 계속 재판장을 찾아가 자기의 억울함을 호소했기 때문이다. 정의에는 전혀 관심 없는 악한 재판장은 그녀가 계속 찾아오는 것이 귀찮아서 더는 찾아오지 말라며 그녀의 청을 들어 주었다. 과부는 그가 어떤 이유로 인해 판결을 내려 주었는지 알지 못한다. 단지 이루어질 때까지 계속 찾아가 호소했을 뿐이다.

예수님은 악한 재판장과 과부 이야기를 마치시고 하나님을 경외하지 않는 자도 이렇게 하는데 "하물며 하나님께서 그 밤낮 부르짖는 택하신 자들의 원한을 풀어 주지 아니하시겠느냐 그들에게 오래 참으시겠느냐"라고 물으신다(7절). 예수님은 작은 일의 진실성으로 더 큰 일의 진실성을 입증하는 아포르티오리 논법을 사용하신다.

'택하신 자들'(τῶν ἐκλεκτῶν)은 누가복음-사도행전에서 이곳에만 사용된다. 세상에서 오직 하나님만 섬기도록 세움을 받았다는 구약적인 개념을 강조하는 용어다(Fitzmyer, cf. 신 4:37; 7:7; 대상 16:13). 구약의 선택에 관한 언어가 제자들에게 적용되고 있는 것이다(Green). 또한 하나님이 택하신 자들은 종말에 승리하는 사람들이다(마 24:31; 막 13:27; 계 17:14).

예수님은 하나님이 택하신 자들의 기도를 오랜 시간이 지나기 전에 들어주실 것이라고 하신다(7b-8a절). 그러면서도 항상 기도하고 낙심하지 말라며 오랫동안 지속적으로 기도하라고 하신다(1절). 그러므로 예수님이 계속 기도하라고 하시는 것은 우리가 살아가면서 당장 필요한 것들을 구하는 것과 다르다. 우리가 드리는 기도 중 일상적인 것들은 곧바로 응답하실 것이기 때문이다.

그렇다면 우리는 무엇을 위해 항상 기도하며 낙심하지 말아야 하는가? 앞 이야기와 이 이야기는 예수님의 재림이 있을 '인자의 날'에 관한 말씀이다(8절; cf. 17:22, 30). 재림은 제자들의 일생 중에 임하지 않고 많은 세월이 지난 후에 임할 것이다(17:22). 예수님은 제자들에게 '인자의 날'이 임하기를 계속 기도하라고 하신다(Bovon, Fitzmyer, Liefeld & Pao). '인자의 날'은 아무 때라도 임할 수 있지만, 당장 임하지는 않고 종말에 임할 것이다. 또한 그날이 임할 때까지 하나님은 성도들의 기도를 들으시고 그들을 보호하실 것이다.

예수님은 '인자의 날'이 되어 이 땅에 다시 오실 때 세상에서 믿음을 보게 될 것을 크게 기대하지 않으신다(8b절). 세상이 끝날 때까지 항상 기도하고 낙심하지 말라고 하셨지만, 이 같은 권면을 받아들여 계속 기도할 사람이 그다지 많지는 않을 것이라는 경고다. 믿음은 처한 상황에 개의치 않고 예수님이 재림하실 날을 갈망하며 끝까지 기도를 포기하지 않는 것이다.

이 말씀은 기도에서 가장 중요한 것 하나가 지속성이라고 한다. 우리는 우리의 필요를 위해 계속 기도해야 한다. 하나님이 오래지 않아 응답하실 것이다. 또한 주님이 다시 오실 날을 기대하며 항상 기도하고 낙심하지 말아야 한다. 주님이 더디 오시더라도 계속해서 기도하는 우리를 보고 참으로 기뻐하실 것이다.

2. 바리새인들과 세리 비유(18:9-14)

⁹ 또 자기를 의롭다고 믿고 다른 사람을 멸시하는 자들에게 이 비유로 말씀 하시되 ¹⁰ 두 사람이 기도하러 성전에 올라가니 하나는 바리새인이요 하나 는 세리라 ¹¹ 바리새인은 서서 따로 기도하여 이르되 하나님이여 나는 다른 사람들 곧 토색, 불의, 간음을 하는 자들과 같지 아니하고 이 세리와도 같지 아니함을 감사하나이다 ¹² 나는 이레에 두 번씩 금식하고 또 소득의 십일조 를 드리나이다 하고 ¹³ 세리는 멀리 서서 감히 눈을 들어 하늘을 쳐다보지도 못하고 다만 가슴을 치며 이르되 하나님이여 불쌍히 여기소서 나는 죄인이 로소이다 하였느니라 ¹⁴ 내가 너희에게 이르노니 이에 저 바리새인이 아니고 이 사람이 의롭다 하심을 받고 그의 집으로 내려갔느니라 무릇 자기를 높이 는 자는 낮아지고 자기를 낮추는 자는 높아지리라 하시니라

바로 앞 가르침(18:1-8)에서 예수님은 계속 기도하는 사람은 적절한 때에 응답을 받고, 끝까지 재림의 날을 위해 기도하는 사람은 하늘나 라에 입성할 것이라고 하셨다. 이 이야기에서는 하나님 앞에서 스스로 의인이라고 하는 사람이 아니라 겸손하게 자신의 죄를 고백하고 회개 하는 사람이 하나님의 나라에 들어갈 것이라고 하신다.

예수님의 말씀을 듣고 있는 사람 중에는 겸손한 사람도 있었겠지만, 교만한 사람도 있었을 것이다. 이 비유는 교만한 사람들에게 주는 경 고다. 그들은 자신이 의롭다고 믿으며 다른 사람을 멸시하는 자들이다 (9절). '믿고'(πεποιθότας)는 설득되었다는 뜻이다(NIDNTTE). 이 사람들 은 하나님 앞에서 한 점 부끄러울 것이 없다며 자기 의로움에 대한 착 각에 도취해 있거나, 스스로 최면을 건 사람들이다. 이들의 교만은 자 기 의로움에 대해 착각하는 데서 그치지 않고, 이 착각을 바탕으로 다 른 사람들을 멸시한다. '멸시하다'(ἐξουθενέω)는 어떠한 가치나 중요성을

부여하지 않는다는 의미다(BAGD).

교만은 흔히 자신을 남들과 비교할 때 시작된다. 자기는 기도도 많이 하고, 예배에도 빠지지 않고 참석한다며 그렇게 하지 못하는 사람들과 비교할 때 싹트기 시작한다. 이 바리새인도 자신을 주변 사람들과 비교함으로써 교만하게 되었다(cf. 11절). 그러나 하나님 앞에서 우리는 모두 죄인이기에 우리의 (불)의로움은 절대적인 것이지 상대적인 것이 아니다. 그러므로 교만하지 않으려면 자신을 이웃과 비교하는 못된 습관을 버려야 한다.

예수님은 기도하기 위해 성전으로 올라가는 두 사람에 대해 말씀하신다. 하나는 바리새인이고, 하나는 세리다. 유대교 관점에서 볼 때 바리새인과 세리는 극과 극이다. 당시에 바리새인들은 신앙이 투철해 율법을 가장 잘 지키는 모범 신앙인으로 간주되었다. 반면에 유대인들에게 세금을 거두어 로마 사람들에게 상납하는 세리들은 가장 혐오스러운 죄인 취급을 받았다(cf. 5:30; 7:34; 15:1; 19:2-7).

성전에서는 매일 제사장들이 번제를 드리는 시간이 정해져 있었다. 그들은 제삼시(아침 9시)와 제구시(오후 3시)에 번제를 드렸으며, 이때는 사람들이 성전을 찾아와 함께 기도하는 시간이기도 했다. 사람들은 번제를 모두 드린 이후에 제사장들의 축도를 받고 각자 집으로 돌아갔다. 바리새인과 세리도 기도하기 위해 이때 성전을 찾은 것이다.

바리새인들은 사람들 앞에서 제스처를 취하며 드러내 놓고 기도하기 일쑤였는데, 이 바리새인도 다르지 않다. 그는 성전에 모인 사람들에게서 따로 떨어져 나와 서서 기도했다(11a절). 아마도 하늘을 향해 손을 높이 들고 기도했을 것이다. 그의 기도 내용은 감사 기도다. 그는 토색, 불의, 간음을 하는 자들과 같지 않고 그의 옆에서 쭈그려 기도하는 세리와도 같지 않음을 감사했다(11b절). '토색하는 자들'(ἅρπαγες)은 세상 말로 '남들에게 삥을 뜯는 자들' 곧 강탈하는 자들이다(NAS, NIV, ESV). '불의한 자들'(ἄδικοι)은 나쁜 일이라는 것을 알면서도 악을 행하는 자들이다. '간음하는 자들'(μοιχοί)은 아내를 두고 딴 여자를 찾는 자들이다. 모두 십계명이 금하는 일을 하는 흉악한 범죄자들이다. 바리새인의 '이 세리'(οὖτος ὁ τελώνης)는 경멸과 멸시를 담은 표현이다.

바리새인의 기도가 겉으로는 구약의 감사시 형태를 취하는 것 같지만, 내용을 살펴보면 절대 아니다. 구약의 감사시는 하나님이 하신 일을 찬양하는 데 초점이 맞춰져 있다. 그러나 이 바리새인의 기도는 다섯 개의 1인칭 대명사를 사용해 자신을 드러내는, 철저한 자기중심적 기도다(Bock). 또한 그가 언급하는 죄는 모두 외형적인 것들이다. 그는 속이 아무리 썩었다 할지라도 남들이 보는 앞에서 이런 짓을 하지 않으면 의인이라고 생각한다. 사람들이 보는 데서 종교 예식을 철저히 준행하는 것을 가장 중요하게 여겼던 당시 바리새인들의 태도와 잘 어울린다. 이 바리새인은 마치 자기 같은 의인이 하나님의 편에 있는 것에 대해 하나님이 그에게 감사해야 한다는 태도를 취하고 있다(Bock).

그의 기도는 매우 '바리새파주의'(Pharisaism)적 기도라 할 수 있다. 바리새인들은 자신들을 세상 사람들에게서 구분하는 일을 즐겼다. 그들은 매일 이방인이 아닌 것에 감사했고, 여자로 태어나지 않은 데 감사했다. 이 이야기에서도 바리새인의 기도는 자신이 다른 사람들과 같지 않다는 데 초점이 맞춰져 있다. '분리'(separation)가 바리새파 사람들의 핵심 교리이기 때문이다(Liefeld & Pao). 이처럼 교만하고 분리를 중요시 여기는 사람들은 죄인들과 살면서 그들을 하나님의 품으로 인도하는 일에는 관심이 없다.

바리새인은 매주 두 차례 금식하고 소득의 십일조를 드리는 일도 하나님께 자랑한다(12절). 율법에 따르면 금식은 매년 속죄일에 한 차례 요구되었다(레 16:29, 31; 23:27, 29, 32; 민 29:7). 그러나 바리새인들은 매주 월요일과 목요일에도 금식했다. 그들은 자신의 신앙을 이렇게 표현했지만, 예수님은 그들이 돈을 사랑하고 공의와 하나님에 대한 사랑은 버렸다고 하신다(11:42). 또한 그들은 탐욕과 악독이 가득한 자들이다

(11:39). 어떠한 종교적 예식도 불의와 내적인 부정함을 해결하지는 못한다.

하나님과 사람들 앞에 떳떳하다며 기도하는 바리새인과 대조적인 사람이 있다. 바로 바리새인처럼 하나님께 기도하기 위해 성전에 온 세리다. 그는 기도하려고 모인 사람 중에도 서지 못한다(13a절). 자신은 기도하기 위해 모인 사람들과 함께할 수 없을 정도로 부정한 죄인이라고 생각하기 때문이다. 또한 그는 차마 눈을 들어 하늘을 쳐다보지 못한다(13b절). 자신은 귀하신 하나님이 계신 곳을 바라볼 수 없는 낮고 낮은 자라고 생각한다. 세리는 하늘을 향해 고개를 들고 당당하게 손을 들어 기도하는 바리새인과 참으로 대조되는 자세를 취한다. 그는 가슴을 치며 "하나님이여 불쌍히 여기소서 나는 죄인이로소이다"라며 아주 작은 소리로 신음한다(13b절). 세리가 기도하며 취하는 자세는 구약 성도들이 하나님께 호소하는 모습을 연상케 한다(cf. 시 25:11; 79:9).

바리새인은 자신이 참으로 의로운 사람이라고 생각한다. 한편 세리는 자신은 하나님께 차마 고개를 들을 수 없는 죄인이라고 생각한다. 세리는 한없이 의롭게 보이는 바리새인에 비하면 자신은 더욱더 처량하고 참담한 죄인이라고 생각한다. 그러나 예수님은 하나님 앞에서 이 두 사람의 위치를 뒤집어 말씀하신다. 하나님은 바리새인을 의롭다 하지 않으시고, 세리를 의롭다고 하신다(14a절). 스스로 의롭다 하는 바리새인이 용서함을 받지 못한 죄인이고, 가슴을 치며 신음하듯 죄를 고백하는 세리가 바로 하나님이 용서하시고 의롭게 여기시는 자라는 것이다.

어떻게 이런 일이 가능한가? 예수님은 누구든 자기를 높이는 자는 낮아지고 자기를 낮추는 자는 높아지는 것이 하나님 나라의 원리이기 때문이라고 하신다(14b절). 그러므로 하나님께 자기 죄를 고백하며 용서를 구하는 낮은 자들은 하늘나라에 입성할 것이지만, 자기 의로움에 도취해 회개하지 않는 교만한 자들은 하나님 나라에 들어갈 수 없다.

이 말씀은 교만하지 말고 겸손하라고 권면한다. 하나님은 교만한 자들을 버리시고 겸손한 자들을 그분의 백성으로 삼으시기 때문이다. 이 세상 누구라도 하나님 앞에서 떳떳하거나 당당할 수 없다. 우리는 모두 주님의 용서와 구원이 필요한 죄인들이기 때문이다. 그러므로 이러한 사실을 깨닫고 일찌감치 겸손하게 하나님께 나아가는 자들이 복이 있다.

> V. 예루살렘 여정(9:51-19:27)
>   H. 천국에 들어가는 사람들(18:1-19:27)

3. 어린아이들(18:15-17)

¹⁵ 사람들이 예수께서 만져 주심을 바라고 자기 어린 아기를 데리고 오매 제자들이 보고 꾸짖거늘 ¹⁶ 예수께서 그 어린 아이들을 불러 가까이 하시고 이르시되 어린 아이들이 내게 오는 것을 용납하고 금하지 말라 하나님의 나라가 이런 자의 것이니라 ¹⁷ 내가 진실로 너희에게 이르노니 누구든지 하나님의 나라를 어린 아이와 같이 받아들이지 않는 자는 결단코 거기 들어가지 못하리라 하시니라

사람들이 예수님께 만져 주심을 바라며(손을 얹고 안수해 달라며) 어린 아이들을 데려왔다(15a절). 부모들은 예수님이 자기 아이들에게 복을 빌어 주시기를 간절히 바랐다. 머리 위에 손을 얹고 복을 빌어 주는 일은 매우 오래된 성경적 전통이다(cf. 창 48:14; 민 27:18; 행 6:6; 13:3). 예수님 시대에도 흔히 볼 수 있는 일이었으며, 오늘날에도 많은 교회에서 이런 일을 행한다. 자라나는 아이들에게 믿음과 건강과 총명의 복을 빌어 주는 것은 참으로 좋은 일이며 사역자의 특권이다.

사람들이 예수님께 안수해 달라며 아이들을 데려오자 제자들이 그들을 꾸짖었다(15b절). 아이들을 데려온 부모들을 꾸짖은 것이다. 제자들

이 왜 그들을 꾸짖었는지는 정확히 알 수 없다. 그들은 예수님의 여정이 그들 때문에 지체된다고 생각했을 수도 있고, 혹은 예수님을 하나님 나라를 선포하시느라 분주하신, 그러므로 아이들에게 안수하는 하찮은 일을 하기에는 너무 위대하신 분으로 생각했기 때문일 수도 있다.

그러나 예수님은 어린아이들을 불러 가까이하시며, 그들을 데려온 사람들을 꾸짖는 제자들에게 아이들이 오는 것을 용납하고 금하지 말라고 하셨다(16절). 제자들은 자신들도 모르는 사이에 사람들이 예수님께 나오는 것을 막는 바리새인들처럼 행동하고 있다.

아이는 힘이 없고 연약한 사람들을 상징한다. 그러므로 예수님이 아이들을 환대하신 것은 교회 역사에서 인도주의의 상징이 되었다(Wilkins). 하나님 나라는 아이들과 그들처럼 연약한 사람들의 것이다(16b절). 자신의 연약함을 아는 사람은 어린아이가 오로지 부모를 의존해 사는 것처럼 하나님을 전적으로 의지하며 산다. 그러므로 하늘나라는 아이들처럼 온전히 하나님만 바라고 의지하는 사람들의 것이라고 하신다.

예수님은 천국에 들어갈 수 있는 나이 제한을 없애셨다. 아이들도 얼마든지 하나님 나라에 들어갈 수 있다. 당시 이방 종교와 유대교는 아이들을 예배에 참석시키지 않았다(Boring). 그러므로 이 말씀은 당시 종교들과 달리 하나님 나라는 아이들까지 온 가족을 포함하는 것을 암시한다. 물론 아이들은 성장한 후에 자기 믿음에 대해 한 번 더 결단해야 한다. 복을 빌어 주는 안수가 그들이 실제로 하나님 나라에 입성한 것을 의미하는 것은 아니기 때문이다. 그럼에도 불구하고 부모들이 자식이 하나님의 축복 아래 잘 성장해 하나님 나라의 일꾼이 되기를 바라며 사역자의 안수를 구하는 것은 아이의 신앙에 대한 부모의 염원을 담은 바람직한 일이다.

이 말씀은 천국 시민이 되기 위해서는 아이처럼 되는 것이 얼마나 중요한지를 다시 한번 가르쳐 준다(15절; cf. 9:36-37). 우리는 아이가 부모를 전적으로 의지하며 사는 것처럼 하나님을 온전히 의지하며 살아야 한다. 그렇게 하면 부모가 자식을 보호하듯 하나님이 우리를 보호하실 것이다.

교회는 아이들을 매우 소중히 여겨야 한다. 많은 투자와 노력을 통해 다음 세대를 확보하고 양육해야 한다. 아이들도 얼마든지 복음의 의미를 깨닫고 하나님 나라의 시민이 될 수 있다. 그러므로 교회는 그들을 인격을 존중하며 양육해야 한다.

> V. 예루살렘 여정(9:51-19:27)
>   H. 천국에 들어가는 사람들(18:1-19:27)

4. 부자 지도자(18:18-30)

[18] 어떤 관리가 물어 이르되 선한 선생님이여 내가 무엇을 하여야 영생을 얻으리이까 [19] 예수께서 이르시되 네가 어찌하여 나를 선하다 일컫느냐 하나님 한 분 외에는 선한 이가 없느니라 [20] 네가 계명을 아나니 간음하지 말라, 살인하지 말라, 도둑질하지 말라, 거짓 증언 하지 말라, 네 부모를 공경하라 하였느니라 [21] 여짜오되 이것은 내가 어려서부터 다 지키었나이다 [22] 예수께서 이 말을 들으시고 이르시되 네게 아직도 한 가지 부족한 것이 있으니 네게 있는 것을 다 팔아 가난한 자들에게 나눠 주라 그리하면 하늘에서 네게 보화가 있으리라 그리고 와서 나를 따르라 하시니 [23] 그 사람이 큰 부자이므로 이 말씀을 듣고 심히 근심하더라 [24] 예수께서 그를 보시고 이르시되 재물이 있는 자는 하나님의 나라에 들어가기가 얼마나 어려운지 [25] 낙타가 바늘귀로 들어가는 것이 부자가 하나님의 나라에 들어가는 것보다 쉬우니라 하시니 [26] 듣는 자들이 이르되 그런즉 누가 구원을 얻을 수 있나이까 [27] 이르시되 무릇 사람이 할 수 없는 것을 하나님은 하실 수 있느니라 [28] 베드로가 여짜오되 보옵소서 우리가 우리의 것을 다 버리고 주를 따랐나이다 [29] 이르시되 내가 진실로 너희에게 이르노니 하나님의 나라를 위하여 집이나 아내나 형제

나 부모나 자녀를 버린 자는 ³⁰ 현세에 여러 배를 받고 내세에 영생을 받지 못할 자가 없느니라 하시니라

예수님이 제자들과 함께 유대와 예루살렘을 향해 가시는데 한 관리가 찾아와 물었다(18a절). '관리'(ἄρχων)는 어느 정도의 사회적 지위를 누리는 사람이다(cf. BAGD). 마태는 이 사람이 청년이었다고 한다(마 19:22). 그는 부와 권세와 젊음을 고루 지닌 사람이다. 그가 예수님을 '선한 선생님이여'(διδάσκαλε ἀγαθέ)라고 부르는 것을 보면 인류를 구원하러 오신 예수님에 대해 잘 알지 못하는 외부인(outsider)이다.

이 사람은 영생을 얻고자 예수님을 찾아왔다. '얻다'(κληρονομέω)는 소유와 연관된 단어이며, 유산으로 받는다는 의미를 포함한다(BAGD). 그는 선한 선생이신 예수님이 가르쳐 주시는 선행을 통해 영생을 소유할 수 있다고 생각해서 그 방법을 구하기 위해 찾아왔다. 그가 영생을 얻는 것이 율법만으로는 부족하다고 생각한 것은 좋은 일이지만, 구원을 하나님이 은혜로 주시는 것이 아니라 자기가 노력해서 쟁취하는 것으로 생각한 것은 옳지 않다.

관리는 자신의 완벽한 이력서에 '영생 소유자'라는 항목을 추가해 내세를 완벽하게 준비하고자 한다. 마가와 누가는 그가 예수님을 '선한 선생'(διδάσκαλε ἀγαθέ)이라고 부르며 물었다고 하는데(18절; 막 10:17), 마태는 그가 영생을 얻기 위해 '자신이 해야 할 선한 일'(ἀγαθὸν ποιήσω)에 대해 물었다고 한다(마 19:16). 이러한 차이에 대해 학자들 사이에 상당한 논쟁이 있다(cf. Bovon, Fitzmyer, Nolland). 그러나 의미에서 별 차이가 있는 것이 아니므로, 매우 소모적인 논쟁이다(Carson).

그가 얻고자 하는 '영생'(ζωὴν αἰώνιον)은 누가복음에서 이 이야기(18, 30절)와 한 율법 교사 이야기(10:25)에만 사용되는 개념이다. 영생은 구원을 얻는 것(26, 30절)과 하나님 나라에 들어가는 것과 같은 말이다(24, 25절). 그러므로 영생은 하나님이 인정하신 삶으로 현재에 있는 하나님 나라와 종말에 임할 하나님 나라의 일부가 되는 삶을 뜻한다(Carson, cf. 단 12:2).

예수님은 영생에 대해 질문하는 관리에게 어찌하여 자신을 선하다고 하느냐며 선한 이는 오직 한 분이신 하나님이라고 하신다(19절). 어떤 이들은 "네가 어찌하여 나를 선하다 일컫느냐"라는 질문을 예수님 자신도 죄가 있기 때문에 선하지 않다고 하시는 것이라고 해석하는데, 참으로 어이없는 해석이다(cf. Carson, France). 문맥을 배경으로 이 구절을 읽으면 "선하신 하나님이 이미 영생으로 가는 길을 율법을 통해 제시하셨으니 율법을 실천하며 살면 선하신 하나님이 그의 구원을 이루실 텐데 왜 굳이 나에게 그 길을 묻느냐"라는 취지의 말씀이다.

예수님은 영생을 얻으려면 하나님이 이미 주신 계명을 지켜야 한다고 하신다(20절). '계명'(τὰς ἐντολάς)(20절)은 십계명을 뜻하며, 유대인들은 십계명을 구약 전체의 요약이자 상징으로 생각했다. 그러므로 비록 예수님이 십계명만 언급하시지만, 구약 전체를 염두에 두고 이렇게 말씀하시는 것이다.

관리가 지켜야 할 계명으로 (1)간음하지 말라, (2)살인하지 말라, (3)도둑질하지 말라, (4)거짓 증언 하지 말라, (5)네 부모를 공경하라 등 다섯 가지를 말씀하신다(19절). 십계명은 우리와 하나님의 관계를 정의하는 네 가지 계명과 우리와 이웃 사이의 관계를 정의하는 여섯 가지 계명으로 이뤄졌다. 유대인들은 처음 네 계명이 한 돌판에, 나머지 여섯 계명이 두 번째 돌판에 새겨졌다고 생각했다. 예수님은 두 번째 돌판(우리와 이웃과의 관계에 관한 계명이 새겨진 돌판)에 새겨진 내용만 언급하신다. 이 두 번째 돌판에서 유일하게 빠진 것은 '이웃의 것을 탐하지 말라'는 열 번째 계명이다.

이 사람은 큰 부자이기 때문에 남의 것을 탐할 필요가 없다(23절). 그러므로 예수님은 이 부자 관리가 처한 상황에 적합하게 말씀하고 계신다(Evans). 다섯 번째인 '네 부모를 공경하라'는 원래 두 번째 돌판에 새겨진 첫 계명이다. 십계명 중에서 다섯 번째다. 본문에서는 계명 중 마지막으로 언급하신다. 예수님은 그에게 이웃에게 부를 나눠 주는 일에 대해 말씀하실 텐데(22절), 부모를 공경하라는 계명이 섬김과 나눔과 연관이 있기 때문이다.

십계명 중 첫 번째 돌판에 새겨진 하나님과 인간의 관계 설정에 대한 계명들에 대해서는 말씀하시지 않는 이유가 있다. 우리와 하나님과의 관계에 관한 계명들은 마음 자세와 삶의 방식에 관한 것이기 때문에, 어느 정도 겉으로 드러나는 안식일 준수에 관한 계명 외에는 가늠할 방법이 없다. 또한 두 번째 돌판에 새겨진 이웃을 윤리적으로 대하는 것에 관한 계명을 얼마나 신실하게 준수하는가는 첫 번째 돌판에 새겨진 하나님과의 관계에 대한 계명들을 어떻게 대하는지에 대한 지표가 될 수 있다.

관리는 예수님이 말씀하신 모든 계명을 어려서부터 지켰다고 한다(21절). 그는 모든 계명을 지키며 살아왔지만, 율법대로 사는 것으로 영생을 얻을 수 있다는 확신이 없다는 심정을 고백하고 있다. 그러므로 아직 무엇이 부족한지 가르쳐 달라고 한다. 모든 계명을 지켰다는 이 사람의 말을 자신감의 표현으로 보아야 하는지 혹은 교만이나 위선으로 보아야 하는지에 대해 해석이 분분하다.

부와 권세를 누리고 있기 때문에 최고조에 달한 자신감으로 보아야 한다는 해석(Garland, Lohmeyer)과 바로 앞 비유에 등장한 바리새인처럼 남의 눈과 겉치레만 신경 쓰는 위선적 태도로 보아야 한다는 해석이 있다(Wilkins). 그러나 바울도 예수님을 만나기 전 자신의 삶에 대해 '열심으로는 교회를 박해하고 율법의 의로는 흠이 없는 자'였다고 하는 것으로 보아(빌 3:6), 이 관리의 말을 교만으로만 간주하는 것은 바람직하지 않다. 그는 아직 삶을 충분히 경험해 보지 못한 자신감에서 이런 말을 하고 있다(Perkins). 예수님도 이렇게 생각하셨기 때문에 그를 사랑하는 마음에서 한 가지 부족한 것이 있다고 하셨다(22절).

예수님은 그가 참으로 영생을 얻고자 한다면 재산을 모두 처분해 가난한 사람들에게 나눠 주고 자기를 따라오라고 하신다(22절). 산상 수훈에서 예수님은 이 땅에 재물을 쌓지 말고 하늘에 쌓으라고 하셨는데(마 6:19-21), 이 관리에게 하시는 말씀에 따르면 가난한 사람들에게 나눠 주는 것이 곧 하늘에 재물을 쌓는 일이다. 그에게 '나를 따르라'(ἀκολούθει μοι)고 하신 것은 제자의 삶을 제시하신 것을 뜻한다. 제자도는 자기 자신과 세상 것들을 부인할 때 시작된다. 한 발은 하늘나라에 들여놓고, 다른 발은 이 땅에 들여놓는 것은 제자의 삶이 아니다.

유대교가 자선을 매우 중요하게 여기고 가르쳤던 점을 고려하면, 이 관리도 평상시에 자선을 행했을 것이다. 그러므로 예수님이 재산을 모두 정리해 가난한 사람들에게 나누어 주라고 하시는 것은 부가 그의 삶의 정체성과 능력과 목표와 의미가 되었기 때문이다(cf. Bock). 그러므로 예수님은 그에게 실천하는 믿음을 요구하시는 것이 아니라, 그가 재물보다 하나님을 더 사랑하는지를 묻고 계시는 것이다. 재물이 그의 신이 되었기 때문이다. 만일 그가 하늘의 신성한 것을 얻고자 한다면 이 땅의 것인 재물을 버려야 한다. 이 사람은 천국 시민이 되려면 아무것도 가진 것이 없고, 한없이 연약한 어린아이처럼 되어야 한다는 예수님의 가르침(18:15-17)과는 참으로 거리가 먼 삶을 살아왔다.

어떻게 생각하면 참으로 모순적인 일이 벌어지고 있다. 재산과 권력을 둘 다 지닌 관리는 자기 삶에 만족하지 못하고, 무언가 부족하다고 생각한다. 반면에 아무것도 없고 연약한 어린아이처럼 사는 사람은 삶에 만족하며 감사한 마음으로 산다. 어린아이처럼 자신의 부족함을 인정하고 하나님을 의지하면 하나님이 그의 모든 필요를 채우시기 때문이다. 이것이 하나님의 자녀들이 매일 이 땅에서 경험하는 하나님 나라의 모순이다.

예수님의 권면을 들은 관리는 심히 근심하며 떠났다(23절). '그가 근심했다'(περίλυπος ἐγενήθη)는 것은 자신이 실천할 수 없는 일에 대해 크게 슬퍼했다는 뜻이다(NIDNTTE). 그에게는 재물이 참으로 많았고, 재산을 처분해 가난한 사람들에게 주는 일이 참으로 아깝게 느껴졌기 때문이다. 그는 자신이 하나님 나라에 입성하지 못하는 것에 대해 많이 안타까워했다. 그러나 어떡하겠는가! 돈과 하나님 중 돈을 택했으니 말이다.

어떤 이들은 그의 재물은 남을 억압해 얻은 재산이기에 그가 각별한 애착을 가졌다고 하는데(Carter), 그렇게 해석할 만한 근거는 없다. 그는 하나님을 온전히 사랑하기에는 세상을 너무나 많이 사랑한 것이다. 하나님과 재물을 겸하여 섬길 수 없다는 말씀을 생각나게 한다(마 6:24).

예수님이 바로 앞 섹션에서 어린아이처럼 되어야 한다고 하신 말씀(18:15–17)의 의미가 이 부자 관리 이야기를 통해 새삼 새롭게 다가온다. 그는 가진 것이 너무 많아 하나님을 전적으로 의지할 필요가 없고, 의지하려 하지 않는다. 반면에 어린아이처럼 가진 것이 없는 사람은 생존을 위해서라도 하나님 아버지만을 의지해야 한다. 그러므로 반드시 많이 가진 것이 좋은 것은 아니다. 오히려 가진 것이 없기 때문에 하나님을 의지하는 사람이 복되다.

예수님은 부를 포기하지 못한 청년을 보시고 제자들에게 재물이 있는 자는 하나님 나라에 들어가기가 심히 어렵다고 하셨다(24절). 계명을 모두 지켰다고 하면서도 재산을 포기하지 못한 청년을 보면 알 수 있다. 그러나 이 말씀이 모든 부자가 천국에 들어가지 못한다는 뜻은 아니다. 만일 그렇다면 아브라함과 이삭과 야곱과 다윗 등도 모두 천국에서 배제되어야 한다. 이들은 모두 부자였기 때문이다.

예수님은 부자가 천국에 들어갈 수 없다고 하시는 것이 아니라, 들어가기가 참으로 어렵다고 하신다. 대부분 부자는 이 땅에서 누리고 즐기는 것이 참으로 많다. 그러므로 그들은 예수님을 찾아온 사람처럼 영생에 대해 절박하게 생각하지 않는다. 부(富)는 사람을 거짓 평안과 거짓 안전으로 취하게 하는 술과 같다. 부자는 아무것도 없어 온전히 하나님을 의지해야만 살 수 있는 어린아이와 같은 사람과 대조를 이룬다.

부자가 천국에 들어가는 일이 얼마나 어려운지 낙타가 바늘귀로 나가는 것이 더 쉽다고 하신다(25절). 중세기에 예루살렘으로 들어가는 문 중 하나가 '바늘귀 문'(Needle's Eye Gate)으로 불렸다는 말이 돌았다. 이 말에 따르면 바늘귀 문은 부정한 짐승이 예루살렘으로 들어갈 수 있는 유일한 문이었는데, 문이 얼마나 낮은지 낙타는 싣고 있는 짐을 모두 내려놓고 무릎을 꿇어야만 들어갈 수 있다고 했다. 그러나 예루살렘 그 어디에도 이런 이름으로 불린 문이나, 이런 용도로 사용된 문은 존재하지 않았다(Boring).

예수님은 단순한 과장법을 사용하고 계신다. 낙타는 당시 가나안 지역에서 가장 큰 덩치를 가진 짐승이었다. 그리고 바늘귀는 당시 사람들이 일상생활에서 접할 수 있는 가장 작은 구멍이었다. 그러므로 예수님은 가장 큰 것과 가장 작은 것을 대조하는 과장법을 사용하고 계신다(Boring, Carson). 부자들이 천국에 들어가는 것은 참으로 어려운 일이라는 뜻이다.

예수님의 말씀을 듣던 사람들(제자들)이 놀라며 그렇다면 누가 구원을 얻을 수 있느냐고 물었다(26절). 그들은 예수님이 유대교에서는 하나님의 축복이라고 하는 부유함을 하나님 나라에 들어가는 데 걸림돌이라고 하시는 것에 상당히 의아해하고 있다(cf. 신 28:1-14; 욥 1:10; 42:10; 시 128:1-2; 잠 10:22; 사 3:10).

구약은 부(富)를 하나님의 축복이라고 한다(cf. 신 28:1-4). 이러한 사실을 근거로 많은 유대교 지도자가 모든 부가 하나님의 축복이라고 가르쳤다. 그들은 부는 선행과 자선을 베풀 수 있게 하고, 율법을 공부할 여유를 제공하며, 의를 추구하게 한다고 했다(Hagner). 문제는 아모스 선지자는 불의하게 모은 재산은 부정하다고 한다는 사실이다. 그러므로 재물관에 있어서 균형적인 시각이 필요하다.

부를 정당화하는 가르침에만 익숙해져 있던 제자들이 놀라는 것은 당연하다. 그러므로 그들은 "이 땅에서 이미 하나님의 복을 받은 부자들이 천국에 갈 수 없다면 누가 구원을 얻을 수 있다는 것인가?"라는 질문을 할 수밖에 없다. 제자들의 질문은 '아무도 없다'를 답으로 유도하는 수사학적인 질문이라 할 수 있다.

예수님은 제자들의 '아무도 할 수 없다'에 동의하신다. 그러나 사람으로는 할 수 없으나 하나님으로서는 다 하실 수 있다(27절). 사람이 자신의 노력으로 구원에 이르는 것은 불가능하지만, 하나님은 은혜를 베풀어 사람들을 구원하실 수 있다. 사람의 구원은 오직 하나님이 결정하시고 이루시는 일이다. 하나님이 하나님의 말씀을 믿지 않는 사라에게 하신 말씀을 생각나게 한다. "여호와께 능하지 못한 일이 있겠느냐"(창 18:14).

이번에도 베드로가 제자들을 대표해 예수님께 말했다(28a절). 그는 자기와 제자들은 재산을 버리지 못한 젊은 청년과 달리 모든 것을 버리고 예수님을 따랐다고 한다(28b절). 사실 베드로는 아직도 집과 고기 잡는 배를 가지고 있다(cf. 막 1:29; 3:9; 4:1, 36; 요 21:3). 그러므로 어떤 이들은 베드로가 자신은 부자 청년과 달리 큰 재산을 버리고 왔다는 착각에 빠져 있다며, 돈의 우상을 벗어나면 자화자찬이라는 우상에 빠지지 않도록 조심하라고 한다(Bruner). 그러나 베드로는 제자들의 심경을 솔직하게 표현하고 있을 뿐이다. 그들은 젊은 부자 청년처럼 가진 것이 많지는 않지만, 모든 것을 뒤로하고 예수님을 따르고 있다고 생각한다. 예수님이 베드로의 말에 어떠한 반박도 하지 않으시는 것으로 보아 주님도 그들의 헌신을 인정하셨다.

예수님은 누구든지 하나님 나라를 위해 집이나 아내나 형제나 부모나 자녀를 버린 사람은 모두 현세에서 여러 배를 보상받을 것이라고 하신다(30a절). '현세'(τῷ καιρῷ τούτῳ)는 미래에 도래할 시대가 아니라 오늘 이 시대다. 그렇다면 하나님 나라를 위해 많은 것을 포기한 사람들은 이 시대에 여러 배의 보상을 어떻게 받게 된다는 것인가? 믿음의 가족들을 통해서다. 예수님과 복음을 위해 사랑하는 사람들과 재산을 버린 사람들은 새로 형성된 하나님 나라 가족들과의 교제를 통해 그들이 감수한 희생에 상응하는 보상을 받을 것이다(Strauss, cf. 행 2:42; 4:32). 그렇다고 해서 주님을 따르는 사람들의 삶이 평탄한 것만은 아니다. 하나님의 '여러 배 보상'만 누리는 것이 아니라 박해를 겸해서 받아야 하기 때문이다.

그뿐만 아니라 예수님과 복음을 위해 소중한 것들을 버린 사람들은 내세에 영생도 받을 것이다(30b절). '내세'(τῷ αἰῶνι τῷ ἐρχομένῳ)는 다가오고 있는 미래 시대를, '영생'(ζωὴν αἰώνιον)은 하나님과 함께 영원히 사는 것을 뜻한다. 영생은 이 부자 관리가 그토록 갖고 싶어 했던 것이다(cf. 18-21절). 영생은 사람이 노력해서 얻는 것이 아니라, 하나님이 예비해 두신 선물이다.

이 말씀은 부자는 그리스도인이 될 수 없다고 하지 않는다. 다만 부자는 이 세상에서 이미 많은 것을 누리다 보니 이것들을 하나님 나라를 위해 포기하기가 쉽지 않다는 뜻이다. 그러므로 교회 안에 경건하게 부를 축적한 사람들이나 하나님 나라를 위해 그 부를 사용하는 사람들이 있다면, 교회는 그들이 있음을 감사해야 한다. 구원은 오직 하나님이 하시는 일이며, 가난한 사람들만큼이나 부자들도 하나님이 구원하신 사람들이기 때문이다.

우리가 이 땅에서 예수님 때문에 하는 헌신을 하나님은 참으로 귀하게 여기실 뿐 아니라, 현세에 믿음의 가족들을 통해 여러 배로 보상하실 것이다. 그러므로 우리는 하나님 나라를 위해 가능한 한 많은 것을 희생하고 헌신하는 삶을 살아야 한다. 이는 영생을 누리며 즐길 보상을 위한 가장 확실한 투자이기 때문이다. 썩어 없어질 것으로 영원히 썩지 않을 것을 얻는 투자는 참으로 지혜롭고 귀한 투자다.

5. 세 번째 수난 예고(18:31-34)

[31] 예수께서 열두 제자를 데리시고 이르시되 보라 우리가 예루살렘으로 올라 가노니 선지자들을 통하여 기록된 모든 것이 인자에게 응하리라 [32] 인자가 이방인들에게 넘겨져 희롱을 당하고 능욕을 당하고 침 뱉음을 당하겠으며 [33] 그들은 채찍질하고 그를 죽일 것이나 그는 삼 일 만에 살아나리라 하시되 [34] 제자들이 이것을 하나도 깨닫지 못하였으니 그 말씀이 감취었으므로 그들 이 그 이르신 바를 알지 못하였더라

젊고 부유한 관리가 얻고자 했고(18:18) 예수님이 제자들에게 약속하 신(18:30) 영생은 참으로 좋고 아름다운 것이다. 그러나 예수님이 제자 들에게 주실 영생을 이루는 길은 참으로 험난하고 어렵다. 그러므로 예수님이 영생을 이루는 길에 대해 말씀하시는 본 텍스트는 앞 섹션의 결론이라 할 수 있다(cf. Marshall).

예수님은 예루살렘에 가까워질수록 초조하시다. 예루살렘에 도착하 면 며칠 내에 십자가에서 죽음을 맞이하셔야 하기 때문이다. 예수님이 성육신하신 하나님이라고 해서 죽음을 대하는 일이 쉽지는 않았다.

예수님은 다시 한번 제자들에게 예루살렘에서 있을 일에 대해 말씀 하신다. 십자가 수난에 대한 세 번째 말씀이며, 가장 자세하게 말씀하 신다(cf. 9:22; 17:25). 제자들이 준비된 마음으로 이 일을 맞이하면 덜 당황하고 덜 놀라게 될 것을 기대하며 이 말씀을 주셨다. 예수님은 제 자들에게 예루살렘으로 올라가는 것은 선지자들을 통해 기록된 모든 것이 인자에게 응하게 하기 위해서라고 하셨다(31절; cf. 24:44-48). 장 차 예수님이 예루살렘에서 당하실 일은 모두 오래전부터 선지자들이 예언한 바를 성취하는 일이므로 당황하지 말라는 뜻이다.

장로들과 대제사장들과 서기관들은 예수님을 잡아 그들의 재판에 회

부할 것이며, 죽이기로 결의하고 이방인들에게 넘길 것이다(9:22; cf. 마 20:18; 막 10:33). 누가는 이 절차를 생략하고 간단히 인자가 이방인들에게 넘겨질 것이라고 한다(32절). 그렇다면 왜 대제사장들과 서기관들은 예수님을 직접 죽이지 않고 이방인들(로마 사람들)에게 넘기는가? 당시 유대를 지배하던 로마 사람들이 유대 사람들에게 사형 집행하는 일을 허락하지 않았기 때문이다. 유대인이 사형당할 만한 죄를 지었을 경우에는 반드시 로마 사람들에게 넘겨 재판을 받고 처형하게 했다.

예수님은 이방인들에게 넘겨져 희롱을 당하고 능욕을 당하고 침 뱉음을 당하실 것이다(32절). 모두 빌라도의 법정에서 일어날 일들이다(cf. 23:1-25). 그들은 예수님을 채찍질하고 죽일 것이다(33a절). 십자가를 지기 위해 골고다로 가는 길과 십자가 위에서 있을 일이다(23:26-49). 그나마 다행인 것은 모든 것이 절망적이지는 않다는 사실이다. 예수님은 죽임당한 지 삼 일 만에 살아나실 것이다(33b절). 부활하실 것에 대한 말씀이다.

안타깝게도 제자들은 예수님이 하시는 말씀을 하나도 깨닫지 못했다(34a절). 그들에게 이 말씀이 감춰져 있기 때문이다(34b절). 그들은 예수님이 죽으시고 부활하신 다음에야 비로소 이 말씀을 깨닫게 될 것이다(cf. 24:45). 그때까지는 이 말씀의 의미가 그들에게 감춰져 있을 것이다. 예수님은 열두 제자 중 어느 제자도 스승을 이해하지 못하는 참으로 외로운 길을 가고 계신다.

이 말씀은 예수님의 수난과 죽음은 구약에 기록된 말씀을 성취하는 것이라고 한다. 하나님은 온 인류를 구원하기 위해 미리 계획하신 구속사에 따라 예수님을 보내 십자가를 지게 하셨다. 태초부터 우리를 구원하기 위한 위대한 계획을 세우신 것이다. 그러므로 우리가 입은 구원에 대해 더욱더 감사해야 한다.

예수님은 곁에 있는 열두 제자도 깨닫지 못한 외로운 길을 가셨다. 3년이나 그들과 함께하셨지만, 그들은 알지 못했다. 우리도 종종 아무도 이해하지 못하는 길을 가야 한다. 이런 날을 위해 미리부터 하나님 앞에 홀로서기를 연습하는 것도 좋은 일이다.

6. 눈먼 거지(18:35-43)

³⁵ 여리고에 가까이 가셨을 때에 한 맹인이 길 가에 앉아 구걸하다가 ³⁶ 무리가 지나감을 듣고 이 무슨 일이냐고 물은대 ³⁷ 그들이 나사렛 예수께서 지나가신다 하니 ³⁸ 맹인이 외쳐 이르되 다윗의 자손 예수여 나를 불쌍히 여기소서 하거늘 ³⁹ 앞서 가는 자들이 그를 꾸짖어 잠잠하라 하되 그가 더욱 크게 소리 질러 다윗의 자손이여 나를 불쌍히 여기소서 하는지라 ⁴⁰ 예수께서 머물러 서서 명하여 데려오라 하셨더니 그가 가까이 오매 물어 이르되 ⁴¹ 네게 무엇을 하여 주기를 원하느냐 이르되 주여 보기를 원하나이다 ⁴² 예수께서 그에게 이르시되 보라 네 믿음이 너를 구원하였느니라 하시매 ⁴³ 곧 보게 되어 하나님께 영광을 돌리며 예수를 따르니 백성이 다 이를 보고 하나님을 찬양하니라

예수님이 여리고에 가까이 가셨을 때의 일이다(35a절). 마태와 마가는 예수님이 여리고성을 떠나시면서 행하신 기적이라고 하는데(마 20:29; 막 10:46) 본문은 예수님이 여리고성으로 들어가시면서(가까이 가시면서) 하신 일이라고 한다. 예수님 시대의 여리고는 옛적에 여호수아가 정복한 여리고성(cf. 수 5장)에서 남쪽으로 약 2㎞ 떨어진 곳에 있었다(ABD). 헤롯 대왕이 이곳에 궁전을 지으면서 궁전 주변에 새로 형성된 타운이었다. 예수님은 옛 여리고성 지역을 떠나 새 여리고성으로 가시는 길에 이 맹인을 만나신 것이다(Blomberg, Wilkins). 그러므로 두 가지 표현 모두 맞다.

여리고는 예루살렘에서 북동쪽으로 약 25㎞ 떨어진 곳에 있다. 이집트를 탈출한 이스라엘이 여호수아의 지휘하에 가나안 정복 전쟁을 통해 제일 먼저 정복한 곳이다. 여리고는 갈릴리 지역에서 순례자들이 예루살렘으로 가기 위해 반드시 들리는 곳이다. 유대인들은 이방인과 혼혈 족속이 사는 사마리아 땅을 밟지 않기 위해 요단강을 건너 오늘날의 요르단에 있는 길을 걸어 내려와 여리고성 근처에서 다시 강을 건넜다.

여리고는 사해 근처에 있어서 도시의 높이가 해저 260m 정도 되며, 해발 800m에 달하는 예루살렘으로 가기 위해서는 1,000m 이상 올라가야 한다. 여리고성에서 예루살렘까지는 하룻길이었다. 당시 예루살렘에 살지 않는 유대인들은 유월절이면 예루살렘으로 순례를 갔다. 성전에서 유월절을 기념하기 위해서다. 예수님 일행이 여리고성을 지날 때는 예루살렘으로 올라가는 순례자로 성이 북적였다. 또한 이미 갈릴리 지역에 퍼진 예수님에 대한 소문이 이곳까지 따라왔다. 그러므로 예수님 주변으로 사람들이 무리를 형성하며 예수님과 함께 예루살렘으로 순례를 가고 있다(막 10:46).

길가에 앉아 순례자들에게 구걸하던 맹인 거지가 있었다. 마가는 그의 이름을 바디매오라고 기록한다(막 10:46). 바디매오가 무리가 지나감을 알고 사람들에게 왜 이렇게 북적이는지 물었다(36절). 나사렛 예수가 지나가신다는 말을 들은 그는 "다윗의 자손 예수여! 나를 불쌍히 여기소서!"라고 소리쳤다(38절). 그도 기적을 행하시는 예수님에 대한 소문을 들어서 익히 알고 있다. 바디매오는 '다윗의 자손'(υἱὲ Δαυίδ)이라는 메시아적 타이틀을 사용해 예수님을 불렀다. '다윗의 자손'은 기적을 행하시는 메시아와 연관해 자주 사용되는 타이틀이다. 그가 예수님이 메시아라는 사실에 대해 얼마나 잘 알고 있었는지는 알 수 없지만, 예수님을 반복적으로 '다윗의 자손'이라 부르고(38, 39절) 보게 되자 곧바로 예수님을 따른 것(43절)을 고려하면 예수님이 메시아이심을 제자들보다 더 확실하게 알았던 것 같다.

예수님을 따르던 무리는 그에게 잠잠하라고 꾸짖었지만, 그는 더욱 더 소리를 지르며 예수님께 도움을 청했다(39절). 무리는 무슨 의도로 그에게 잠잠하라고 한 것일까? 단순히 소란을 잠재우기 위해 그런 것 이라는 해석이 있는가 하면(Davies & Allison, France), 예수님은 맹인들을 치료하는 것보다 더 중요한 일을 하러 가시는 길이니 방해하지 말라는 뜻으로 해석하는 이들도 있다(Hagner, Strauss). 이유야 어떻든 중요하지 않으며, 무리의 나무람은 의도한 바와 대조적인 결과를 초래했다. 바 디매오가 더 크게 외쳤기 때문이다.

예수님이 발걸음을 멈추시고 그를 데려오라고 하셨다(40a절). 예수님 은 언제, 어디서든 도움이 필요한 사람을 위해 시간을 만드시는 분이 다. 도움을 바라는 간절한 마음이 있는 사람들을 그냥 지나치지 않으 신다. 심지어 예루살렘으로 죽으러 가시면서도 이렇게 시간을 내 병자 들을 고치신다. 자기 생명을 많은 사람을 구원하는 대속물로 내어 주 시는 것이 무엇을 의미하는가를 스스로 보이신 일이다.

마가는 소식을 들은 바디매오가 흥분해서 입고 있던 겉옷을 버리고 예수님께 뛰어나갔다고 한다(막 10:50). 그는 눈을 뜨고 싶은 그의 간절 한 염원을 사람들이 말리는데도 더 크게 소리 지르는 것과 예수님이 부르시자 곧바로 뛰어가는 것으로 표현하고 있다. 하나님은 절박하고 간절한 사람들을 가장 잘 도우신다.

예수님은 바디매오에게 무엇을 하여 주기를 원하느냐고 물으셨다 (41a절). 주님은 그가 무엇을 원하는지 아신다. 그러나 한 번 더 그의 입 을 통해 확인하시고자 한다. 그의 말은 믿음의 표현이기 때문이다. 바디 매오는 예수님을 '주여'(κύριε)라고 부르며 보기를 원한다고 했다(41b절). 그는 간절하다. 또한 그에게는 메시아이신 예수님이 그의 눈을 뜨게 하실 수 있다는 믿음이 있다.

예수님은 바디매오에게 "네 믿음이 너를 구원하였느니라"라고 하시면서 그를 고쳐 주셨다(42절). 그가 볼 수 있게 하신 것이다(43a절). 바디매오의 감격을 상상해 보라. 평생 간절히 기도하고 바라던 일이 이뤄지는 순간이다! 게다가 그가 평생 처음으로 보는 분이 바로 메시아 예수님이다! 그러므로 그는 하나님께 영광을 돌리며 곧바로 예수님을 따랐다(43b절). 예수님의 제자가 되었다는 뜻이다. 바디매오의 경우 신체적인 치료가 영적인 치료로 이어지고 있다. 맹인이었던 그가 하나님을 보았다. 바디매오가 보게 된 일을 옆에서 지켜본 모든 사람이 하나님을 찬양했다(43c절).

이 말씀은 귀찮고 시끄럽다며 조용히 시키려는 무리와 이에 굴하지 않고 예수님이 계신 방향을 향해 도와 달라며 울부짖는 절박한 맹인의 이야기다. 때로는 우리가 처한 환경이 우리의 신앙을 제대로 고백하지 못하게 한다. 이럴 때일수록 더 간절하게, 더 소리 높여 주님을 찾아야 한다. 예수님은 항상 열린 귀로 우리의 신음에 응답하기를 기뻐하시는 분이다.

예수님께 고침받은 바디매오는 예수님을 따랐다. 제자의 삶을 살기로 결단한 것이다. 바디매오는 은혜를 아는 사람이다. 이런 면에서 눈이 멀쩡한 사람들보다 낫다. 바디매오는 하나님의 은혜를 경험한 사람이 당연히 보여야 할 반응을 보이고 있다. 우리의 신앙과 헌신은 어떠한지 반성하게 하는 대목이다.

> V. 예루살렘 여정(9:51-19:27)
>   H. 천국에 들어가는 사람들(18:1-19:27)

7. 삭개오(19:1-10)

[1] 예수께서 여리고로 들어가 지나가시더라 [2] 삭개오라 이름하는 자가 있으니 세리장이요 또한 부자라 [3] 그가 예수께서 어떠한 사람인가 하여 보고자 하되 키가 작고 사람이 많아 할 수 없어 [4] 앞으로 달려가서 보기 위하여 돌무화과

나무에 올라가니 이는 예수께서 그리로 지나가시게 됨이러라 ⁵ 예수께서 그
곳에 이르사 쳐다 보시고 이르시되 삭개오야 속히 내려오라 내가 오늘 네
집에 유하여야 하겠다 하시니 ⁶ 급히 내려와 즐거워하며 영접하거늘 ⁷ 뭇
사람이 보고 수군거려 이르되 저가 죄인의 집에 유하러 들어갔도다 하더라
⁸ 삭개오가 서서 주께 여짜오되 주여 보시옵소서 내 소유의 절반을 가난한
자들에게 주겠사오며 만일 누구의 것을 속여 빼앗은 일이 있으면 네 갑절이
나 갚겠나이다 ⁹ 예수께서 이르시되 오늘 구원이 이 집에 이르렀으니 이 사
람도 아브라함의 자손임이로다 ¹⁰ 인자가 온 것은 잃어버린 자를 찾아 구원
하려 함이니라

이 이야기는 여러 면에서 레위(마태)를 부르신 일(5:27–32)과 비슷하
다. 마태와 삭개오는 둘 다 세금 거두는 일을 하고 있다. 그들이 예수
님을 영접하고 자기 집에서 잔치를 여는 것도 같다. 그들이 예수님의
가르침에 따라 중요한 결단을 하는 것도 비슷하다.

예수님이 아직 여리고에 계실 때 있었던 일이다(1절). 삭개오라는 부
자 세리장이 있었다(2절). '세리장'(ἀρχιτελώνης)은 신약뿐 아니라 모든
헬라 문헌에 단 한 차례 사용되는 단어이기 때문에 정확한 의미를 파
악하기가 쉽지 않다. 다만 세금 거두는 일을 하는 사람 중에서 상당히
높은 지위에 있었던 것은 확실하다(TDNT).

로마 제국은 그들이 다스리는 모든 나라에서 세금을 징수했는데, 직
접 징수하지 않고 구역으로 나눠 매년 가장 많은 세금을 거둬 주겠다
는 사람들에게 징수 권한을 주었다. 징수 권한을 받은 사람들은 상납
해야 할 금액보다 훨씬 더 많이 거두고는 남은 것을 착복했다. 그러다
보니 온갖 부정과 부패가 난무했으며, 세리들은 로마 사람들을 위해
일하면서 자기 백성을 착취하는 매국노로 취급받기 일쑤였다.

랍비들은 세리가 남의 집에 들어가기만 해도 그 집이 부정하게 된다
고 했다. 사람들은 세리들을 멀리할 뿐 아니라 미워했고, 자기중심적

으로 사는 이기주의의 상징으로 간주했다. 게다가 삭개오는 세리들의 우두머리라 할 수 있는 세리장이다.

삭개오는 부자다. 아마도 사람들은 그의 많은 재산이 모두 로마가 요구하는 것보다 세금을 훨씬 더 거두어들여 착복한 것이라고 생각했을 것이다. 여리고는 가나안 지역의 교역이 시작되는 관문이었다. 그러므로 삭개오는 얼마든지 세금을 많이 거둘 수 있었다.

삭개오는 예수님이 여리고에 오셨다는 소식을 듣자 보고 싶었다(3a절). 그는 이미 예수님에 대한 소문을 들었다. 특히 예수님이 자기 같은 세리들을 환대하실 뿐 아니라 심지어 레위(마태)라는 세리를 제자로 두신 일에 많은 감동을 받았다(cf. 5:27-32; 15:1-2). 이제 직접 얼굴을 뵐 기회가 생겼으니 어떻게 해서든 뵙고 싶었다.

그러나 한 가지 문제가 있다. 그는 키가 작았는데, 무리가 그를 배려하지 않아 좀처럼 예수님께 나아갈 수 없었던 것이다. 부자인데도 무리에게 이렇게 취급당하는 것은 그의 직업 때문이다. 만일 그가 사람들에게 존경받았다면 무리가 그에게 길을 내주었을 것이다. 그러나 세리를 죄인 취급하는 시대였으니, 세리장은 아예 사람 취급을 하지 않았다.

예수님을 꼭 뵙고 싶은 삭개오는 포기하지 않고 한 가지 방법을 생각해 냈다. 예수님이 가시는 길을 조금 앞서가서 길가에 있는 나무에 올라가 무리와 함께 이동하시는 예수님을 보기로 한 것이다(4절). '돌무화과나무'(συκομορέα)는 가지가 낮고 잎사귀가 크기 때문에 아마도 그는 나무 위에 숨어서 예수님을 보고자 했을 것이다(Bailey). 어떤 이유에서든 성인 남자가 나뭇가지 사이에 숨어서 지나가는 사람을 내려다보는 것은 다소 우스꽝스러운 일이다.

드디어 예수님이 삭개오가 올라가 있는 나무를 지나가시게 되었다. 예수님은 발걸음을 멈추고 나무 위에 있는 삭개오를 쳐다보시며 오늘 그의 집에 머물겠다며 내려오라고 하셨다(5절). 예수님은 집주인인 삭개오의 허락을 구하지 않고 그의 집에 머물겠다고 통보하셨다. 이날은 그의 집에 구원이 임하는 날이기 때문이다(9-10절).

예수님은 그의 이름이 삭개오라는 것을 알고 불러 주셨다. 어떻게 아셨을까? 예수님은 사람의 생각까지 읽는 분이다. 태어날 때부터 지니신 신성(神性)의 일부다. 가뜩이나 예수님이 궁금해 나무 위에서라도 뵙고자 했던 삭개오는 나무에서 급히 내려와 즐거워하며 예수님을 자기 집으로 영접했다(6절). 잃어버린 것들(양, 동전, 아들)에 대한 이야기(15장)가 잃었다가 찾은 이들의 기쁨을 묘사한 것에 반해, 이 이야기는 잃었던 자의 기쁨을 묘사하고 있다.

예전에 바리새인과 서기관들은 예수님이 세리들과 어울리실 때마다 뒤에서 수군거렸다(5:30; 7:34; 15:1-2). 사람들은 이번에도 예수님이 죄인의 집에 유하러 들어간다고 수군거렸다(7절). 더군다나 세리장의 집으로 들어가셨으니 얼마나 더 뒷담화를 해댔겠는가! 예수님은 그들의 따가운 눈초리를 전혀 개의치 않으시고 당당하게 삭개오의 집으로 들어가셨다.

아마도 이날 삭개오는 자신이 마련할 수 있는 가장 좋은 음식으로 큰 잔치를 베풀었을 것이다. 잔치가 무르익을 때 삭개오가 일어나 예수님을 '주'(κύριος)라고 부르며 자기 소유의 절반을 가난한 자들에게 주고, 만일 누구의 것을 속여 빼앗은 일이 있으면 네 배로 갚겠다고 선언했다(8절; cf. 출 22:1, 3-4; 삼하 12:6).

어떤 이들은 삭개오가 그를 죄인이라고 비난하는 사람들에게 자기는 재산의 반을 가난한 사람들을 위해 사용했으며, 언제든 그가 고용한 사람들이 남을 속여 빼앗은 일이 생기면 네 배로 배상해 주었다며 자신의 억울함을 예수님께 항변하는 것으로 해석한다(Fitzmyer). 그러나 삭개오는 예수님과 대화하며 알게 된 하나님 나라의 복음에 감동해 당장 이렇게 하겠다는 결심을 밝히고 있다(Johnson, Marshall, Nolland). 그의 심경에 큰 변화가 와서 참으로 어려운 결단을 한 것이다. 삭개오의 결단은 일종의 '감사제'(gifts of thanksgiving)라 할 수 있고, 세례 요한이 요구했던 회개에 합당한 열매를 맺는 것이라 할 수 있다(cf. 3:8, 12-14).

예수님은 삭개오의 결단을 기뻐하시며 오늘 구원이 이 아브라함의 후손 집에 이르렀다고 하신다(9절). 예수님은 부자가 천국에 들어가는 일은 낙타가 바늘귀에 들어가는 것보다 더 어려운 일이라고 하셨는데(18:25-26), 삭개오는 부자도 구원을 얻을 수 있다는 가능성을 제시한다. 사람에게는 불가능한 일이지만, 하나님께는 가능한 일이다. 구원은 하나님이 주시는 선물이기 때문이다.

'오늘'(σήμερον)은 '당장, 이 순간'을 뜻한다(cf. 2:11; 4:21; 5:26; 13:32-33; 행 13:33). 구원은 우리가 장차 받을 것이지만, 또한 하나님 나라를 영접하는 순간 받게 되는 것이다. 예수님은 인자가 오신 것은 삭개오처럼 잃어버린 자를 찾아 구원하기 위해서라고 하신다(10절). 누가복음에서 가장 중요한 말씀이며(Liefeld & Pao), 에스겔 34:16을 연상케 한다. "그 잃어버린 자를 내가 찾으며 쫓기는 자를 내가 돌아오게 하며 상한 자를 내가 싸매 주며 병든 자를 내가 강하게 하려니와 살진 자와 강한 자는 내가 없애고 정의대로 그것들을 먹이리라." 예수님은 이미 5:32에서 비슷한 말씀을 하셨다. "내가 의인을 부르러 온 것이 아니요 죄인을 불러 회개시키러 왔노라."

이 말씀은 우리가 하나님을 찾아 구원을 얻는 것이 아니라, 하나님이 먼저 우리를 찾아오셔서 구원하신다고 한다. 예수님이 나무 위에 있는 삭개오를 먼저 부르신 것처럼 말이다. 그러므로 구원은 온전히 하나님의 선물임을 고백하며 감사해야 한다.

구원을 입은 사람은 구원에 합당한 열매를 통해 변화된 모습을 보여 주어야 한다. 삭개오는 재산의 절반을 가난한 자들에게 주고, 혹시 강탈한 것이 있으면 네 배로 갚겠다고 했다. 우리 삶에서도 예수님을 만나기 전과 후의 모습이 가치관과 추구하는 일을 통해 확실하게 구분되어야 한다.

8. 열 므나 비유(19:11-27)

¹¹ 그들이 이 말씀을 듣고 있을 때에 비유를 더하여 말씀하시니 이는 자기가 예루살렘에 가까이 오셨고 그들은 하나님의 나라가 당장에 나타날 줄로 생각함이더라 ¹² 이르시되 어떤 귀인이 왕위를 받아가지고 오려고 먼 나라로 갈 때에 ¹³ 그 종 열을 불러 은화 열 므나를 주며 이르되 내가 돌아올 때까지 장사하라 하니라 ¹⁴ 그런데 그 백성이 그를 미워하여 사자를 뒤로 보내어 이르되 우리는 이 사람이 우리의 왕 됨을 원하지 아니하나이다 하였더라 ¹⁵ 귀인이 왕위를 받아가지고 돌아와서 은화를 준 종들이 각각 어떻게 장사하였는지를 알고자 하여 그들을 부르니 ¹⁶ 그 첫째가 나아와 이르되 주인이여 당신의 한 므나로 열 므나를 남겼나이다 ¹⁷ 주인이 이르되 잘하였다 착한 종이여 네가 지극히 작은 것에 충성하였으니 열 고을 권세를 차지하라 하고 ¹⁸ 그 둘째가 와서 이르되 주인이여 당신의 한 므나로 다섯 므나를 만들었나이다 ¹⁹ 주인이 그에게도 이르되 너도 다섯 고을을 차지하라 하고 ²⁰ 또 한 사람이 와서 이르되 주인이여 보소서 당신의 한 므나가 여기 있나이다 내가 수건으로 싸 두었었나이다 ²¹ 이는 당신이 엄한 사람인 것을 내가 무서워함이라 당신은 두지 않은 것을 취하고 심지 않은 것을 거두나이다 ²² 주인이 이르되 악한 종아 내가 네 말로 너를 심판하노니 너는 내가 두지 않은 것을 취하고 심지 않은 것을 거두는 엄한 사람인 줄로 알았느냐 ²³ 그러면 어찌하여 내 돈을 은행에 맡기지 아니하였느냐 그리하였으면 내가 와서 그 이자와 함께 그 돈을 찾았으리라 하고 ²⁴ 곁에 섰는 자들에게 이르되 그 한 므나를 빼앗아 열 므나 있는 자에게 주라 하니 ²⁵ 그들이 이르되 주여 그에게 이미 열 므나가 있나이다 ²⁶ 주인이 이르되 내가 너희에게 말하노니 무릇 있는 자는 받겠고 없는 자는 그 있는 것도 빼앗기리라 ²⁷ 그리고 내가 왕 됨을 원하지 아니하던 저 원수들을 이리로 끌어다가 내 앞에서 죽이라 하였느니라

학자 중에는 이 비유가 마태복음의 달란트 비유(마 25:14-30)와 같은 말씀이며, 누가가 마태복음을 인용해 새로운 버전을 만들어 낸 것이라고 한다(cf. Davies & Allison). 그러나 두 비유 사이에 차이점이 너무 많기 때문에 각각 다른 비유로 간주하는 것이 바람직하다(Blomberg, Carson, France, Keener, Morris, Plummer, Wilkins). 본문의 비유는 하나님의 자녀들이 깨어서 예수님의 재림을 기다리는 것은 주어진 삶에 성실하게 임하며 생산적으로 사는 것이라고 한다. 그러므로 이 비유는 하나님이 주시는 능력에 관한 것이 아니라, 각자가 맡은 책임에 관한 것이다(France).

예수님이 세리장 삭개오의 집에 머무실 때 제자들에게 주신 말씀이다(11a절). 예수님은 드디어 예루살렘으로 올라가는 길이 시작되는 여리고에 와 계신다. 제자들은 이 같은 사실에 상당히 고무되어 있다. 그들은 예수님이 예루살렘에 가시면 십자가에 매달려 죽으실 것이라는 사실을 알지 못한다(18:34). 이미 여러 차례 말씀하셨지만, 깨닫지 못한 것이다. 제자들은 예수님이 예루살렘에 입성하시면 곧바로 하나님의 나라가 나타날 것으로 생각한다(11b절). 그러므로 예수님은 그렇지 않다는 것을 가르치기 위해 이 비유를 통해 가르침을 주신다.

한 귀인이 있었다. 그는 왕위를 받아 오려고 먼 나라로 떠났다(12절). 그 당시 종속국의 왕이 되기 위해 종주국을 찾는 것은 종종 있었던 일이다. 기록에 따르면 헤롯이 왕이 되기 위해 주전 40년에 로마에 다녀왔고, 그의 아들 아켈라오(Archelaus)도 왕이 되기 위해 주전 4년에 로마에 다녀왔다(Bock). 이 귀인이 왕이 되기 위해 먼 나라로 간 것은 상당히 많은 시간이 지나야 돌아올 것을 암시한다. 재림도 예수님이 이 비유를 말씀하시는 때로부터 많은 시간이 지난 다음에 있을 일이었다(cf. 17:22).

귀인은 떠나기 전에 종 열 명을 불러 은화 열 므나를 주며 자기가 돌아올 때까지 장사하라고 했다(13절). 열 명에게 각각 한 므나씩 주면서 그 돈으로 비즈니스를 하게 한 것이다. 당시 노예 중에는 많이 배우고 머리가 좋은 의사, 회계사, 사업가 등 전문가들도 있었다. 이런 사람들은 대체로 전쟁이나 재정적인 이유(빚을 갚지 못해)로 노예가 되었다. 주인 중에는 능력 있는 종에게 큰일을 맡기고 실적에 따라 보상을 하는 이들도 있었다(Carson, Derrett).

한 '므나'(μνᾶ)는 100데나리온(혹은 드라크마)의 가치를 지닌 은 동전이었다. 노동자의 4개월 치 봉급에 달하는 액수다. 그러므로 일부 학자는 이 귀인이 한 므나로 장사해서 한 므나를 남긴 종에게 열 고을을 다스리는 권세를 주는 것(17절)에 대해 의아해한다. 그러나 이것은 '지극히 작은 것에 충성하는가'를 테스트하는 것이므로(17절) 포상이 지나치다고 생각할 필요가 없다.

귀인이 왕위를 받으러 먼 나라로 갔다는 소문이 나자 백성 중에 그를 미워해 귀인을 왕으로 세우려는 나라에 사자를 보내 그가 왕이 되는 것을 원치 않는다고 한 자들이 있었다(14절). 실제로 이러한 일이 종종 있었다. 헤롯의 아들 아켈라오가 왕이 되려고 로마에 갔을 때 유대 사람들은 로마에 사절단을 보내 그를 왕으로 세우지 말 것을 요구했고, 로마 사람들은 유대 사람들을 고려해 그를 왕이 아닌 분봉 왕으로 임명했다(Liefeld & Pao). 제사장과 바리새인과 사두개인 등 종교 지도자들이 예수님이 하나님의 아들이라는 사실에 반발한 일을 생각나게 한다.

일부 백성의 반대에도 불구하고 귀인은 먼 곳에 있는 나라(종주국)에서 왕이 되어 돌아왔다(15a절). 왕은 제일 먼저 은화 한 므나씩 주며 장사하라고 했던 종들을 불렀다. 떠날 때는 종 열 명에게 돈을 맡겼는데, 왕이 불러 정산한 종은 세 명에 불과하다. 아마도 왕은 열 명 모두 불러 정산했지만, 누가가 세 명만 사례(sample)로 제시하는 듯하다.

첫 번째 종은 주인이 맡긴 한 므나로 열 므나를 남겼다고 보고했다(16절). 주인은 잘했다며 그를 착한 종이라고 칭찬하고, 그가 지극히 작은 것에 충성했으므로 열 고을 권세를 맡기겠다고 했다(17절). 겨우 한 므나로 장사해서 열 배의 수익을 올린 종의 능력을 인정해 큰 포상을 내린 것이다.

두 번째 종이 와서 자기는 주인이 맡긴 한 므나로 다섯 므나를 만들었다고 했다(18절). 주인은 그의 능력을 인정해 다섯 고을을 맡겼다(19절). 주인이 열 배를 남긴 종에게 열 고을을, 다섯 배를 남긴 종에게 다섯 고을을 맡긴 것은 각자의 능력을 평가해 그 능력에 걸맞은 일을 맡기겠다는 뜻이다.

세 번째 종이 와서 주인이 먼 나라로 떠날 때 그에게 맡긴 돈이라며 한 므나를 주인에게 돌려주었다(20a절). 그는 주인이 장사하라고 준 돈을 그대로 수건에 싸 두었다가 가져온 것이다(20b절). 종은 주인은 엄한 사람이라 두지 않은 것을 취하고 심지 않은 것을 거두는 사람인 것이 두려워서 이렇게 했다고 했다(21절). 이 종은 주인이 준 돈으로 장사를 했다가 실패하면 큰 벌을 내릴 것으로 생각해 아무 일도 하지 않았다고 한다. 그는 핑계를 대고 있다. 주인이 처음 두 종을 어떻게 대했는지 생각해 보면 세 번째 종은 주인에 대해 매우 비뚤어진 생각을 가지고 있다. 그는 단지 게을러서 일하고 싶지 않았던 것이다. 그래서 수건에 싸 두었다. 주인도 이러한 사실을 잘 알고 있기에 그를 '악한 종'이라며 맹비난을 한다(22절).

만일 이 종이 주인이 준 돈으로 장사를 했다가 실패해 원금 한 므나를 잃었다면 주인은 어떤 반응을 보였을까? 종이 말하는 대로 그에게 벌을 내렸을까? 절대 그렇지 않다. 고대 근동의 주인-종 관계에서는 종이 이익을 남기든 손해를 보든 주인의 몫이었다. 이러한 정황을 고려할 때 이 자비로운 주인은 절대 그를 벌하지 않았을 것이다.

주인은 이 종이 주장하는 것과 전혀 다르게 상황을 판단한다. 그는 주인이 두려워서 므나를 땅에 묻어 두었다가 가져온 것이 아니라, 게을러서 그렇게 했다. 그러므로 주인은 이 종을 '악한 종'(πονηρὲ δοῦλέ)이라고 한다(22절). 한 므나로 열 므나를 남기느라 부지런히 장사한 종을

'착한 종'(ἀγαθὲ δοῦλε)이라고 부른 것과 정반대되는 말이다(17절).

주인은 이 악한 종의 비뚤어진 생각을 그대로 이용해 그의 잘못을 책망한다(22-23절). 만일 그가 진짜로 주인을 악한 사람으로 생각했다면(22절), 돈을 은행에 맡겨 이자라도 받게 해야 했다는 것이다(23절). 당시에는 오늘날의 은행 같은 곳이 없었다. 각자 알아서 돈을 관리했다. 율법은 이스라엘 사람에게 돈을 빌려줄 때는 이자 받는 것을 금한다(출 22:25; 레 25:35-37; 신 23:19). 그러나 이방인들에게는 이자를 받을 수 있다고 한다(신 23:20). 그러므로 주인의 말은 종의 어리석음을 비꼬는 것일 수 있고(Blomberg), 혹은 율법이 금하는 이자를 받게 했어도 땅에 묻어 둔 것보다는 나았을 것이라는 뜻일 수 있다(Carson, Wilkins).

주인은 그 종이 가진 한 므나를 빼앗아 열 므나를 가진 종에게 주라고 명령했다(24절). 이 종이 아직 열 므나를 가지고 있는 것으로 보아 주인은 종들이 번 돈을 확인하기만 했을 뿐 돌려받지는 않았다(Carson). 각 종이 원금과 수익을 모두 갖도록 상으로 준 것이다. 또한 주인은 각자의 능력에 따라 고을을 다스리게 했다. 이 세상에서는 있을 수 없는 일이다. 하나님의 은혜가 이렇다. 그러나 은혜는 무책임과 게으름을 용납하지 않는다.

한 므나를 빼앗아 열 므나 가진 자에게 주라는 명령을 받은 종들이 주인에게 그 종에게는 이미 열 므나가 있다고 말했다(25절). 그러자 주인은 "무릇 있는 자는 받겠고 없는 자는 그 있는 것도 빼앗기리라"라고 했다(26절). 이 말씀은 하나님이 성실한 사람에게 더 많은 축복을 내리실 것이라는 격언으로 생각된다.

주인은 그가 왕이 되는 것을 원치 않는다며 먼 나라로 사자를 보낸 자들을 끌어다가 자기 앞에서 죽이게 했다(27절). 왕이 되어 돌아온 주인은 이 자들을 '원수들'이라 한다. 자신이 통치하는 나라에 결코 살려 두지 않을 것이라는 뜻이다.

이 말씀을 통해 우리는 여러 가지를 배운다. 첫째, 그리스도인의 삶은 결과보다는 과정을 중요시 여겨야 한다. 성실하게 일한 처음 두 종은 더 큰 축복을 받았다. 둘째, 경건한 삶에는 게으름과 무책임이 있을 수 없다. 모든 일을 성실하게 해내고, 책임질 일은 책임지는 것이 의로운 삶이며 예수님의 재림을 예비하는 삶이다. 셋째, 하나님에 대한 올바르고 건강한 이해는 우리의 신앙에 필수적이다. 악한 종은 주인에 대해 매우 비뚤어진 생각을 가지고 있었기 때문에 주인을 비방했다. 성경이 제시하는 하나님이 우리를 다스리셔야 한다.

Ⅵ. 예루살렘 사역

(19:28-21:38)

갈릴리를 떠나 여리고성에 이르는 여정이 끝났다. 예수님은 이제 곧 장 예루살렘으로 올라가신다. 그곳에서 종교 지도자들에 의해 로마 사람들의 손에 넘겨져 죽음을 맞이하기 위해서다. 예수님의 영광스러운 예루살렘 입성부터 십자가에서 죽으시기까지는 불과 한 주밖에 걸리지 않는다. 누가는 이 한 주를 기록하는 데 책을 구성하는 24장 중 6장 (25%)을 할애한다. 예수님의 마지막 한 주가 가장 중요하기 때문이다. 네 복음서를 바탕으로 예수님의 마지막 한 주를 구성하면 다음과 같다 (Wilkins, cf. 마 21-28장; 막 11-16장; 눅 19-24장; 요 12-21장).

요일	사건
금요일	• 베다니에 도착하심(요 12:1)
토요일	• 저녁 잔치, 마리아가 예수님의 발에 기름을 부음 (요 12:2-8; cf. 마 26:6-13)
일요일	• 영광스러운 예루살렘 입성(마 21:1-11; 막 11:1-10; 요 12:12-18) • 예수님이 성전 주변을 살펴보심(막 11:11) • 베다니로 돌아가심(마 21:17; 막 11:11)

월요일	• 예루살렘으로 가는 길에 무화과나무를 저주하심 (마 21:18-22; cf. 막 11:12-14) • 성전을 깨끗하게 하심(마 21:12-13; 막 11:15-17) • 성전 안에서 기적을 행하시고 대제사장들과 다투심 (마 21:14-16; 막 1:18) • 베다니로 돌아가심(막 11:19)
화요일	• 무화과나무를 저주하신 일에 대한 반응(마 21:20-22; 막 11:20-22) • 종교 지도자들과 논쟁하시고 성전에서 가르치심 (마 21:23-23:39; 막 11:27-12:44) • 감람산에서 종말에 대해 가르치시고 베다니로 돌아가심 (마 24:1-25:46; 막 13:1-37)
수요일	• 조용히 하루를 보내심-베다니에서 제자들과 마지막으로 교제하심 • 유다가 예수님을 팔기 위해 홀로 예루살렘에 다녀옴 (마 26:14-16; 막 14:10-11)
목요일	• 유월절 준비(마 26:17-19; 막 14:12-16) • 해가 진 다음: 유월절 잔치와 최후의 만찬(마 26:20-35; 막 14:17-26) 다락방 디스코스(요 13-17장) 겟세마네 동산에서 기도하심(마 26:36-46; 막 14:32-42)
금요일	• 목요일 자정이 지난 후: 배신과 붙잡히심(마 26:47-56; 막 14:43-52) • 유대인 재판-예수님이 세 차례 재판을 받으심 안나스에게(요 18:13-24) 가야바와 산헤드린 일부에게(마 26:57-75; 막 14:53-65) 모두 모인 산헤드린에(마 27:1-2; 막 15:1) • 로마인 재판-예수님이 세 단계를 거치심 빌라도에게(마 27:2-14; 막 15:2-5) 분봉 왕 헤롯(Antipas)에게(눅 23:6-12) 빌라도에게(마 27:15-26; 막 15:6-15) • 십자가에 못 박히심(오전 9시-오후 3시) (마 27:27-66; 막 15:16-39)
일요일	• 부활을 목격한 사람들(마 28:1-8; 막 16:1-8; 눅 24:1-12) • 부활하신 모습을 보이심(마 28:9-20; 눅 24:13-53; 요 20-21장)

예수님의 영광스러운 예루살렘 입성부터 잡히시던 유월절 전야까지 있었던 일들을 기록하는 본 텍스트는 다음과 같이 구분된다. 예수님은 대부분의 시간을 성전에서 가르치며 보내신다.

A. 영광스러운 왕의 입성(19:28-40)
B. 예루살렘에 대해 눈물을 흘리심(19:41-44)
C. 성전에서 장사하는 자들을 쫓아내심(19:45-46)
D. 성전에서 가르치심(19:47-21:38)

VI. 예루살렘 사역(19:28-21:38)

A. 영광스러운 왕의 입성(19:28-40)

²⁸ 예수께서 이 말씀을 하시고 예루살렘을 향하여 앞서서 가시더라 ²⁹ 감람원이라 불리는 산쪽에 있는 벳바게와 베다니에 가까이 가셨을 때에 제자 중 둘을 보내시며 ³⁰ 이르시되 너희는 맞은편 마을로 가라 그리로 들어가면 아직 아무도 타 보지 않은 나귀 새끼가 매여 있는 것을 보리니 풀어 끌고 오라 ³¹ 만일 누가 너희에게 어찌하여 푸느냐 묻거든 말하기를 주가 쓰시겠다 하라 하시매 ³² 보내심을 받은 자들이 가서 그 말씀하신 대로 만난지라 ³³ 나귀 새끼를 풀 때에 그 임자들이 이르되 어찌하여 나귀 새끼를 푸느냐 ³⁴ 대답하되 주께서 쓰시겠다 하고 ³⁵ 그것을 예수께로 끌고 와서 자기들의 겉옷을 나귀 새끼 위에 걸쳐 놓고 예수를 태우니 ³⁶ 가실 때에 그들이 자기의 겉옷을 길에 펴더라 ³⁷ 이미 감람 산 내리막길에 가까이 오시매 제자의 온 무리가 자기들이 본 바 모든 능한 일로 인하여 기뻐하며 큰 소리로 하나님을 찬양하여 ³⁸ 이르되

찬송하리로다
주의 이름으로 오시는 왕이여
하늘에는 평화요
가장 높은 곳에는 영광이로다

하니 ³⁹ 무리 중 어떤 바리새인들이 말하되 선생이여 당신의 제자들을 책망하소서 하거늘 ⁴⁰ 대답하여 이르시되 내가 너희에게 말하노니 만일 이 사람

들이 침묵하면 돌들이 소리 지르리라 하시니라

예수님이 이 땅에 오신 목적을 성취하는 한 주가 시작되고 있다. 예수님은 어린 아기로 태어나신 이후 줄곧 이때를 준비해 오셨다. 예수님을 보내신 하나님도, 그분을 죽이려는 마귀도, 예수님의 대속적인 죽음으로 하나님과의 관계에서 새로운 기회를 얻게 될 사람들도 모두 하나님 구속사의 절정이자 인류 역사에서 가장 위대한 사건을 이 한 주가 끝날 때 목격할 것이다.

여리고를 떠난 예수님 일행은 예루살렘성 바로 밖에 있는 감람원에 도착했다(28–29절). '감람원이라 불리는 산'(τὸ ὄρος τὸ καλούμενον Ἐλαιῶν)은 이 산의 언덕에서 감람(올리브)이 많이 재배된 데서 비롯된 이름이다. 예루살렘에서 1–2km 동쪽에 있으며, 여리고에서 예루살렘으로 가려면 이 산의 정상을 동쪽에서 서쪽으로 넘는 길을 통과해 예루살렘성과 감람산 사이에 있는 기드론 계곡을 건너야 했다(ABD). 감람산은 예루살렘보다 100m가량 더 높아 예루살렘 성전을 한눈에 내려다볼 수 있었다. 예수님이 기도하시던 겟세마네 동산도 이 산의 자락에 있다.

예수님은 감람산에 있는 벳바게와 베다니 가까이 가셨을 때 두 제자를 보내셨다(29절). '벳바게'(Βηθφαγή)는 감람산 남동쪽에 있는 곳으로 예루살렘성에서 1km 떨어져 있었다(Wilkins). 벳바게는 '무화과 집'(house of the fig)이라는 뜻이다(ABD). 아마도 이 마을에서 무화과가 많이 생산되었기 때문에 이런 이름으로 불렸을 것이다.

'베다니'(Βηθανία)는 감람산 동쪽 언덕에 있었으며, 예루살렘에서 약 3km 떨어진 곳에 있었다(ABD). 예수님이 죽은 나사로를 살리신 곳이다. 예수님은 생애 마지막 일주일을 대부분 베다니에 머무신다.

예수님이 두 제자를 보내신 곳이 어디인지를 두고 다소 논란이 있다. 예수님이 제자들을 벳바게로 보내신 것이라고 주장하는 이들이 있는가 하면(Carson, Wilkins), 생애 마지막 일주일을 대부분 베다니에서 보내신 만큼 그들을 벳바게에서 베다니로 보내신 것이라고 주장하는 이들도 있다(Hagner). 두 곳 모두 감람산 근처 예루살렘성 밖에 있기 때문에 중요한 이슈는 아니다.

예수님은 두 제자를 맞은편 마을로 보내시며 아무도 타 보지 않은 나귀 새끼가 매여 있는 것을 보게 될 것이니 풀어서 끌고 오라고 하셨다(30절). 잠시 짐승을 사용하고 돌려주는 일종의 징발(requisition)이라 할 수 있다(Derrett). 만일 누가 묻거든 "주가 쓰시겠다"라고 대답하면 된다고 하셨다(31절). 오늘날로 말하면 '주가 쓰시겠다'는 일종의 비밀번호라 할 수 있다(Morris). 하나님이 미리 모든 것을 준비해 두셨기 때문에 이 '비밀번호'만 들으면 누구라도 흔쾌히 내줄 것이라는 뜻이다.

예수님이 자신을 가리켜 '주'(ὁ κύριος)로 칭하시는 것은 이곳이 처음이다. 그동안 사람들이 예수님을 주, 다윗의 후손, 하나님의 아들이라 부르며 메시아이심을 고백했지만, 예수님은 자신의 신적(神的) 신분이 알려지는 것을 원하지 않으셨다. 이제 스스로 '주'라고 하시는 것은 드디어 자신이 하나님의 아들임을 온 세상에 알릴 때가 되었다는 것을 의미한다.

보내심을 받은 두 제자가 예수님이 말씀하신 대로 아무도 타 보지 않은 나귀 새끼가 매여 있는 것을 보았다(32절). 그들이 매여 있는 나귀 새끼를 풀자 주인들이 무엇 때문에 나귀 새끼를 푸느냐고 물었다(33절). 제자들이 예수님의 말씀대로 "주께서 쓰시겠다"라고 하자 보내 주었다(34절).

나귀를 끌고 온 제자들은 입고 있던 겉옷으로 나귀 위에 덮어 안장을 만들었고, 예수님이 곧 나귀에 오르셨다(35절). 어떤 이들은 예수님이 감람산을 내려와 예루살렘에 입성하시는 것을 스가랴 14:3-21과 연결 짓기도 하지만, 스가랴 14장은 종말에 임할 정복자 메시아에 대한 말씀이고 예수님은 고난받는 종 메시아로 입성하고 계시니 직접적인 연관은 없다. 오히려 하나님의 도우심으로 승리해 자기 백성에게 평화와 번영을 안겨 주는 겸손한 왕이시다(Beale & Carson). "시온의 딸아 크게 기뻐할지어다 예루살렘의 딸아 즐거이 부를지어다 보라 네 왕이 네게 임하시나니 그는 공의로우시며 구원을 베푸시며 겸손하여서 나귀를 타시나니 나귀의 작은 것 곧 나귀 새끼니라"(슥 9:9).

나귀를 탄 예수님의 모습은 옛적에 솔로몬이 기혼 샘에서 왕으로 세워질 때 탔던 다윗의 나귀를 연상케 한다(왕상 1:33-44). 솔로몬이 아버지의 나귀를 탄 왕으로 예루살렘에 입성해 다윗 언약을 성취했던 것처럼, 다윗의 후손인 예수님도 나귀를 타고 입성해 다윗 언약을 성취하신다. 또한 다윗은 압살롬이 반역했을 때 울면서 나귀를 타고 예루살렘을 떠났고, 훗날 다시 나귀를 타고 예루살렘으로 돌아왔다. 예수님도 고난받는 종으로서 이스라엘의 죄에 대해 안타까운 마음을 품고 나귀를 타고 입성하신다(cf. France).

예수님이 나귀를 타고 예루살렘에 입성하신 날은 일요일이다. 예수님이 나귀를 타고 가실 때 사람들이 자기의 겉옷을 길에 폈다(36절). 그 위를 밟고 지나가라는 것이다. 겉옷을 길에 펴서 그 위를 지나가게 하는 것은 왕에 대한 예우이며 복종하겠다는 뜻이다(cf. 왕하 9:13). 오늘날 스타들이 시상식에 들어가면서 레드카펫(Red Carpet)을 밟는 것과 비슷하다. 누가는 언급하지 않지만, 사람들은 겉옷 외에도 종려나무(palm tree) 가지를 꺾어서 예수님이 가시는 길에 펼쳤다(cf. 요 12:13). 이 일로 인해 오늘날 교회는 이날을 '종려주일'(Palm Sunday)로 지킨다.

이 많은 사람이 다 어디에서 왔을까? 당시 예루살렘과 그 주변에는 약 10만 명이 살고 있었지만, 종교 절기 때는 이스라엘 각지에서 온 순례자뿐 아니라 세계 곳곳에서 온 디아스포라 순례자까지 합해 100만 명 정도 되었다. 이 순례자 중 상당수가 예수님의 영광스러운 입성을 보고자 거리로 나온 것이다. 그들은 무엇 때문에 이렇게 열렬하게 예수님을 맞이했을까? 아마도 예수님이 갈릴리에서 떨치신 명성에 예루살렘성 밖에 있는 베다니에서 죽은 나사로를 살리신 소식(요 11:1-45)

이 더해져 이처럼 흥분된 분위기를 만들었을 것이다.

요한은 예수님을 둘러싼 수많은 사람 중 일부가 예수님이 입성하신다는 소식을 듣고 예루살렘에서 종려나무 가지를 꺾어 들고 맞으러 나왔다고 한다(요 12:12-13). 이 사람들이 예수님을 앞서가는 무리가 되고, 갈릴리에서 온 순례자들이 예수님을 뒤에서 따르는 무리가 되었다(막 11:9).

나귀를 탄 예수님이 감람산 내리막길에 가까이 오실 때 온 무리가 메시아에 대한 소망을 담아 감격한 목소리로 크게 하나님을 찬양하며 외쳤다. "찬송하리로다 주의 이름으로 오시는 왕이여 하늘에는 평화요 가장 높은 곳에는 영광이로다!"(38절). 이 말씀은 시편 중 '할렐루야 모음집'(Hallel Psalms, 113-118편을 일컫는 말)의 일부인 시편 118:25-26을 바탕으로 한 외침이다. 나머지 세 복음서는 이 외침에 '호산나'(ὡσαννά)를 더한다(마 21:9; 막 11:9-10; 요 12:13; cf. 마 21:15). '호산나'(ὡσαννά)는 아람어를 음역한 것이며, 지금 당장 구원해 달라는 염원을 표현하는 히브리어 문구 '호시아나'(הוֹשִׁיעָה נָּא)를 반영한 것이다(cf. 시 118:25). 원래는 도움을 구하는 호소였지만, 세월이 지나면서 환호와 갈채로 사용되었다(Beale & Carson). 누가는 그의 이방인 독자들에게 생소한 '호산나'의 사용을 자제하고 있다(Liefeld & Pao, cf. Fitzmyer).

'찬송하리로다'(εὐλογημένος)를 직역하면 '복되시다'라는 뜻이다(새번역, 아가페, NAS, NIV, NRS). 마태는 예수님이 예루살렘에 입성하실 때 온 성이 소동했다고 한다(마 21:10). 헤롯왕 시대에 동방 박사들이 예루살렘을 찾아왔을 때의 소동보다 더 큰 소동이었다(cf. 마 2:3).

무리의 외침은 예루살렘 지도자들을 더욱 자극했다(France). 바리새인들은 예수님께 항의하며 "선생이여 당신의 제자들을 책망하소서"라고 했다. 무리가 예수님을 다윗의 후손으로 오신 왕으로 환영하지 못하게 하라는 것이다. 이 사람들은 아직도 예수님이 메시아라는 사실을 인정하지 않는다. 그러나 그들이 아무리 부인해도 진리는 바뀌지 않는다.

예수님은 하나님이 보내신 구세주이시다.

예수님은 바리새인들의 요청에 "만일 이 사람들이 침묵하면 돌들이 소리 지르리라"라며 거부하셨다. 성경은 자연 만물도 하나님이 하시는 일을 알아본다고 한다(시 96:12-13; 사 44:23; 55:12). 온 세상이 예수님이 평화의 왕으로 오신 메시아이심을 알고 고백하는데, 그들만 아니라고 하는 것에 동의할 필요가 없으시다. 예수님의 예루살렘 입성이 대부분 사람에게는 흥분되고 축하할 일인데, 소수에게는 시험에 드는 일이라는 점이 대조적이다. 이제는 예수님이 구세주임을 스스로 드러내실 때가 되었다(cf. 31절).

이 말씀은 우리를 사역자로 세우신 하나님은 모든 것을 철저하게 예비하시는 분이라고 한다. 두 제자가 나귀를 데리러 갔을 때 어떠한 문제나 실랑이도 없었다. 하나님이 사전에 모든 것을 철저하게 준비해 두셨기 때문이다. 우리도 사역할 때 이처럼 하나님이 철저하게 준비해 두신 상황을 경험하곤 한다.

우리에게 예수님은 누구이신지 생각해 보자. 물론 우리는 평생 예수님을 구세주로 고백하며 여기까지 왔다. 심지어 주님의 나라를 위해 사역자로 헌신하기까지 했다. 그러나 한 번 더 충분한 시간을 두고 스스로 질문해 보아야 한다. 이 질문에 어떻게 답하는가가 장차 우리의 삶과 사역에 더 큰 영향력을 행사할 것이며, 더 큰 변화를 가져올 것이기 때문이다.

VI. 예루살렘 사역(19:28-21:38)

B. 예루살렘에 대해 눈물을 흘리심(19:41-44)

41 가까이 오사 성을 보시고 우시며 42 이르시되 너도 오늘 평화에 관한 일을 알았더라면 좋을 뻔하였거니와 지금 네 눈에 숨겨졌도다 43 날이 이를지라

네 원수들이 토둔을 쌓고 너를 둘러 사면으로 가두고 [44] 또 너와 및 그 가운데 있는 네 자식들을 땅에 메어치며 돌 하나도 돌 위에 남기지 아니하리니 이는 네가 보살핌 받는 날을 알지 못함을 인함이니라 하시니라

예수님은 머지않아 주후 70년에 예루살렘이 멸망할 것을 아신다. 예수님을 하나님의 아들이신 메시아로 영접하지 않았기 때문이다. 하나님의 도성이요 하나님 임재의 상징인 성전이 있는 도시가 망하는 것은 참으로 마음 아픈 일이다. 그러므로 예수님은 멸망할 예루살렘성을 보시고 우셨다(41절). 훗날 바울도 이스라엘에 대해 참으로 안타까운 마음을 표현한다(롬 9:1-5).

예수님이 예루살렘을 향해 참으로 안타까워하시며 눈물을 흘리시는 것은 멸망을 피할 길이 있는데도 그들이 거부했기 때문이다. 만일 그들이 평화에 관한 일을 알았더라면 참으로 좋았을 텐데, 그들은 그 평화를 보지 못한다(42절). 평화의 왕으로 오신 예수님을 영접하지 않은 것이다. 요한의 아버지 사가랴는 이 평화에 대해 예언했다. "이는 우리 하나님의 긍휼로 인함이라 이로써 돋는 해가 위로부터 우리에게 임하여 어둠과 죽음의 그늘에 앉은 자에게 비치고 우리 발을 평강의 길로 인도하시리로다"(1:78-79). 그러나 예루살렘은 이 평강의 길로 가기를 거부하고 있다. 이제 하나님이 그들을 거부하실 때가 되었다.

예루살렘을 향한 예수님의 안타까움은 하나님이 바빌론으로 끌려가던 이스라엘에 대해 슬퍼하며 부르신 애가의 일부인 "어찌하면 내 머리는 물이 되고 내 눈은 눈물 근원이 될꼬 죽임을 당한 딸 내 백성을 위하여 주야로 울리로다"(렘 9:1)라는 말씀과 예레미야 선지자의 눈물을 생각나게 한다. "너희가 이를 듣지 아니하면 나의 심령이 너희 교만으로 말미암아 은밀한 곳에서 울 것이며 여호와의 양 떼가 사로잡힘으로 말미암아 눈물을 흘려 통곡하리라"(렘 13:17).

예수님은 때가 되면 예루살렘이 원수들(로마)의 공격을 받아 망할 것

이라고 하신다. 원수들의 행동이 다섯 가지로 묘사된다(43-44절). 그들은 (1)성 주변으로 토둔을 쌓을 것이며, (2)둘러쌀 것이며, (3)사면으로 가둘 것이며, (4)그들과 자식들을 땅에 메어칠 것이며, (5)돌 하나도 돌 위에 남기지 않을 것이다. 당시 성을 공격하는 군대가 사용하던 전형적인 전술이다. 매우 혹독하게 멸망할 것이라는 뜻이다.

이 말씀은 하나님께 불순종하고 예수님을 영접하기를 거부하는 사람들에 대해 안타까운 마음을 가지라고 한다. 원수들도 사랑해야 하는 우리는 죄인들을 미워해서는 안 된다. 오히려 그들에 대해 애틋한 마음을 지녀야 한다. 안타까운 마음을 지니면 그들을 위해 더 기도하게 되며, 하나님은 우리의 기도에 귀를 기울이실 것이다.

VI. 예루살렘 사역(19:28-21:38)

C. 성전에서 장사하는 자들을 쫓아내심(19:45-46)

45 성전에 들어가사 장사하는 자들을 내쫓으시며 46 그들에게 이르시되 기록된 바

내 집은 기도하는 집이 되리라

하였거늘 너희는 강도의 소굴을 만들었도다 하시니라

예수님이 성전 뜰로 들어가 그곳에서 장사하는 사람들을 내쫓으셨다(45절). 마태는 돈 바꾸는 사람들의 상과 비둘기 파는 사람들의 의자도 엎으셨다고 한다(마 21:12). 예수님이 이들을 성전에서 내쫓으신 것은 순간적으로 화가 치밀어 올랐기 때문이 아니라, 미리 계획하고 대비하신 일이다. 예수님은 성전 뜰을 떠나면 다시 장사꾼들이 몰려들 것을 아신다. 그러나 성전보다 더 크신 선지자 메시아로서 그곳에서 행해지고 있는 부조리를 지켜보고만 계실 수는 없었다.

당시 성전은 뜰을 포함하면 예루살렘 면적의 6분의 1을 차지했다 (DJG). 성전은 로마 제국에서 가장 큰 신전이었으며, 둘레는 동쪽이 315m, 남쪽이 278m, 서쪽이 485m, 북쪽이 469m였다. 면적은 축구장 30여 개에 달했다(DJG). 그 당시 하나님께 드릴 제물을 집에서부터 가져오는 것은 큰 모험이었다. 성전으로 가는 길에 제물로 드릴 짐승이 부정을 접할 수 있기 때문이다. 그러므로 사람들, 특히 먼 곳에 사는 사람들과 세계 곳곳에 흩어져 사는 유대인들은 돈을 가져와 성전 뜰에서 제물로 드릴 짐승을 구매했다.

성전을 찾는 순례자들은 대부분 로마 제국이 화폐로 사용하는 동전들을 가져왔다. 이 동전들에는 로마 황제의 모습이 새겨져 있었는데, 유대인들은 동전에 새긴 황제의 모습을 우상으로 간주했다. 한편 유대인들이 선호한 화폐는 북쪽 페니키아 지역에 있는 항구 도시 두로에서 제작한 '두로 은 동전'(Tyrian silver coin)이었다. 이 동전은 로마 것보다 조금 더 정제된 은으로 제조되었고, 두로의 수호신 헤라클레스가 새겨져 있었다. 유대인들이 이 동전을 선호한 이유는 이 동전의 무게가 성전세인 은 1/2세겔(cf. 출 30:11-16)이었기 때문이다. 그들은 이 동전을 '거룩한 돈'(sacred money)으로 불렀으며 성전세를 내는 공식 동전으로 삼았다. 그러나 이 동전마저도 성전 뜰에서 아무런 이미지가 새겨지지 않은 성전용 동전으로 바꿔야 했다(Witherington).

제물과 성전세 동전 거래에 제사장들의 이권이 개입한 것은 뻔한 일이다. 사람들이 성전세로 납부하는 동전과 제물로 드리기 위해 성전 뜰에서 구입하는 짐승은 정결해야 한다. 이 과정에서 제사장들이 그것들의 정결함을 인증해 주고 뒷돈을 챙긴 것이다. 결국 가난한 순례자들이 제물로 드리고자 구매하는 비둘기(레 12:8; 14:21-22)마저도 때에 따라서는 터무니없는 값에 거래되었다. 장사꾼들과 환전상들이 성전 뜰에서 버젓이 이런 일을 할 수 있었던 것은 제사장들과 지도자들 간에 거래가 있었기에 가능했다. 그러므로 예수님이 장사꾼들을 내쫓으신 것은 성전 운영 이권에 개입한 종교 지도자들에 대한 경고다.

합리적이고 상식적으로 생각한다면 제물로 사용할 짐승과 동전 환전은 먼 곳에서 온 순례자들을 위한 편의 제공이라 할 수 있다. 그러나 문제는 장소다. 성전 터 밖에서 이런 일을 하면 문제가 되지 않는다. 그러나 성전 터 안에서는 해서는 안 된다. 그러므로 예수님이 그들을 내치신 것이다.

예수님은 그들을 내쫓으며 구약 말씀을 인용해 성전이 어떠해야 하는데, 그들이 어떻게 부정하게 만들었는지 질타하신다(46절). 성전은 성도들이 하나님께 기도하는 집이 되어야 한다. 이 말씀은 이사야 56:7을 인용한 것인데, 이사야 말씀과 마가복음이 언급하는 '만민이(온 열방이)'라는 말이 빠졌다(막 11:17). 아마도 '기도하는 집'과 '강도의 소굴'을 최대한 강력하게 대조하기 위해 삭제한 것으로 보인다(Gundry).

기도하는 집이 강도의 소굴로 전락했다. '소굴'(σπήλαιον)은 강도들이 강탈하고 착취한 돈을 쌓아 두고 다음 프로젝트를 도모하는 곳이다. 성전이 어느새 개혁하거나 깨끗하게 할 수 없는, 인간의 가장 타락한 모습을 보여 주는 곳이 되었다.

이 말씀은 가장 거룩한 것도 부패할 수 있다고 경고한다. 성전은 하나님께 기도하는 신성한 집이었다. 그러나 자기 잇속을 챙기는 일에 급급했던 지도자들이 강도의 소굴로 변질시켰다. 더 놀라운 것은 이 지도자들은 하나님을 가장 잘 알고 경외한다는 제사장들이었다. 가장 거룩해야 할 사람들이 가장 심하게 타락할 수 있다.

VI. 예루살렘 사역(19:28-21:38)

D. 성전에서 가르치심(19:47-21:38)

예루살렘에 입성하신 예수님은 줄곧 성전을 찾아가 성전 뜰에서 사람들을 가르치신다. 이 땅에서 보내시는 마지막 한 주 내내 낮에는 성전에서 가르치시고, 밤에는 감람산에서 주무신다(21:37-38). 죽으시는 순간까지 조금이라도 더 하나님 나라에 대해 가르쳐 주고자 하신 것이다. 또한 이 섹션은 예수님이 예루살렘 지도자들과 빚으신 갈등과 논쟁에 대해서도 회고한다. 성전에서 진행된 다양한 가르침을 담고 있는 이 섹션은 다음과 같이 구분된다.

A. 가르침과 종교 지도자들(19:47-48)
B. 예수님의 가르치는 권위(20:1-8)
C. 포도원 농부 비유(20:9-19)
D. 세금에 대한 질문(20:20-26)
E. 부활에 대한 질문(20:27-40)
F. 그리스도와 다윗의 자손(20:41-44)
G. 서기관들에 대한 경고(20:45-47)
H. 가난한 과부의 헌금(21:1-4)
I. 무너뜨려질 성전과 환난의 징조(21:5-19)
J. 예루살렘 환난과 재림(21:20-28)
K. 무화과나무의 교훈(21:29-36)
L. 낮에는 성전, 밤에는 감람원(21:37-38)

Ⅵ. 예루살렘 사역(19:28-21:38)
   D. 성전에서 가르치심(19:47-21:38)

1. 가르침과 종교 지도자들(19:47-48)

[47] 예수께서 날마다 성전에서 가르치시니 대제사장들과 서기관들과 백성의 지도자들이 그를 죽이려고 꾀하되 [48] 백성이 다 그에게 귀를 기울여 들으므로 어찌할 방도를 찾지 못하였더라

예수님의 출현으로 인해 성전이 발칵 뒤집혔다. 한 번만 이런 일을 하셔도 타격이 큰데, 매일 와서 가르치시며 이렇게 하시니 난감하다 (47a절). 예수님이 성전에 출입하시는 한 제사장들은 상인들을 성전 뜰에 다시 들여놓을 수 없기 때문이다. 대제사장들과 서기관들과 백성의 지도자들이 합심해 예수님을 어떻게 죽일까 고민했다(48b절). 얽히고설킨 이권으로 인해 평소에는 서로 친하지 않은 부류들이 예수님이라는 '공통의 적'을 만나 연합한 것이다!

그들은 예수님이 성전을 정화하신 것을 두고 화를 내는 것이 아니다. 그들에게 조금이라도 종교적 양심이 남아 있다면 예수님이 성전에서 이뤄지고 있는 매매 행위를 금지하신 일을 비난할 수 없다. 유대인들의 기록에 따르면 원래 제물 매매와 환전은 예루살렘성과 감람산 사이에 있는 기드론 계곡에서 행했던 일인데 대제사장 가야바(Caiphas)가 예수님이 성전을 방문하시기 얼마 전에 '이방인 뜰'로 옮겼다고 한다 (France, Jeremias, Lane, cf. 마 26:3, 57). 그들은 예수님을 두려워한다. 그러나 그들의 두려움은 경건한 경외가 아니다. 백성이 예수님의 가르침을 놀랍게 여기고 따르는 것을 두려워한다(cf. 48절). 예수님이 대중적인 인기를 누리는 한 처단하기가 쉽지 않다고 생각한 것이다.

제사장들과 서기관들은 예수님을 죽일 궁리를 하지만, 이 모든 광경을 지켜보며 예수님의 가르침을 들은 사람들은 더욱더 주님의 가르침에 귀를 기울였다(48a절). 아마도 오랜만에 참 선지자가 나타나 썩고 오염된 성전과 종교 지도자들을 개혁하려 한다고 생각했을 것이다 (Hooker, cf. Evans, Sanders).

날이 저물자 예수님은 제자들과 예루살렘성 밖으로 나가셨다(막 11:19). 베다니로 가신 것이다. 절기에는 수많은 순례자가 예루살렘으로 모이기 때문에 사람들은 대부분 성 밖에 머물렀다. 또한 예수님은 누구를 거부할 때면 떠나신다(cf. 마 12:15; 14:13; 15:21). 그러므로 성전을 떠나 베다니로 가신 것은 성전과 지도자들을 거부하신 것을 상징한다. 주인이 거부하신 성전은 머지않아 파괴될 것이다(cf. 막 13:2).

이 말씀은 교회가 어떤 곳인지 생각하게 한다. 교회는 하나님께 기도하는 곳이며, 병자들을 치료하고 이웃들을 돕는 곳이 되어야 한다. 또한 하나님의 말씀을 선포하고 가르치는 곳이 되어야지, 문화 교실이나 운영하는 곳으로 전락해서는 안 된다. 성도들의 자화자찬과 자신들을 위한 잔치만 하는 곳으로 전락해서도 안 된다. 각자 잇속을 챙기는 상업적 터전이 되어서도 안 된다. 그러기 위해서는 교회 지도자들이 대제사장들과 서기관들의 의보다 더 나은 의를 가져야 한다(cf. 마 5:20). 어린아이와 같은 순수성을 추구해야 한다.

대제사장들과 서기관들과 백성의 지도자들은 성전을 찾아온 예수님을 알아보지 못했다. 오히려 예수님의 등장을 매우 불편하게 여겼다. 온갖 이해관계가 얽힌 사역을 했기 때문이다. 만일 예수님이 한국 교회를 방문하신다면, 교회는 예수님을 알아보고 환영할까? 아니면 이 종교 지도자들처럼 예수님을 죽일 방법을 간구할까? 우리는 교회의 주인이신 예수님을 알아보고 환영하는 공동체가 되어야 한다.

> VI. 예루살렘 사역(19:28-21:38)
> D. 성전에서 가르치심(19:47-21:38)

2. 예수님의 가르치는 권위(20:1-8)

[1] 하루는 예수께서 성전에서 백성을 가르치시며 복음을 전하실새 대제사장들과 서기관들이 장로들과 함께 가까이 와서 [2] 말하여 이르되 당신이 무슨 권위로 이런 일을 하는지 이 권위를 준 이가 누구인지 우리에게 말하라 [3] 대답하여 이르시되 나도 한 말을 너희에게 물으리니 내게 말하라 [4] 요한의 세례가 하늘로부터냐 사람으로부터냐 [5] 그들이 서로 의논하여 이르되 만일 하늘로부터라 하면 어찌하여 그를 믿지 아니하였느냐 할 것이요 [6] 만일 사람으로부터라 하면 백성이 요한을 선지자로 인정하니 그들이 다 우리를 돌로 칠

것이라 하고 [7] 대답하되 어디로부터인지 알지 못하노라 하니 [8] 예수께서 이르시되 나도 무슨 권위로 이런 일을 하는지 너희에게 이르지 아니하리라 하시니라

예수님이 성전에서 가르치시며 복음을 전하셨다(1a절). 아마도 이방인들의 뜰을 둘러싸고 있는 방 중 하나 앞에서 하셨을 것이다(Carson). 대제사장들과 서기관들과 장로들이 함께 나와 질문했다. 이들은 당시 유대인들의 최고 기관인 산헤드린을 구성하는 자들이다. 오늘날로 말하자면 대제사장들은 사역자들의 우두머리이고, 서기관들은 신학자이며, 장로들은 평신도들의 우두머리다(cf. Jeremias).

그들은 예수님께 무슨 권위로 이런 일을 하며, 누가 그에게 이 권위를 주었냐고 물었다(2절). 이스라엘의 최고 권위를 누리는 지도자들은 두 차례나 '권위'(ἐξουσία)를 운운하며 예수님의 정통성과 정당성에 대해 질문했다. 무슨 권위로 병자들을 치료하며, 사람들을 가르치냐는 것이다. 예수님은 랍비 훈련을 받으신 적이 없다. 그러니 그들 눈에는 예수님이 정통성 없는 사이비 선생에 불과하다. 게다가 이스라엘에서는 그들이 인정해야만 랍비의 권위를 부여받을 수 있다.

또한 병자들을 치료하는 권위는 하나님이 주시는 것인데, 그들이 보기에 예수님은 하나님의 권위를 받은 선지자가 아니다. 그러므로 예수님이 이 질문에 어떻게 답하시든 예수님의 답을 문제 삼을 만반의 준비가 되어 있다. 아마도 전날 예수님이 성전을 뒤집어 놓고 가신 이후로 다시 나타나면 이렇게 해서 곤경에 빠트리겠다고 작전을 짠 것으로 보인다.

그들의 악한 의도를 잘 아시는 예수님은 자신도 그들에게 물어볼 말이 있으니 대답하라고 하신다(3절). 그들이 먼저 예수님이 하시는 질문에 대답하면 예수님도 그들의 질문에 답하겠다는 뜻이다. 질문을 질문으로 대답하신 것이다. 전형적인 랍비들의 논쟁 방식이다. 예수님은

그들에게 요한의 세례가 하늘로부터 온 것인지, 혹은 사람으로부터 온 것인지 물으셨다(4절). '요한의 세례'(τὸ βάπτισμα Ἰωάννου)는 요한의 사역을 상징하는 말이다. 요한이 하나님이 보내신 선지자인지, 혹은 그가 선지자가 아닌데 선지자인 척한 것인지에 대한 질문이다. 예수님의 권위에 대해 묻는 자들에게 요한의 권위에 대해 질문하신 것이다.

대제사장들과 서기관들과 장로들이 서로 의논했지만 답을 할 수 없었다(5-6절). 자신들이 판 함정에 빠졌기 때문이다. 요한이 하늘로부터 왔다고 인정하는 것은 그들에게 참으로 자존심이 상하는 일이다. 요한은 그들을 심하게 비난하며 회개하라고 외치던 선지자이기 때문이다 (cf. 3:7-9). 그러므로 만일 요한이 하늘에서 왔다고 하면, 왜 하나님이 보내신 선지자를 믿지 않았냐며 사람들이 그들을 책망할 것이다. 게다가 요한은 예수님의 길을 준비하기 위해 보내심을 받은 사람이다(cf. 말 3:1; 눅 3:16-17). 그러므로 요한을 하늘에서 온 선지자로 인정하면, 그가 예비한 길을 따라서 오실 메시아가 예수님이라는 사실 또한 인정해야 한다. 그러나 그들은 진리를 추구하는 일에는 관심이 없다. 그들의 유일한 관심사는 이권과 체면을 유지하는 것이다.

그렇다고 해서 요한이 사람으로부터 왔다고 할 수도 없다(6절). 사람들이 모두 요한을 하나님이 보내신 선지자로 믿기 때문이다. 더욱이 수많은 순례자가 예루살렘에 와 있는 상황에서 만일 대제사장들과 서기관들과 장로들이 요한은 하나님이 보내신 선지자가 아니라고 했다는 소문이 나면 폭동이 일어날 것이 뻔한 일이다. 그러므로 그들은 사람을 두려워한다(6절). 만일 폭동이 일어나면 로마 사람들은 그들에게 위임한 모든 권위를 거두어 갈 것이다(Wilkins). 그들은 예수님의 권위에 대해 질문했다가 진퇴양난에 처했다.

결국 대제사장들과 서기관들과 장로들은 예수님께 모른다고 대답했다(7절). 솔직하지 않은 대답이다. 이렇게 대답함으로써 그들은 바리새인들이 범한 용서받지 못할 죄를 짓고 있다(Wilkins). 그러나 그들 생각에는 이것이 예수님께 휘말리지 않는 유일한 답이다. 그들의 반응에 예수님은 참으로 재치 있게 대응하신다. "안 알려 주겠다고? 그럼 나도 안 알려 줘!"(8절).

유대교 지도자라는 대제사장들과 서기관들과 장로들은 그들의 영생을 좌우할 진리와 진실에는 관심이 없다. 이 땅에서 가장 하나님을 잘 아는 척하지만, 정작 하나님이 나타나시니 알아보지 못한다. 영접하기는커녕 오히려 예수님을 해치려고 한다. 영원한 것에는 관심이 없고, 오늘 있다 내일 사라질 특권과 이권에만 온갖 관심을 쏟는다. 그들은 무엇을 위해 신앙생활을 하는 것일까?

이 말씀은 누구든지 이권에 몰입하면 영적 안목이 흐려진다고 경고한다. 대제사장들과 서기관들과 장로들은 예수님이 그들의 성전에 관한 이권을 침해했다고만 생각하고, 정작 성전의 주인이신 메시아를 알아보지 못했다. 교회는 섬기고 헌신하는 곳이다. 그러므로 경제적 이익을 추구하는 것은 잘못된 일이다.

> VI. 예루살렘 사역(19:28-21:38)
>   D. 성전에서 가르치심(19:47-21:38)

3. 포도원 농부 비유(20:9-19)

⁹ 그가 또 이 비유로 백성에게 말씀하시기 시작하시니라 한 사람이 포도원을 만들어 농부들에게 세로 주고 타국에 가서 오래 있다가 ¹⁰ 때가 이르매 포도원 소출 얼마를 바치게 하려고 한 종을 농부들에게 보내니 농부들이 종을 몹시 때리고 거저 보내었거늘 ¹¹ 다시 다른 종을 보내니 그도 몹시 때리고 능욕하고 거저 보내었거늘 ¹² 다시 세 번째 종을 보내니 이 종도 상하게 하고 내쫓은지라 ¹³ 포도원 주인이 이르되 어찌할까 내 사랑하는 아들을 보내리니 그들이 혹 그는 존대하리라 하였더니 ¹⁴ 농부들이 그를 보고 서로 의논하여 이르되 이는 상속자니 죽이고 그 유산을 우리의 것으로 만들자 하고 ¹⁵ 포도

원 밖에 내쫓아 죽였느니라 그런즉 포도원 주인이 이 사람들을 어떻게 하겠느냐 [16] 와서 그 농부들을 진멸하고 포도원을 다른 사람들에게 주리라 하시니 사람들이 듣고 이르되 그렇게 되지 말아지이다 하거늘 [17] 그들을 보시며 이르시되 그러면 기록된 바

건축자들의 버린 돌이

모퉁이의 머릿돌이 되었느니라

함이 어찜이냐 [18] 무릇 이 돌 위에 떨어지는 자는 깨어지겠고 이 돌이 사람 위에 떨어지면 그를 가루로 만들어 흩으리라 하시니라 [19] 서기관들과 대제사장들이 예수의 이 비유는 자기들을 가리켜 말씀하심인 줄 알고 즉시 잡고자 하되 백성을 두려워하더라

이 비유는 예수님이 하나님의 아들이심을 공개적으로 드러내는 말씀이다. 예수님은 하나님이 보내신 아들인 자신을 죽이는 이스라엘과 지도자들이 반드시 하나님의 심판을 받을 것이라고 경고하신다. 리더들에 대한 비난이 더욱더 거세지고 있다.

구약은 이스라엘을 하나님의 포도원이라고 한다(사 5:1-2; 27:2-3; 렘 2:21; 겔 19:10; 호 10:1). 이 비유는 그중에서도 특별히 이사야 5:1-7을 배경으로 한다(cf. Culpepper). 이 말씀에서 포도원 주인은 하나님을, 포도원은 주님의 백성인 이스라엘을, 소작민은 이스라엘의 지도자들을, 종들은 선지자들을, 소작민들이 죽인 주인의 아들은 예수님을 뜻한다(cf. Bailey). 예수님은 이 이야기를 통해 하나님 나라와 주님의 백성을 관리하는 일이 이스라엘의 썩은 리더들에게서 주님을 따르는 사람들(교회 지도자들)에게 넘겨질 것을 암시하신다(Blomberg).

바로 앞 섹션(20:1-8)에서 예수님은 유대교 지도자들의 권위에 대한 문제 제기를 잠재우셨는데, 이번에는 포도원 이야기를 통해 대제사장과 서기관과 장로와 바리새인 등 종교 지도자들을 총체적으로 비난하신다. 이들은 유대교의 최고 기관인 산헤드린을 구성하는 자들이다.

예수님은 유대교 지도자 전체를 표적 삼아 말씀하시는 것이다.

한 주인이 포도원을 만들었다(9a절). 도둑과 짐승으로부터 보호하기 위해 돌담이나 가시나무로 포도원 주변에 울타리를 두르고, 포도를 수확하면 그 자리에서 곧바로 술을 만들 수 있도록 포도즙을 짜는 틀도 만들었을 것이다. 당시에 규모가 큰 포도원은 망대도 갖추었는데, 망대는 돌로 쌓은 탑으로 일꾼들에게 쉼터를 제공했다. 또 감시자가 이곳에서 망을 보며 침입자들로부터 포도원을 보호하는 역할을 했다.

집주인은 포도원을 만들어 농부들에게 세를 주고 타국으로 가서 오래 있었다(9b절). '타국에 가다'(ἀποδημέω)를 직역하면 '멀리 떠나다, 여행을 가다'이다(BAGD, cf. 새번역, 공동, NIV). 주인은 타국에서 살고자 이민을 간 것이 아니라 긴 여행을 떠난 것이다(Nolland, cf. NAS, NIRV). 소작민들에게 포도원 관리를 맡기는 것은 당시 포도원을 소유한 외국인들이나 부자들이 흔히 하는 일이었다. 주인들은 소작민들에게 까다롭고 지나친 요구를 하기 일쑤였다. 수확의 2분의 1을 요구하는 것은 그나마 합리적인 일로 여겨졌다. 이 이야기에서는 이러한 상황은 아니다.

드디어 포도를 수확하는 때가 이르렀다(10a절). '때'(καιρός)는 하나님 나라가 가까이 온 것을 연상케 하는 표현이다. 주인은 포도원 소출 얼마를 받으려고 한 종을 농부들에게 보냈다(10b절). 그러나 소작민들은 주인이 보낸 종에게 주인의 몫을 주지 않고, 오히려 심하게 때리고 빈손으로 보냈다(10c절). 이스라엘이 하나님이 보내신 선지자들을 학대하고 죽인 것을 의미한다(Beale & Carson, cf. 왕상 18:4, 13; 대하 24:21; 렘 26:20-23; 히 11:32-38). 선지자 예레미야는 심한 매를 맞았으며(렘 20:2), 바울뿐 아니라 예수님도 이런 고통을 당하셨다.

주인은 다른 종을 보냈다(11a절). 어떤 이들은 처음에 보낸 종들은 구약 정경 중 유대인들이 전(前)선지서라고 부르는 책(여호수아-열왕기하)을, 이번에 보낸 종들은 후(後)선지서라고 부르는 책(이사야-말라기)을 상징한다고 하지만(Boring), 그다지 설득력 있는 해석은 아니다. 사람이 하나님 말씀에 불순종할 수는 있어도 말씀을 죽일 수는 없기 때문이다. 이는 어떻게 해서든 이스라엘을 회개시키려고 하나님이 끊임없이 선지자들을 보내신 일을 의미한다.

이번에도 농부들은 주인이 보낸 종을 몹시 때리고 능욕하고 빈손으로 돌려보냈다(11b절). 하나님이 수많은 선지자를 보내셨지만, 그때마다 이스라엘이 그들의 말을 듣기는커녕 오히려 수치를 주고 문전 박대한 일을 묘사한다(cf. 대하 24:20-22; 렘 26:20-30). 주인은 세 번째 종을 농부들에게 보냈다(12a절). 이번에도 농부들은 그를 상하게 하고 내쫓았다(12b절). 얼마 전에 분봉 왕 헤롯에게 처형당한 세례 요한도 여기에 속한다.

포도원 주인은 자기가 사랑하는 아들을 보내면 소작민들이 그를 존대하리라고 생각해 아들을 보냈다(13절). 아들은 그를 보낸 아버지의 권세를 가지고 가는 만큼 농부들이 주인을 대하듯 아들을 대할 것으로 기대한 것이다. 그러나 농부들은 주인이 보낸 아들을 보고 상속인인 그를 죽이고 유산을 자기들 것으로 만들자며 주인의 아들을 포도원 밖에 내쫓아 죽였다(14-15a절). 그들은 주인이 오지 않고 그의 아들이 온 것을 보고 주인이 죽었다고 생각했을 수도 있다(Jeremias). 소작민들은 자신들과 신분이 다른 주인의 아들을 죽였다!

이 말씀은 하나님이 독생자이신 예수님을 보내신 일을 의미한다. 즉, 예수님은 지도자들과 무리에게 공개적으로 자신이 하나님의 아들이라는 사실을 선언하고 계시는 것이다(Carson). 유대교 지도자들은 아직 예수님을 죽이지 않았지만, 이미 그렇게 하기로 결정하고 기회만 엿보고 있다(19:47). 또한 이 비유에 등장하는 소작농들이 자기들을 두고 하는 말씀이라는 것을 안다(19절).

어떤 이들은 소작농들이 상속인인 아들을 죽인다고 해서 주인의 재산이 그들의 것이 되기는 법적으로 불가능한 일이라며 주인이 죽은 상황에서 아들이 그들을 찾았다는 등 다양한 시나리오와 해석을 제시한

329

다(cf. Jeremias). 그러나 비유는 비유로 해석되어야 한다. 모든 디테일에 지나치게 집착하다 보면 오히려 의미를 놓칠 수도 있다. 농부들은 당장 눈에 보이는 아들을 제거하기 위해 이러한 논리로 자신들의 반역을 합리화하고 있다. 유대교 지도자들이 이렇다는 것이다. 당장 눈엣가시인 예수님만 죽이면 모든 것이 해결될 것으로 생각한다. 게다가 범죄자들은 대부분 치밀하거나 깊이 생각하지 않고 죄를 범한다. 요셉을 죽이려고 했던 형들을 생각해 보라(cf. 창 37:18-20).

누가가 농부들이 주인의 아들을 포도원 밖에서 죽였다고 하는 것과 달리, 마가는 농부들이 아들을 죽인 후 포도원 밖에 던졌다고 한다(막 12:8). 누가가 마가의 말의 순서를 뒤집어 말하는 것은 예수님이 성문 밖에서 고난당하실 것을 의미한다(히 13:11-12; 요 19:17, 20). 마가보다 조금 더 구체적으로 이 비유를 예수님의 죽음과 연관시키고 있는 것이다.

예수님은 사람들에게 포도원 주인이 자기 아들을 죽인 농부들을 어떻게 하겠느냐고 물으신다(15b절). 답이 정해진 수사학적인 질문이다. '주인'(ὁ κύριος)은 포도원 주인을 뜻할 수도 있지만, 하나님을 뜻한다(Stein). 이 비유는 농장에 대한 메시지가 아니라, 하나님 나라에 대한 메시지이기 때문이다(Strauss). 주인은 악한 농부들을 진멸하고 포도원을 다른 사람들에게 줄 것이다(16a절).

어떤 이들은 주인이 와서 농부들을 진멸하는 것을 두고 종말에 있을 최종 심판에 이뤄질 일을 의미한다고 한다(Gundry). 그러나 대부분 학자는 주후 70년에 있었던 성전과 예루살렘 파괴에 대한 경고로 해석한다(Boring, Davies & Allison, Harrington). 실제로 주후 70년에 있었던 예루살렘과 성전 파괴가 맞다. 이 일로 인해 가장 혹독한 심판을 받은 사람들은 지도자들이었기 때문이다.

예수님은 주인이 소작민들을 죽이고 회수한 포도원을 '다른 사람들'에게 줄 것이라 하시는데 이 '다른 사람들'은 교회와 지도자들이다(Best,

France, Nineham). 예수님이 장차 세우실 교회는 유대인들과 이방인들을 포함할 것이다(cf. Evans, Gundry, Hooker). 인종적 배경이나 사회적 신분은 그다지 중요하지 않은 공동체를 세우실 것이다. 이 공동체와 리더들은 철에 따라 포도원(주님의 백성)의 열매(경건하고 의로운 삶)를 하나님께 바칠 것이다.

예수님의 말씀을 경청하던 사람들이 한 목소리로 외쳤다. "그렇게 되지 말아지이다"(16b절). '그렇게 되지 말아지이다'(μὴ γένοιτο)는 이처럼 충격적인 일은 절대 일어나지 않을 것이라는 뜻이다. 소작민들이 한 짓은 상식적으로, 논리적으로, 윤리적으로 생각해 도저히 있을 수 없는 일이므로 이런 일은 절대 일어나지 않을 것이라는 선포다(Bock, Fitzmyer, Garland, Liefeld & Pao). 그들은 예수님을 죽이려 하는 지도자들의 음모에 대해 아는 바가 없다.

예수님은 그들을 보시며 질문하셨다(17절). '보다'(ἐμβλέπω)는 상대방의 눈을 쳐다보는 것을 의미한다(NIDNTTE). 예수님은 구약 말씀에 대해 그들에게 물으셨다. 만일 그들이 현실을 부인하고자 해서 한 말('그렇게 되지 말아지이다')이 사실이라면, '건축자들의 버린 돌이 모퉁이의 머릿돌이 되었다'는 말씀은 무슨 뜻이냐고 질문하셨다(17절).

예수님이 나귀를 타고 예루살렘에 입성하실 때 무리는 할렐루야 모음집에 속한 시편 118:25-26을 인용해 예수님을 환영했다(cf. 19:38). 이번에는 예수님이 이 시편의 일부인 22절을 인용해 자신에게 적용하신다. 이 시편은 다윗과 연관된 감사시이며, 예수님 시대 전부터 유대인들은 장차 다윗의 후손으로 오실 메시아에 대한 시로 간주했다(Beale & Carson). 이러한 상황에서 예수님이 이 노래를 자신에게 적용하시니 그의 말씀을 듣고 있던 지도자들은 더욱더 견디기 힘들었을 것이다.

이 말씀에서 '건축자들'은 유대교 지도자들을, 그들이 '버린 돌'은 예수님을 뜻한다. 그들이 버린 돌이 '모퉁이의 머릿돌'이 되었다고 하는데, '모퉁이의 머릿돌'(κεφαλὴν γωνίας)이 머릿돌(Morris) 혹은 지붕을 형성하는 아치(arch)의 쐐기 돌(Carson, Derrett, Hagner, Jeremias) 혹은 벽들이 교차하는 부분 맨 위에서 두 벽을 붙들고 있는 돌(Luz)을 의미하는지는 정확하지 않다. 그러나 주석가 대부분은 이 돌이 정확히 어떤 돌인지는 그다지 중요하지 않다고 한다(France, Keener, Nolland, Wilkins). 강조하고자 하는 포인트는 이 돌이 건축물의 가장 중요하고 상징적인 돌이라는 점이다.

유대인 지도자들이 버린 돌인 예수님이 새로 시작된 하나님 나라의 가장 중요한 돌이 되셨다(Gray). 초대교회에서도 유대교가 버린 돌인 예수님이 교회의 머릿돌이 되셨다는 것이 매우 중요한 개념으로 자리 잡았다(cf. 행 4:11; 롬 9:33; 벧전 2:6). 버린 돌이 머릿돌이 된다는 것은 참으로 기이한(경이로운) 일이며, 하나님이 하시지 않으면 불가능한 일이다. 그러므로 건축자들이 버린 돌인 예수님이 교회의 머릿돌이 되신 것은 하나님이 우리를 불쌍히 여겨 베푸신 은총이다.

건축자들이 버렸지만 새로운 건물 모퉁이의 머릿돌이 된 돌은 어떤 파괴력을 지녔는가? 예수님은 두 가지 상황을 통해 말씀하신다. 첫째, 이 돌 위에 떨어지는 자는 깨질 것이다(18a절). 이는 개인적인 차원에서 하신 말씀이다. 하나님이 세우신 머릿돌이신 예수님을 영접하지 않는 자들은 모두 깨질 것이다. 이 말씀은 이사야 8:14-15의 걸림돌 이미지를 배경으로 한다(Beale & Carson).

둘째, 이 돌이 사람 위에 떨어지면 그를 가루로 만들어 흩을 것이다(18b절). 이는 공동체적인 차원에서 하신 말씀이다. 이 말씀의 배경이 되는 것은 다니엘 2:34-45에서 세상 모든 권세를 박살내는 '뜨인 돌'(메시아)이다. 이 사람들은 메시아를 거부하고 죽일 것이지만, 메시아는 그들을 산산조각 내실 것이다(Wilkins). 그러므로 그들이 버린 돌은 하나님이 가장 중요한 역할을 하도록 정하신 돌이며, 동시에 그들을 위협하는 매우 위험한 돌이다(Carson). 예수님이 어머니의 품에 안겨 성전을 찾았을 때 시므온이 마리아에게 한 말이 생각난다. "보라 이는 이스라엘 중 많은 사람을 패하거나 흥하게 하며 비방을 받는 표적이 되기 위하여 세움을 받았고 또 칼이 네 마음을 찌르듯 하리니 이는 여러 사람의 마음의 생각을 드러내려 함이니라"(2:34-35).

이스라엘과 지도자들은 개인적으로나 공동체적으로 하나님 나라 백성이 해야 할 책임을 다하지 않았다. 또한 그들은 예수님을 통해 하나님 나라가 임했는데도 회개하지 않고 하나님의 아들을 거부했다. 그러므로 그들은 하나님 나라를 빼앗길 것이다. 하나님이 유대인들에게서 빼앗은 나라를 교회와 그리스도인에게 주실 것이다.

교회가 이스라엘을 대체한다(replace)는 뜻이 아니다. 이방인 그리스도인들이 유대인 중 예수님을 영접한 사람들과 함께 하나님 백성이 될 것이라는 의미다(Carson, France, Osborne, Morris, Wilkins, cf. 롬 11장). 구약시대 선지자들은 미래에 세워질 새 언약 공동체가 인종적으로 넓어지기도 하고 좁아지기도 할 것이라고 했다. 넓어진다는 것은 예전에는 아브라함의 후손들만 언약 공동체의 멤버가 될 수 있었는데, 그때가 되면 이방인들도 멤버가 될 수 있다는 뜻이다. 좁아진다는 것은 예전에는 아브라함의 후손이라면 누구든지 언약 공동체의 멤버가 되었는데, 그때가 되면 아브라함의 후손 중에서도 믿음이 있는 사람들만 공동체 멤버가 될 수 있다는 뜻이다. 하나님이 유대인들에게 빼앗아 교회에 주신 하나님 나라에는 인종적인 차별이 없다. 유대인과 이방인이 함께 교회를 이룰 것이다.

이스라엘과 지도자들에게서 하나님 나라를 빼앗는다고 하시는 것은 하나님 나라 백성을 이끌고 관리하는 유대인 지도자들의 역할이 끝났다는 것을 의미한다. 이제는 그 역할이 교회와 교회 지도자들에게 주어질 것이다. 그러므로 믿지 않는 유대인들은 더는 하나님의 유일한 백성이 아닐 뿐 아니라, 교회의 전도와 선교의 대상인 열방에 포함된다.

서기관들과 대제사장들은 예수님이 자신들에 대해 말씀하고 계신다는 사실을 깨달았다(19a절). 그들은 단순히 예수님이 밉고 싫어서 죽이려 하지만, 실상은 비유에서 주인의 사랑하는 아들을 잡아 죽이는 악한 소작민 역할을 자청하고 있다. 그러므로 이 비유는 반드시 성취될 것이다. 그들은 메시지를 듣고도 회개할 생각이 없기 때문이다. 하나님이 그들을 심판하시는 일이 정당화되고 있다.

그들이 예수님을 즉시 잡고자 하지만 잡지 못하는 유일한 이유는 백성을 두려워하기 때문이다(19b절). 지금 예루살렘에는 수많은 순례자가 유월절을 기념하러 와 있다. 그리고 사람들 대부분은 예수님을 세례 요한과 같은 선지자로 생각한다. 만일 예수님을 이단이라는 죄목으로 당장 잡아들이면 큰 폭동이 일어날 것이다. 그러므로 이 지도자들은 은밀하게 여론을 조작함으로써 예수님을 선지자로 생각하는 무리들이 며칠 후에는 예수님을 십자가에 못 박으라고 외치게 할 것이다. 이스라엘에서 여호와를 가장 경외한다는 자들이 어느덧 사탄의 졸개가 되어 사람들을 두려워할지언정 메시아는 두려워하지 않는 자들로 전락했다.

이 말씀은 죄는 절대 상식적이지 않다고 한다. 소작민들이 주인에게 반역한 일이나 아들을 죽이고 유산을 차지하려 한 일은 무지막지한 짓이다. 또한 지도자들이 메시아의 말씀을 직접 듣고도 회개하려 하지 않고 오히려 죽이려 하는 것도 상식적이지 않다. 죄는 이성과 논리로 설명할 수 없는 영적 부패다. 그러므로 죄인이 회개하고 하나님의 자녀가 되는 것은 온전히 하나님이 베푸시는 은총이며 선이다.

종교적 지도자들이라고 해서 반드시 영적으로 맑은 것은 아니다. 지도자들이 사람들에게는 하나님을 가장 잘 아는 사람들로 존경을 받을 수 있지만, 사실은 하나님에게서 가장 멀리 떨어져 있을 수 있다. 유대교 지도자들은 영적 분별력이 없어서 메시아를 알아보지 못했다. 또한 하나님을 가장 경외해야 할 자들이 하나님을 두려워하지 않았다. 교회의 지도자들인 우리는 어떤 영성을 지녔으며, 누구를 두려워하는지 생각해 보아야 한다.

하나님의 은혜는 계속되지만, 끝날 때가 다가오고 있다. 주인은 소작민들에게 종들을 보내고 또 보냈다. 주인은 사랑하는 아들까지 보냈다(13절). 농부들이 주인의 아들을 죽이자, 주인은 직접 그들을 찾아와 심판했다. 은혜가 끝이 나면 심판이 온다. 그러므로 하나님의 은혜가 강같이 흐를 때 회개하고 하나님의 자녀가 되어야 한다. 기회가 항상 있는 것은 아니다.

> Ⅵ. 예루살렘 사역(19:28-21:38)
>   D. 성전에서 가르치심(19:47-21:38)

4. 세금에 대한 질문(20:20-26)

[20] 이에 그들이 엿보다가 예수를 총독의 다스림과 권세 아래에 넘기려 하여 정탐들을 보내어 그들로 스스로 의인인 체하며 예수의 말을 책잡게 하니 [21] 그들이 물어 이르되 선생님이여 우리가 아노니 당신은 바로 말씀하시고 가르치시며 사람을 외모로 취하지 아니하시고 오직 진리로써 하나님의 도를 가르치시나이다 [22] 우리가 가이사에게 세를 바치는 것이 옳으니이까 옳지 않으니이까 하니 [23] 예수께서 그 간계를 아시고 이르시되 [24] 데나리온 하나를 내게 보이라 누구의 형상과 글이 여기 있느냐 대답하되 가이사의 것이니이다 [25] 이르시되 그런즉 가이사의 것은 가이사에게, 하나님의 것은 하나님께 바치라 하시니 [26] 그들이 백성 앞에서 그의 말을 능히 책잡지 못하고 그의 대답을 놀랍게 여겨 침묵하니라

유대교 지도자들은 예수님에게서 큰 위협을 느낀다. 그러므로 어떻게 해서든 예수님을 제거해야 한다고 생각한다. 그래야 그들의 이권을 유지할 수 있기 때문이다. 그러나 사람들이 두렵다(20:19). 자칫 잘못하다가는 예수님을 지지하는 사람들이 폭동을 일으킬 수도 있기 때문이다. 지도자들은 하나의 대안으로 예수님을 신학적인 곤경에 빠뜨리고

자 다양한 질문을 하지만, 그럴 때마다 예수님은 그들이 전혀 예상하지 못한 답으로 그들과 청중을 놀라게 하신다. 이 섹션이 끝나면 예수님에게 신학적인 이슈로 태클을 걸어오는 자들이 없다. 더는 할 말이 없기 때문이다.

지도자들은 여론을 조작해 예수님을 지지하는 사람들이 스스로 돌아서게 할 방법을 고민하고 있다. 당시 랍비들은 서로 질문을 던지는 방식으로 가르쳤기 때문에 예수님과 논쟁하다 보면 분명 스스로 올무에 걸릴 말을 하실 것이라고 생각한다. 그러나 예수님은 그들과 그들의 수법을 참으로 잘 아신다. 지도자들의 바람은 결코 실현되지 않을 것이다.

율법학자들과 대제사장들은 예수님이 그들을 겨냥해 포도원 소작인 비유(20:9-18)를 말씀하셨다는 것을 안다(20:19). 이에 화가 난 그들은 예수님을 해코지할 기회를 엿보고 있다(20a절). 그들은 예수님을 총독의 다스림과 권세 아래에 넘기고 싶어 한다(20b절). 로마 사람들의 법에 따라 예수님이 재판을 받고 벌을 받게 하려는 것이다. 당시 총독은 빌라도였으니, 그들이 바라는 가장 좋은 시나리오는 예수님이 빌라도의 법정에서 재판을 받고 사형에 처해지는 것이다.

지도자들은 정탐할 사람들을 보내 스스로 의인인 척하며 예수님이 하시는 말씀 중 책잡을 만한 것을 찾게 했다(20b절). 그들은 예수님을 로마 사람들에게 넘기고자 한다. 그러므로 예수님이 이스라엘을 지배하는 로마 정권과 체제에 문제가 될 만한 말씀을 해 주기만을 바란다.

그들은 예수님을 '선생님'(διδάσκαλος)이라고 부른다(21a절). 예수님의 제자가 아닌 사람들이 주님을 부를 때 사용하는 호칭이며, 존경을 표하는 단어다. 그러나 본문에서는 거짓과 위선으로 가득한 아첨이다. 그들은 예수님이 선생(랍비)이 아니라는 것을 입증하기 위해 온 사람들이기 때문이다.

그들은 온갖 말로 예수님을 칭찬하며 경의를 표한다. "당신은 바로

말씀하시고 가르치시며 사람을 외모로 취하지 아니하시고 오직 진리
로써 하나님의 도를 가르치시나이다"(21b절). 그들은 예수님이 올가미
에 걸려들도록 마음에 없는 말을 하지만, 내용은 모두 다 예수님에 대
한 진실이다. 아무것도 모르는 '어린아이들과 젖먹이들의 입에서 찬양
이 나오게 하셨다'는 말씀을 생각나게 한다(마 21:16). 만일 그들이 자신
들이 하는 말을 믿었다면 아마도 예수님의 제자가 되었을 것이다.

그들은 로마 황제 가이사에게 세금을 바치는 것이 옳은지, 옳지 않
은지 묻는다(22절). 가이사는 율리우스 가이사(Julius Caesar)의 성(姓)이
며, 로마 제국을 다스리는 황제들의 타이틀이 되었다. 당시는 주후
14-37년 사이에 로마 제국을 다스린 티베리우스 율리우스 가이사 아
우구스투스(Tiberius Julius Caesar Augustus)의 시대였다(Rousseau & Arav). 당
시 유대인들은 온갖 세금으로 인해 삶이 어려웠기 때문에 세금은 참으
로 예민한 이슈였다. 유대인들은 매년 성전세, 관세, 판매세 같은 간접
세와 인두세(poll tax) 등에 시달렸다. 예수님 시대에 평범한 유대인 가
족은 전체 수입의 30-40%(Garland) 혹은 40-50%를 다양한 세금으로
지출했다고 한다(Rousseau & Arav, cf. DJG).

인두세는 유대인들에게 가장 뜨거운 감자였다. 유대가 로마의 주(州)
로 편입되고 6년 후부터 유대인들은 매년 1데나리온(=노동자의 일당, cf.
마 20:2)을 인두세로 내야 했는데, 로마 시민들은 내지 않았다. 따라서
유대인들은 인두세를 매우 불공평한 세금으로 생각했다. 게다가 열성
파들(Zealots)은 유대인들이 로마에 인두세를 내는 것은 이방인에게 노
예가 되는 것이고, 더 나아가 하나님께 치욕을 안기는 것이라며 종교
적인 문제를 제기했다(Carson).

이러한 상황에서 예수님이 '옳다'(Yes) 혹은 '옳지 않다'(No)라고 대답
하시면 올무에 걸려들게 된다. 만일 세금 내는 것이 옳다고 하시면 강
제로 세금을 내는 유대인 대부분이 예수님에게서 등을 돌릴 것이며 순
식간에 예수님을 지지하는 여론이 사라질 것이다. 만일 옳지 않다고

하시면 이 사람들이 로마에 대한 반역으로 간주해 당국에 고발할 것이다. 그러므로 지도자들이 보낸 사람들은 예수님이 어떤 대답을 하시든 자신들에게 해가 될 것은 하나도 없고 득이 될 것만 있다고 생각해 이렇게 질문한 것이다.

사람의 마음을 꿰뚫어 보시는 예수님은 그들의 간계를 아신다(23절). '간계'(πανουργία)는 교활함을 뜻한다. 또한 그들이 책잡으려고 질문하고 있다는 것도 아신다(20절). 그들은 온갖 칭찬을 앞세워 예수님을 존경하는 척하지만, 정작 마음으로는 주님을 해하려고 한다. 예수님이 이 같은 사실을 아신다고 해서 대답을 하지 않으실 수는 없다. 아마도 그들은 예수님을 절대 빠져나올 수 없는 곤경에 빠뜨렸다고 생각했을 것이다.

예수님은 그들이 기대한 '옳다'(yes) 혹은 '아니다'(no)로 대답하지 않으시고 전혀 예측하지 못한 방법으로 그들을 놀라게 하신다. 예수님은 먼저 그들에게 세를 낼 때 사용하는 데나리온 동전을 보여 달라고 하셨다(24a절). 데나리온 동전은 노동자들이 하루 일당으로 받는 돈으로, 이때 유통된 데나리온 동전 앞면에는 황제 티베리우스의 얼굴과 "신 아우구스투스의 아들 티베리우스 가이사"(Tiberius Caesar Divi Augusti Filius Augustus)라는 라틴어 문구가 새겨져 있었다. 뒷면에는 로마 사람들이 평화의 여신으로 숭배했던 팍스(Pax)가 보좌에 앉아 있는 모습이 새겨져 있고, 아래에는 라틴어로 '대제사장'(Pontifex Maximus)이라고 새겨져 있었다(Rousseau & Arav). 보수적인 유대인들은 대부분 이 동전에 새겨진 형상들을 우상으로 간주했다(cf. 출 20:4; 신 5:8).

예수님은 동전을 보여 준 자들에게 물으셨다. "누구의 형상과 글이 여기 있느냐?"(24b절). 질문으로 논쟁을 이어가는 것은 전형적인 랍비들의 방식이다. 그들은 당연히 현 황제인 가이사의 것이라고 했다(24c절). 이에 예수님은 "가이사의 것은 가이사에게, 하나님의 것은 하나님께 바치라"라고 하셨다(25절).

가이사의 것은 가이사에게 바치라는 말은 예수님은 군사적인 메시아로 오신 것이 아니니 세상 권세에 어떠한 정치적-군사적 위협도 가하지 않겠다는 취지의 말씀이다(Wilkins). 예수님이 세우신 하나님 나라는 여러 면에서 혁명적이라 할 수 있다. 그러나 세상 끝 날에 영광스러운 모습으로 다시 오실 때까지 세상 권세는 모두 세상 방식에 따라 존재할 것을 암시한다(cf. 단 2장).

'바치다'(ἀποδίδωμι)는 '돌려주다'라는 의미를 지닌다(BAGD). 그러므로 무엇을 돌려주라는 것인지에 대해 다양한 해석이 존재한다. 가장 설득력이 있는 해석은 하나님과 현 권세에 대한 각자의 의무를 다하라는 것이다(Davies & Allison, Gundry, McNeile). 세상 권세에 의무를 다하는 것은 하나님께 의무를 다하는 것의 일부이기 때문이다. 신약은 심지어 불합리한 권세에도 순종해 각자의 의무를 다하라고 한다(cf. 롬 13:1-7; 딤전 2:2; 벧전 2:13-17). 하나님 나라는 종말까지 세상 권세에 위협이 되지 않을 것이다. 단, 하나님의 기준과 세상 권세의 방식이 대립할 때는 하나님께 순종해야 한다(cf. 행 4:19; 5:29). 하나님의 권세가 세상 권세보다 더 크고 중요하기 때문이다.

예수님의 대답을 들은 자들이 너무 놀라 할 말을 잃었다(26절). 그들은 '예스 혹은 노'(yes or no)를 기대했는데, 전혀 다른 논리로 말씀하시니 대꾸할(책잡을) 말이 없다. 그들을 보낸 유대교 지도자들도 전혀 예측하지 못한 일이 벌어진 것이다. 그러므로 그들은 아무 말도 못 하고 그들을 보낸 자들에게 돌아갔다. 예수님의 지혜가 지도자들을 침묵시킨 것이다.

안타까운 것은 이처럼 놀라운 예수님을 경험하고도 그들의 마음이 열리지 않았다는 사실이다. 만일 그들이 회개하고 예수님을 영접했으면 참으로 좋았을 것이라는 아쉬움이 남는다. 영적 세계는 인간의 논리와 이성으로 설명할 수 없는 부분이 참 많다. 그러므로 우리는 예수님을 영접해 하나님의 백성이 된 것이 우리의 노력이 이뤄낸 성과가 아니라 은혜로우신 하나님이 우리를 불쌍히 여겨 자비를 베푸신 결과라는 사실에 감사하며 살아야 한다.

이 말씀은 세금과 헌금에 대해 생각하게 한다. 종종 성직자들은 세금을 내지 않아야 한다고 주장하는 이들이 있다. 그러나 잘못된 주장이다. 우리가 이 땅에 사는 한 나라를 운영하고 다스리는 정권에 세금을 내는 것은 당연한 일이다. 세상의 눈에는 사역도 일이며, 사례비도 노동의 대가로 받는 봉급이기 때문이다. 또한 우리가 내는 세금은 다양한 혜택이 되어 국민에게 돌아온다.

헌금도 성실하게 해야 한다. 구약 시대 성도들은 십일조만 한 것이 아니라 온갖 예물과 성전세 등으로 수입의 20%를 웃도는 금액을 성전에 기부했다. 자본주의 세상에 있는 교회는 자본(돈)이 있어야 하나님 일도 할 수 있다. 그러므로 헌금은 구약 율법이 요구해서가 아니라, 교회가 이 땅에 존재하는 목적을 이루기 위해 해야 한다. 예수님은 무엇을 위해 교회를 이 땅에 세우셨는가? 바로 전도와 선교와 구제를 위해서다. 그러므로 교회가 헌금을 교회 내에서만 사용하는 것은 심각한 문제다. 하나님이 세상을 축복하시는 통로가 되기 위해서라도 교회는 전도와 선교와 구제로 헌금의 상당 부분을 세상으로 흘려보내야 한다.

> VI. 예루살렘 사역(19:28-21:38)
>   D. 성전에서 가르치심(19:47-21:38)

5. 부활에 대한 질문(20:27-40)

[27] 부활이 없다고 주장하는 사두개인 중 어떤 이들이 와서 [28] 물어 이르되 선생님이여 모세가 우리에게 써 주기를

만일 어떤 사람의 형이 아내를 두고

자식이 없이 죽으면

그 동생이 그 아내를 취하여

형을 위하여 상속자를 세울지니라

하였나이다 [29] 그런데 칠 형제가 있었는데 맏이가 아내를 취하였다가 자식이 없이 죽고 [30] 그 둘째와 셋째가 그를 취하고 [31] 일곱이 다 그와 같이 자식이 없이 죽고 [32] 그 후에 여자도 죽었나이다 [33] 일곱이 다 그를 아내로 취하였으니 부활 때에 그 중에 누구의 아내가 되리이까 [34] 예수께서 이르시되 이 세상의 자녀들은 장가도 가고 시집도 가되 [35] 저 세상과 및 죽은 자 가운데서 부활함을 얻기에 합당히 여김을 받은 자들은 장가 가고 시집 가는 일이 없으며 [36] 그들은 다시 죽을 수도 없나니 이는 천사와 동등이요 부활의 자녀로서 하나님의 자녀임이라 [37] 죽은 자가 살아난다는 것은 모세도 가시나무 떨기에 관한 글에서 주를

아브라함의 하나님이요

이삭의 하나님이요

야곱의 하나님이시라

칭하였나니 [38] 하나님은 죽은 자의 하나님이 아니요 살아 있는 자의 하나님이시라 하나님에게는 모든 사람이 살았느니라 하시니 [39] 서기관 중 어떤 이들이 말하되 선생님 잘 말씀하셨나이다 하니 [40] 그들은 아무 것도 감히 더 물을 수 없음이더라

세금에 관한 논쟁에서 서기관과 대제사장들이 보낸 자들이 예수님께 완패하고 뒤로 물러났다. 이번에는 사두개인들이 바통을 이어받아 예수님께 왔다(27절). 누가복음에서 사두개인이 모습을 드러내는 것은 이번이 처음이다. 당시 제사장들 대부분이 사두개인이었던 만큼 성전은 그들의 본거지였다. 이 논쟁은 부활이 있다고 주장하는 바리새인들과 부활이 없다고 주장하는 사두개인들의 유대교 내부 갈등을 배경으로 한다. 그러므로 어떤 결과가 나오든 다른 논쟁처럼 파괴적이지는 않다. 사두개인들은 이 논쟁을 통해 그들을 따르는 사람들과 바리새인을 따르는 사람 중 한 그룹이 예수님에게서 등을 돌리기를 기대한다. 그

래야 여론을 조장하는 일이 쉬워지기 때문이다. 예수님은 이미 세 차례나 부활에 대해 말씀하셨다(9:22; 14:14; 18:33). 그러므로 사두개인들이 부활이 없다며 예수님을 설득시키지는 못할 것이다.

사두개인들이 예수님을 찾아왔다는 것은 평상시에는 별로 친하게 지내지 않던 부류들이 적이 같다는 이유로 연합 공세를 펼치고 있음을 암시한다. 이때까지 대제사장들과 장로들과 바리새인들과 서기관들이 예수님과 논쟁을 벌였는데, 여기에 사두개인들이 가세했다는 것은 온 산헤드린이 예수님에게 태클을 걸고자 혈안이 되어 있다는 뜻이다. 이들은 유대교 최고 권위 기관인 예루살렘 산헤드린을 구성하기 때문이다.

사두개인들은 오직 모세 오경(Pentateuch)만이 정경이라고 주장했다. 그러므로 그들은 오경에 언급되지 않은 교리나 신학은 인정하지 않았다. 내세와 부활도 마찬가지다. 그들은 오경이 부활이나 내세에 대해 가르치지 않는다며 내세나 부활이 없다고 주장했다(cf. 행 23:6-9). 그러나 그들의 주장과 달리 선지서와 지혜 문헌 등은 곳곳에서 부활과 내세를 가르친다(욥 19:25-27; 사 25:8; 26:19; 겔 37:1-14; 단 12:1-3, 13; 호 6:1-3; 13:14). 또한 예수님 시대 유대인들은 대부분 부활이 있다고 믿었다(Wright). 그러므로 그들이 오경 외 다른 책들도 정경으로 인정했더라면 이러한 오류는 없었을 것이다.

사두개인들도 예수님을 '선생님'(διδάσκαλος)이라고 부르는데, 서기관들과 대제사장들이 보낸 정탐들이 예수님을 부를 때 사용했던 호칭이다(20:21). 그들은 모세의 율법 중 계대 결혼에 관해 질문했다(28절). 계대 결혼은 남편이 자식을 남기지 않고 죽었을 때 홀로된 아내를 시동생과 결혼시켜 대를 잇게 하는 제도다. 유다의 며느리 다말이 이런 일을 경험했다(cf. 창 38장). 어떤 이들은 룻과 보아스의 결혼도 이런 유형으로 취급하는데(Boring), 그들의 결혼은 기업 무를 자에 관한 율법 (레 25:25-35)과 연관된 결혼이며 계대 결혼과는 다르다. 사두개인들이 이 법을 언급하기 위해 하는 말은 계대 결혼에 대한 구약 말씀(신 25:5;

창 38:8)을 느슨하게 인용한 것이다. 그럼에도 불구하고 NAS는 그들이 구약 말씀을 직접 인용한 것으로 표기한다.

사두개인들은 한 가지 이야기를 들려주었다. 일곱 형제 중 맏이가 결혼했지만 아이가 없이 죽어 그 아내를 동생에게 물려주었고, 같은 일이 여러 차례 반복되어 결국 일곱 형제 모두 같은 여자와 결혼했지만 자식 없이 죽고 여자도 죽었다고 한다(29-32절). 예수님을 함정에 빠트리기 위해 만들어낸 비현실적 이야기다. 부활과 내세를 부인하는 사두개인들이 이런 이야기를 하는 것은 28절에 암시된 것처럼 계대 결혼 율법과 부활이 모순이라고 생각하기 때문이다.

그들은 예수님에게 일곱 형제가 모두 같은 여자와 결혼했으니 그 여자는 부활 때 일곱 중 누구의 아내가 되느냐고 질문했다(33절). 이 상황을 생각해 보면, 만일 부활이 있다면 계대 결혼에 대한 율법은 참으로 이상한 율법이다. 부활한 세상에서 일처다부제를 유발하기 때문이다. 그러나 그들의 논리에 따르면 율법은 온전하기에 계대 결혼 율법은 부활이 없다는 것을 전제하고 주어진 것이다. 그러므로 부활도 내세도 없다. 사두개인들은 사람이 죽으면 영과 육이 모두 소멸한다고 생각했다.

율법이 계대 결혼을 도입한 데는 세 가지 목적이 있다. 첫째, 자식 없이 과부가 된 여자의 수치(불임)와 사회적 편견을 완화시키기 위해서다. 둘째, 죽은 남편의 재산이 다른 가족이나 친족에게 넘어가는 것을 막기 위해서다. 셋째, 죽은 사람의 이름과 명예가 보존되도록 하기 위해서다. 하지만 사두개인들은 이 같은 율법의 취지에는 관심이 없다.

이러한 목적을 염두에 두고 보면 계대 결혼 율법도 나쁜 것만은 아니다. 그러나 오늘날 여자가 죽은 남편의 동생과 결혼한다는 것은 상상하기 어렵다. 그러므로 어떤 이들은 여자와 시동생이 실제 결혼 생활을 하지는 않고 임신만 하게 한 것이라고 하는데, 근거와 설득력이 부족하다.

사두개인들은 일처다부제를 감수하고 부활과 영생을 택하든지, 혹은 일처다부제를 허용하지 않는 율법을 택해 부활과 영생을 부인하든지 둘 중 하나를 택하도록 압박하고 있다. 만일 예수님이 부활과 영생을 택하면 사두개인들과 그들처럼 부활을 믿지 않는 자들의 지지를 잃으실 것이다. 반대로 예수님이 영생과 부활을 부인하면 바리새인들과 그들을 따르는 사람들을 잃게 될 것이다. 예수님에 대한 여론이 나뉘면 분위기를 조장하기가 훨씬 더 쉬워진다.

이번에도 예수님은 지도자들의 강요에 따라 답을 정하지 않으시고, 그들이 전혀 예측하지 못한 답을 주신다. 예수님은 사두개인들이 내세에 대해 잘못 알고 있어서 이런 질문을 하는 것이라고 하신다(34-36절). 스스로 율법 전문가라며 자만하는 사두개인들에게 '알려면 똑바로 알라'고 우회적으로 비난하신 것이다.

예수님은 사두개인들에게 이 세상 사람들은 장가도 가고 시집도 가지만(34절), 내세에서 부활한 자들은 장가도, 시집도 가지 않는다고 하신다(35절). 사람이 부활하면 다시 죽을 수 없고, 결혼하지 않고 천사들같이 된다(36a절). 부활한 사람들은 하나님의 자녀로 영원히 살게 된다(36b절). 결혼은 이 세상의 제도이지 내세의 제도는 아니다. 하나님의 능력이 얼마나 큰지 부활 때 인류의 삶을 재창조하셔서 부활한 사람들이 우리가 아는 이 삶에서의 결혼을 경험하지 않게 하신다. 예수님은 이 말씀과 사람이 홀로 사는 것에 대한 말씀(마 19:12)을 통해 '결혼을 신격화하는 것'(divinizing of marriage)을 거부하신다(Bruner). 결혼은 참으로 좋은 것이고 하나님의 축복이지만, 반드시 할 필요는 없다는 뜻이다. 하늘나라에서는 결혼을 하지 않기 때문이다.

예수님이 말씀하시는 '죽은 자 가운데서 부활할 때'(τῆς ἀναστάσεως τῆς ἐκ νεκρῶν)(35절)는 바리새인들의 주장처럼 죽은 사람이 현재 모습으로 부활하는 것을 의미하는 것이 아니라 하늘나라에서 완전히 새로운 모습, 곧 이 땅에서의 모습과 전혀 다른 모습으로 재창조되는 것을 뜻한다(Davies & Allison). 부활할 때는 모든 사람이 이 땅에서의 모습과는 질적으로 다른 모습을 지닌다(cf. 고전 15:44; 빌 3:21; 요일 3:1-2). 또한 천국에서 함께 사는 사람들의 관계가 얼마나 좋고 행복한지 더는 결혼이 필요 없다. 결혼은 사람이 이 땅에서 누릴 수 있는 가장 큰 친밀함을 제공하는 것인데, 부활 공동체에 속한 사람들의 관계가 얼마나 좋고 친밀한지 굳이 결혼할 필요가 없다는 논리다. 게다가 결혼의 중요한 목적 중 하나는 자녀를 낳는 것인데, 천국에서는 아이를 낳을 필요도 없다.

부활한 사람들은 모두 천사같이 될 것이다(36절). 어떤 이들은 이 말씀을 우리가 부활하면 이 땅에서의 기억을 모두 잃게 되는 것으로 해석하는데, 부활의 놀라움을 강조할 뿐 기억을 잃는다는 뜻은 아니다(Carson, cf. 고전 15:44; 빌 3:21; 요일 3:1-2). 사두개인들은 천사를 믿지 않았다(행 23:8). 그러므로 천사같이 된다는 말씀도 우회적으로 그들의 잘못된 신학을 지적한다.

예수님은 하나님의 놀라운 능력이 부활을 사람이 생각하는 것과는 전혀 다른 차원의 경험으로 만드실 것이라고 하신 후 이번에는 구약, 그것도 사두개인들이 유일한 정경으로 여기는 오경을 인용해 그들의 잘못된 주장을 반박하신다(37절). 예수님이 인용하시는 말씀은 출애굽기 3:6이다(cf. 출 3:15, 16). 원래 이 말씀은 하나님이 모세에게 그분 자신은 새로운 신이 아니라 그의 선조들의 하나님이라며 하신 말씀이다. 예수님은 칠십인역(LXX)이 이 말씀을 번역하면서 하나님이 '…이다'(εἰμι)라고 하셨다며 현재형 동사를 사용한 것을 근거로 이렇게 말씀하신다. 그러나 예수님이 이 말씀을 인용하시면서 하나님은 죽은 자의 하나님이 아니요 살아 있는 자의 하나님이라고 하는 논리(38절)와는 잘 어울리지 않는 듯하다. 그러므로 학자들은 예수님의 인용에 대해 최소한 일곱 가지 해석을 내놓았다(cf. Davies & Allison).

가장 합리적인 해석은 예수님의 말씀을 하나님이 선조들과 맺으신 언약과 연결하는 것이다. 하나님은 이스라엘의 선조들과 영원한 언약을 맺으셨다(창 24:12, 27, 48; 26:24; 28:13; 32:9; 46:1, 3-4; 48:15-16; 49:25). 언약은 쌍방이 맺는 것이다. 그러므로 하나님이 맺으신 언약이 영원하려면 언약의 축복을 받는 자들도 영원히 살아 있어야 한다. 그래서 예수님은 "하나님에게는 모든 사람이 살았느니라"라고 더하신다 (38c절).

이 논쟁이 부활과 내세에 관한 것이라는 점을 고려하면 그들이 천국에 살아 있다는 것이 논리의 일부분이 되는 것은 당연한 일이다. 그러므로 비록 선조들이 이 땅에서는 죽었지만, 천국에 살아 있다는 것이다. 만일 선조들이 살아 있다면, 아브라함과 이삭과 야곱의 하나님은 당연히 살아 있는 자들의 하나님이시다. 그러므로 하나님은 죽은 자의 하나님이 아니라 산 자의 하나님이시다(27a절). 예수님은 이 같은 사실을 부인하는 사두개인들이 성경과 하나님을 잘 모르고 있다며 우회적으로 그들의 무지함을 비난하신다.

질문을 던진 사두개인들과 함께 예수님의 답을 듣던 서기관 중 어떤 이들이 "선생님 잘 말씀하셨나이다"라며 예수님의 설명을 환영했다(39절). 당시 서기관들은 상당수가 바리새인이었는데, 바리새인들은 부활을 믿었다. 그러므로 예수님이 내세에서 사람이 부활할 때 있을 일을 만족스럽게 설명해 주시니 매우 흡족한 것이다.

예수님을 궁지로 몰아가려던 사두개인들의 노력이 수포로 돌아갔다. 예수님이 선생(랍비)이 아니라는 것을 입증하러 온 자들이 주님께 큰 가르침을 받았다. 그들은 한마디도 못 한 채 놀란 가슴을 안고 자리를 떠났다(40절). 앞서 예수님을 찾아온 유대교 지도자들처럼 사두개인들 역시 진리를 찾는 일에는 관심이 없다. 그러므로 이처럼 놀라운 가르침을 주신 메시아를 뒤로하고 떠났다.

이 말씀은 부활이 어떤 것인지 생각하게 한다. 부활은 이 땅에 사는 우리가 도저히 상상할 수 없이 놀랍고 좋은 것이다. 부활은 썩어질 육의 몸으로 심어 신령한 몸으로 다시 사는 것이기 때문이다(고전 15:44).

그러므로 우리가 이 땅에서 아무리 부활에 대해 생각해 보려고 해도, 그 놀라움은 상상조차 할 수 없다. 부활은 하나님의 능력이 모든 것을 새로 (재)창조하시는 것이기 때문이다. 이러한 부활이 우리의 죽음을 이어갈 것이다. 우리는 이 땅에서의 삶을 신실하고 성실하게 살아내고 부활에 참여해야 한다.

사두개인들은 오직 모세 오경만 하나님의 말씀으로 여기는 어이없는 교리를 지향했다. 그러다 보니 부활도 내세도 없다고 주장했다. 이 같은 그들의 생각은 영적 편식에서 비롯된 것이다. 이단들의 특징도 바로 영적 편식이다. 설령 그들이 말로는 성경 전체를 하나님의 말씀으로 믿는다고 하더라도, 실제로 그들이 선호하는 정경은 몇 권에 불과하다. 심지어 요한계시록만이 유일한 성경인 것처럼 여기는 자들도 있다. 우리는 정경 66권을 모두 하나님의 말씀으로 대해야 한다. 그래야 균형과 질서가 있는 진리를 얻을 수 있다.

옛 이스라엘에서는 계대 결혼이 어느 정도 의미가 있었겠지만, 오늘날 사회에서는 별 의미가 없다. 이런 원리를 주장한다면 오히려 더 이상하다. 사회가 많이 변했기 때문이다. 하나님의 말씀도 처음에 선포된 때와 장소와 대상이 있었기 때문에 모든 것이 수천 년이 지난 오늘날에도 유효하다고 할 수는 없다. 율법에는 당시 사회에서는 유효했지만, 더는 유효하지 않은 것들이 있다.

VI. 예루살렘 사역(19:28-21:38)
  D. 성전에서 가르치심(19:47-21:38)

6. 그리스도와 다윗의 자손(20:41-44)

[41] 예수께서 그들에게 이르시되 사람들이 어찌하여 그리스도를 다윗의 자손이라 하느냐 [42] 시편에 다윗이 친히 말하였으되
주께서 내 주께 이르시되

> ⁴³ 내가 네 원수를
> 네 발등상으로 삼을 때까지
> 내 우편에 앉았으라 하셨도다
> 하였느니라 ⁴⁴ 그런즉 다윗이 그리스도를 주라 칭하였으니 어찌 그의 자손이
> 되겠느냐 하시니라

이때까지 지도자들의 질문을 받아 논쟁하신 예수님이 이번에는 그들에게 질문하신다(41절). '공격과 수비'가 바뀐 것이다. 이 논쟁에서 '수비'(유대교 지도자들)는 아무 말도 못 하고 예수님께 골을 허용한다.

예수님은 당시 율법학자였던 서기관들이 한 말에 문제를 제기하신다. 서기관들은 그리스도를 다윗의 자손이라고 하는데, 논리적으로 맞지 않다고 하신다. 다윗이 성령에 감동되어 한 말(예언)을 인용하시며, 만일 그리스도가 다윗의 후손이라면 다윗은 왜 이 메시아를 두고 '내 주'(τῷ κυρίῳ μου)라고 불렀는지 물으셨다(42-43절). 메시아는 어떻게 다윗의 후손이면서 동시에 다윗의 '주'가 되는지 질문하신 것이다. 예수님은 메시아가 다윗의 후손임을 부인하기 위해 이 질문을 하시는 것이 아니다. 메시아가 다윗의 후손은 맞지만, 동시에 다윗보다 훨씬 더 위대하다는 사실을 강조하고자 이렇게 질문하신다.

예수님이 인용하시는 말씀은 시편 110:1이다. 이 구절은 신약에서 가장 많이 인용된 구약 말씀이며, 예수님의 신적인 신분을 드러낸다(cf. 마 26:64; 막 12:36; 14:62; 16:19; 눅 20:42-44; 22:69; 행 2:34-35; 롬 8:34; 고전 15:25; 엡 1:20; 골 3:1; 히 1:3, 13; 5:6; 7:17, 21; 8:1; 10:12-13; 12:2; 벧전 3:22). 이러한 사실을 근거로 기독교는 초대교회 시대부터 이 시편을 예수님의 사역과 밀접한 연관이 있는 메시아의 노래(messianic psalm)로 간주했다. 기독교인뿐만 아니라 유대교인들도 이미 예수님 시대에 이 시편을 메시아에 대한 노래로 해석했다.

이 시편 말씀의 내용은 간단하다. 주 여호와(יהוה)께서 '내 주'(אדני)께

그분이 직접 '내 주'(אֲדֹנִי)의 원수들을 정복해 복종시킬 때까지 주님의 오른쪽에 앉아 있으라고 하셨다는 것이다. 하나님은 '내 주'를 참으로 친밀하고 존귀하게 여기시기에 오른쪽에 앉아 있으라고 하신다. 구약에서는 밧세바가 솔로몬왕의 오른쪽에 대비(大妃)의 자격으로 앉았다고 하는 것이 유일한 사례이며(왕상 2:19), 매우 막강한 권력을 상징한다.

이 말씀에서 가장 중요한 해석적 이슈는 '내 주'(אֲדֹנִי, τῷ κυρίῳ μου)가 누구냐는 것과 이렇게 노래한 시편 기자가 누구냐는 것이다. 이 시편의 표제는 간단히 '다윗의 노래, 시'라고 하는데(לְדָוִד מִזְמוֹר) 이 말은 '다윗이 저작한 시', '다윗을 위한 노래', '다윗을 기념하는 시' 등 다양한 의미로 해석될 수 있다. 예수님은 이 시가 다윗이 친히 부른 노래라며 다윗의 저작권을 확인해 주신다(42절).

그렇다면 다윗은 누구를 '내 주'라고 부른 것일까? 예수님은 다윗이 그리스도를 '주'(κύριος)라고 칭했다고 하신다(42절). 42절에서 사용된 여호와의 호칭(κύριος)과 같다. 예수님은 자신이 하나님이라는 사실을 선언하시는 것이다(Carson). 누가복음은 예수님이 하나님이심을 누누이 강조해 왔다. 제자들도 조금씩 이 사실을 알아 가다가 베드로의 고백(9:20)에서 절정에 이르렀다. "하나님의 그리스도시니이다."

일상적으로 자식과 후손이 부모와 조상을 주라고 할 수는 있어도, 부모와 조상이 자식과 자손을 주라고 하지는 않는다. 그러나 다윗은 이 시편을 통해 장차 자기 후손으로 오실 메시아가 자기보다 훨씬 더 위대한 분이라는 것을 인정했다. 다윗은 성령에 감동되어 장차 오실 '다윗의 후손 메시아'에게 경의를 표한 것이다.

종말에 하나님은 세상 모든 사람을 정복해 복종시키실 것이다. 하나님은 시편 2편에서 다윗 왕조의 왕에게 온 세상을 다스리는 권세를 약속하셨다(시 2:8-9). 그때까지 여호와 하나님이 귀하게 여기시는 메시아는 주님의 오른쪽에 앉아 계시면 된다. 여호와께서 모든 백성을 복종시킨 후 메시아에게 넘기실 것이다. 다니엘 7:13-14이 이 상황을 잘 묘사한다.

> 내가 또 밤 환상 중에 보니 인자 같은 이가 하늘 구름을 타고 와서 옛적
> 부터 항상 계신 이에게 나아가 그 앞으로 인도되매 그에게 권세와 영광과
> 나라를 주고 모든 백성과 나라들과 다른 언어를 말하는 모든 자들이 그를
> 섬기게 하였으니 그의 권세는 소멸되지 아니하는 영원한 권세요 그의 나
> 라는 멸망하지 아니할 것이니라

유대교 지도자들은 예수님의 말씀에 반박할 수가 없다. 예수님이 성경 말씀을 인용해 그들의 잘못된 해석을 지적하셨기 때문이다. 만일 그들에게 들을 귀가 있었다면, 지금이라도 다윗보다 더 크고 위대하신 분이 자기들 앞에 서 계신다는 사실을 인정했을 것이다. 그러나 그들은 침묵할 뿐 어떠한 반응도 하지 못한다.

이 말씀은 사람들에게 입장을 정할 것을 요구한다. 예수님은 이제 자신이 하나님의 아들이라는 사실을 숨기려 하지 않으신다. 본문에서는 무리를 향해 다윗이 성령에 감동되어 보았던 하나님 오른편에 앉은 '내 주'가 바로 자신을 두고 한 말이라고 하신다. 이렇게 선언하심으로써 주저하는 사람들에게 입장을 정하고 결단할 것을 요구하신다. 예수님을 구세주로 영접하든지, 유대교 지도자들처럼 예수님이 메시아신 것을 알고도 대적하든지 선택하라고 하신다. 천국과 지옥이 있을 뿐 이 둘 사이에 중간이 없는 것처럼 예수님에 대한 사람들의 입장 표명에도 중간 단계는 없다.

7. 서기관들에 대한 경고(20:45-47)

⁴⁵ 모든 백성이 들을 때에 예수께서 그 제자들에게 이르시되 ⁴⁶ 긴 옷을 입고
다니는 것을 원하며 시장에서 문안 받는 것과 회당의 높은 자리와 잔치의
윗자리를 좋아하는 서기관들을 삼가라 ⁴⁷ 그들은 과부의 가산을 삼키며 외식
으로 길게 기도하니 그들이 더 엄중한 심판을 받으리라 하시니라

예수님은 무리와 제자들에게 유대교 지도자들의 교만과 위선을 지적
하신다. 예수님은 이미 제자들에게 '바리새인들의 누룩'을 주의하라고
하셨는데(12:1) 이번에는 '서기관들의 누룩'을 주의하라고 하신다(45절).
서기관들의 썩어 빠진 행태를 반면교사로 삼아 제자들을 가르치신다.
물론 모든 서기관을 주의하라고 하시는 것은 아니다(Marcus). 그중에는
자신이 가르치는 말씀대로 경건하게 사는 서기관들도 있었고, 우리는
그런 사람을 바로 앞에서 만났다(20:39). 그러므로 예수님은 본문에 묘
사된 행실을 하는 서기관들을 조심하라고 하신다. 이러한 경고는 당시
지도자들뿐 아니라 오늘날 교회 지도자인 우리에게 주시는 말씀이기
도 하다. 우리는 섬김과 낮아짐으로 높아져야 한다.

서기관은 성경을 해석하고 가르치는 일을 전문적으로 하는 이들이
다. 그러므로 유대교 평신도들은 이 전문가들의 율법 해석과 적용에
귀를 기울여야 한다. 서기관들은 사람들에게 하나님의 말씀을 해석하
고 가르치지만, 자신들이 가르친 대로 살지는 않았다. 제자는 스승의
뒷모습에서 배운다는데 그들은 좋은 스승이 되지 못한 것이다. 오늘날
에도 설교와 강의가 주요 사역인 사람들이 마음에 새겨야 할 경고 말
씀이다.

율법을 가르쳐야 하는 자들이 사람들로부터 존경을 자아내고 인기
를 얻기 위해 안간힘을 썼다. 어디서든 가장 높은 자리를 탐하며 자신

들을 드러내고자 했다. 그런 서기관들에게서 겸손과 섬김은 찾아볼 수 없었다. 예수님은 그들의 교만과 위선을 다섯 가지 예를 들어 지적하신다.

첫째, 그들은 긴 옷을 입고 다니는 것을 즐겼다(46a절). '긴 옷'(στολή)은 오늘날로 말하면 행사와 예식에서 입는 화려한 예복이다(BAGD). 당시 사람들은 부유하고 권세를 지닐수록 긴 옷을 입고, 비싼 염료(예, 청색 계통)로 염색한 옷을 입었다. 서기관들은 평상시에도 이런 옷을 입고 다니며 사람들 눈에 띄려고 애를 썼다.

둘째, 그들은 이런 옷차림을 하고 시장에서 문안받는 것을 즐겼다(46b절). 사람들이 그들을 '선생님, 아버지, 지도자'라고 부르는 것을 즐긴 것이다(cf. 마 23:7-10). 시장에서 문안받는 것은 일상적인 인사 나눔이 아니다. 마치 중요한 인사를 맞이하는 것처럼 예의와 경의를 표하는 것을 의미한다. 당시 일부 랍비들은 유대인 마을을 방문할 때면 온 마을 사람들이 나와 그를 자기 부모보다 더 존경한다며 경의를 표할 것을 요구했다고 한다(Keener). 요즘 말로 '관종들'(attention hogs)이었던 것이다. 예수님은 사람들에게 보이는 것을 즐기면 "하늘에 계신 너희 아버지께 상을 받지 못하느니라"라고 경고하셨다(마 6:1).

셋째, 그들은 회당의 높은 자리와 잔치의 윗자리를 탐했다(46c절). 당시 풍습은 존귀한 사람일수록 잔치를 베푼 사람 가까이에 앉았다. 회당에서도 높은 사람일수록 말씀을 강론하는 사람과 중앙에 펼쳐 놓은 율법 두루마리 가까이에 앉았다. 당시 종교 지도자들은 어디를 가든 이런 자리에 앉았지만, 예수님은 결코 좋은 일이 아니라고 하신다.

넷째, 그들은 과부의 가산을 삼켰다(47a절). 성경에서 고아와 과부는 가장 가난하고 연약해 희생당하기 쉬운 사람들을 상징한다(렘 7:6; 49:11). 하나님은 이들의 인권과 재산을 보호하라고 하신다(출 22:22; 신 10:18; 24:17; 27:19; 시 68:5). 본문에서 '삼키다'(κατεσθίω)가 정확히 무엇을 의미하는지는 확실하지 않다. 서기관들이 후견인으로 지정된 과부의 재산을 착취하는 것을 의미하거나, 과부의 호의를 악용하는 것에 대한 과장법일 수 있다(Derrett, cf. Cranfield, Jeremias). 다만 확실한 것은 서기관들이 가장 연약하고 가진 것 없는 사람들을 착취하고 짓밟는다는 것이다. 그들은 하나님을 경외하는 사람들이 절대 해서는 안 될 짓을 하고 있다.

다섯째, 그들은 외식으로 길게 기도했다(47b절). 기도는 좋은 것이다. 그러므로 예수님이 길게 하는 기도를 반대하시는 것은 아니다. 예수님도 긴 시간 기도하셨다(6:12). 악한 재판장과 과부 비유(18:1-8)를 통해 지속적으로 기도할 것도 가르치셨다. 단지 사람들에게 경건한 신앙인으로 보이기 위해 사람들이 모여 있는 곳에서 같은 내용을 계속 반복하거나 별 내용 없이 질질 끄는 위선적인 기도를 경고하신다. 예수님은 은밀한 골방에 들어가 기도하면 은밀한 중에 보시는 하나님께서 갚으실 것이라고 하셨다(마 6:6).

서기관들의 이 같은 위선적인 행위는 하나님의 혹독한 심판을 피할 수 없다(47c절). 이 심판은 그들이 살아 있는 동안 임할 수도 있지만, 종말에 있을 것 암시한다. 하나님이 가장 싫어하시는 것은 위선과 교만이다. 그러므로 하나님은 이런 짓을 하는 자들을 내버려 두지 않으실 것이다.

이 말씀은 기독교 리더의 길을 가는 사람들에게 중요한 교훈을 준다. 첫째, 말로만 가르치고 설교하는 것이 아니라 우리의 삶이 설교와 가르침이 되어야 한다. 그렇게 하지 않으면 예수님이 비난하시는 서기관들과 별반 다를 바 없다.

둘째, 사람들의 인기와 존경을 탐하지 말고, 은밀한 곳에서 보시는 하나님께 인정받기 위해 노력해야 한다. 눈으로 볼 수 없는 하나님을 섬기는 우리에게는 사람의 눈에 보이지 않는 것이 눈에 보이는 것보다 더 크고 중요하다.

셋째, 성도들을 섬기고 또 섬겨야 한다. 섬기는 리더십은 하나님 나라의 가장 기본적이고 중요한 원칙이다. 예수님이 우리에게 모범을 보이셨으니, 주님을 닮기 위해서라도 따라 해야 한다.

---

8. 가난한 과부의 헌금(21:1-4)

¹ 예수께서 눈을 들어 부자들이 헌금함에 헌금 넣는 것을 보시고 ² 또 어떤 가난한 과부가 두 렙돈 넣는 것을 보시고 ³ 이르시되 내가 참으로 너희에게 말하노니 이 가난한 과부가 다른 모든 사람보다 많이 넣었도다 ⁴ 저들은 그 풍족한 중에서 헌금을 넣었거니와 이 과부는 그 가난한 중에서 자기가 가지고 있는 생활비 전부를 넣었느니라 하시니라

예수님이 계속 성전에 계신다. 이 이야기는 예수님이 헌금함 건너편에 앉아서 사람들이 헌금함에 헌금을 집어넣는 광경을 지켜보시던 중에 있었던 일이다(1절). 장소는 이방인들이 출입할 수 있는 바깥뜰 안쪽에 있는 여인의 뜰(Court of Woman)이다. 본문에 등장하는 '헌금함'(γαζοφυλάκιον)은 당시 성전에 비치되었던 헌금 모금함 13개 중 하나다. 당시 헌금함은 양 뿔 모양으로 제작되어 사람들이 동전을 집어넣으면 소리가 났다(Garland).

예수님은 사람들이 헌금을 가져와 헌금함에 집어넣는 광경을 지켜보셨다. 여러 부자가 와서 많은 헌금을 넣었다(1b절). 그러다가 한 가난한 과부가 와서 두 렙돈을 넣었다(2절). '렙돈'(λεπτός)은 문자적으로 '작은 것'(tiny thing)이라는 의미를 지녔으며, 당시 팔레스타인 지역에서 유통된 화폐 중 가장 작은 구리 동전이었다. 마가는 두 렙돈이 한 고드란트였다고 한다(막 12:42). '고드란트'(κοδράντης)는 라틴어 단어(qauadrans)를 소리 나는 대로 음역한 화폐 단위다. 한 고드란트는 1/64데나리온이었

다. 한 데나리온은 노동자의 하루 품삯으로, 노동 시간을 하루 8시간으로 계산하면 한 고드란트는 8분 동안 노동한 대가인 매우 적은 금액이다(cf. Bock).

과부의 헌금을 보신 예수님이 제자들에게 가르침을 주셨다(3절). 예수님은 제자들에게 이 가난한 과부가 헌금함에 모든 사람보다 더 많이 넣었다고 하셨다. 다른 사람들은 풍족한 중에서 넣었지만, 과부는 가난한 중에서 자신이 가진 모든 소유, 곧 생활비 전부를 넣었기 때문이다(4절). 실제 액수에 상관없이 과부의 헌금을 가장 큰 헌금이라고 하시는 것은 우리 하나님은 빵 다섯 개와 물고기 두 마리로 5,000명을 먹이시는 분이기 때문이다.

이 말씀은 헌금에서 액수는 중요하지 않고, 각자에게 주어진 상황에서 온전히 헌신하는 것이 중요하다고 한다. 부자는 가진 것이 많기 때문에 많이 헌금하고도 부족함이 없는 삶을 살 수 있다. 그러므로 자신의 전부를 드린 것은 아니다. 반면에 과부는 생활비 전부를 헌금했기 때문에 더는 남은 것이 없다. 그녀는 가장 큰 계명, 곧 마음을 다하고 목숨을 다하고 뜻을 다하고 힘을 다하여 주 하나님을 사랑하라는 계명을 실천한 것이다.

하나님을 온전히 사랑하는 일에 반드시 많은 돈이 필요한 것은 아니다. 다만 우리의 전부를 헌신해야 한다. 생활비를 모두 헌금한 과부는 그나마 아무것도 가진 것이 없으니 이제부터는 더욱더 하나님만 바라보아야 한다. 하나님은 이 과부를 절대 고아처럼 내버려 두지 않으실 것이다.

9. 무너뜨려질 성전과 환난의 징조(21:5-19)

⁵ 어떤 사람들이 성전을 가리켜 그 아름다운 돌과 헌물로 꾸민 것을 말하매 예수께서 이르시되 ⁶ 너희 보는 이것들이 날이 이르면 돌 하나도 돌 위에 남지 않고 다 무너뜨려지리라 ⁷ 그들이 물어 이르되 선생님이여 그러면 어느 때에 이런 일이 있겠사오며 이런 일이 일어나려 할 때에 무슨 징조가 있사오리이까 ⁸ 이르시되 미혹을 받지 않도록 주의하라 많은 사람이 내 이름으로 와서 이르되 내가 그라 하며 때가 가까이 왔다 하겠으나 그들을 따르지 말라 ⁹ 난리와 소요의 소문을 들을 때에 두려워하지 말라 이 일이 먼저 있어야 하되 끝은 곧 되지 아니하리라 ¹⁰ 또 이르시되 민족이 민족을, 나라가 나라를 대적하여 일어나겠고 ¹¹ 곳곳에 큰 지진과 기근과 전염병이 있겠고 또 무서운 일과 하늘로부터 큰 징조들이 있으리라 ¹² 이 모든 일 전에 내 이름으로 말미암아 너희에게 손을 대어 박해하며 회당과 옥에 넘겨 주며 임금들과 집권자들 앞에 끌어 가려니와 ¹³ 이 일이 도리어 너희에게 증거가 되리라 ¹⁴ 그러므로 너희는 변명할 것을 미리 궁리하지 않도록 명심하라 ¹⁵ 내가 너희의 모든 대적이 능히 대항하거나 변박할 수 없는 구변과 지혜를 너희에게 주리라 ¹⁶ 심지어 부모와 형제와 친척과 벗이 너희를 넘겨 주어 너희 중의 몇을 죽이게 하겠고 ¹⁷ 또 너희가 내 이름으로 말미암아 모든 사람에게 미움을 받을 것이나 ¹⁸ 너희 머리털 하나도 상하지 아니하리라 ¹⁹ 너희의 인내로 너희 영혼을 얻으리라

예수님은 일요일에 나귀를 타고 예루살렘에 입성하신 후(19:28-40) 밤에는 베다니에서 머무시고 낮에는 줄곧 성전에서 가르치고 지도자들과 논쟁하셨다. 이 이야기는 화요일 늦은 오후에 성전이 있는 예루살렘을 떠나 감람산으로 가실 때 있었던 일이다(Wilkins). 이날 성전을 떠나신 후 예수님은 성전을 더는 찾지 않으실 것이다. 옛적에 에스겔

선지자가 본 환상 속에서 하나님의 영광이 성전을 떠나 감람산으로 갔다가 동쪽으로 가서 종말 때까지 돌아오지 않는 것처럼 말이다(France, cf. 겔 10:18-19; 11:22-23). 예수님이 떠나신 성전에는 오직 파괴가 남아 있을 뿐이다(Garland).

예수님과 제자들이 베다니로 가는 길에 기드론 골짜기를 건너 감람산을 지나고 있을 때 어떤 사람들이 성전을 가리키며 그 아름다움에 대해 대화를 나누고 있었다(5절). 그들이 감람산에서 내려다보고 있는 성전은 최근에 완성된 것으로(cf. 요 2:20), 그들은 성전의 규모와 아름다움에 매료되어 있다. 실제로 예루살렘 성전은 로마 제국에서도 가장 규모가 크고 아름답고 웅장한 신전으로 정평이 나 있었다(ABD).

예수님은 성전의 규모와 아름다움에 매료된 사람들에게 성전이 완전히 파괴될 것이라고 예언하셨다(6절; cf. 마 23:38; 26:61; 눅 23:28-31). 선지자들도 성전 파괴에 대해 예언했고(렘 7:12-14; 26:6, 18; 미 3:12), 이미 주전 586년에 바빌론에 의해 파괴된 적이 있다. 예수님은 "돌 하나도 돌 위에 남지 않고 다 무너뜨려지리라"라고 하시는데, 주전 520년에 성전 재건을 권장했던 학개 선지자는 성전이 파괴된 채로 방치되었던 시대를 '돌이 돌 위에 놓이지 아니하였던 때'라고 한다(학 2:15). 예수님은 같은 이미지를 사용해 머지않아 성전이 파괴될 것을 말씀하신다.

그들은 예수님이 예언하시는 예루살렘 성전 파괴에 대해 두 가지를 질문했다(7절). (1)어느 때에 이런 일이 있을 것입니까? (2)이 모든 일이 이루어지려 할 때에 무슨 징조가 있을 것입니까? 어떤 이들은 첫 번째 질문은 예루살렘과 성전 파괴에 관한 것이며, 두 번째 질문은 종말에 관한 것이라고 해석하지만(Boring, Collins) 두 질문 모두 예루살렘과 성전 파괴에 관한 것이다(France, Garland, Lane, Donahue & Harrington).

예수님은 두 번째 질문과 관련해 종말에 어떤 일이 있을 것인지 가르쳐 주신다. 그러나 제자들은 예루살렘 성전이 파괴될 때 있을 징조에 관해 묻고 있다. 그들의 질문은 옛적에 다니엘이 보는 앞에서 한 천사

357

가 다른(높은) 천사에게 한 질문과 비슷하다. "이 놀라운 일의 끝이 어느 때까지냐"(단 12:6). 감람산은 이런 질문을 하기에 참 좋은 곳이다. 하나님이 여호와의 날에 심판을 시작하기 위해 임하시는 곳이기 때문이다(슥 1:1-9; 14:4; cf. 겔 11:22-23; 43:1-4).

종말에 대한 예수님의 가르침은 이번이 세 번째다. 첫 번째 가르침 (12:35-40)에서는 인자가 사람들이 전혀 예측하지 못한 때에 올 것이니 깨어 있으라고 하셨다. 두 번째 가르침(17:20-37)에서는 인자가 오실 때는 갑자기 올 것이라며 항상 대비하며 살라고 하셨다. 이번 가르침 은 종말이 오기 전에 있을 핍박과 파괴에 관한 것이다.

예수님은 그들의 질문에 대답하시며 제일 먼저 미혹을 받지 않도록 주의하라고 하신다(8a절). '주의하라'(βλέπετε)는 현재형 명령이다. 방심하지 말고 꾸준히 계속 지켜보라는 권면이며, 이 섹션의 핵심 메시지다. '미혹하다'(πλανάω)는 잘못된 길로 인도해 타락하게 하는 것을 뜻한다. 배교(背敎)의 길로 유혹하는 거짓 선생들이 하는 짓이다(Davies & Allison, cf. 살후 2:3). 온갖 사기와 사이비가 난무할 것이니 신중에 신중을 기해 가짜 선생들에게 현혹되는 일이 없게 하라는 권면이다(cf. Liefeld & Pao). 오늘날로 말하면 이단들을 주의하라는 뜻이다.

예수님은 제자들에게 구체적으로 세 가지를 권면하신다. 첫째, 가짜 메시아를 주의해야 한다(8b절). 많은 사람이 와서 때가 가까이 왔다며 사람들을 유혹할 것이다. 그들은 자신이 재림한 예수라고 하기도 하고("내 이름으로"), 자신들이 참 메시아라고 하기도 할 것이다("내가 그라")(cf. Collins, France, Hooker, Taylor). 사도들의 시대를 정리한 사도행전 은 '드다'(Theudas, 행 5:36)와 '갈릴리의 유다'(Judas of Galilee, 행 5:37)와 '애굽인'으로 불리는 자(행 21:38) 등 최소한 세 명의 가짜 메시아를 언급한다. 사도 요한도 그의 시대에 이미 많은 적그리스도가 일어났다고 한다(요일 2:18). 사이비/가짜 예수와 메시아의 역사는 교회 역사만큼 오래되었다. 또한 예수님이 다시 오실 때까지 앞으로도 끊임없이 가짜 예수가 나타나 성도들을 현혹할 것이다.

둘째, 온갖 전쟁과 재앙이 닥쳐도 놀라지 않아야 한다(10-11절). 예수님은 우리가 겪게 될 재앙을 세 가지로 말씀하신다. (1)전쟁이 일어날 것이다(10절; cf. 사 19:2; 렘 4:16-20; 단 11:44; 욜 3:9-14; 슥 14:2). 민족이 민족을, 나라가 나라를 대적해 일어날 것이다(cf. 대하 15:6; 사 19:2). 전쟁을 한다는 소문이 세상 곳곳에서 들려올 것이라는 뜻이다. (2)큰 지진이 곳곳에서 일어날 것이다(11a절; cf. 시 18:7-8; 사 5:25; 13:13; 24:18; 29:5-6). (3)기근과 전염병이 있을 것이다(11b절; cf. 사 14:30; 렘 14:12; 21:6-7; 겔 14:21). 세상 곳곳에 기근이 들고 전염병이 도는 것은 과거에도 있었고, 지금도 있으며, 앞으로도 세상 곳곳에서 계속 일어날 것이다. (4)무서운 일들이 일어나고 하늘로부터 큰 징조들이 있을 것이다(11c절). 사람을 두려워 떨게 하는 천재지변과 재앙이 계속될 것이라는 뜻이다. 이런 일들은 종말이 임하기 전에 세상이 경험해야 할 일들이다(cf. 9절).

중요한 것은 이 재앙들이 종말의 징조는 아니라는 사실이다. "끝은 곧 되지 아니하리라"(ἀλλ᾽ οὐκ εὐθέως τὸ τέλος)(9절). 전쟁과 기근과 지진이 세상 곳곳에서 일어나는 것은 종말이 가까이 오고 있다는 것을 암시하지만, 종말이 시작되었다는 징조는 아니다(Carson). 이러한 파괴와 혼란은 타락한 인류의 모습일 뿐이며(Garland), 우리가 이 땅에서 항상 겪어야 할 일들이다. 예수님 시대에도 참으로 많은 전쟁과 기근과 지진이 있었고, 주님이 다시 오실 때까지 계속 반복될 것이다. 그러므로 예수님은 이런 재앙들을 징조로 삼는 가짜 메시아들을 조심하라고 경고하신다(Carson).

예수님은 지금까지 세상 끝 날까지 이 세상에 항상 있을 가짜 메시아들과 전쟁과 지진과 기근과 재앙에 대해 말씀하셨다. 이번에는 교회가 세상에 있는 동안 겪을 일들에 관해 말씀하신다(12-19절). 이 땅에 있는 교회는 내부와 외부로부터 끊임없이 공격을 받을 것이다. 세상은 예수님을 미워하고 예수님이 세우신 교회도 미워하기 때문이다. 주제가 세상의 고통(8-11절)에서 교회의 고통으로 바뀐 것이다.

마태복음에서 예수님은 제자들을 선교사로 내보내실 때 그들이 당할 고통에 대해 비슷한 말씀을 하셨다(마 10:17-22). 본문에서처럼 '넘겨 주고'(12절; cf. 마 10:17), '죽이게 하고'(16절; cf. 마 10:21), '모든 사람에게 미움을 받을 것'(17절; cf. 마 10:22)이라고 경고하셨다. 실제로 두 텍스트를 비교해 보면 핍박의 정도에 별 차이가 없다. 그러므로 이 말씀은 주님이 오실 때까지 이 땅에서 교회가 항상 겪을 고통에 관한 것으로 해석하는 것이 바람직하다.

교회는 이 땅에서 결코 환난과 고난을 피할 수 없다. 사람들은 교회와 성도를 예수님의 이름 때문에 박해할 것이다(12a절; cf. 단 7:25). 예수님은 이 같은 고난의 길을 먼저 가셨다. 예수님은 한 제자에게 배신당해 팔리시고, 공회에 넘겨지시고, 총독 앞에서 재판을 받으시고, 거짓 증언으로 인해 누명을 쓰시고, 온갖 고난과 매를 맞으시고, 죽임을 당하셨다. 교회의 주인이신 예수님이 이런 고초를 당하셨으니, 교회와 성도들이 이 같은 박해를 받는 것은 당연한 일이다.

또한 사람들은 교회와 성도를 회당들(συναγωγὰς)과 옥에 넘겨주고, 임금들과 집권자들 앞에 끌고 갈 것이다(12b절; cf. 행 5:40; 22:19; 고후 11:24). 그러나 이 일들이 도리어 우리에게 증거가 될 것이다(13절). 세상의 핍박과 박해는 우리가 하나님이 사랑하시는 자녀들이라는 사실을 증명하는 것이라는 뜻이다. 또한 하나님은 그분의 자녀들이 당한 핍박과 고난에 대해 반드시 책임을 물으실 것이다. 오늘날에도 세계 곳곳에서 수많은 그리스도인이 신앙으로 인해 온갖 핍박을 받으며 살고 있다. 순교하는 성도도 매일 상당수에 달한다. 예수님의 이름을 알고 주님을 따르는 것은 참으로 많은 특권과 복을 동반한다. 그러나 세상의 미움도 함께 온다.

예수님은 믿음으로 인해 핍박을 받는 사람들을 고아처럼 내버려 두지 않으신다. 복음을 선포하거나 신앙으로 인해 재판받는 사람들을 도우실 것이다. 그러므로 예수님의 가르침에 순종해 하나님 나라의 기준에 따라 살다가 재판에 서게 되는 사람들은 자신을 변호하기 위해 할 말을 미리 궁리하지 않아도 된다(14절). '미리 궁리하다'(προμελετάω)는 사전에 연습하는 것을 뜻한다(NIDNTT). 신앙으로 인해 재판에 회부되면 법정에서 자신을 변호하기 위해 할 말을 미리 연습할 필요가 없다. 예수님이 우리와 함께하시며, 우리를 해하려는 자들이 대항하거나 변박할 수 없는 구변과 지혜를 주실 것이기 때문이다(15절; cf. 출 4:12; 렘 1:9; cf. 행 2:4; 4:8, 31; 6:10).

그렇다고 해서 처한 상황과 법정에서 할 말을 미리 생각하거나 준비하지 말라는 것은 아니다(Strauss). 할 말 준비하는 일을 게을리하지 않되, 법정에서 증언할 때는 예수님의 인도하심에 따라야 한다는 뜻이다. 하나님은 우리가 준비된 만큼 사용하신다는 말이 있다. 예수님의 인도하심에 따라서 하는 증언은 우리가 할 수 있는 가장 귀하고 정확한 증언이 될 것이다.

때때로 믿음은 가정을 파탄에 이르게 한다. 믿지 않거나 혹은 배교한 사람들이 믿는 가족들을 배신할 것이기 때문이다(16절). 기독교를 박해하는 자들에게 성도들을 넘겨주는 일이 벌어진다. 순교하는 이들도 나올 것이다. 예수님도 제자 중 하나인 가룟 유다에게 배신당해 팔리셨다.

그리스도인은 예수님의 이름으로 인해 모든 사람에게 미움을 받을 것이다(17절). 세상이 하나님을 미워하므로 하나님의 아들이신 예수님을 사랑하는 사람들도 미워한다. 그러나 예수님은 그들의 머리털 하나도 상하지 않게 하실 것이다(18절). 16절에서 몇몇은 신앙으로 인해 죽임을 당할 것이라고 하신 것을 고려할 때 이 말씀은 성도가 해를 받는 것이 하나님의 뜻이 아니라면 머리털 하나도 상하지 않도록 보호하실 것을 의미한다(cf. Bock). 그러므로 하나님이 허락하신 핍박과 순교는 이 말씀에서 예외가 된다.

예수님은 그리스도인들이 주님 때문에 모든 사람에게 미움을 받을 것이지만, 끝까지 견디는 자는 구원을 받을 것이라고 하신다(19절; cf. 롬 8:17; 고전 9:25; 딤후 2:12; 4:8). 믿음은 시작도 중요하지만 어떻게 마무리하는지가 더 중요하다는 뜻이다. 묵시 문학이 강조하는 원리다(cf. 단 9:14; 12:12-13; 계 1:3; 13:9-10; 14:12; 22:7). 고난과 핍박이 교회 안팎에서 오기 때문에 이겨 내기가 결코 쉽지 않다. 그러므로 많은 사람이 미혹되어 신앙을 떠날 것이다. 그러나 끝까지 견디는 사람은 구원을 얻을 것이다. 하나님의 자녀들이 핍박과 고난을 견디기 위해서는 결단과 의지가 필요하다. 고난이 임할 때 당당하게 이겨낼 필요도 없다. 끝까지 버티기만 하면 된다. 그러면 영생을 얻을 것이다.

그리스도인은 세상이 끝날 때까지 핍박을 각오해야 한다. 그들을 환난에 넘겨주고, 죽이고, 미워하는 자들은 누구인가? 바로 예수님을 구세주로 영접하도록 그리스도인들이 선교하고 전도하는 사람들이다. 예수님을 영접해 하나님의 자녀로 행복하게 살도록 복음을 전해 주었건만, 그들은 선을 악으로 갚는다. 전도와 선교는 고난을 각오하고 해야 한다.

이 말씀은 사람들이 하나님을 위해 세운 좋은 것이라 할지라도 주님의 심판을 피해 갈 수 없다고 한다. 예루살렘 성전은 당시 로마 제국에서 가장 크고 화려한 신전 중 하나였으며, 오직 여호와 하나님을 예배하는 곳이었다. 사람들은 이곳을 하나님의 영광이 임하는 곳으로 여겼다. 그러나 이곳에 와서 기도하고 예배하는 주님의 백성이 하나님 말씀대로 살지 않고 죄를 일삼았다. 그러므로 하나님은 옛적에 스스로 성전을 파괴하실 것을 경고하시고(cf. 렘 7:14; 26:6) 말씀에 따라 파괴하신 것처럼(렘 52:12-13), 다시 성전을 파괴하실 것이다. 이러한 원칙이 교회에 어떤 경고를 하는지 생각해 보아야 한다.

교회와 성도가 세상과 가짜 교인들에게 핍박받는 것은 당연한 일이다. 세상이 악해서 성도들을 핍박하고, 교회에는 마귀의 농간에 놀아나는 가짜 성도가 많아서 그렇다. 안타깝게도 일부 한국 교회가 기복적인 신앙을 지나치게 강조하다 보니 고난과 희생은 성도들이 기피하는 개념이 되었다. 다시 성경적인 신앙생활로 돌아가 고난과 희생을 감수할 각오로 신앙생활을 하도록 양육해야 한다.

우리 시대는 예수님이 다시 오실 날에 상당히 가까이 와 있다. 거짓 메시아와 전쟁과 기근과 지진은 예전에도 많았지만, 오늘날 인류를 엄습하고 있는 재앙들의 격렬함이 참으로 강하다는 생각이 든다. 주변에 가짜 메시아도 널려 있다. 그러나 이 혼탁한 상황을 두려워할 필요는 없다. 우리는 미혹되지 않도록 경계하며, 분별하는 은혜를 달라고 하나님께 계속 기도해야 한다.

Ⅵ. 예루살렘 사역(19:28-21:38)
  D. 성전에서 가르치심(19:47-21:38)

10. 예루살렘 환난과 재림(21:20-28)

²⁰ 너희가 예루살렘이 군대들에게 에워싸이는 것을 보거든 그 멸망이 가까운 줄을 알라 ²¹ 그 때에 유대에 있는 자들은 산으로 도망갈 것이며 성내에 있는 자들은 나갈 것이며 촌에 있는 자들은 그리로 들어가지 말지어다 ²² 이 날들은 기록된 모든 것을 이루는 징벌의 날이니라 ²³ 그 날에는 아이 밴 자들과 젖먹이는 자들에게 화가 있으리니 이는 땅에 큰 환난과 이 백성에게 진노가 있겠음이로다 ²⁴ 그들이 칼날에 죽임을 당하며 모든 이방에 사로잡혀 가겠고 예루살렘은 이방인의 때가 차기까지 이방인들에게 밟히리라 ²⁵ 일월 성신에는 징조가 있겠고 땅에서는 민족들이 바다와 파도의 성난 소리로 인하여 혼란한 중에 곤고하리라 ²⁶ 사람들이 세상에 임할 일을 생각하고 무서워하므로 기절하리니 이는 하늘의 권능들이 흔들리겠음이라 ²⁷

그 때에 사람들이 인자가 구름을 타고

능력과 큰 영광으로 오는 것을 보리라

²⁸ 이런 일이 되기를 시작하거든 일어나 머리를 들라 너희 속량이 가까웠느니라 하시더라

예수님은 예루살렘이 군대들에 에워싸이는 것을 보면 멸망이 가까운 줄 알라고 하신다(20절). 예루살렘 성전이 이방인 군인들에 의해 파괴될 것이라는 경고다. 하나님이 그분의 거처인 성전이 파괴되는 일을 막지 않으시고, 오히려 용납하실 것이기 때문이다. 이 말씀은 주후 70년에 로마 군대를 통해 어느 정도 성취되었다. 그러나 로마 군대가 최종적으로, 완전히 성취한 것은 아니었다. 최종적인 성취는 장차 이 땅을 전에 경험하지 못한 고통과 혼란으로 몰아갈 적그리스도의 졸개들에 의해 이루어질 것이다. 그러므로 이 말씀은 일부 학자가 주장하는 것처럼 유대인 전쟁(Jewish War, 66-73) 때 있었던 성전 파괴만 예언하는 것은 아니다(Blomberg, Carson, France). 분명 종말 때 있을 일도 포함하고 있다(Davies & Allison, Garland, Gundry, Hill, Ladd, cf. 살후 2:1-12; 계 13:11-18). 예루살렘 성전 파괴는 종말에 있을 일을 상징적으로 예고한 것이라 할 수 있기 때문이다(cf. 막 13:14).

그날은 아무런 예고 없이 닥쳐올 것이고, 한순간도 지체하지 말고 신속하게 대피해야 하는 참으로 두려운 날이다. 멸망의 날이 임하면 유대에 있는 자들은 신속하게 산으로 도망할 것이며, 성내에 있는 자들은 성 밖으로 도망할 것이며, 촌에 있는 자들은 자기 집으로 가면 안 된다(21절). 당시 전쟁이 일어나면 성 밖에 사는 사람들은 성안으로 도피했다. 그러나 예수님은 오히려 성안에 있는 사람들에게 신속히 성을 탈출하라고 하신다. 성이 파괴되어 그들을 보호할 수 없을 것이기 때문이다. 예루살렘성에서 도망하라고 하시는 것은 그동안 예루살렘과 성전이 지닌 모든 신학적 의미와 구원과 연관된 정당성을 더는 인정하지 않겠다는 의미를 지닌다(Schweitzer). 산으로 피하라는 권면은 롯과

딸들이 소돔을 도망쳐 산으로 피하던 일을 생각나게 하는 말씀이다(cf. 창 19:15-22). 선지자들도 재앙의 날에 신속하게 피하라고 한다(암 2:16; 슥 2:6; 14:5).

그날은 갑자기 들이닥치지만, 기록된 모든 것을 이루는 징벌의 날이다(22절; cf. 신 32:35; 렘 51:6; 호 9:7). 구약 선지자들이 지속적으로 경고했던 여호와의 날이라는 것이다. 여호와의 날은 하나님이 죄인들을 징벌하시는 날이다. 그러므로 하나님을 사랑하는 주님의 자녀들은 두려워할 필요가 없다. 그들은 불신자들처럼 징벌을 받지 않을 것이기 때문이다.

그날에는 아이 밴 자들과 젖 먹이는 자들에게 화가 있을 것이다(23a절). '화가 있으리라'(οὐαί)는 비난이 아니다. 이 말씀에서는 안타까움과 불쌍히 여김의 표현이다. 그날이 얼마나 혹독한 날인지 홑몸으로도 감당하기 어려운 날이다. 따라서 임신했거나 젖먹이 어린아이를 가진 사람에게는 더욱더 견디기 힘든 잔인한 날이다(23b절). 아이를 둔 사람들은 보통 사람들보다 피신하기 훨씬 어려울 것이기 때문이다. 그러므로 그날에 이런 상황이 벌어지지 않도록 하나님께 기도해야 한다. 이런 일은 사람이 통제할 수 있는 것이 아니다.

예수님은 다시 한번 예루살렘이 겪을 혹독한 심판의 날에 대해 말씀하신다(24절). 이방 군인들이 성을 에워싸면 곧 멸망이 임할 것이라는 사실을 직감한 사람들은 신속하게 피하겠지만, 수많은 사람이 죽임을 당하고 이방에 사로잡혀 갈 것이다. 결국 예루살렘은 이방인의 때가 차기까지 그들에게 짓밟힐 것이다. '이방인의 때'(καιροὶ ἐθνῶν)는 이방인들이 유대와 예루살렘을 다스리는 기간을 의미한다. 이 기간은 하나님이 정하신다(cf. 단 2:21; 7:1-8:27; 9:24-27).

예루살렘 멸망(20-24절)과 초자연적인 현상(25-26절)의 관계에 대해 다양한 해석이 있다(Davies & Allison, Marcus, cf. Bovon, Fitzmyer, Garland). 가장 큰 가능성을 지닌 두 가지 해석 중 첫 번째는 20-24절이 묘사하

는 환난이 있은 후 많은 시간이 흐르고 난 다음(cf. 24절)에 25-26절의
일이 있을 것이라는 해석이다(Blomberg, Carson, Morris). 이렇게 해석할
경우 25-26절은 교회와 성도가 세상의 핍박을 받는 교회 시대가 있은
후에 일어날 일이다. 두 번째 해석은 25-26절이 예수님의 재림이 있기
바로 전에 있을 징조, 곧 대환난을 의미한다는 것이다(Gundry, McNiele,
Witherington, cf. 계 7:14). 후자가 더 설득력이 있어 보인다. 25-27절은
종말과 예수님의 재림에 관한 말씀인 것이다.

　NAS는 27절 대부분을 구약을 인용한 것으로 표기하는데, 가장 가까
운 레퍼런스(reference)는 "하늘의 별들과 별 무리가 그 빛을 내지 아니
하며 해가 돋아도 어두우며 달이 그 빛을 비추지 아니할 것이로다"(사
13:10)라는 말씀과 "내가 또 밤 환상 중에 보니 인자 같은 이가 하늘 구
름을 타고 와서 옛적부터 항상 계신 이에게 나아가 그 앞으로 인도되
매"(단 7:13)라는 말씀이다. 예수님은 이 두 섹션을 합성해 인용하신다.
이사야 13장은 종말에 있을 일이며, 다니엘서도 인자가 구름을 타고
오시는 때를 최종 심판이 있을 종말이라고 하는 것으로 보아 두 번째
해석이 더 설득력이 있다.

　대환난 후에 예수님이 재림하실 때 세 가지 일이 일어난다. 첫째, 하
늘에 징조가 있다(25a절). 해가 어두워지고, 달이 빛을 내지 않으며, 별
들이 떨어지는 등 일월성신(천체)이 요동칠 것이다. 선지서에서 이러한
현상들은 종말과 하나님의 임재를 알린다(사 24:21, 23; 욜 2:10; 암 5:20;
8:9). 한편, 땅에서는 온갖 천재지변이 일어난다(25b절). 하늘과 땅에서
벌어지는 일들이 얼마나 두려움을 자아내는지 무서워 기절하는 사람
들도 있다(26절).

　둘째, 인자가 영광스러운 모습으로 재림하실 것이다(27절). 예수님이
구름을 타고 오시는 것은 다니엘 7:13-14에서 '인자 같은 이'가 옛적
부터 계신 이(여호와 하나님)에게 오실 때의 모습이다. 예수님이 바로 다
니엘 7장의 '인자 같은 이'인 것이다. 구름은 주님의 백성에게 임한 하

나님의 영광스러운 임재를 상징한다(시 68:4; 104:3; 사 19:1; 렘 4:13; cf. 출 13:21-22; 14:24). 그러므로 예수님이 구름을 타고 오시는 것은 예수님이 바로 여호와이심을 뜻한다(Wilkins). 예수님이 재림하시는 것을 온 세상 사람들이 보게 될 것이다. 예수님은 일부 이단이 주장하는 것처럼 비밀리에 오시지 않는다.

셋째, 재림하신 예수님은 온 세상에서 모여드는 성도들을 구원하신다(28절; cf. 사 11:11; 렘 23:3). 이런 일(예수님 재림의 징조, 25-26절)이 시작되면 성도들이 일어나 머리를 들어 재림하시는 예수님을 바라볼 것이다(cf. 행 2:19-21). 그들이 구원을 입을 때가 되었기 때문이다.

이 말씀은 우리가 예수님의 재림과 부활을 얼마나 의식하고 사는지 반성하게 한다. 치열한 삶을 살다 보면, 혹은 현실에 안주하다 보면, 혹은 아직 살아갈 날이 많다고 생각하다 보면 예수님의 재림과 성도의 부활이 우리와 별 상관없는 일로 생각될 수 있다. 그러나 성경은 우리에게 항상 종말을 의식하며 살라고 한다. 예수님의 재림과 우리의 부활을 항상 의식하고 살면 현실을 대하는 자세도 많이 달라질 것이다.

VI. 예루살렘 사역(19:28-21:38)
  D. 성전에서 가르치심(19:47-21:38)

11. 무화과나무의 교훈(21:29-36)

[29] 이에 비유로 이르시되 무화과나무와 모든 나무를 보라 [30] 싹이 나면 너희가 보고 여름이 가까운 줄을 자연히 아나니 [31] 이와 같이 너희가 이런 일이 일어나는 것을 보거든 하나님의 나라가 가까이 온 줄을 알라 [32] 내가 진실로 너희에게 말하노니 이 세대가 지나가기 전에 모든 일이 다 이루어지리라 [33] 천지는 없어지겠으나 내 말은 없어지지 아니하리라 [34] 너희는 스스로 조심하라 그렇지 않으면 방탕함과 술취함과 생활의 염려로 마음이 둔하여지고 뜻밖에 그 날이 덫과 같이 너희에게 임하리라 [35] 이 날은 온 지구상에 거하

는 모든 사람에게 임하리라 ³⁶ 이러므로 너희는 장차 올 이 모든 일을 능히 피하고 인자 앞에 서도록 항상 기도하며 깨어 있으라 하시니라

예수님은 앞 섹션에서 사람들의 질문(7절)에 대답하신 후 무화과나무를 예로 들어 그들에게 교훈을 주신다. 당시 무화과나무는 여름을 알리는 전령으로 여겨졌다. 무화과나무는 겨울이 되면 잎사귀가 모두 떨어지고 가지가 딱딱해졌다가, 봄이 오면 나무에 수액이 흐르면서 움이 트기 쉽게 가지가 부드러워진다. 이때는 잎이 없어서 이 같은 변화를 관찰하기 쉬우며, 과일이 먼저 열린 후 잎사귀가 돋아 펼쳐지기 시작하면 곧 여름이 올 것을 알 수 있다(30절). 그러므로 사람들은 무화과나무의 변화를 보고 여름이 가까운 것을 알았다.

예수님은 이와 같은 일이 일어나는 것을 보면 하나님 나라가 가까이 온 줄을 알라고 하신다(31절). 이 말씀에서 '하나님의 나라'(ἡ βασιλεία τοῦ θεοῦ)는 종말을 뜻한다(Garland, cf. 9:26-27; 11:2; 14:15; 17:20-21; 19:11; 22:30). 무화과 잎사귀가 여름이 가까움을 암시하듯, 이 모든 일이 일어나면 예수님이 오실 날이 임박했다는 사실을 깨달으라는 것이다. '이 모든 일'(ταῦτα)은 8-24절에서 말씀하신 것들이다.

또한 예수님은 이 모든 일이 이 세대가 지나가기 전에 일어날 것이라고 하시는데(32절), '이 세대'(ἡ γενεὰ αὕτη)는 언제를 뜻하는가? 예수님 시대 사람들이라고 해석하는 이들이 있다(Bock, Davies & Allison, France). 그러나 21:8-24에 기록된 일들은 예수님 시대에 모두 일어나지 않았다. 그러므로 학자들 대부분은 재림과 연결해 '이 세대'를 정의한다. 예수님 시대 사람들부터 재림하실 때 살아 있을 모든 사람이라는 해석이 있는가 하면(Schweizer), 예수님 시대에 사역을 방해했던 자들과 예수님이 재림하시기 전에 제자들을 훼방할 자들이라는 해석도 있다(Gundry, Morris). 우리는 21:8-24에 기록된 세상의 핍박과 거짓 메시아와 선생들에 관한 내용을 대부분 교회 역사에서 반복적으로 일어나는 일로 해

석했다. 예외적인 사건은 성전 파괴와 재림이다. 따라서 예수님이 이 일들을 염두에 두시고 성전 파괴를 경험할 그 시대 사람들과 재림을 경험할 사람들, 곧 재림 직전에 살아 있을 사람들을 말씀하시는 것으로 해석할 수 있다(Wilkins, cf. Maddox).

천지는 없어질지 몰라도 예수님의 말씀은 없어지지 않을 것이다 (33절). '내 말'(λόγοι μου)의 범위는 어디까지인가? 예수님은 율법의 최종 해석자이자 완성자로서 비슷한 말씀을 하셨다. "천지가 없어지기 전에는 율법의 일점 일획도 결코 없어지지 아니하고 다 이루리라"(마 5:18). 예수님의 가르침과 율법에 대한 새로운 해석은 결코 사라지지 않을 것이다. 그러므로 '내 말'은 이때까지 예수님이 하신 모든 말씀을 뜻한다. 예수님의 말씀이 영원하다는 것은 "풀은 마르고 꽃은 시드나 우리 하나님의 말씀은 영원히 서리라"라는 이사야의 외침을 생각나게 한다(사 40:8).

과거에 선지자들은 하나님의 영원한 말씀을 선포할 때 "여호와께서 말씀하시기를…"이라는 말로 시작했다. 선지자들과는 대조적으로 예수님은 '내 말'이 영원할 것이라고 하신다. 예수님은 여호와와 동일한 하나님이시다. 그러므로 하나님의 말씀이 영원히 유효한 것처럼(시 119:89-90; 사 40:6-8), 예수님의 말씀도 영원하다.

그렇다면 종말을 대비해 우리가 할 수 있는 최선은 무엇인가? 예수님은 항상 기도하며 깨어 있으라고 하신다(cf. 18:1). 방탕함과 술 취함과 생활의 염려로 마음이 둔해지지 않도록 항상 조심해야 한다(34a절). 주님의 날은 뜻밖의 덫과 같이 임할 것이기 때문이다(34b절). 성경은 도둑이 언제 올지 모르는 것처럼 주님의 날도 도둑같이 임할 것이라고 한다(살전 5:2-7). 그날은 세상에 사는 모든 사람에게 예외 없이 임할 것이다(35절). 주님의 날은 믿는 사람들에게는 위로와 영생의 날이 되며, 믿지 않는 자들에게는 심판과 영원한 벌을 받는 날이 될 것이다. 그러므로 예수님이 장차 임할 것이라고 한 모든 재앙과 환난이 임하면

369

이를 피하고 그 뒤에 오시는 인자 앞에 설 수 있도록 항상 깨어 기도해
야 한다(36절).

이 말씀은 우리에게 경고와 격려를 준다. 모든 고난과 핍박이 반드
시 실현될 것이라는 말씀은 경고다. 한편, 이 같은 핍박과 고통이 있
고 난 뒤에 주님이 오실 것이라는 말씀은 격려다. 이 모든 일이 하나님
의 통제 아래 적절한 때에 진행될 것이라는 사실도 격려가 되고 소망
이 된다. 고통과 아픔을 포함해 우리가 겪는 모든 일은 하나님이 계획
하신 바의 일부이기 때문에 의미가 있다. 또한 여호와 하나님이 성육
신하셔서 우리에게 직접 말씀하신 것도 영광스러운 일이다. 이런 일이
일어나기 전에 미리 우리에게 말씀하시는 것은 우리를 귀하게 여기시
기 때문이다.

VI. 예루살렘 사역(19:28-21:38)
  D. 성전에서 가르치심(19:47-21:38)

12. 낮에는 성전, 밤에는 감람원(21:37-38)

37 예수께서 낮에는 성전에서 가르치시고 밤에는 나가 감람원이라 하는 산에
서 쉬시니 38 모든 백성이 그 말씀을 들으려고 이른 아침에 성전에 나아가
더라

누가는 요약적인 말로 한 단원을 마무리하는 것을 즐긴다(Culpepper,
cf. 2:40, 52; 4:14-15, 31-32, 44; 6:17-19). 이 말씀도 이러한 기능을 하며,
이 단원을 시작한 19:47의 '예수께서 날마다 성전에서 가르치시니'와
19:48의 '백성이 다 그에게 귀를 기울여 들으므로'를 그대로 반복해 섹
션을 마무리한다.

감람원(산)은 예수님이 입성하시는 일과 연관해 이미 19:29, 37에서
언급되었으며, 겟세마네 동산(22:39)이 이 산의 언덕에 있다. 감람산은

예루살렘을 빠져나오자마자 동쪽에 있는 산이며, 예수님이 이 땅에서 보내신 마지막 한 주 동안 매우 중요한 장소로 부각된다. 예수님은 종말에 대한 대부분의 가르침(일명 감람산 디스코스, Olivet Discourse, cf. 다음 섹션)을 이곳에서 제자들에게 주셨다.

예수님이 밤마다 감람산에서 쉬신 이유가 머지않아 파괴될 예루살렘 성과 거리를 두기 위해서인지, 혹은 주님을 노리는 자들(대제사장과 서기관과 바리새인들)을 피하기 위해서인지, 혹은 순례자로 가득한 도성의 분주함을 떠나기 위해서인지는 알 수 없다(Liefeld & Pao). 그러나 어디에 머무시든 예수님 주변에는 항상 가르침을 사모하는 사람들이 있다.

이 말씀은 가르침을 사모하라고 한다. 사람들은 예수님의 말씀을 들으려고 매일 성전으로 모여들었다. 예수님은 말씀에 대한 그들의 갈증을 아시기에 매일 성전에 가서 가르치셨다. 그러나 기회는 항상 있는 것이 아니다. 며칠 후면 그들은 더는 예수님께 가르침을 받을 수 없다. 우리도 말씀으로 무장하기 위해 평생 사모하는 마음으로 성경 말씀을 배워야 한다.

Ⅶ. 수난과 죽음

(22:1-23:56)

이 섹션은 안식일이 시작되는 목요일 밤에서 안식일이 마무리되는 금요일 저녁 사이에 있었던 일이다. 모든 복음서가 가장 자세하게 기록하고 있는 시간대다. 예수님의 십자가 죽음이 이 땅에 오신 가장 중요한 이유임을 고려할 때 당연한 일이라 할 수 있다. 예수님이 이 땅에서 보내신 마지막 24시간 동안 있었던 일들을 매우 급진적으로 묘사하는 이 섹션은 다음과 같이 구분된다.

A. 가룟 유다의 음모(22:1-6)

B. 유월절 준비(22:7-13)

C. 유월절 만찬(22:14-20)

D. 마지막 가르침(22:21-38)

E. 간절히 기도하심(22:39-46)

F. 잡히심(22:47-53)

G. 베드로가 예수님을 부인함(22:54-62)

H. 예언하라는 희롱(22:63-65)

I. 재판을 받으심(22:66-23:25)

J. 십자가에서 죽으심(23:26-56)

A. 가룟 유다의 음모(22:1-6)

¹ 유월절이라 하는 무교절이 다가오매 ² 대제사장들과 서기관들이 예수를 무슨 방도로 죽일까 궁리하니 이는 그들이 백성을 두려워함이더라 ³ 열둘 중의 하나인 가룟인이라 부르는 유다에게 사탄이 들어가니 ⁴ 이에 유다가 대제사장들과 성전 경비대장들에게 가서 예수를 넘겨 줄 방도를 의논하매 ⁵ 그들이 기뻐하여 돈을 주기로 언약하는지라 ⁶ 유다가 허락하고 예수를 무리가 없을 때에 넘겨 줄 기회를 찾더라

예수님은 성전 파괴와 종말에 관한 가르침을 마무리하셨다. 제자들은 예수님이 이때까지 말씀하신 혹독한 고통과 믿기지 않는 일들이 벌어져도 절대 좌절하거나 낙심해서는 안 된다. 이런 일들이 일어나면 오히려 때가 가까웠음을 의식하고 더 열심히 기도하며 주님의 재림을 소망해야 한다. 이렇게 하라고 가르침을 주셨다. 이제 남은 것은 예수님이 죄인들을 위해 지셔야 할 십자가다.

유월절이라 하는 무교절이 다가오고 있다(1절). 원래 유월절과 무교절은 서로 다른 절기지만(출 12장), 무교절이 유월절 다음 날부터 일주일 동안 진행되기 때문에 유대인들은 유월절과 무교절을 동일시해 무교절로 부르기도 했다(대하 35:17; cf. 레 23:6; 신 16:16). 마가는 이 일이 유월절 이틀 전에 있었다고 한다(막 14:1). 이때까지 대제사장들과 서기관들은 예수님을 죽일 방도를 궁리해 보았지만 딱히 떠오르는 묘책이 없었다(2a절). 오히려 자칫 잘못했다가는 예루살렘에 모인 순례자들이 폭동을 일으킬 수도 있다는 사실을 두려워했다.

유대교 지도자들이 주님을 죽이고자 했지만 할 수 없었다는 것은 하나님의 구속사 흐름 속에서 이해되어야 한다. 예수님이 유월절 어린양으로 죽어 인류의 죄를 대속하시는 것은 태초부터 하나님이 계획하신 일이라는 것이다. 그럼에도 불구하고 하나님의 아들이자 메시아이시며, 온 세상을 심판하실 예수님이 인간의 심판을 받아 죽으셔야 한다는 사실이 참으로 아이러니하다.

유대인들은 목요일 오후에 유월절 양을 잡아 밤에 가족들과 함께 먹었다(cf. 출 12:2-12). 그러므로 마가가 이틀 후면 유월절이라고 하는 것은 대제사장과 서기관들이 예수님을 잡아 죽일 방도를 구하는 것이 화요일 오후까지 계속되었다는 뜻이다. 그들은 예수님이 갈릴리에서 사역하시던 때에 이미 주님을 죽이기로 결정했지만 이렇다 할 방법이 없어서 계속 미루고 있다.

유대교 지도자들은 하나님을 두려워하지 않는다. 그들이 유일하게 두려워하는 것은 사람들이다(2절). 아직 예수님에 대한 민심을 돌리지 못했다는 뜻이다. 이들은 앞으로 이틀 동안 열심히 여론을 조작해 무리가 예수님을 '십자가에 못 박으라'고 외치게 할 것이다. 어느덧 스스로 하나님을 가장 사랑한다고 자부하던 유대교 지도자들이 마귀의 도구가 되었다.

유월절이 될 때까지 예수님을 죽일 방도를 찾지 못했다는 것은 그들이 가룟 유다와 함께 오랫동안 예수님을 죽이고자 음모를 꾸민 것이 아니라는 것을 암시한다. 가룟 유다가 오랜 기간 이런 생각을 마음에 품어 왔을 수 있지만, 실제로 행동으로 옮긴 것은 불과 며칠 사이에 있었던 일이다.

열두 제자 중 하나인 가룟인이라 부르는 유다에게 사탄이 들어갔다(3절). 그에게 사탄이 들어갔다는 것이 귀신 들린 사람(demoniac)처럼 되었다는 의미는 아니다(Plummer). 유다가 사탄의 유혹을 뿌리치지 않고 사탄이 하고자 하는 일에 순응했다는 뜻이다. 유다는 예수님을 영접한 척하며 열두 제자 중 하나가 되었지만, 하나님 나라에 입성한 성도는 아니었다(Wilkins). 하나님은 이런 자를 이용해 예수님을 죄인들의 손에 넘기셨다. 태초부터 진행해 오신 구속사가 절정에 달하려면 예수님이 대속적인 죽임을 당하셔야 하기 때문이다(cf. 9:22; 13:33; 17:25; 22:37). 이제부터는 그가 마귀의 꼭두각시 노릇을 할 것이다. 예수님을 죽이기 위해 인간들과 마귀가 연합했다.

유다는 대제사장들과 성전 경비대장들을 찾아가 예수님을 넘겨줄 방도를 의논했다(4절). 예수님이 베다니에 머물며 제자들과 함께 조용히 하루를 보내신 수요일에 있었던 일이다(Garland, Wessel & Strauss). 가룟 유다는 예수님과 제자들이 베다니에서 쉬는 틈을 타 예루살렘에 몰래 다녀왔다. 예루살렘과 베다니는 3km 거리인 만큼 한 시간이면 충분히 갈 수 있는 거리였다.

유대교 지도자들은 기뻐하며 돈을 주기로 언약했다(5절). 예수님의 목숨이 거래된 것이다. 사실 대제사장들은 예수님을 죽이되 유월절은 피하고자 했다(마 26:4-5; 막 14:1-2). 순례자들을 중심으로 폭동이 일어날까 봐 두려웠기 때문이다(cf. 2절). 그런데 예수님의 제자라는 자가 와서 돈을 주면 스승을 넘겨주겠다고 한다! 가룟 유다가 왜 예수님을 배신했는지는 알 수 없다. 중요한 것은 그의 배신으로 인해 대제사장들이 보류해 두었던 예수님에 대한 계획을 다시 추진하게 되었다는 사실이다. 아마도 이 악한 지도자들은 가룟 유다를 예수님을 죽이라고 하나님이 보내신 사람으로 생각했을 것이다.

예수님은 가룟 유다에 의해 은 30개에 팔리셨다(마 26:15). '은 30개'(τριάκοντα ἀργύρια)가 어느 정도의 가치를 지녔는지는 알 수 없다. 노동자의 하루 일당이던 1데나리온 이상의 동전은 모두 은으로 제조되었기 때문이다. 만일 데나리온 동전을 뜻한다면, 예수님은 노동자들의 한 달 치 월급에 팔리신 것이다. 마리아가 예수님 머리 위에 부은 향유 가격(약 300데나리온, 막 14:3-5)의 10분의 1이다. 만일 30세겔(=120데나리온)이라면 넉 달 치 월급이며, 소에 받혀 죽은 노예의 목숨값이다 (출 21:32). 이 또한 마리아가 부은 향유 가격의 3분의 1밖에 되지 않는 다. 메시아의 몸값치고는 너무 적다. 액수가 너무나도 작은 만큼 유다 가 예수님을 배신한 이유가 돈 때문은 아닌 듯하다(cf. Wilkins). 만일 돈 이 목적이었다면 훨씬 더 많은 돈을 요구했을 것이다. 가룟 유다는 액 수에는 별 관심이 없는 듯 제사장들이 주는 대로 받고 있다. 그가 받은 은 30개는 스가랴 11:12-13과 예레미야 19:1-13에 기록된 말씀을 성 취한다.

이때부터 가룟 유다는 예수님을 넘겨줄 기회를 찾았다(6절). '넘겨줄 기회'(εὐκαιρία)는 '좋은 시간, 때'를 뜻한다(BAGD). 예수님이 무리와 어 울리지 않고 홀로 계실 때를 엿본 것이다. 그래야 대제사장 일행이 별 탈 없이 예수님을 잡아갈 수 있기 때문이다. 예수님이 제자들을 데리 고 겟세마네에 기도하러 나가실 때가 절호의 기회가 될 것이다.

이 말씀은 우리에게 하나님을 두려워하라고 한다. 유대교 지도자들 은 하나님을 두려워하지 않고 사람을 두려워한다. 이는 우리가 하나님 을 두려워하지 않으면 사람을 두려워하게 된다는 경고다. 또한 그들 은 하나님을 두려워하지 않으니 하나님이 가장 사랑하시는 하나님의 아들을 죽이려고 한다! 하나님을 가장 사랑한다는 우리도 자칫 마귀의 도구로 전락할 수 있다는 강력한 경고다. 우리는 오늘날 가장 반기독 교적 행위로 하나님을 대적하는 자 가운데 목사도 많이 있다는 사실을 기억해야 한다.

세상에는 예수님을 사랑하고 섬기는 사람들도 있지만, 미워하고 싫 어하는 사람도 많다. 더욱이 예수님을 영접하지 않았으면서 주님의 제 자처럼 구는 자들도 있다. 교회에 출석하는 사람들이 모두 예수님을 영접했다는 것도, 그들이 모두 하나님을 사랑하기 때문에 모인다는 것 도 착각에 불과하다. 교회와 성도를 대상으로 사기를 치려고 교회에 다니는 이들도 있다. 목회자들은 이런 사람들을 조심해야 한다.

B. 유월절 준비(22:7-13)

⁷ 유월절 양을 잡을 무교절날이 이른지라 ⁸ 예수께서 베드로와 요한을 보내
시며 이르시되 가서 우리를 위하여 유월절을 준비하여 우리로 먹게 하라
⁹ 여짜오되 어디서 준비하기를 원하시나이까 ¹⁰ 이르시되 보라 너희가 성내
로 들어가면 물 한 동이를 가지고 가는 사람을 만나리니 그가 들어가는 집
으로 따라 들어가서 ¹¹ 그 집 주인에게 이르되 선생님이 네게 하는 말씀이 내
가 내 제자들과 함께 유월절을 먹을 객실이 어디 있느냐 하시더라 하라 ¹² 그
리하면 그가 자리를 마련한 큰 다락방을 보이리니 거기서 준비하라 하시니
¹³ 그들이 나가 그 하신 말씀대로 만나 유월절을 준비하니라

공관복음서는 모두 예수님이 제자들과 목요일 저녁에 유월절 식사
를 하신 후 잡히셨다가 금요일 오후에 십자가에서 숨을 거두신 것으로
기록한다. 누가는 이때(목요일 저녁-금요일 오후)를 가리켜 "이 날은 준
비일이요 안식일이 거의 되었더라"라고 기록한다(23:54; cf. 마 27:62, 막
15:42). 안식일은 금요일 해가 지면 시작해 토요일 해가 질 때까지 이어
지기 때문에 이때는 어떠한 일도 할 수 없었다.

요한복음은 예수님이 재판을 받고 십자가에 매달리셨을 때가 유대인
들이 아직 유월절 음식을 먹지 않았을 때라고 한다(요 18:28). 그렇다면
예수님이 제자들과 식사하신 것이 유월절 음식이 아닌 것으로 해석될
가능성도 배제할 수 없다(cf. 요 13:1-2). 이 이슈에 대해 학자들은 엄청
난 분량의 글을 쏟아냈다. 핵심을 요약하면 다음과 같다. (1)예수님과
제자들이 함께 나눈 식사는 유월절 음식이 아니다. 유월절 전날에 먹
었기 때문이다. (2)예수님과 제자들은 사적인 공간에서 따로(특별히) 유
월절 음식을 먹었다. (3)유월절은 하루가 아니라 이틀에 걸쳐 기념되었
다. (4)예수님과 제자들은 바리새인들과 갈릴리 사람들이 하루를 해가

뜰 때부터 다음 날 해 뜰 때까지로 정의한 태양력(solar calendar)에 따라 유월절을 지냈다. 한편, 사두개인들은 하루를 해 질 때부터 다음 날 해 질 때까지로 정의한 유대인의 달력을 따라 유월절을 기념했다. 공관복음은 전자(前者)에 따라, 요한복음은 후자(後者)에 따라 유월절을 기념한 사람들에 관한 이야기다. (5)유월절에 관해 공관복음의 내용과 대립하는 듯한 요한복음의 말씀(요 18:28; 19:14, 31)을 살펴보면, 요한복음에서는 '유월절'이라는 용어가 일주일 동안 진행되는 절기(유월절은 무교절과 함께 같은 날에 시작되기 때문에 하나가 둘을 의미하며 사용됨)의 의미로 사용되고, 공관복음에서는 단 하루, 즉 절기 첫날(유월절)을 지칭하는 의미로 사용된다.

가장 설득력이 있는 해석은 다섯 번째 것으로 생각된다. 그러므로 문제가 되는 "그들이 예수를 가야바에게서 관정으로 끌고 가니 새벽이라 그들은 더럽힘을 받지 아니하고 유월절 잔치를 먹고자 하여 관정에 들어가지 아니하더라"(요 18:28)라는 말씀은 유대인들이 앞으로 일주일 동안 진행될 유월절(무교절) 절기에 참여하기 위해 빌라도의 관정에 들어가지 않은 것으로 해석할 수 있다(Blomberg, Carson). 부정하게 되면 다시 정결해질 때까지 절기에 참여할 수 없기 때문이다.

무교절(7절)은 일주일 동안 누룩이 들어가지 않은 빵을 먹으며 이스라엘이 하나님의 인도하심에 따라 급히 이집트를 탈출한 일을 기념하는 절기다(출 12:14-20). 무교절이 시작되는 첫날(전야)이 곧 유월절이기 때문에 두 절기가 마치 하나인 것처럼 언급되었다(cf. 대하 35:17). 원래 무교절은 아빕월(니산월) 15일 금요일 저녁에 시작해 7일 동안 기념했다. 그러나 세월이 지나면서 준비하는 날로 14일 하루가 더해져 8일 절기가 되었다(Gundry, Stein, cf. 막 14:12; 15:42; 눅 23:54; 요 19:14, 31, 42). 준비하는 날 낮에 남자들은 저녁에 먹을 양을 준비하고, 여자들은 쓴 나물을 준비해 해가 지면 온 가족(고기의 양이 많으면 다른 사람들을 부를 수 있음)이 모여 유월절 음식을 먹었다. 유대인들은 해가 지면 다음 날이 시작된 것으로 간주했기 때문에 14일 저녁이 유월절인 15일의 시작이다.

어디서 누구와 함께 유월절 음식을 먹느냐 하는 것은 때에 따라 융통성 있게 적용되었다. 유월절이 처음 제정될 때는 각 가정 단위로 유월절 음식을 먹었다. 하지만 세월이 지나면서 성전에 모여서 먹기도 하고, 포로기 때와 제2성전이 재건되지 않았을 때는 각 가정에서 먹기도 했다. 성전이 재건된 다음에는 다시 성전에서 먹었다. 그러나 인구가 많아지면서 성전에서 모든 양을 잡을 수도, 음식을 준비할 수도 없게 되자 어디든 예루살렘성 안에서만 유월절 양을 잡고 음식을 먹으면 된다고 했다. 그러므로 많은 순례자가 유월절을 기념하기 위해 각지에서 모여들었다. 평상시에는 6만 명 정도 사는 예루살렘이 유월절에는 30만 명까지 늘었다고 한다(Garland). 예수님이 제자들을 성안으로 보내시는 것은 바로 이런 규정 때문이다.

양을 잡는 무교절의 첫날(준비하는 날)인 목요일이 되었다(7절). 이날은 해가 진 후에 먹을 양을 잡는 날이다. 예수님은 베드로와 요한을 예루살렘성으로 보내시며 유월절 만찬을 준비하라고 하셨다(8절). 베드로와 요한은 예루살렘성 어디로 가서 유월절 만찬을 준비해야 하느냐고 물었다(9절). 예수님은 성안으로 들어가면 물 한 동이를 가지고 가는 사람(남자)을 만날 것이니 그를 따라가서 그 집 주인에게 선생님이 제자들과 함께 유월절 음식을 먹을 객실이 어디 있느냐고 물으라고 하셨다(10-11절). 당시에는 일상적으로 여자들이 물동이를 가지고 다녔으므로, 물동이를 가지고 가는 남자는 쉽게 눈에 띄었을 것이다. 예수님은 주인이 준비해 둔 큰 다락방을 보여 줄 것이니 그곳에서 음식을 준비하면 된다고 하셨다(12절).

어떤 이들은 예수님이 사전에 집주인을 만나 식사 장소를 예약하신 것이라고 하지만(Strauss) 그렇게 보이지는 않는다. 아마도 계시나 신탁을 통해 말씀하셨을 것이다. 예수님이 신적인 능력을 사용하신 것이다. 예수님은 가룟 유다가 무슨 짓을 하고 있는지도 아신다. 제자들은 예수님이 말씀하신 대로 예루살렘성 안에 있는 그 사람을 찾아가 유월절을 준비했다(13절).

이 말씀은 율법이 규정한 것을 적용하는 일이 원칙을 범하지 않는 범위에서 상황과 형편에 따라 어느 정도 유동적이었음을 암시한다. 유월절과 무교절 절기에 대한 유대인들의 해석과 적용이 그러하다. 교회와 우리의 삶에서도 특정한 기준과 원칙에 지나치게 집착하지 않는 것이 바람직하다. 그 원리와 기준을 범하지 않는 범위에서 어느 정도 융통성을 가지고 원칙을 적용하고 문제들을 해결해 나가는 것이 좋다. 원칙이 사람을 위해서 있는 것이지, 사람이 원칙을 위해 있는 것이 아니기 때문이다.

C. 유월절 만찬(22:14-20)

[14] 때가 이르매 예수께서 사도들과 함께 앉으사 [15] 이르시되 내가 고난을 받기 전에 너희와 함께 이 유월절 먹기를 원하고 원하였노라 [16] 내가 너희에게 이르노니 이 유월절이 하나님의 나라에서 이루기까지 다시 먹지 아니하리라 하시고 [17] 이에 잔을 받으사 감사 기도 하시고 이르시되 이것을 갖다가 너희끼리 나누라 [18] 내가 너희에게 이르노니 내가 이제부터 하나님의 나라가 임할 때까지 포도나무에서 난 것을 다시 마시지 아니하리라 하시고 [19] 또 떡을 가져 감사 기도 하시고 떼어 그들에게 주시며 이르시되 이것은 너희를 위하여 주는 내 몸이라 너희가 이를 행하여 나를 기념하라 하시고 [20] 저녁 먹은 후에 잔도 그와 같이 하여 이르시되 이 잔은 내 피로 세우는 새 언약이니 곧 너희를 위하여 붓는 것이라

예수님은 목요일 해가 저물자 열두 제자와 함께 앉으셨다(14절). 유월절은 니산월 15일 금요일이며, 14일인 목요일에 해가 지면 시작된다(cf. Perkins). 예수님은 예루살렘성 안에서 이날을 맞으셨다(cf. 22:10). '앉다'(ἀναπίπτω)는 로마 사람들의 방식에 따라 식사하기 위해 옆으로 비스듬히 눕는 것을 뜻한다(cf. NAS, NIV, ESV). 당시 유월절 식사는 다음과 같이 진행되었다(cf. ABD, DJG).

1. 유월절과 마실 술을 축복하고 첫 잔을 마심
2. 무교병, 쓴 나물, 채소, 삶은 과일, 구운 양고기 등 음식이 나옴
3. 아들이 아버지에게 왜 이 밤이 다른 밤과 다른지 질문함. 가장은 출애굽 이야기를 들려줌. 시편에서 '할렐 모음집'으로 불리는 노래들(시 113-118편)의 처음 절반인 시편 113-115편을 통해 과거와 미래에 있을 하나님의 구속을 찬양함
4. 두 번째 잔을 마심
5. 무교병을 축복하고 아버지가 무교병의 의미를 설명하는 동안 쓴 나물과 삶은 과일을 함께 먹음
6. 식사가 시작됨. 자정을 넘기면 안 됨
7. 식사가 마무리되면 가장이 세 번째 잔을 축복함. '할렐 모음집'의 나머지 절반(116-118편)을 노래함
8. 네 번째 잔을 마심으로 유월절 식사를 마무리함

기독교에서 첫 교회가 세워질 때부터 기념한 가장 거룩한 성례인 성찬식(Lord's Supper)의 유래에 관한 말씀이다. 성찬식은 하나님의 구속사에서 가장 중요한 예수님의 대속적인 죽음을 되새기는 예식이다. 또한 구약의 유월절 양(cf. 출 12장)과 고난받는 여호와의 종(cf. 사 42-53장) 등을 상기시키는 말씀이다. 예수님은 고난을 받아 십자가에서 죽으시기 전에 제자들과 함께 유월절 만찬 먹기를 원하고 원했다고 하신다(15절).

'원하고 원했다'(ἐπιθυμίᾳ ἐπεθύμησα)는 간절히 염원했다는 뜻이다. 같은 단어를 연속적으로 사용해 의미를 강화하는 것은 히브리 사람들의 표현 방식이다(Garland). 예수님은 이 시간을 학수고대하셨다.

예수님은 하나님 나라에서 유월절이 이루어질 때까지 다시 먹지 않겠다고 하신다(16절). 예전에 예수님은 사람들이 동서남북으로부터 와서 하나님 나라의 잔치에 참석할 것이라고 하셨다(13:29). 또한 어느 안식일에 바리새인의 초청을 받아 그의 집에서 사람들과 식사를 하실 때(14장) 한 사람이 예수님의 가르침에 감동해 소리친 일이 있다. "무릇 하나님의 나라에서 떡을 먹는 자는 복되도다"(14:15). 종말에 하나님 나라에서 있을 잔치에 대한 기대감이 지속되다가 이 말씀에서 확정되어 선포되고 있다. 구약은 종말에 하나님 나라에서 있을 성대한 잔치에 대해 종종 언급한다(cf. 사 25:6-9; 65:13-14; 시 23:5).

예수님은 잔을 들어 감사 기도를 하시고 제자들에게 주시며 나누어 마시라고 하셨다(17절). 잔은 십자가에서 흘리실 피를 상징한다. 유대인들은 유월절 식사를 하는 동안 옛적에 이집트를 탈출하기 전에 하나님이 주신 네 가지 약속(출 6:6-7a)을 기념하며 네 잔의 술을 마셨다. (1) 애굽 사람의 무거운 짐 밑에서 너희를 빼낼 것이다. (2)그들의 노역에서 너희를 건질 것이다. (3)편 팔과 여러 큰 심판으로 너희를 속량할 것이다. (4)너희를 내 백성으로 삼고 나는 너희의 하나님이 될 것이다. 이 중 예수님이 주신 잔은 세 번째 약속을 기념하며 마신 세 번째 잔(앞에서 언급된 유월절 식사 순서 중 일곱 번째)이다. 예수님은 하나님이 이스라엘을 속량하신 것처럼 죄인들을 그들의 죄에서 속량할 것을 약속하신다(Blomberg).

예수님의 피는 많은 사람이 죄 사함을 얻게 하려고 흘리신 언약의 피다(20절). 모세는 하나님과 이스라엘 사이에 맺어진 언약을 봉인하기 위해 짐승의 피 절반은 제단 주변에 뿌리고 나머지 절반은 백성에게 뿌렸다(출 24:8). 이것이 언약의 피이며, 예수님이 봉인하고자 하시는 언약은 예레미야가 예언한 새 언약이다(20절; cf. 렘 31:31-34; 마 26:28; 고후 3-4장; 히 8-10장). 이 새 언약은 고난받는 종으로 오신 예수님이 자신의 죽음으로 세우신 것이다(cf. 사 53:11-12). 믿는 사람들은 예수님의 대속적인 희생을 통해 하나님의 자녀가 되고 또한 하나님께 순종하며 살 수 있는 능력을 얻는다.

예수님은 이제부터 종말에 하나님 나라가 임할 때까지 포도나무에서 난 것을 다시 마시지 않겠다고 하신다(18절). 이 말씀은 유월절 식사를 마무리하는 네 번째 잔(여덟 번째 단계)을 마시며 하신 말씀이다. 종말에 메시아의 만찬이 있을 때까지 포도주를 마시지 않겠다는 뜻이다(계 19:6-8).

이번에는 떡(빵)을 가지고 감사 기도를 하신 후 떼어 제자들에게 주시며 이것이 그들을 위해 주는 예수님의 몸이라며 이렇게 행하여 자기를 기념하라고 하셨다(19절). 앞서 언급한 유월절 식사 순서 중 다섯 번째 단계이며, 무교병(누룩을 넣지 않고 만든 빵)을 제자들에게 주신 것이다. 구약은 무교병을 '고난의 떡'이라고도 한다(신 16:3). 예수님은 유월절을 새로 해석해 자신에게 적용하시며 예수님의 죽음이 주는 혜택을 받아 누리라고 하신다(McKnight).

무교병을 '내 몸이라'라고 하시는 것은 이 떡이 십자가에서 상한 예수님의 몸을 상징한다는 뜻이다. 주님의 찢기신 몸은 구속하는 효과를 지니고 있으며(고전 11장), 제자들을 위한 것이며(19절), 또한 많은 사람을 위한 것이다(cf. 히 9:28; 벧전 2:24).

예수님이 제자들과 함께 나누시는 유월절 만찬이 예전 것과는 완전히 다른 새로운 상징으로 변화하고 있다. 예전에는 유월절 만찬이 과거(출애굽)에 베풀어 주신 은혜(구원)를 기념하는 일이었다면, 이 순간부터는 미래(종말)에 있을 메시아의 만찬을 상징한다.

가톨릭교회는 '…이니라'(ἐστιν)를 지나치게 강조하다가 성찬식에서 사용하는 떡과 잔이 실제로 예수님의 몸과 피로 변한다는 화체설(化體

說, transubstantiation)을 내놓았고, 루터교는 성찬식의 떡과 잔 '안에, 함께, 아래'(in, with and under) 예수님의 몸과 피가 임한다는 공존설(共存說, consubstantiation)을 내놓았다. 이 말씀이 강조하는 것은 예수님의 몸이 십자가에서 상하는 것이 유월절 양의 몸이 찢기는 것과 비슷한 이미지를 성취하고 있다는 것이지, 성찬식의 존재론적(ontological) 의미가 아니다(Davies & Allison, Hagner). 따라서 예수님이 성찬식에 실제로 임하시는 것이 아니라 영적으로 함께하시는 것이라며 '기념적'(Memorial)으로 해석하는 개혁 교회와 장로교의 관점이 가장 합리적이다. 이 해석은 종교 개혁자 칼뱅(Calvin)이 처음 제시했다.

'먹으라'와 '마시라'는 가장 강력한 참여 요구라 할 수 있다. 사람이 생존하기 위해서는 반드시 먹고 마셔야 한다. 이처럼 예수님의 찢긴 몸과 피를 먹고 마시는 사람만이 주님의 대속하시는 죽음을 통해 영원히 살 수 있다.

이 말씀은 성찬식을 결코 가볍게 여겨서는 안 된다고 한다. 성찬식은 예수님이 시작하셨으며, 세상 끝 날까지 이어질 전통이다. 예수님이 지신 고난의 십자가와 그 십자가를 통해 이루신 대속적인 구원을 기념하는 일이다. 또한 장차 종말에 예수님과 함께 누릴 만찬을 기대하며 행하는 예식이다. 우리는 이처럼 영광스러운 성찬식에 참여할 때마다 어떤 삶을 살고 있는지 자기 자신을 돌아보아야 한다.

VII. 수난과 죽음(22:1-23:56)

D. 마지막 가르침(22:21-38)

이 섹션은 예수님이 만찬을 마치고 겟세마네 동산으로 기도하기 위해 나아가실 때까지 주신 마지막 가르침들이다. 예수님은 외로우시다. 지난 3년간 생사 고락을 함께한 제자들마저 등을 돌린다. 가룟 유다가 배신하고, 수제자 베드로마저 스승을 부인할 것이다. 바로 눈앞에 닥친 예수님의 고난을 전혀 이해하지 못하는 제자들의 이야기로 구성된 본 텍스트는 다음과 같이 구분된다.

A. 배신당하실 것을 예고(22:21-23)
B. 하나님 나라에서 큰 자(22:24-30)
C. 베드로의 배신 예고(22:31-34)
D. 채비하라는 권면(22:35-38)

VII. 수난과 죽음(22:1-23:56)
    D. 마지막 가르침(22:21-38)

1. 배신당하실 것을 예고(22:21-23)

²¹ 그러나 보라 나를 파는 자의 손이 나와 함께 상 위에 있도다 ²² 인자는 이미 작정된 대로 가거니와 그를 파는 그 사람에게는 화가 있으리로다 하시니 ²³ 그들이 서로 묻되 우리 중에서 이 일을 행할 자가 누구일까 하더라

예수님의 성찬식에 대한 가르침이 가룟 유다의 손이 상 위에 있는 음식에 닿자 곧바로 끝이 났다. 주님은 그가 대제사장들과 성전 경비대장들에게 돈을 받고 예수님을 팔아넘길 것을 알고 계신다(cf. 22:1-6). 예수님은 이미 "인자가 장차 사람들의 손에 넘겨지리라"(9:44)라고 하셨고, 누가는 제자들을 소개할 때 유다에 대해 '예수를 파는 자 될 가룟 유다'(6:16)라고 했다.

인간의 배신으로 인해 인자는 이미 작정된 대로 가실 것이다(22a절). 예수님이 십자가에서 죽으시는 것은 이미 오래전부터 계획된 일이라는 뜻이다. 비록 인간들의 폭력과 음모가 예수님을 죽음으로 몰아가지만, 실상 주님의 십자가는 태초부터 하나님이 계획하시고 진행하신 일

이다. 이 죄인들은 자기도 모르는 사이에 하나님이 인류를 구원하시는 일에 일조하고 있다!

그렇다고 해서 하나님은 그들에게 죄가 없다고 하지 않으신다. 훗날 모두에게 책임을 물으실 것이다. 더욱이 예수님을 팔아넘긴 그 사람(가룟 유다)에게는 화가 있을 것이다(22절). 하나님의 진노와 심판을 결코 피할 수 없을 것이라는 뜻이다(cf. 행 1:18).

예수님은 누가 배신자인지 아시지만, 제자들은 모른다. 그러므로 제자들은 예수님의 말씀을 듣고 그들 중에 이런 일을 행할 자가 누구일까 하고 서로 물었다(23절). 그들은 혹시 자기도 모르는 사이에 이 악역을 담당하게 될까 봐 불안하다(마 26:22; 막 14:19).

이 말씀은 인간은 결코 하나님이 계획하신 일을 훼방할 수 없다고 한다. 가룟 유다가 예수님을 팔아넘긴 것은 참으로 악한 일이며, 하나님은 반드시 그를 심판하실 것이다. 그러나 그는 자신도 모르는 사이에 하나님이 태초부터 계획하신 구속사를 이루어 가시는 일에 일조하고 있다. 하나님은 모든 상황을 사용해 그분의 계획을 이루어 가신다.

> VII. 수난과 죽음(22:1-23:56)
>   D. 마지막 가르침(22:21-38)

2. 하나님 나라에서 큰 자(22:24-30)

²⁴ 또 그들 사이에 그 중 누가 크냐 하는 다툼이 난지라 ²⁵ 예수께서 이르시되 이방인의 임금들은 그들을 주관하며 그 집권자들은 은인이라 칭함을 받으나 ²⁶ 너희는 그렇지 않을지니 너희 중에 큰 자는 젊은 자와 같고 다스리는 자는 섬기는 자와 같을지니라 ²⁷ 앉아서 먹는 자가 크냐 섬기는 자가 크냐 앉아서 먹는 자가 아니냐 그러나 나는 섬기는 자로 너희 중에 있노라 ²⁸ 너희는 나의 모든 시험 중에 항상 나와 함께 한 자들인즉 ²⁹ 내 아버지께서 나라를 내게 맡기신 것 같이 나도 너희에게 맡겨 ³⁰ 너희로 내 나라에 있

어 내 상에서 먹고 마시며 또는 보좌에 앉아 이스라엘 열두 지파를 다스리
게 하려 하노라

예수님은 몇 시간 후면 자신을 죽이려는 자들의 손에 넘겨질 것이
며, 넘겨진 지 24시간 이내에 십자가에서 죽음을 맞이할 것을 아신다.
예수님의 열두 제자 중 하나인 가룟 유다의 배신으로 인해 빚어지는
비극이다. 예수님은 많이 슬퍼하시며 제자들에게 이러한 사실을 알려
주셨다(22:21-23). 그러나 제자들은 스승이신 예수님의 한없는 슬픔에
아랑곳하지 않고 누가 큰지를 두고 서로 다툼을 벌였다(24절). 제자들
은 이전에도 누가 큰 자인지 다툼을 벌인 적이 있다(9:46-48). 심지어
야고보와 요한은 예수님이 다시 오시는 날 주님의 오른쪽과 왼쪽을 차
지하고자 하기도 했다(막 10:35-45). 예수님이 임박한 죽음과 배신에 관
해 말씀하시는데, 제자들은 이러하다. 예수님은 참으로 유치하고 한심
한 사람들을 제자로 두셨다.

'누가 크냐'(τίς μείζων)에 대한 제자들의 논쟁은 하늘나라에서 어떤
인격과 능력을 지닌 사람이 존귀함을 받는지와는 상관없다. 그들은 이
세상의 기준에 따른 서열에만 관심이 있다. 그들 가운데 가장 큰 권력
을 가진 자가 누구냐는 논쟁이다(Bock). 이런 논쟁은 소모적이며 시기
와 배신 등 죄로 이어지기 십상이다(Heil).

정황을 고려할 때 예수님이 철없이 구는 제자들을 야단치신다고 해
서 이의를 제기할 사람은 없다. 그러나 예수님은 그들을 나무라지 않
으시고 예를 들며 부드럽게 하나님 나라의 진리를 가르치신다. 이방인
의 임금들은 그들을 주관하며, 그 집권자들은 은인이라 칭함을 받는다
(25절). '주관하다'(κυριεύω)는 주인이 종을 다스리고 부리는 것처럼 권
력을 행사한다는 뜻으로 남들을 억압하고자 하는 본능을 반영하고 있
다(TDNT). 왕들은 아랫사람들을 지배하고 다스리는 일을 통해 자신의
지위를 확인한다. '집권자들'(ἐξουσιάζοντες) 또한 권력을 행사하는 일을

통해 자신의 위상을 드러낸다. '은인들'(εὐεργέται)은 '후원자들', 나쁘게
말하면 요즘 말로 '스폰서'라는 뜻을 지녔다(cf. NIDNTTE). 이 사람들이
다른 사람을 후원하고 돕는 것은 자신의 위상을 드러내기 위해서지 그
들을 섬기고자 해서가 아니다. 예수님은 왕들과 집권자들이 남을 조종
하려는 것을 문제 삼으신다(Danker).

세상은 이러한 왕이나 집권자들이 큰 자라고 한다. 그러나 하나님
나라의 기준은 전혀 다르다(26-27절). 예수님은 네 가지 대조를 예로
들어 이 같은 사실을 강조하신다.

큰 자(greatest)	젊은 자(youngest)
다스리는 자(leader)	섬기는 자(servant)
먹는 자(diner)	섬기는 자(table servant)
앉아서 먹는 자(diner)	예수님은 섬기는 자(the table servant)

누가 큰가에 대한 제자들의 논쟁에 예수님은 이 같은 대조를 통해 위
대함은 다른 사람의 관점이나 생각과는 상관없다고 하신다. 그렇다면
위대함의 핵심은 무엇인가? 바로 섬김이다. 하나님 나라에서는 남을
섬기는 사람이 가장 위대하다. 더욱이 마지막 대조에서 제자들은 앉아
서 먹는 자들이며, 예수님은 섬기는 자로 그들 가운데 서 계신다. 예수
님이 제자들에게 음식을 가져다주는 웨이터라는 말이 아니라, 비유로
말씀하시는 것이다. 요한은 이 만찬에서 예수님이 제자들의 발을 씻기
셨다고 하는데(요 13:1-10), 섬김이 무엇인지 손수 보여 주시는 사례라
할 수 있다.

섬김은 권력과 상관없이 누구나 할 수 있는 일이다. 또한 자신의 서
열이 낮다고 생각할수록 더 잘 섬길 수 있다. 그러므로 잘 섬기는 사람
은 권력이나 지위를 탐하지 않는다. 예수님은 제자들에게 섬기는 사람
이 가장 큰 자라며 기회가 있을 때마다 사람들 섬길 것을 권면하신다.

주님 스스로 섬기는 자가 되어 그들을 섬기신 것처럼 말이다. 예수님이 그들을 섬기신 것처럼 그들이 사람들을 섬기면, 그들은 예수님처럼 '크게' 될 것이다. 하나님 나라에서는 대가를 바라지 않고 섬기며 은혜를 베푸는 사람이 가장 위대하다(Green). 위대함은 얼마나 많은 사람이 우리를 섬기느냐로 결정되는 것이 아니라, 우리가 어떻게 사람들을 섬기느냐에 따라 결정되기 때문이다.

예수님은 그동안 주님과 함께한 제자들의 충성심을 알고 인정하신다(28절). 제자들이 예수님의 가르침을 깨닫고 실천하려면 아직도 갈 길이 멀다. 그러나 그들은 지난 3년 동안 예수님과 생사고락을 같이했다. 예수님의 모든 시험 중에도 항상 주님과 함께했다. '시험들'(τοῖς πειρασμοῖς)은 예수님이 사역하시면서 경험했던 사람들의 저항과 거부와 비방 등이다. 스승이 이 같은 수치를 당하는 것을 보면 제자가 스승을 떠날 수도 있다. 그러나 가룟 유다를 제외한 나머지 제자는 예수님과 함께했다. 이점에 대해 예수님은 그들을 높이 평가하신다. 비록 부족하고 한심한 사람들이지만, 그들은 함께함으로 예수님의 인정을 받고 있다.

그러므로 하나님이 예수님에게 나라를 맡기신 것처럼 예수님이 제자들에게 나라를 맡기신다(29절). 누가는 하나님이 다윗의 보좌를 예수님께 주셨다고 했다(1:32). 예수님은 제자들에게 하나님의 나라를 구하라고 하셨다(12:31). 드디어 하나님의 나라가 제자들에게 선물로 주어지고 있다(cf. 12:32). 하나님이 예수님에게 나라를 주기를 기뻐하신 것처럼, 예수님도 기쁜 마음으로 그들에게 하나님의 나라를 주신다.

하나님의 나라는 종말에 실현될 것이다. 그날이 되면 예수님과 제자들은 하나님 나라에서 함께 잔치를 즐길 것이다(30a절). 사람들이 동서남북으로부터 와서 이 잔치에 참여할 것이다(13:29). 온갖 사회적 약자들도 이 잔치에 참여할 것이다(14:15-24). 제자들이 다른 사람들과 함께 천국 잔치에 참여하는 것은 그들도 구원받은 사람 중에 있을 것이라는 뜻이다. 누가복음에서 하나님 나라 잔치에 참여하는 것은 특권이 아니라 포함되는 것을 의미하기 때문이다(Senior).

제자들이 천국 잔치에 참여하는 것은 하나님의 구원을 입은 여느 사람과 다를 바 없지만, 그들이 보좌에 앉아 이스라엘 열두 지파를 다스리는 일에서는 차별된다(30b절). 마태는 그들이 열두 지파를 심판할 것이라고 한다(마 19:28). 이러한 사실은 이스라엘 사람들도 새로 형성되는 하나님 나라 백성에 포함될 것을 의미한다. 하나님 나라의 백성은 이방인으로만 구성되는 것이 아니다.

이 말씀은 가장 낮은 자리에서 겸손하게 이웃을 섬기는 사람이 가장 높은 사람이라고 한다. 하나님 나라에서는 높아지려면 낮아져야 하고, 으뜸이 되려면 섬겨야 한다. 이것이 하나님 나라의 모순적 진리다. 교회에 속한 사람들이 이 같은 하늘나라의 가치와 기준으로 산다면, 교회는 우리가 이 땅에서 경험할 수 있는 작은 천국이 될 것이다.

우리는 모두 끊임없이 가르침을 받아야 한다. 제자들은 이전에도 누가 큰 자인가에 대해 다툼을 벌인 적이 있으며, 예수님은 그때 어린아이를 옆에 세우고 그들을 가르치셨다(9:46-48). 그러나 그들은 예수님이 죽음을 코앞에 둔 순간에도 똑같은 논쟁을 벌이고 있다! 하나님의 말씀이 사람을 변화시키는 것은 맞지만, 여러 번 반복적으로 선포되어야 한다.

3. 베드로의 배신 예고(22:31-34)

³¹ 시몬아, 시몬아, 보라 사탄이 너희를 밀 까부르듯 하려고 요구하였으나 ³² 그러나 내가 너를 위하여 네 믿음이 떨어지지 않기를 기도하였노니 너는 돌이킨 후에 네 형제를 굳게 하라 ³³ 그가 말하되 주여 내가 주와 함께 옥에

도, 죽는 데에도 가기를 각오하였나이다 ³⁴ 이르시되 베드로야 내가 네게 말하노니 오늘 닭 울기 전에 네가 세 번 나를 모른다고 부인하리라 하시니라

예수님이 누가 큰 자인지 논쟁하는 제자들에게 섬기는 자가 가장 큰 사람이라고 말씀하실 때(22:24-30)에 베드로가 눈에 띄었다. 예수님은 베드로가 이날 밤이 새기 전에 자기를 부인할 것을 아신다. 예수님은 안타까운 마음에 "시몬아, 시몬아" 하며 그를 두 차례 부르신다(31a절). '시몬'(Σίμων)은 예수님이 그를 제자로 부르실 때 이름이다(5:1-10). 그때 베드로는 예수님의 범상치 않으심을 보고 죄인인 자기가 도저히 감당할 수 없는 거룩한 분이니 자기를 떠나 달라고 부탁했다. 예수님이 지금 그를 시몬이라고 부르시는 것은 그때처럼 항상 겸손한 마음으로 살 것을 권면하시는 듯하다.

예수님은 사탄이 밀을 까부르듯 너희를 까부르려고 요구했다고 하신다(31b절). '너희'(ὑμᾶς)는 복수형이다. 예수님이 시몬 베드로를 지목해 말씀하시지만, 사실은 모든 제자에게 하시는 말씀임을 의미한다(Liefeld & Pao, cf. 새번역, 공동, NIV, NRS). 복수형인 '너희'를 밀 이미지에서 온 것(밀 줄기에서 여러 알갱이를 까부르듯 사탄이 베드로를 까부르기를 원했다는 의미)으로 간주해 단수형인 '너'로 해석할 수도 있지만(아가페, ESV), 모든 제자를 의미하는 것으로 간주하는 것이 더 낫다. 베드로뿐 아니라 모든 제자가 주님이 잡히시는 현장에서 도망치기 때문이다.

사탄의 강력한 요구가 있었지만, 예수님은 제자들을 위해 기도하시며 그들의 믿음이 떨어지지 않게 하셨다(32a절). 이번에는 예수님이 단수형인 '너'(σοῦ)를 사용하신다. 베드로에게 말씀하시기 때문이다. 예수님은 베드로에게 죄(예수님에게서 도망한 죄)에서 돌이킨 후에 형제들을 굳게 하라고 하신다(32b절). 예수님은 베드로가 실패할 것을 아신다. 그럼에도 불구하고 그가 다른 사람들을 격려하고 굳건하게 할 리더라고 하신다. 예수님은 베드로를 리더로 세우실 때 그가 실패할 것도 아시

고 세우신 것이다.

베드로는 예수님과 함께 감옥에도, 죽는 자리에도 갈 각오를 했기에 부인하는 일은 절대 없을 것이라고 했다(33절). 그는 아직도 예수님이 진짜 죽으실 것이라고 생각하지 않는다(Carson). 그래서 이처럼 책임지지 못할 말을 한다. 다른 제자들도 베드로가 한 말을 따라 호언장담했다(마 26:35).

예수님은 절대 주님을 버리고 도망치는 일이 없을 것이라고 호언장담하는 베드로에게 그날 밤 닭이 울기 전에 세 번이나 주님을 부인할 것이라고 예언하신다(34절). 베드로는 1분 후에 일어날 일도 모르지만, 예수님은 모든 것을 아신다. 베드로는 동이 밝기 전에 예수님을 세 차례 부인할 것이다. '부인하다'(ἀπαρνέομαι)는 스스로 결정해서 하는 일이다. 그러므로 부인하는 것이 상황에 떠밀려 어쩔 수 없이 예수님을 버리고 도망하는 것보다 더 나쁘다. 그것도 세 번씩이나!

이 말씀은 부르심과 실패는 별개라고 한다. 예수님은 제자들이 3년간 생사고락을 한 후에도 한순간에 버리고 부인할 것을 알고서도 그들을 제자로 삼으셨다. 예수님은 제자들이 테스트에 실패했다고 해서 그들을 버리지 않으신다. 이처럼 우리를 버리시는 일도 절대 없을 것이다. 예수님은 우리의 연약함을 모두 알고도 우리를 택하셨기 때문이다. 감사함으로 주님을 더욱 사랑하며 하나님 나라의 일을 해 나가자.

> Ⅶ. 수난과 죽음(22:1-23:56)
>   D. 마지막 가르침(22:21-38)

4. 채비하라는 권면(22:35-38)

³⁵ 그들에게 이르시되 내가 너희를 전대와 배낭과 신발도 없이 보내었을 때에 부족한 것이 있더냐 이르되 없었나이다 ³⁶ 이르시되 이제는 전대 있는 자는 가질 것이요 배낭도 그리하고 검 없는 자는 겉옷을 팔아 살지어다 ³⁷ 내

가 너희에게 말하노니 기록된 바

그는 불법자의 동류로 여김을 받았다

한 말이 내게 이루어져야 하리니 내게 관한 일이 이루어져 감이니라 ³⁸ 그들
이 여짜오되 주여 보소서 여기 검 둘이 있나이다 대답하시되 족하다 하시
니라

예수님은 예전에 제자들을 선교 여행 보내신 일(9:1-6; 10:1-24)을 추
억하시면서 가르침을 이어 가신다. 그때 예수님은 이리들 가운데 어린
양을 보내는 심정으로 제자들을 보내셨다(10:3). 그럼에도 예수님은 그
들에게 전대와 배낭과 신발 없이 가라고 하셨다. 그리고 말씀에 따라
아무것도 지니지 않고 떠난 제자들은 전혀 부족함이 없었다(35절). 그
들이 선포하는 메시지를 영접한 사람들을 통해 하나님이 모든 필요를
채우셨기 때문이다.

예수님은 이제는 전대와 배낭을 챙길 때가 되었다고 하신다(36a절).
또한 검이 없는 사람은 겉옷을 팔아 사라고 하신다(36b절). 예수님이 십
자가에서 죽으시면 상황이 급속도로 악화될 것이라는 경고다. 사람들
은 더는 예수님을 메시아로 생각하지 않고, 죄를 짓고 벌을 받아 처형
되었다고 생각할 것이다. 이사야는 오래전에 이러한 상황에 대해 경고
했다. "그는 멸시를 받아 사람들에게 버림 받았으며 간고를 많이 겪었
으며 질고를 아는 자라 마치 사람들이 그에게서 얼굴을 가리는 것 같
이 멸시를 당하였고 우리도 그를 귀히 여기지 아니하였도다"(사 53:3).

십자가에서 죽으신 예수님을 이렇게 생각하는 사람들은 주님의 제자
들도 환영하지 않을 것이다. 오히려 그들을 냉대하고 위협할 것이다.
제자들이 예전에 선교 여행에서 환대를 받았던 것과 전혀 다른 상황이
전개될 것이다. 상황이 얼마나 악화되는가 하면 심지어 복음을 전하다
가 생명의 위협도 느낄 것이다. 예수님은 자신이 죽으면 이러한 때가
임할 것이니 만반의 준비를 하라며 이렇게 말씀하셨다.

검을 사라는 것은 실제로 칼을 구하라는 권면이 아니다. 사도들의 서신을 보면 그 어느 사도도 전도하거나 선교하면서 칼을 차고 다니지 않았다. 그러므로 이 말씀은 생명에 위협을 느낄 정도로 매우 폭력적인 때가 임할 것이니 철저히 대비하라는 의미에서 상징적으로 하신 말씀이다(Bock, Garland).

예수님은 구약이 예수님에 대해 하신 말씀을 이루기 위해 죽으실 것이다. 이사야는 메시아가 '범죄자 중 하나로 헤아림을 받을 것'이라고 하는데(사 53:12), 예수님은 이 말씀이 자기의 죽음을 통해 성취될 것이라고 하신다(37절). '이루어지다'(τελεσθῆναι)와 '이루어져 가다'(τέλος ἔχει)는 둘 다 끝(성취)을 향해 가고 있다는 의미로, 예수님의 죽음이 하나님이 계획하신 일을 끝낼 것이라는 의미다. 그러므로 예수님이 십자가에서 죽으시는 일은 이러한 끝을 위해 반드시 필요(δεῖ)한 일이다.

예수님은 매우 위험한 상황이 닥칠 것이라며 상징적인 의미로 칼을 준비하라고 하셨는데, 제자들은 예수님의 말씀을 문자적으로 해석해 칼을 준비했다(38절). 참으로 어이없는 일이 벌어지고 있다. 고작 칼 2개를 지닌 십여 명이 온갖 무기로 무장한 채 그들을 에워싼 사람들로부터 자신을 방어하겠다고 하는 것 자체가 우스꽝스럽기까지 하다. 그러므로 예수님은 말귀를 알아듣지 못하는 제자들에게 '족하다'(ἱκανόν ἐστιν, '더는 말을 말자')며 더 이상의 대화를 포기하신다(Bock, Culpepper, Garland).

이 말씀은 전도와 선교를 할 때 최선을 다해 만반의 준비를 해 놓고 하라고 한다. 세상은 호락호락한 곳이 아니며, 심지어 전도자들에게 큰 위협을 가하기도 한다. 그러므로 철저하게 준비하고 하나님께 기도하며 성령님의 도우심을 받아야 한다. 그리스도인이 세상을 살아갈 때도 마찬가지다. 모든 일을 성실하게 해야 하며, 방심하지 않도록 항상 깨어 있어야 한다. 세상은 항상 그리스도인의 삶에서 틈을 찾기 때문이다.

E. 간절히 기도하심(22:39-46)

³⁹ 예수께서 나가사 습관을 따라 감람 산에 가시매 제자들도 따라갔더니 ⁴⁰ 그 곳에 이르러 그들에게 이르시되 유혹에 빠지지 않게 기도하라 하시고 ⁴¹ 그들을 떠나 돌 던질 만큼 가서 무릎을 꿇고 기도하여 ⁴² 이르시되 아버지여 만일 아버지의 뜻이거든 이 잔을 내게서 옮기시옵소서 그러나 내 원대로 마시옵고 아버지의 원대로 되기를 원하나이다 하시니 ⁴³ 천사가 하늘로부터 예수께 나타나 힘을 더하더라 ⁴⁴ 예수께서 힘쓰고 애써 더욱 간절히 기도하시니 땀이 땅에 떨어지는 핏방울 같이 되더라 ⁴⁵ 기도 후에 일어나 제자들에게 가서 슬픔으로 인하여 잠든 것을 보시고 ⁴⁶ 이르시되 어찌하여 자느냐 시험에 들지 않게 일어나 기도하라 하시니라

예수님은 예루살렘성 안에서 유월절 만찬을 마치시고 습관을 따라 제자들을 데리고 감람산으로 가셨다(39절). '습관을 따라'(κατὰ τὸ ἔθος)는 '평소처럼'이라는 뜻이다. 이 말은 가룟 유다가 대제사장들 수하의 사람들을 데리고 예수님을 잡으러 올 때 주님이 계시는 곳을 별 어려움 없이 생각해 낼 수 있었음을 암시한다(Brown). 예수님은 예루살렘에 도착하신 날부터 줄곧 감람산(원)에서 밤을 보내셨다(cf. 21:37). 마태와 마가는 예수님 일행이 감람산 자락에 있는 겟세마네라는 곳으로 가셨다고 한다(마 26:36; 막 14:32).

가룟 유다는 최후의 만찬 중 떠났기 때문에(cf. 22:47) 그를 제외한 열한 제자가 예수님과 함께했다. '겟세마네'는 '착유기'(oil press)라는 의미를 지녔으며, 히브리어 '갓세마님'(נַת שְׁמָנִים)에서 비롯된 것으로 추정된다(cf. ABD, DJG). 아마도 이 올리브 농장 주인이 예수님과 제자들이 언제든지 사용할 수 있도록 했기에 겟세마네는 예수님이 자주 찾으시는 기도처가 되었을 것이다(요 18:2).

예수님은 제자들에게 유혹에 빠지지 않게 기도하라고 하시며 그들에게서 돌 던질 거리 만큼 가서 무릎을 꿇고 기도하셨다(39-40절). 유혹에 빠지지 않게 기도하라는 권면은 주기도문의 마지막 간구인 "우리를 시험에 들게 하지 마시옵소서"(11:4)와 "항상 기도하며 깨어 있으라"(21:36)를 생각나게 한다. 또한 이 섹션을 마무리하는 46절도 "기도하라"는 권면으로 끝이 난다. 마태와 마가는 예수님이 제자 중 베드로와 야고보와 요한을 따로 부르셨다고 하는데(마 26:37; 막 14:33), 누가는 이러한 정보를 제공하지 않는다. 겟세마네 동산 이야기는 온전히 기도하라는 가르침에 초점이 맞춰져 있으며 모든 제자에게 주신 권면이기 때문이다(Garland).

이때 예수님의 마음이 어땠을까? 마가는 예수님이 놀라시며 슬퍼하셨고, 고민하여 죽게 되었다고 말씀하셨다며 예수님의 감정을 묘사한다(막 14:33-34). 어떤 이들은 예수님이 죄인들의 죄를 대신 지고 죽은 후 부활하실 때까지 한동안 하나님 아버지에게서 떨어져야 하는 것을 슬퍼하셨다고 한다(Blomberg, Gundry, Hagner). 그러나 예수님의 슬픔을 아버지에게서 떨어지는 일 때문으로 제한하는 것은 별로 바람직하지 않다. 다가오는 죽음을 고민하고 슬퍼하지 않을 사람은 없다. 예수님은 분명 죄인들을 위해 죽으려고 이 땅에 오셨다. 그러나 몇 시간 후로 다가온 죽음을 감당하려니 온갖 슬픔과 아픔이 예수님의 마음을 채웠다. 예수님이 하나님이시기 때문에 죽음을 쉽게 대하셨다면, 우리에게 별 은혜가 되지 않았을 것이다. 예수님이 고민하고 슬퍼하신 것도 은혜다. 예수님도 우리처럼 슬픔과 아픔을 느끼고 두려워하는 인간이셨기 때문이다. 고민하고 슬퍼하면서도 견뎌 내시는 예수님의 모습은 "내 영혼아 네가 어찌하여 낙심하며 어찌하여 내 속에서 불안해 하는가 너는 하나님께 소망을 두라 그가 나타나 도우심으로 말미암아 내가 여전히 찬송하리로다"라는 말씀을 배경으로 한다(Beale & Carson, 시 42:5, 11; 43:5).

한편, 누가는 예수님의 감정을 언급하지 않고 오히려 제자들이 슬픔으로 인해 잠들었다고 한다(45절). 예수님이 감정에 아랑곳하지 않고 온전히 아버지만 바라보며 기도하셨다는 것을 강조하는 듯하다. 얼마나 간절히 기도하셨는지 땀이 핏방울같이 되었다(44절). 마가는 예수님이 땅에 엎드려 기도하셨다고 하는데(막 14:35), 누가는 무릎을 꿇고 기도하셨다고 한다(cf. 행 7:60; 9:40; 20:36; 21:5).

예수님은 제자들에게서 조금 떨어진 곳에서 하나님을 '아버지여'(πάτερ)라고 부르며 기도를 시작하신다(42a절). 하나님과 자신의 특별한 관계를 바탕으로 기도하시는 것이다. 만일 아버지의 뜻이라면, 마셔야 할 이 잔을 자신에게서 옮겨 달라고 기도하셨다(42b절). '만일'(εἰ)은 하나님이 하실 수 있음을 전제한다. 그러나 하나님은 하시지 않을 것이다. '이 잔'(τὸ ποτήριον τοῦτο)은 예수님이 감당하셔야 할 죽음의 잔이며, 죄인들에 대한 하나님의 진노로 가득하다(cf. 시 75:8; 사 51:17, 22; 렘 51:7). 예수님은 하나님의 진노의 잔을 마시지 않았으면 좋겠다고 하신다. 고통이 너무나도 크기 때문이다. 그러나 그렇게 되면 이 땅에 오신 목적이 이뤄지지 않는다. 그러므로 "내 원대로 마시옵고 아버지의 원대로 되기를 원하나이다"라고 기도하신다(42c절). 예수님의 대속적인 죽음을 통해 인류를 구원하시고자 하는 하나님의 뜻에 복종하겠다는 뜻이다.

예수님이 이렇게 기도하실 때 얼마나 간절하게, 또한 고통 속에서 기도하셨는지 천사가 하늘로부터 내려와 예수님께 힘을 더했다(43절; cf. 마 4:11). 고대 사본 대부분은 이 말씀을 포함하고 있지만, 일부 사본에는 43-44절이 없다(cf. 새번역, 공동). 그러나 대부분 학자와 번역본은 43-44절을 원래 있던 말씀으로 간주한다(NAS, NIV, NRS, cf. Bock, Brown, Culpepper, Fitzmyer, Garland, Liefeld & Pao, Nolland).

예수님이 태어나실 때도 천사가 도왔는데(cf. 1장), 죽으실 때도 천사가 돕고 있다. 예수님은 하나님의 아들이시기 때문이다. 천사가 예수님이 기도하실 수 있도록 힘을 더했다는 것은 간절한 기도가 엄청난 에너지를 소모하는 노동임을 암시한다.

예수님이 얼마나 간절히 기도하셨는지 땀이 땅에 떨어지는 핏방울같이 되었다(44절). 이 말씀은 예수님의 땀이 실제로 피처럼 되었다는 뜻이 아니다. 이는 전투를 앞둔 군인이 온몸이 땀에 젖도록 철저하게 대비하는 모습을 묘사한다(Brown, Garland). 예수님은 기도를 통해 '십자가 전투'에 임하기 위한 만반의 준비를 하신 것이다.

예수님이 한참을 기도하신 후 제자들에게 오셨다(45a절). 마가는 예수님이 세 차례 기도하셨다고 하는데(막 14:37-42), 누가는 한마디로 요약한다. 예수님이 제자들에게 유혹에 빠지지 않도록 기도하라고 하셨는데(40절) 그들은 슬픔으로 인해 잠들어 있다(45b절). 하나의 아이러니가 형성되고 있다. 예수님은 너무나도 슬퍼서 잠을 거부하면서까지 기도하시는데, 제자들은 슬퍼서 잠을 자고 있다! 그들은 예수님의 슬픔을 전혀 헤아리지 못하고 있다.

이런 제자들에게 교회를 맡기고 떠나셔야 하는 예수님의 심정이 어땠을까? 그러나 우리는 제자들을 비난할 자격이 없다. 더하면 더했지 우리가 그들보다 나은 것은 하나도 없다. 예수님은 잠든 제자들을 깨우시며 "어찌하여 자느냐 시험에 들지 않게 일어나 기도하라"(46절)라며 다시 한번 기도할 것을 권면하셨다. 책망이라기보다는 안타까움으로 가득한 탄식의 표현이다.

이 말씀은 항상 하나님께 간절한 기도를 드리며 살도록 권면한다. 예수님은 몇 시간 후에 죽을 것을 아시면서도 간절히 기도하는 시간을 가지셨다. 기도는 우리 일상의 일부가 되어야 한다. 매일, 꾸준히, 성실하게, 간절한 마음으로 하나님의 뜻을 구하는 기도를 드려야 한다. 영적 전투는 기도에서 결과가 판가름 나기 때문이다.

F. 잡히심(22:47-53)

> ⁴⁷ 말씀하실 때에 한 무리가 오는데 열둘 중의 하나인 유다라 하는 자가 그
> 들을 앞장서 와서 ⁴⁸ 예수께 입을 맞추려고 가까이 하는지라 예수께서 이르
> 시되 유다야 네가 입맞춤으로 인자를 파느냐 하시니 ⁴⁹ 그의 주위 사람들이
> 그 된 일을 보고 여짜오되 주여 우리가 칼로 치리이까 하고 ⁵⁰ 그 중의 한 사
> 람이 대제사장의 종을 쳐 그 오른쪽 귀를 떨어뜨린지라 ⁵¹ 예수께서 일러 이
> 르시되 이것까지 참으라 하시고 그 귀를 만져 낫게 하시더라 ⁵² 예수께서 그
> 잡으러 온 대제사장들과 성전의 경비대장들과 장로들에게 이르시되 너희가
> 강도를 잡는 것 같이 검과 몽치를 가지고 나왔느냐 ⁵³ 내가 날마다 너희와
> 함께 성전에 있을 때에 내게 손을 대지 아니하였도다 그러나 이제는 너희
> 때요 어둠의 권세로다 하시더라

가룟 유다가 많은 사람을 이끌고 예수님을 잡으러 왔다(47절). 그는
예수님과 제자들이 겟세마네를 기도 처소로 사용한다는 사실을 알기
때문에(cf. 22:39; 요 18:2), 이 밤에 사람들을 이끌고 어디로 가야 예수
님을 찾을 수 있는지 정확히 알고 있었다. 그의 행실은 내부의 적이 얼
마나 큰 피해를 안겨 줄 수 있는지 생각하게 한다. 그는 지난 3년 동안
예수님과 쌓았던 신뢰를 무기 삼아 예수님을 팔아넘겼다.

유다는 한 무리를 데려왔는데, 대제사장들과 성전 경비대장들이 보
낸 자들이며(cf. 22:4), 성전을 감시하고 보호하는 레위 사람들과 대제사
장들을 보호하는 사립 경호원들이었다. 유대교 지도자들이 무리를 보
낸 것은 아마도 예수님을 보호하려는 제자들과의 싸움에 대비하기 위해
서였을 것이다. 그래서 무리는 검과 몽치(몽둥이)로 무장하고 왔다(52절).
요한은 로마 병사들도 함께 왔다고 한다(요 18:3, 12). 이들은 혹시 모를
폭동을 막기 위해 왔으며, 로마 병사들이 왔다는 것은 빌라도도 이날

밤 산헤드린이 예수님을 잡아들이려 한다는 사실을 알고 있었음을 의미한다.

가룟 유다는 예수님께 입을 맞추려고 했고, 예수님은 그에게 "네가 입맞춤으로 인자를 파느냐"라고 물으셨다(48절). 당시 사람들은 볼에 입을 맞추는 것을 인사로 삼았다. 마가복음은 유다가 함께 온 사람들에게 자신이 입을 맞추는 자가 예수님이니 그를 잡으라고 했다고 한다(막 14:44). 유다는 예수님에게 배신의 입맞춤으로 인사하겠으니 그를 잡아가라며 입맞춤을 신호로 삼은 것이다. 그와 함께 온 사람들은 예수님이 어떻게 생겼는지도 모르기 때문에 유다가 알려 줘야 한다. 그들은 상관들의 명령에 따라 움직이고 있을 뿐이다. 또한 그들은 제자들에게는 전혀 관심이 없다. 그들의 주인들은 오직 예수님만 잡아 오라고 했다.

예수님 주변에 있던 사람들(제자들)이 '주여 우리가 칼로 치리이까' 하고 물었다(49절). 예수님이 말리실 틈도 없이 한 사람이 칼을 빼더니 대제사장의 종을 쳐서 오른쪽 귀를 잘랐다(50절). 요한은 대제사장의 종을 칼로 친 사람이 베드로라고 한다(요 18:10). 또한 종의 이름이 '말고'(Μάλχος)라는 정보도 제공한다. 이때 대제사장은 가야바였다. 말고는 모든 것이 가야바의 뜻대로 이뤄지도록 현장을 감독하고 지휘하도록 파송된 사람이다(Davies & Allison).

예수님은 제자들에게 이것까지 참아야 한다고 하시며 종의 귀를 만져 낫게 하셨다(51절). 누가복음이 기록하는 예수님의 마지막 기적이다. 자기를 잡으러 온 사람의 귀를 치료하신 일은 원수를 사랑하라는 말씀의 실제 사례라 할 수 있다.

마태는 예수님이 칼을 가지는 자는 다 칼로 망할 것이라며 제자들과 유다가 데리고 온 무리에게 경고하셨다고 한다(마 26:52). 아무도 폭력을 사용하지 못하도록 상황을 통제하신 것이다. 이 일이 있고도 베드로가 끌려가지 않은 것으로 보아 그들은 제자들에게는 전혀 관심이 없다. 오직 예수님만 잡아서 그들을 보낸 자들에게 끌고 가면 된다.

만일 예수님이 신속하게 개입하지 않고 상황을 내버려 두시면, 분명 제자들이 다친다. 심지어 모두 죽을 수도 있다. 유다와 함께 온 자들이 무장하고 왔기 때문이다. 게다가 로마 군인들도 있다. 예수님은 이어서 잡으러 온 무리에게 말씀하셨다. "너희가 강도를 잡는 것 같이 검과 몽치를 가지고 나왔느냐"(52절). 예수님은 누구에게 폭력을 사용하거나 위험한 일을 하신 적이 없다. 더욱이 그들을 보낸 주인들과 연관해 유일하게 한 일이라고는 날마다 성전 뜰에 앉아 가르치신 것밖에 없다. 만일 그들에게 예수님을 잡을 생각이 있었으면 무력을 쓰지 않고 잡을 기회가 얼마든지 있었다(53절). 그때는 사람들이 두려워 아무 일도 하지 못하다가, 이 야밤에 예수님을 잡겠다며 칼과 몽치로 무장한 무리를 보냈다.

예수님이 그 누구도 폭력을 사용하지 못하도록 하신 데는 세 가지 이유가 있다(Boring, cf. Keener). 첫째, 예수님은 평소에 복수하지 말고 폭력도 사용하지 말 것을 당부하셨다. 그리고 이제 이러한 가르침을 실천하신다. 둘째, 예수님은 자신의 의지에 따라 잡히는 것을 제자들에게 보이시고자 한다. 만일 예수님의 의지와 상관없이 잡히는 것이라면, 제자들이 개입하지 않아도 얼마든지 자신을 보호하실 수 있다.

셋째, 성경을 이루기 위해 잡히신다. 이 순간은 기록된 바에 따라 예수님을 죽이려 하는 어둠의 권세와 졸개들의 때다(53b절). 예수님이 그들에게 고난받으실 때가 된 것이다. 그러므로 예수님은 어떠한 저항도 없이 이 길을 가고자 하신다. 만일 예수님이 그들에게 잡혀가지 않으시면 성경이 이뤄질 수 없다. 구약에는 예수님에 대한 다양한 예언, 특히 이사야 42-53장에 기록된 고난받는 종에 대한 예언이 있다. 만일 잡히기를 거부하시면 이 예언들이 성취될 수 없다. 그러므로 그들에게 잡히신 것은 예언 성취를 위해 예수님의 통제 아래 일어난 일이다. 예수님에게는 자신의 안전보다 하나님의 뜻이 이루어지는 것이 더 중요하기 때문이다.

이 말씀은 교회에 다닌다고 해서 모두 예수님을 영접한 것은 아니며, 많은 세월을 교회 테두리 안에서 보냈다고 해서 신앙이 성장하는 것도 아니라는 사실을 상기시켜 준다. 만일 교회 안에서 보낸 시간이 신앙의 성장을 보장한다면 가룟 유다는 예수님을 팔지 않았을 것이다. 그는 3년이나 주님과 같이 생활하면서도 끝까지 예수님을 구주로 영접하지 않았다.

예수님께 가장 중요한 것은 성경에 기록된 하나님 아버지의 뜻을 이루시는 일이었다. 심지어 개인의 안전도 성경에 기록된 것을 성취하는 일에 앞설 수 없었다. 우리도 성실하게 하나님의 말씀에 따라 살아야 한다. 이렇게 하는 것이 순종이며, 하나님 나라를 이 땅에 임하게 하는 것이다.

G. 베드로가 예수님을 부인함(22:54-62)

[54] 예수를 잡아 끌고 대제사장의 집으로 들어갈새 베드로가 멀찍이 따라가니라 [55] 사람들이 뜰 가운데 불을 피우고 함께 앉았는지라 베드로도 그 가운데 앉았더니 [56] 한 여종이 베드로의 불빛을 향하여 앉은 것을 보고 주목하여 이르되 이 사람도 그와 함께 있었느니라 하니 [57] 베드로가 부인하여 이르되 이 여자여 내가 그를 알지 못하노라 하더라 [58] 조금 후에 다른 사람이 보고 이르되 너도 그 도당이라 하거늘 베드로가 이르되 이 사람아 나는 아니로라 하더라 [59] 한 시간쯤 있다가 또 한 사람이 장담하여 이르되 이는 갈릴리 사람이니 참으로 그와 함께 있었느니라 [60] 베드로가 이르되 이 사람아 나는 네가 하는 말을 알지 못하노라고 아직 말하고 있을 때에 닭이 곧 울더라 [61] 주께서 돌이켜 베드로를 보시니 베드로가 주의 말씀 곧 오늘 닭 울기 전에 네

가 세 번 나를 부인하리라 하심이 생각나서 [62] 밖에 나가서 심히 통곡하니라

유대인들의 전승인 미쉬나(Mishnah)에 따르면 예수님의 재판과 유대인들의 재판 규범 사이에 상당한 차이가 있다. (1)낮에 해야 할 재판을 밤에 했다. (2)성전 뜰에서 해야 할 재판이 대제사장의 사저에서 진행되었다. (3)종교 절기 중에는 재판을 할 수 없는데, 무교절에 재판했다. (4)재판은 무죄를 전제하고 시작해 유죄를 입증해야 하는데, 유죄를 전제하고 시작했다. 이러한 이유 등으로 이 사건의 역사성을 부인하는 이들도 있지만, 전혀 설득력 없는 주장이다. 미쉬나는 이 재판이 있은지 200년 후에 정리된 문서이며, 유대인들의 이상적인 기준에 관한 것이지 실제로 있었던 일과는 거리가 멀다(cf. Brown, Fitzmyer, Nolland). 유대교 지도자들은 어떻게 해서든 예수님을 신속하게 처리하고자 한다. 시간을 끌수록, 공정하게 진행할수록 자신들이게 불리하다는 것을 잘 알기 때문이다.

따라서 이 지도자들에게서 공정하고 합리적인 재판을 기대하는 것은 옳지 않다. 그들은 이미 판결을 정해 놓고 예수님을 잡아들였다. 게다가 폭동을 두려워하기에 최대한 사람이 없는 시간에 신속하게 예수님을 재판해 로마 사람들에게 넘겨 일을 마무리하고자 한다. 사람들이 상황을 알아채고 폭동을 일으킬 가능성을 배제하기 위해 이런 악한 일을 하고 있다. 이런 자들에게 공정한 재판을 기대하는 것 자체가 말이 안 된다.

가룟 유다가 데려온 무리는 예수님을 잡아 대제사장의 집으로 끌고 갔다(54절). 마태는 예수님이 대제사장 가야바의 집으로 끌려가셨다고 한다(마 26:57). '가야바'(Καϊάφας)는 로마 사람들에게 대제사장직을 허락받은 사람이며, 주후 18-36년에 대제사장으로 활동했다. 로마 사람들이 그의 장인인 안나스(Annas, 주후 6-15년에 대제사장으로 활동함)를 주후 15년에 대제사장직에서 해임했는데, 그때 가야바가 그 자리를 물려받

는 데 성공했다. 가야바의 집에는 대제사장들과 장로들과 서기관들이 모여 있었다(막 14:53). 마태에 따르면 이 일이 있기 전에 그들은 예수님을 잡으려고 가야바의 관정에서 모여 의논한 적이 있다(마 26:3). 서기관들과 장로들이 함께 논의했다는 것은 예루살렘 산헤드린이 예수님을 잡아들이는 일을 정식으로 인준했으며, 곧 대제사장의 집에서 열릴 재판도 산헤드린이 주관하고 있음을 암시한다.

베드로가 멀찍이 예수님을 따라 대제사장의 집 뜰에 들어갔다(54b절). 사람들이 뜰 가운데 불을 피우고 그 주변에 둘러앉은 것을 보고 베드로도 그들 사이에 앉았다(55절). 그는 예수님이 어떻게 되시는지 지켜보려고 왔다. 요한은 다른 제자 한 사람도 함께 갔다고 한다(요 18:15-16). 다른 복음서에는 언급되지 않은 내용이다. 아마도 '다른 제자'는 요한 자신이었을 것이다. 예수님과 함께 죽겠다던(cf. 22:33) 베드로는 차마 예수님 옆에 서서 함께 재판받을 용기가 없었다. 그러나 같은 말을 하고서 도망간 다른 제자들과는 다르다. 베드로는 용감함과 비겁함의 중간에 있다. 예수님이 십자가에 못 박히실 때는 요한도 근처에 있었지만, 나머지 제자들은 찾아볼 수 없고 오직 몇몇 여인만이 마지막 가시는 길을 배웅했다(cf. 마 27:55-56; 요 19:25-27). 그러므로 예수님과 제자들의 이야기는 신실한 주인과 신실하지 못한 종들이 대조를 이루는 이야기다.

예수님은 유월절 만찬 중 베드로가 이 밤 닭이 울기 전에 주님을 세 번 부인할 것이라고 하셨다(22:34). 베드로는 절대 그럴 일이 없을 것이라고 했지만(22:33), 안타깝게도 예수님의 예언이 현실이 되었다. 마치 그가 겟세마네 동산에서 예수님의 '깨어 있으라'는 말씀대로 깨어 있지 못했던 것이 세 차례였던 것처럼 이번에도 세 차례 예수님을 부인한다(Garland).

그래도 베드로를 다른 제자들보다 더 높이 평가하는 것은 다른 제자들은 모두 도망갔는데 그는 숨어서나마 예수님을 따라왔기 때문이다.

베드로가 예수님을 세 차례 부인한 것은 어느 정도 시간을 두고 일어난 일이지만, 누가는 매우 짧은 시간에 있었던 일로 묘사한다. 독자들에게 더 강한 충격을 주기 위해서다.

첫 번째 부인(56-57절)은 한 여종이 베드로를 알아보았을 때 일어났다. 베드로는 예수님의 재판을 멀찍이 떨어져 지켜보고 있었다. 그때 한 여종이 그를 알아보고 "이 사람도 그와 함께 있었느니라"라고 말했다(56절). 여종이 지난 며칠 동안 예수님을 따라 예루살렘성을 출입하던 베드로를 본 일이 생각난 것이다. 특히 이 여종은 대제사장의 종이었기 때문에(막 14:67) 성전을 드나들며 성전 뜰에서 가르치고 논쟁하시는 예수님과 제자들을 여러 차례 보았을 것이다. 베드로는 "이 여자여 내가 그를 알지 못하노라"라며 예수님을 부인했다(57절). 그는 예수님과 함께 있었다는 말에 직접 답하기보다는 질문을 피했다.

두 번째 부인(58절)은 잠시 후 다른 사람이 베드로를 알아보았을 때 일어났다. 베드로를 알아본 사람은 "너도 그 도당이라"라며 추궁했다. '도당'(ἐξ αὐτῶν)은 '그들 중 하나'라는 뜻이다. 베드로는 "나는 아니로라"라며 부인했다.

세 번째 부인(59-60절)은 한 시간쯤 있다가 일어났다. 또 다른 사람이 와서는 베드로가 갈릴리 사람이니 참으로 예수님과 함께 있었던 자라고 장담했다(59절). 그는 베드로의 말소리를 증거로 들었다. 베드로의 말투가 갈릴리 지역 사투리 또는 억양을 반영하고 있었기 때문이다(cf. 삿 12:5-6). 그는 스승인 예수님이 구속되었으니 제자인 베드로도 구속되어야 한다는 취지로 이렇게 말했다. 이번에도 베드로는 "나는 네가 하는 말을 알지 못하노라"라고 말했다(60a절). 베드로가 세 번째로 예수님을 모른다고 부인할 때 닭이 울었다(60b절).

바로 그 순간 재판을 받으시던 예수님이 베드로를 쳐다보셨다(61a절). 그에 더해 이 밤에 닭이 울기 전에 그가 예수님을 세 차례 부인할 것이라고 하신 말씀이 생각났다(61절; cf. 22:34). 베드로는 밖으로 나가 심히 통곡했다(62절). "누구든지 사람 앞에서 나를 부인하면 나도 하늘에 계신 내 아버지 앞에서 그를 부인하리라"(마 10:33)라는 예수님의 말씀에 비추어 볼 때 베드로는 참으로 심각한 죄를 저질렀다. 베드로의 이름은 '바위'(rock)라는 의미를 지녔다. 그는 이 순간 더는 내려갈 수 없는 밑바닥(rock bottom)에 와 있다(Strauss). 그도 이러한 사실을 알기에 심히 통곡하며 자신의 죄를 회개했을 것이다.

이날 밤 베드로는 예수님을 세 차례 부인했지만, 예수님은 그를 버리지 않으셨다. 부활하신 예수님이 그에게 다시 기회를 주셨기 때문이다(요 21:15-17). 그를 회복시키셔서 초대교회의 중요한 지도자로 활동하게 하셨다(행 1-10장). 베드로는 이날의 실패를 거울삼아 하나님의 종이 된 것이다.

이 말씀은 임기응변으로는 문제를 해결할 수 없다고 한다. 베드로는 위기를 모면하려고 거짓말하다가 세 차례나 예수님을 부인했다. 우리도 비슷한 과오를 범하지 않도록 진실되게 살아야 한다. 때로는 항변보다는 침묵이 훨씬 더 효과적이다. 사람에게는 자기가 듣고 싶은 것만 듣는 나쁜 습성이 있기 때문이다. 또한 양심적으로 감당하기 힘든 자리는 피하는 것도 좋다. 만일 베드로가 예수님을 처음 부인했을 때 그 자리를 떠났더라면 세 차례나 부인하지는 않았을 것이다.

예수님은 실패한 베드로를 버리지 않으셨다. 그를 회복시키고 교회의 리더로 삼으셨다. 실패는 누구나 할 수 있다. 다만 실패보다 실패한 후에 어떻게 하는지가 더 중요하다. 실패를 통해 성장하고, 주님이 기회를 주실 때 빛을 발하면 된다. 실패했다고 위축될 필요는 없다.

H. 예언하라는 희롱(22:63-65)

⁶³ 지키는 사람들이 예수를 희롱하고 때리며 ⁶⁴ 그의 눈을 가리고 물어 이르되 선지자 노릇 하라 너를 친 자가 누구냐 하고 ⁶⁵ 이 외에도 많은 말로 욕하더라

예수님을 지키던 사람들이 예수님을 희롱하고 때렸다(63절). 마태는 그들이 예수님의 얼굴에 침을 뱉으며 주먹으로 치고 손바닥으로 때렸다고 한다(마 26:67). 종의 노래 일부인 이사야 50:6이 이 순간 성취되었다. "나를 때리는 자들에게 내 등을 맡기며 나의 수염을 뽑는 자들에게 나의 뺨을 맡기며 모욕과 침 뱉음을 당하여도 내 얼굴을 가리지 아니하였느니라."

그들은 빈정대며 예수님을 놀리기도 했다(64절). 예수님의 눈을 가린 채 때리고는 선지자 노릇 하라며 "너를 친 자가 누구냐?" 하고 물은 것이다. 이 무식한 사람들은 선지자를 점쟁이 정도로 생각한다. 그러므로 눈을 가려 놓고 때린 자가 누구냐고 묻는다. 그들은 이 외에도 많은 말로 예수님을 욕했다.

이 말씀은 인간의 천박함의 극치를 보여 준다. 그들은 메시아를 희롱하고 때리고 욕했다. 심지어 하나님의 아들을 점쟁이 취급했다. 죄는 천박할 뿐 아니라, 수치를 모른다.

I. 재판을 받으심(22:66-23:25)

한밤중에 겟세마네에서 잡혀 예루살렘성 안으로 끌려오신 예수님은 대제사장의 집 뜰에서 밤을 보내셨다. 동이 틀 무렵 예수님의 재판이 시작되었다. 이스라엘 지도자들과 빌라도 앞에서 받으신 재판을 회고하는 이 섹션은 다음과 같이 구분된다.

A. 공회 앞에 서심(22:66-71)
B. 빌라도 앞에 서심(23:1-7)
C. 헤롯 앞에 서심(23:8-12)
D. 백성이 바라바의 사면을 요구함(23:13-25)

> VII. 수난과 죽음(22:1-23:56)
> I. 재판을 받으심(22:66-23:25)

1. 공회 앞에 서심(22:66-71)

[66] 날이 새매 백성의 장로들 곧 대제사장들과 서기관들이 모여서 예수를 그 공회로 끌어들여 [67] 이르되 네가 그리스도이거든 우리에게 말하라 대답하시되 내가 말할지라도 너희가 믿지 아니할 것이요 [68] 내가 물어도 너희가 대답하지 아니할 것이니라 [69] 그러나 이제부터는 인자가 하나님의 권능의 우편에 앉아 있으리라 하시니 [70] 다 이르되 그러면 네가 하나님의 아들이냐 대답하시되 너희들이 내가 그라고 말하고 있느니라 [71] 그들이 이르되 어찌 더 증거를 요구하리요 우리가 친히 그 입에서 들었노라 하더라

날이 새자 재판이 시작되었다. 대제사장들과 서기관들이 모여 예수님을 공회 앞에 세웠다(66절). '공회'(συνέδριον)는 당시 유대인들이 종교적인 이슈를 판결하기 위해 각 지역에 세운 종교적 법원이었다. 공회는 보통 재판관 3명으로 구성되었으며, 회당에서 재판이 진행되었다. 처음 저지른 죄에 대해서는 경고 조치하고, 이후에는 같은 죄가 반복될 때마다 채찍질을 벌로 내렸다(cf. 신 25:1-3; 행 4:18-21; 5:40). 바울은

채찍으로 세 차례 맞은 일을 회고한다(고후 11:25; cf. 행 16:22).

예수님이 서 계신 예루살렘 공회는 예루살렘에 있는 유대인들의 가장 높은 판결 기관이었다. 산헤드린 제도는 느헤미야 시대에 시작되었으며(cf. 느 2:16; 5:7), 예수님 시대에 예루살렘 공회는 71명으로 구성되었다. 공회 규정에 따르면 71명 중 최소 23명이 이 새벽에 모여 결정해야 의결된다. 상황이 상황인 만큼 아마도 상당히 많은 공회원이 모였을 것이다. 대제사장이 의장 자리를 차지했으며 주로 로마 사람들이 판결하기 꺼리는 것들(유대인의 종교와 풍습에 관한 이슈들)을 다루었다. 제사장들과 귀족층이 주류를 이루었다.

공회원들은 예수님에게 그리스도냐고 물었다(67a절). '그리스도'(ὁ χριστός)는 메시아를 뜻한다. 당시 사람들은 메시아가 군사적 정복자로 오셔서 로마 사람들의 억압으로부터 그들을 해방시키실 것으로 생각했다. 그러나 예수님은 그들이 기대하는 메시아의 모습으로 오지 않으셨다.

이 사람들은 예수님이 메시아인지에 관해 진실을 알고자 하는 것이 아니다. 그들은 이미 예수님은 도저히 메시아가 될 수 없다고 낙인을 찍었다. 가당치 않은 사람이 메시아라 떠들고 다닌다고 하니 사실 여부를 확인하고 벌을 내리려고 이렇게 물었다.

예수님은 진실을 말해도 그들이 믿지 않을 것이고, 물어도 그들이 대답하지 않을 것이라고 하셨다(67b-68절). 원래 질문은 진실을 알고자 해서 하는 것인데, 그들은 진실에 관심이 없고 오로지 예수님을 범죄자로 몰아가기 위해 심문하고 있다. 그러므로 예수님이 그들에게 진실을 말하셔도 그들은 믿지 않을 것이다. 또한 반대로 예수님이 그들에게 물어도 그들은 대답하지 않을 것이다. 예수님을 논쟁 상대로 생각하지 않기 때문이다. 그러므로 예수님은 이미 마음을 정했으면서 뭐하러 묻느냐는 취지로 이렇게 말씀하신다.

비록 산헤드린을 구성하는 지도자들은 믿지 않지만 주변에 모여든 사람들을 위해 예수님은 "이제부터는 인자가 하나님의 권능의 우편에 앉아 있으리라"라고 하신다(69절). 예수님은 곧 이 땅에서의 사역을 모두 마치고 하늘에 계신 하나님께 돌아가(cf. 24:51; 행 1:9) 하나님과 함께 영광을 누리실 것이다(cf. 행 7:55-56). 하나님 오른편에 앉는다는 것은 하나님의 아들이라는 뜻이다. 다음에 그들이 예수님을 볼 때는 심판하시는 하나님으로 만나게 될 것이다.

그들이 하나님의 권능의 우편에 앉은 인자를 볼 것이라고 예수님이 말씀하시자, 공회 멤버들은 이 발언의 의미를 재차 확인하고자 한다. "그러면 네가 하나님의 아들이냐"(70a절). 정치적인 용어인 메시아와 달리 하나님의 아들은 종교적인 용어다(Garland). 예수님은 보이지 않는 하나님의 나라를 세우고자 이 땅에 오셨지, 실제 나라를 세우기 위해 오신 것이 아니다. 그러므로 그들이 나중에 빌라도에게 보고할 때 예수님이 자신을 가리켜 메시아라고 했다고 말하지, 하나님의 아들이라고 했다는 말은 하지 않는다. 로마 사람 빌라도는 유대인들의 종교적 이슈에는 관심이 없기 때문이다.

예수님은 "너희들이 내가 그라고 말하고 있느니라"라고 하신다(70b절). 우회적으로 자신이 하나님의 아들이라는 것을 확인해 주시는 것이다 (Bock). 하나의 아이러니가 형성되고 있다. 이 사람들은 빌라도에게 예수님이 메시아라고 주장한다고 말할 것이다. 만일 그들이 예수님이 메시아라고 하신 말씀을 믿었다면, 그들도 구원에 이르렀을 것이다(Heil). 누가복음은 예수님이 하나님의 아들이라는 사실을 여러 차례 언급했다(1:32-35; 3:22; 4:3, 9; 9:35).

공회원들은 예수님이 스스로 하나님의 아들이라고 했으니 더 이상의 증거는 필요 없다고 했다(71절). 빌라도에게 끌고 갈 증거가 충분히 확보되었다는 말이다. 당시 스스로 메시아라고 칭하는 것은 사형을 당할 만한 죄는 아니었다. 이들은 예수님이 하나님의 우편에 앉아 있을 것이라고 하신 말씀에 분노한다. 이런 말은 오직 하나님만 하실 수 있는 말씀이기 때문이다(Brown). 예수님이 자신을 가리켜 하나님이라고 한 것이 그들을 심히 분노하게 만들었다.

하나님의 이름을 팔아 자기 신분을 유지하며 종교 장사를 하는 자들이 성육신하신 하나님을 죽이려고 한다! 하나님이신 예수님이 스스로 하나님이라고 했다는 이유로 인간들이 하나님을 죽이려 하는 것이 참으로 아이러니하다.

이 말씀은 교회 지도자들인 우리에게도 경고가 되어야 한다. 만일 우리가 대제사장들과 서기관들처럼 신분 유지 혹은 하나님의 일을 하느라 너무 바빠서 하나님이 오시는 것을 알지 못하거나 알려고 하지 않는 죄를 범한다면 우리 또한 예수님을 죽이려는 유대교 지도자들과 무엇이 다르겠는가? 항상 깨어 기도하고 성경 말씀 배우기를 게을리하지 않음으로써 주님의 오심을 준비하는 삶을 살아야 한다.

또한 산헤드린 같은 연합체, 혹은 최고 권위기관도 조심해야 한다. 나는 개인적으로 '연합회'를 별로 좋아하지 않는다. 대부분 연합회가 좋은 취지로 시작하지만 시간이 지나면 썩기 마련이다. 모든 인간은 죄에서 잉태된 죄인이기 때문이다. 기독교는 섬기는 것을 리더십의 기본으로 삼는데, 연합회에 임원으로 이름을 올리는 사람들을 보면 대부분 권력을 휘두르려고 한다. 심지어 하나님을 가만히 두지 않겠다고 하는 정신 나간 자가 한 연합회의 회장이 되지 않았던가! 목회자는 조용히 각자에게 맡겨 주신 양들을 섬기고 사랑하는 일을 최우선으로 삼아야 한다. 연합 모임에 참여하는 것이 우리가 최우선으로 삼아야 할 목양에 도움이 되지 않는다면 과감하게 거부해야 한다.

2. 빌라도 앞에 서심(23:1-7)

¹ 무리가 다 일어나 예수를 빌라도에게 끌고 가서 ² 고발하여 이르되 우리가 이 사람을 보매 우리 백성을 미혹하고 가이사에게 세금 바치는 것을 금하며 자칭 왕 그리스도라 하더이다 하니 ³ 빌라도가 예수께 물어 이르되 네가 유대인의 왕이냐 대답하여 이르시되 네 말이 옳도다 ⁴ 빌라도가 대제사장들과 무리에게 이르되 내가 보니 이 사람에게 죄가 없도다 하니 ⁵ 무리가 더욱 강하게 말하되 그가 온 유대에서 가르치고 갈릴리에서부터 시작하여 여기까지 와서 백성을 소동하게 하나이다 ⁶ 빌라도가 듣고 그가 갈릴리 사람이냐 물어 ⁷ 헤롯의 관할에 속한 줄을 알고 헤롯에게 보내니 그 때에 헤롯이 예루살렘에 있더라

새벽에 공회로 모인 종교 지도자들이 예수님을 죽이기로 판결했지만 최종 결정은 로마가 세운 총독 빌라도가 해야 한다. 로마 사람들은 유대인들에게 사형을 집행할 권리를 주지 않았기 때문이다. 그러므로 그들은 예수님을 빌라도에게 끌고 갔다(1절). 로마가 파견한 빌라도는 유대인들의 종교 이슈에 어떠한 관심도 없기 때문에 그들은 어떻게 해서든 예수님을 로마 제국의 평안을 위협하는 폭동 선동자(insurrectionist)로 각인시켜야 한다.

빌라도는 티베리우스 황제(Caesar Tiberius)에 의해 총독으로 임명되어 주후 26년부터 36년까지 유대와 사마리아 지역을 관리했다(ABD). 요세푸스에 따르면 빌라도는 참으로 잔인하고 폭력적인 사람이었다. 또한 매우 강한 반(反)유대주의 성향을 지닌 사람이었으며 갖가지 만행을 저질렀다. 반면에 성경은 그를 우유부단하고 유대인들의 눈치를 보는 사람으로 묘사한다. 그럴 수밖에 없는 것이 그가 예수님을 십자가에 매달 때쯤에는 그의 정치적인 입지가 매우 좁아져 있었기 때문이다

(cf. Marcus, Wilkins). 결국 그는 몇 년 후 로마의 문책성 소환을 받았다. 빌라도는 평상시에는 가이사랴(Caesarea Maritima)에 살았지만, 유대인들의 주요 절기 때는 병력을 이끌고 예루살렘에 주둔했다.

무리는 빌라도에게 예수님을 끌고 가 고발하면서 로마 사람들이 자극받을 만한 세 가지를 언급한다. 첫째, 예수님은 백성을 미혹하는 사람이다. '미혹하다'(διαστρέφω)는 잘못된 길로 인도한다는 뜻이다 (BAGD). 그들은 예수님이 폭동을 선동할 만한 사람이므로 로마 체제에 위협이 된다고 한다. 예수님 주변에 항상 사람들이 모여드는 것을 왜곡한 말이다. 예수님은 사람들을 선동하지 않으셨고, 모이라고 하지도 않으셨다. 스스로 찾아온 무리를 치료하시고 하나님 나라를 가르치셨을 뿐이다.

둘째, 예수님은 가이사에게 세금 바치는 것을 금한다. 무리는 빌라도를 자극하려고 거짓말을 하고 있다. 이스라엘을 지배하는 로마 입장에서는 세금을 내지 말라고 부추기는 것은 매우 심각한 반역이다 (Bock). 유대교 지도자들은 예수님이 성전에서 가르치실 때 곤경에 빠트리려고 정탐꾼들을 보내 세금 이슈에 관해 물었다. 그때 예수님은 "가이사의 것은 가이사에게, 하나님의 것은 하나님께 바치라"라고 대답하셨다. 로마에 세금을 바치는 것을 금하신 적이 없다. 무리가 세금에 대해 거짓말을 하면서까지 빌라도를 자극하는 것은 다음 사항(세 번째)을 관철시키기 위해서다.

셋째, 예수님은 자칭 왕 그리스도다. 그들은 '자칭'(λέγοντα ἑαυτὸν)이라는 말로 자신들과 예수님의 말씀에 거리를 둔다. 자신들은 그가 하는 말을 믿지 않지만, 그는 자신에 대해 이렇게 말한다는 것이다. 앞에서 지도자들은 예수님이 그리스도인지, 하나님의 아들인지 물은 적이 있다(22:67, 70). 그러나 예수님이 '왕'인지에 대해는 묻지 않았다. 그들은 유추해서 이렇게 말하고 있다. 예수님이 로마 체제를 위협하는 인물이라며 제시한 가장 중요한 증거가 예수님의 증언이 아니라 그들이 유추한 것이라는 사실은 유대인들의 주장이 얼마나 잘못되고 억지스러운지를 암시한다. 예수님은 한 번도 정치적 야심을 드러내는 것으로 해석될 만한 말씀을 하신 적이 없다. 심지어 그분 자신을 지칭할 때 사용하는 타이틀조차도 정치적인 오해를 불러일으킬 만한 '다윗의 아들'보다 고난을 전제하는 '인자'를 선호하셨다.

빌라도가 예수님에게 "네가 유대인의 왕이냐"라고 물었다(3a절). 누가복음에서 '유대인의 왕'(ὁ βασιλεὺς τῶν Ἰουδαίων)이라는 타이틀이 처음 사용되고 있다. 앞으로 두 차례 더 사용될 것이다(23:37, 38). 유다를 다스리는 총독 빌라도는 수많은 반역자를 재판해 보았지만, 예수님 같은 반역자는 보지 못했을 것이다. 반역하기에는 너무나 온순해 보이고, 정치적 야심이 전혀 없어 보인다. 이런 사람을 반역자라고 데려온 자들이 참으로 억지스러운 주장을 펼친다고 생각했을 것이다. 그러나 고발자들이 지켜보고 있으니 그들의 고발에 따라 이렇게 물은 것이다.

예수님은 빌라도의 질문에 "네 말이 옳도다"라며 짤막하게 답하셨다(3b절). 요한은 예수님이 빌라도의 질문에 그분의 나라는 이 세상에 있는 것이 아니라며 상당히 자세하게 대답하신 것으로 기록한다(요 18:34-37). 예수님이 하신 대답(σὺ λέγεις)의 문자적 의미는 '네가 말하였다'이다. 한 주석가는 이 말을 예수님이 '아니다'라고 대답하시는 것으로 해석한다(Gundry). 그러나 예수님은 아니라고 하시는 것이 아니라, 빌라도에게 상황을 보고 스스로 판단하라고 하시는 것이다(Wilkins). 고발자들은 예수님이 이 땅에 로마 제국과 경쟁하는 나라를 세우고 왕이 되어 다스리려고 한다며 억지 주장을 하고 있다. 그러나 예수님은 이 땅에는 없는 나라, 곧 하나님의 나라를 세우셨다. 이 나라는 세상의 권세들과 경쟁하거나 대립하지 않는다.

이 외에도 대제사장들은 여러 가지로 예수님을 고발했다(막 15:3). 그들은 혹시라도 빌라도의 마음이 흔들릴까 봐 걱정이다. 그러므로 고발을 이어 나갔다. 그들은 계속 억지 주장을 펼쳤지만 예수님은 아무 대

답도 하지 않으셨다(막 15:5). 이사야의 고난받는 종의 노래가 예수님의
모습을 예언하고 있다. "그가 곤욕을 당하여 괴로울 때에도 그의 입을
열지 아니하였음이여 마치 도수장으로 끌려 가는 어린 양과 털 깎는
자 앞에 잠잠한 양 같이 그의 입을 열지 아니하였도다"(사 53:7).

빌라도는 유대교 지도자들이 예수님에 대해 하는 말이 억지라고 생
각한다. 과거에도 그들은 자신들의 종교적 이슈를 정치적 이슈로 포장
해서 판결하라며 가져온 적이 있었을 것이다. 그러므로 그들의 고발에
좀처럼 설득되지 않은 빌라도는 예수님에게는 죄가 없다며 풀어 주려
고 했다. 그가 생각하기에 예수님은 유대교 지도자들의 희생양이지 로
마를 위협하는 반역자나 혁명가가 아니다. 그러므로 그는 예수님에 대
해 "이 사람에게 죄가 없도다"라고 판단했다(4절).

예수님을 끌고 온 무리는 빌라도의 말에 반발하며 더욱 강하게 말
했다. 예수님의 가르침이 온 유대와 갈릴리에 두루 영향을 끼치고
있으며, 가는 곳마다 백성을 소동하게 한다는 것이다(5절). '소동하
다'(ἀνασείω)는 '남을 [반란으로] 선동한다'는 뜻이다(NIDNTTE). 그들의
말은 반은 진실이고, 반은 거짓이다. 예수님의 가르침이 온 유대와 갈
릴리에 영향을 끼치는 것은 사실이다. 그러나 예수님은 갈릴리에서 사
역을 시작하신 이후 지금까지 백성을 선동하신 적이 없다. 예수님이
세우신 하나님 나라는 로마를 위협하는 세상의 나라가 아니기 때문이
다. 옛적에 모세와 엘리야도 비슷한 비난을 받았다(출 5:4; 왕상 18:17).

사람들이 워낙 강하게 반발하자 빌라도가 한 걸음 물러섰다. 그는
재고할 시간을 벌기 위해 예수님이 갈릴리에서부터 사역을 시작했다
는 사람들의 말을 근거로 예수님이 갈릴리 사람이냐고 물었다(6절). 예
수님이 유대 사람이 아니라면 판결을 재고할 의향이 있음을 암시하며
반발하는 사람들을 달래고 있는 것이다. 빌라도는 갈릴리를 다스리는
헤롯이 유월절을 기념하기 위해 예루살렘에 와 있다는 것을 알고 있다.
이 헤롯은 헤롯 안티파스(Antipas)이며 세례 요한을 옥에 가두었다가

죽인 자다(3:19-20; 9:7-9). 그는 17세에 갈릴리와 요단강 동편 베뢰아 (Perea) 지역의 분봉 왕(τετραάρχης, tetrarch)이 되어 지난 30년 동안 이 지역을 다스렸다. 그도 예수님에 대해 매우 궁금해했다(cf. 9:7-9). 그러므로 빌라도는 최종 판결을 내리기 전에 시간을 벌고자 예수님을 헤롯에게 보냈다(7절).

이 말씀은 대중(다수)이 옳다고 하는 것이 모두 옳은 것은 아니라고 한다. 유대교 지도자들은 미리 짜 놓은 각본에 따라 예수님을 죽이기로 결정한 다음, 사형을 집행할 권한을 가진 로마 총독에게 보냈다. 그러나 빌라도는 예수님에게 죄가 없다고 했다. 대중은 총독의 판결에 반발했다. 반발이 거세지자 빌라도는 최종 판결을 유보했다. 우리는 다수의 의견이 진리라는 민주주의가 '하나님주의'는 아니라는 사실을 기억해야 한다.

VII. 수난과 죽음(22:1-23:56)
  I. 재판을 받으심(22:66-23:25)

3. 헤롯 앞에 서심(23:8-12)

8 헤롯이 예수를 보고 매우 기뻐하니 이는 그의 소문을 들었으므로 보고자 한 지 오래였고 또한 무엇이나 이적 행하심을 볼까 바랐던 연고러라 9 여러 말로 물으나 아무 말도 대답하지 아니하시니 10 대제사장들과 서기관들이 서서 힘써 고발하더라 11 헤롯이 그 군인들과 함께 예수를 업신여기며 희롱하고 빛난 옷을 입혀 빌라도에게 도로 보내니 12 헤롯과 빌라도가 전에는 원수였으나 당일에 서로 친구가 되니라

헤롯이 예수님을 보고 매우 기뻐했다. 그가 다스리는 갈릴리 지역에 자자한 예수님의 소문을 들었기 때문이다(cf. 9:7-9). 그러잖아도 언젠가 예수님을 만나 이적 행하시는 것을 직접 보고 싶었는데(8절), 로마

총독이 헤롯을 왕으로 대접하는 의미에서 예수님을 그에게 보냈으니 얼마나 기뻤겠는가! 그러나 우리는 빌라도의 의도를 잘 안다. 그는 자신이 원하는 대로 예수님에게 '무죄'를 판결했다가는 심각한 문제가 생길 수 있다는 것을 알고 있다. 그러므로 헤롯과 유대인 지도자들이 나서서 예수님을 유죄로 판결해 주기를 원한다.

헤롯은 예수님에게 여러 가지를 물었지만, 예수님은 아무 대답도 하지 않으셨다(9절). 하실 말씀은 이미 빌라도에게 다 하셨다. 또한 헤롯도 유대교 지도자들처럼 진실을 알고 싶어서 질문하는 것이 아니다. 그는 예수님에 대한 호기심을 충족하기 위해 질문한다. 게다가 예수님이 어떠한 말씀을 하셔도 그들이 이미 정해 놓은 판결은 바뀌지 않을 것이다. 그러므로 예수님은 대꾸할 가치가 없다고 생각하셨다.

예수님의 침묵에 대제사장들과 서기관들은 더욱더 억지 주장을 펼치며 예수님을 고발했다(10절). 그들은 예수님의 침묵을 그들의 주장이 사실임을 인정하는 것으로 간주하며 더욱더 열을 올려 고발한 것이다. 고발자들이 시끄럽게 떠들어대는 소리와 예수님의 침묵이 큰 대조를 이룬다.

헤롯은 그가 던진 여러 질문에 예수님이 침묵하시는 것을 자기를 무시하는 무례함으로 간주했다. 화가 난 헤롯은 군인들과 함께 예수님을 업신여기고 희롱한 후에 빛난 옷을 입혀 빌라도에게 도로 보냈다(9절). '빛난 옷'($\dot{\epsilon}\sigma\theta\hat{\eta}\tau\alpha\ \lambda\alpha\mu\pi\rho\grave{\alpha}\nu$)은 이것을 입은 사람을 조롱거리로 만들 만한 어울리지 않는 옷이다. 예수님을 유대의 왕이라고 하기에는 너무나 우스꽝스럽다는 것을 상징한다. 헤롯은 예수님이 무죄하다는 자신의 생각을 이렇게 표현했다(cf. 23:15).

이 일로 인해 헤롯과 빌라도가 친구가 되었다(12절). 누가는 그들이 전에는 원수였다고 한다. 무엇 때문에 이 둘이 원수였는지는 알 수 없지만, 예수님의 일로 인해 둘이 친구가 되었다. 이 둘의 연합은 메시아시로 알려진 시편 2:1-2을 성취한다(Beale & Carson). "어찌하여 이방 나라들이 분노하며 민족들이 헛된 일을 꾸미는가 세상의 군왕들이 나서며 관원들이 서로 꾀하여 여호와와 그의 기름 부음 받은 자를 대적하며." 두 사람은 메시아를 핍박하는 온 세상 권세(군왕들과 관원들)를 상징한다. 두 사람은 죄가 없는 사람을 죽이는 악을 저지른다는 공통점도 지녔다. 헤롯은 세례 요한을 죽였다. 빌라도는 예수님을 죽일 것이다. 악인들은 종종 선한 사람들을 핍박하는 일을 통해 친구가 된다.

이 말씀은 고난이 닥쳐올 때 침묵하는 것도 좋은 대안이라고 한다. 예수님은 헤롯의 질문에 아무 말도 하지 않으셨고, 대제사장들과 서기관들의 억지 고발에도 대꾸하지 않으셨다. 그들은 판결을 이미 정해 놓고 이런 짓을 하기 때문에 예수님이 어떠한 말씀을 하셔도 바뀌지 않을 것이다. 이런 상황에서는 아무 말도 하지 않고 견디는 것이 가장 지혜롭다.

악인들은 의인들을 핍박하는 일을 통해 서로 친해지기도 한다. 그들은 공통적인 적을 두었다는 사실 하나만으로 연합하기도 한다. 그들이 연합하면 의인들에 대한 핍박은 더욱더 거세질 것이다. 그러므로 우리는 하나님의 말씀대로 살려고 할수록 더 큰 핍박을 경험하게 될 것이다.

VII. 수난과 죽음(22:1-23:56)
  I. 재판을 받으심(22:66-23:25)

4. 백성이 바라바의 사면을 요구함(23:13-25)

[13] 빌라도가 대제사장들과 관리들과 백성을 불러 모으고 [14] 이르되 너희가 이 사람이 백성을 미혹하는 자라 하여 내게 끌고 왔도다 보라 내가 너희 앞에서 심문하였으되 너희가 고발하는 일에 대하여 이 사람에게서 죄를 찾지 못하였고 [15] 헤롯이 또한 그렇게 하여 그를 우리에게 도로 보내었도다 보라 그가 행한 일에는 죽일 일이 없느니라 [16] 그러므로 때려서 놓겠노라 [17] (없음)

¹⁸ 무리가 일제히 소리 질러 이르되 이 사람을 없이하고 바라바를 우리에게 놓아 주소서 하니 ¹⁹ 이 바라바는 성중에서 일어난 민란과 살인으로 말미암아 옥에 갇힌 자러라 ²⁰ 빌라도는 예수를 놓고자 하여 다시 그들에게 말하되 ²¹ 그들은 소리 질러 이르되 그를 십자가에 못 박게 하소서 십자가에 못 박게 하소서 하는지라 ²² 빌라도가 세 번째 말하되 이 사람이 무슨 악한 일을 하였느냐 나는 그에게서 죽일 죄를 찾지 못하였나니 때려서 놓으리라 하니 ²³ 그들이 큰 소리로 재촉하여 십자가에 못 박기를 구하니 그들의 소리가 이긴지라 ²⁴ 이에 빌라도가 그들이 구하는 대로 하기를 언도하고 ²⁵ 그들이 요구하는 자 곧 민란과 살인으로 말미암아 옥에 갇힌 자를 놓아 주고 예수는 넘겨 주어 그들의 뜻대로 하게 하니라

헤롯이 예수님을 돌려보내자 빌라도는 대제사장들과 관리들과 백성을 불러 모았다(13절). 예수님에 대해 판결을 내리기 위해서다. 빌라도는 그들이 예수님을 백성을 미혹하는 자라며 고발했지만, 심문 결과 죄를 찾지 못했다고 말했다(14절). 로마 사람들에게 신성 모독은 유대인들 사이에 일어난 논쟁에 불과할 뿐 죄가 아니다. 사형에 처할 만한 죄는 더더욱 아니다. 그러므로 예수님은 그들이 고발한 것처럼 로마 정권과 평안을 위협하는 위험한 인물이 아니라고 판단한 것이다. 빌라도는 헤롯도 이 일에 대해 같은 결론을 내리고 예수님을 돌려보냈다고 말했다(15a절). 유대의 사법 제도에서 가장 큰 권세를 지닌 두 사람이 예수님은 사형에 처할 만한 죄를 짓지 않았다고 결론지었다는 것이다(15b절).

그럼에도 불구하고 고발한 자들의 체면이 있고 또 수많은 사람이 처벌을 요구하니 예수님을 그냥 풀어 주지 않고 때려서 놓아주겠다고 했다(16절). 개역개정은 대부분 번역본처럼 17절을 없는 것으로 처리한다. 일부 사본에는 "명절이 되면 총독이 무리의 소원대로 죄수 한 사람을 놓아주는 전례가 있었다"(Κατὰ δὲ ἑορτὴν εἰώθει ὁ ἡγεμὼν ἀπολύειν ἕνα τῷ ὄχλῳ δέσμιον ὃν ἤθελον)라는 구절이 17절로 표기되어 있다. 사본에 따라 이 말이 16절 다음에, 혹은 19절 이후에 나오기도 한다. 이 내용은 마태복음 27:15과 마가복음 15:6을 모방하는 것으로 보인다. 대부분 학자와 번역본은 이 17절이 원래 누가복음에 없었던 것으로 간주한다(cf. 새번역, 공동, 아가페, NAS, INV, NRS, ESV).

그렇다면 이 말을 17절에 삽입한 사람들의 의도는 무엇이었을까? 16절과 18절의 간격을 설명하기 위해서다. 16절에서 빌라도는 예수님을 몇 대 때려서 풀어 주겠다고 하는데, 18절에서 무리는 [예수님 대신] 바라바라는 범죄자를 풀어 주라고 요구한다. 이에 중간에 "명절이 되면 총독이 무리의 소원대로 죄수 한 사람을 놓아주는 전례가 있었다"라는 말을 삽입해 흐름을 더 매끈하게 하고자 한 것이다.

명절이 되면 총독이 무리의 청원대로 죄수 한 사람을 놓아주는 전례가 있었다(막 15:6). 이때가 유월절이었으니, 일명 '유월절 사면'이다. 어떤 이들은 이 전례에 대해 의문을 제기하기도 한다. 로마법에는 종교 절기 사면에 대한 언급이 없기 때문이다. 그러나 이 정도 사면은 총독의 재량으로 충분히 할 수 있는 일이다. 또한 총독도 이 제도를 잘 활용하면 골치 아픈 케이스를 재판하지 않아도 되는 좋은 기회가 된다. 그러므로 학자들은 대부분 본문이 언급하는 사면이 실제로 있었던 일이라고 결론 짓는다(France, Hagner, Strauss, Wilkins, Witherington).

당시에 바라바라는 유명한 죄수가 있다(18절). '바라바'(Βαραββᾶς)는 아람어와 히브리어로 '아버지'(אַבָּא)와 '아들'(בַּר)을 합한 이름이며, '아버지의 아들'(בַּר-אַבָּא)이라는 의미를 지녔다. 따라서 바라바는 이 죄수의 실제 이름이 아니라 별명이었을 가능성이 크다. 일부 사본은 그를 '예수 바라바'(Ἰησοῦν Βαραββᾶν)라고 한다. 그도 '예수'라는 이름을 지닌 것이다. 두 '예수' 중 하나는 '인간 아버지의 아들'이고, 다른 하나는 '하나님 아버지의 아들'이라는 대조를 이룬다. 원래는 바라바의 이름에 '예수'가 포함되었는데, 필사가들이 불경스럽다며 삭제한 것으로 보인다.

누가는 바라바가 민란을 꾸미고 그 민란 중에 살인하고 체포된 자 중 하나라고 한다(19절; cf. 막 15:7). 한편, 요한은 그가 강도였다고 한다(요 18:40). 주석가들은 빌라도가 원래 이날 바라바와 그의 두 부하를 처형하려고 십자가 세 개를 세워 두었는데, 바라바를 살려 달라는 무리의 요구에 따라 그가 매달릴 자리에 예수님을 대신 매달았다고 한다(Carson, Osborne). 예수님이 바라바의 부하들 사이에서 죽으신 것이다.

빌라도 앞에 모인 무리는 절기에 죄인 하나를 석방해 주는 전례에 따라 바라바를 풀어 주고 예수님을 처형할 것을 요구했다(18절). 바라바는 민란과 살인으로 말미암아 옥에 갇힌 자였다(19절). 빌라도는 사람들의 요구가 믿기지 않는다. 바라바는 죽어 마땅한 범죄자이며, 예수님은 죄가 없는 것이 확실하다. 빌라도는 대제사장들이 예수님을 시기해 그를 죽이려고 넘겨주었다는 것을 잘 안다(막 15:10). 그러므로 예수님을 풀어 주고자 하여 바라바를 풀어 달라는 무리에게 다시 한번 말했다(20절). 이 사람들의 요구가 합리적이지 않기 때문에 그들을 설득하고자 한 것이다.

그러나 빌라도의 말을 들은 무리는 더 소리를 지르며 예수님을 십자가에 못 박으라고 했다(21절). 아마도 대제사장들이 로마 제국이 보기에 바라바는 살인자고 민란을 꾸미는 자이지만, 로마의 억압을 받는 유대인들에게는 로마에 저항하는 민족적 영웅이라는 사실을 사람들에게 상기시켰을 것이다. 대제사장들의 충동을 받은 무리가 바라바를 풀어 주고 예수님은 십자가에 못 박으라고 외치고 있다.

빌라도는 로마법에 따라 재판한 결과 예수님이 죽을 만한 죄를 짓지 않았다는 사실을 세 번째로 확인해 주었다(22a절). 또한 예수님을 때려서 놓아주겠다고 했다(22b절). 빌라도는 진실을 알고 있다. 그는 사전에 첩보원들을 통해 예수님이 지난 일요일에 예루살렘에 나귀를 타고 입성하신 이후의 행적과 항간에 도는 소문을 모두 들었을 것이다. 게다가 유대교 지도자들은 로마의 이스라엘 통치에 위협이 되는 사람을 고발할 정도로 로마 정권에 충성하는 자들이 아니다. 그는 이들이 예수님을 시기해서 이런 일을 벌이고 있다는 것을 안다. 그러므로 예수님을 풀어 주고자 했다.

대제사장들과 서기관들과 장로들은 가룟 유다에게 예수님을 넘겨받은 이후 예수님이 신성 모독을 한 망언자라며 계속 여론을 조작해 왔을 것이다. 또한 그들과 연관이 있는 사람들과 종들을 재판이 열리고 있는 빌라도 법정으로 보냈을 것이다. 그러므로 무리를 조작해 예수님을 죽이고 바라바를 풀어 달라고 요구하는 일은 별로 어렵지 않았다. 유대교 지도자들이 심어 놓은 사람들에게 조작당하는 무리가 이성을 잃었다. 그들은 이제 예수님이 어떤 분이고, 무슨 일을 했는지에 관심이 없다. 대제사장들의 여론몰이에 희생양이 되었다.

유대교 지도자들의 농간에 놀아난 무리는 빌라도가 예수님을 풀어 주겠다고 세 번째로 말하자 더 큰 소리로 예수님을 십자가에 못 박으라고 요구했다(23절). 민란을 두려워한 빌라도가 결국 무리가 원하는 대로 예수님에게 사형을 선고했다(24절). 또한 이성을 잃은 무리가 요구하는 대로 민란과 살인으로 옥에 갇혀 있는 바라바를 놓아주었다(25a절). 죽어 마땅한 범죄자 바라바를 대신해 예수님이 죽게 되신 것은 앞으로 온 인류를 대신해 죽으실 일을 상징하는 듯하다.

빌라도는 무리가 원하는 대로 해 주라며 예수님을 부하들에게 넘겨주었다. 구약은 거짓 선지자를 돌로 치라고 하는데, 무리는 예수님을 거짓 선지자보다 더 흉악한 범죄자로 생각해 십자가에 처형하라고 한다(cf. 신 21:23). 사람을 나무에 매달 때는 진영이 오염되지 않도록 진 밖에서 해야 한다(cf. 출 29:14; 레 4:12, 21; 히 13:12). 그러므로 예수님도 예루살렘성(진) 밖에서 십자가에 매달리실 것이다.

마태는 빌라도가 무리가 보는 앞에서 손을 씻으면서 예수님의 죽음에 대해 자기는 무죄하다며 그들에게 예수님의 핏값을 감당하게 했다고 기록한다(마 27:24). 신명기는 사람을 살인한 범인을 알 수 없을 때는 시체가 발견된 곳에서 가장 가까운 성의 장로들이 이 희생자의 피를 흘리지 않았다는 표시로 손을 씻으라고 한다(신 21:1-9). 어떤 이들은 로마에는 이런 풍습이 없었다며 빌라도가 손을 씻은 것은 실제로 있었던 일이 아니라고 한다. 그러나 헬라 사람들에게는 이런 풍습이 있었다(Wilkins). 또한 빌라도는 유대를 다스리는 총독이다. 유대인들의 이러한 풍습을 알 만한 위치에 있다.

빌라도는 무리가 원하는 대로 바라바를 사면하고 예수님을 십자가에 매달 수밖에 없지만, 그들의 요구가 참으로 잘못된 것이라는 경멸의 표시로 손을 씻은 듯하다(Carson). 그러나 빌라도가 아무리 손을 씻어도 결코 예수님의 죽음에 대한 부분적인 책임은 면할 수 없다. 그는 예수님을 죽음으로 내몬 유대인들과 같은 죄를 지었다. 빌라도는 예수님의 운명을 결정할 수 있는 최종 권위를 가진 재판관이었기 때문이다.

며칠 전만 해도 무리가 예수님을 따랐기에 유대교 지도자들은 폭동을 두려워해 예수님을 잡지 못했다(22:2). 그러나 이제는 상황이 달라졌다. 유대교 지도자들이 조작한 여론에 따르면 예수님은 로마 사람들의 재판에 회부될 정도로 심각한 범죄를 저질렀다. 또한 지도자들이 무리 중에 심어 둔 사람들이 한마디씩 거들면 무리는 지도자들 쪽으로 쏠리게 되어 있다. 게다가 바라바는 유대인의 독립을 위해 투쟁한 영웅이 아닌가! 결국 불과 5일 전에 "호산나 다윗의 자손이여, 주의 이름으로 오시는 이여!"라며 열렬하게 예수님을 환영했던 자들이 예수님을 십자가에 못 박으라고 외치고 있다.

이 말씀은 결정권을 가진 자는 사람들에게 만족을 주는 판결이 아니라, 하나님이 만족하시는 판결을 내려야 한다고 한다. 빌라도는 이성을 잃은 무리를 기쁘게 하려다가 하나님의 아들을 죽였다. 오늘날에도 그리스도인들이 사도신경을 낭송할 때마다 예수님을 죽인 자로 그의 이름이 언급되지 않는가! 모든 결정권자는 사람이 아니라 하나님이 기뻐하시는 결정을 해야 한다. 이는 하나님을 경외하는 마음이 있어야 가능한 일이다.

여론과 무리를 뒤에서 조종한 자들은 당시 유대교를 대표하는 지도자들이었다. 하나님을 가장 잘 알고 사랑한다고 자부하는 자들이 하나님의 아들을 죽인 것이다. 그들은 자신의 이권을 보호하기 위해 메시아를 죽였다. 이러한 사실은 교회 지도자들에게 시사하는 바가 크다. 영성이 바르지 않은 지도자들은 마귀의 도구가 되어 오히려 교회와 하나님 나라를 해칠 수 있다.

Ⅶ. 수난과 죽음(22:1-23:56)

J. 십자가에서 죽으심(23:26-56)

예수님에 대한 재판이 끝났다. 참으로 편파적인 재판이었다. 억지스러운 판결에 따라 이제 남은 것은 형 집행이다. 네 복음서를 바탕으로 이날 빌라도의 관정을 떠나신 이후에 있었던 일들을 재구성하면 다음과 같다(Wilkins).

1. 골고다에 도착하심(마 27:33)
2. 군인들이 준 쓸개 탄 포도주를 거부하심(마 27:34)
3. 예수님의 옷을 나누어 가짐(마 27:35)
4. '유대인의 왕 예수' 죄패를 붙임(마 27:37)
5. 두 강도 사이에 못 박히심(마 27:38)
6. 가상 제1언(눅 23:34)
   "아버지 저들을 사하여 주옵소서 자기들이 하는 것을 알지 못함이니이다"
7. 지나가는 사람들의 모욕(마 27:39-44)
8. 강도들과 대화하심(눅 23:39-43)

9. 가상 제2언(눅 23:43)

"내가 진실로 네게 이르노니 오늘 네가 나와 함께 낙원에 있으리라"

10. 가상 제3언(요 19:26-27)

"여자여 보소서 아들이니이다 보라 네 어머니라"

11. 온 땅에 어둠이 깔림(마 27:45)

12. 가상 제4언(마 27:46)

"나의 하나님, 나의 하나님, 어찌하여 나를 버리셨나이까"

13. 가상 제5언(요 19:28)

"내가 목마르다"

14. 가상 제6언(요 19:30)

"다 이루었다"

15. 가상 제7언(눅 23:46)

"아버지 내 영혼을 아버지 손에 부탁하나이다"

16. 숨을 거두심(마 27:50; cf. 요 19:30)

예수님이 사형 선고를 받고 빌라도의 관정을 떠나 십자가에 못 박혀 죽으신 후 무덤에 안치될 때까지 있었던 일들을 회고하는 본 텍스트는 다음과 같이 구분된다.

A. 구레네 사람 시몬과 여인들의 통곡(23:26-32)

B. 십자가에 못 박히심(23:33-34)

C. 사람들의 희롱(23:35-38)

D. 두 행악자(23:39-43)

E. 예수님의 죽음이 동반한 징조(23:44-49)

F. 무덤에 시신이 안치됨(23:50-56)

1. 구레네 사람 시몬과 여인들의 통곡(23:26-32)

[26] 그들이 예수를 끌고 갈 때에 시몬이라는 구레네 사람이 시골에서 오는 것을 붙들어 그에게 십자가를 지워 예수를 따르게 하더라 [27] 또 백성과 및 그를 위하여 가슴을 치며 슬피 우는 여자의 큰 무리가 따라오는지라 [28] 예수께서 돌이켜 그들을 향하여 이르시되 예루살렘의 딸들아 나를 위하여 울지 말고 너희와 너희 자녀를 위하여 울라 [29] 보라 날이 이르면 사람이 말하기를 잉태하지 못하는 이와 해산하지 못한 배와 먹이지 못한 젖이 복이 있다 하리라

[30] 그 때에 사람이 산들을 대하여 우리 위에 무너지라 하며
작은 산들을 대하여 우리를 덮으라 하리라

[31] 푸른 나무에도 이같이 하거든 마른 나무에는 어떻게 되리요 하시니라 [32] 또 다른 두 행악자도 사형을 받게 되어 예수와 함께 끌려 가니라

당시 범죄자를 처형하는 십자가는 'X' 모양, 'T' 모양, '†' 모양 등 세 가지 모형이 있었다(Carson, Hengel). 예수님의 경우 '유대인의 왕 예수'라는 죄패가 머리 위에 붙여졌다고 하는 것으로 보아(23:38) 세 번째인 '†' 모양 십자가에 달리셨다. 수직 기둥은 형을 집행할 장소에 이미 준비해 두었으며 죄인의 발이 땅에 닿지 않도록 높이가 2m가량 되었다. 수평 기둥은 죄인이 등에 지고 형장으로 갔는데, 이 기둥은 14-18kg에 달했으며 형장에 도착하면 수직 기둥에 조립되어 십자가를 이루었다(Hengel).

예수님은 자신이 매달릴 십자가의 수평 기둥을 지고 관정을 떠나 형장으로 가셨다(26a절). 그러나 이미 채찍질을 많이 당하고(cf. 막 15:15) 피도 많이 흘려 몸이 상할 대로 상한 상태이기에 14-18kg에 달하는 기둥을 지고 가는 것은 매우 어려운 일이었다. 시간이 지체되자 로마 군

인들은 시몬이라고 하는 구레네 사람에게 예수님의 십자가를 억지로 지워 형장으로 가게 했다(26b절).

'구레네 사람'(Κυρηναῖος)은 오늘날의 북아프리카 리비아에 있던 구레네라는 도시에 사는 사람이라는 뜻이다. 구레네는 헬라인들의 도시였지만, 유대인도 많이 살고 있었다(ABD). 아마도 이 사람 시몬은 그곳에서 유월절 순례를 온 유대인이었을 것이다(Wilkins). 본문은 시몬이 시골에서 올라와 길을 가다가 군인들의 눈에 띄어 빚어진 일이다. 예수님의 몸 상태를 고려하면 예수님이 십자가를 지고 가는 것을 시몬이 부축한 것이 아니라, 시몬이 직접 지고 갔다.

공교롭게도 이 사람의 이름이 시몬이다. 예수님에게 가장 도움이 필요한 순간, 죽는 한이 있어도 예수님을 떠나지 않겠다고 호언장담하던 시몬(베드로)은 곁에 없다. 시몬(베드로)을 대신할 시몬(구레네 사람)이 필요한 순간이다(France, cf. Boring).

유대교 지도자들은 예수님을 미워해 죽음으로 내몰았지만, 모든 사람이 주님을 싫어한 것이 아니다. 예수님을 좋아하는 사람도 많았다. 예수님이 십자가에서 처형되기 위해 형장으로 끌려가고 있다는 소문이 퍼지자 많은 사람이 몰려들었다. 그중에는 예수님 일을 생각하니 너무나도 억울하고 마음이 아파서 가슴을 치며 슬피 우는 여인들도 있었다(27절).

예수님은 통곡하는 여인들을 돌아보며 "예루살렘의 딸들아 나를 위하여 울지 말고 너희와 너희 자녀를 위해 울라"라고 하셨다(28절). 장차 예루살렘에 임할 재앙이 얼마나 혹독한지 그 안에 사는 사람들이 당할 고통을 생각하면 지금 그들이 예수님으로 인해 느끼는 아픔은 아무것도 아니라는 뜻이다. 그 재앙으로 인해 사람들이 겪는 고통이 얼마나 큰지 서로 말하기를 "잉태하지 못하는 이와 해산하지 못한 배와 먹이지 못한 젖이 복이 있다"라고 할 것이라고 하신다(29절). 당시 불임한 여성은 수치의 상징이었는데, 얼마나 혹독한 재앙이 될 것인지 아이를 낳은 여인보다 불임한 여자가 더 복되다고 할 것이다. 재앙으로 인해 고통당할 아이들을 두지 않았기 때문이다.

또한 재앙의 날에 사람들은 산들을 향해 자기들 위에 무너지라고 외칠 것이며, 작은 산들을 향해 자기들을 덮으라고 할 것이다(30절). 호세아 10:8을 인용한 말씀이며, 이스라엘이 금송아지 우상을 차려 놓고 여호와라고 부르며 우상을 숭배하던 벧엘에 임할 파괴와 연관해 선포된 말씀이다. 하나님의 심판이 성전에 임하는 날은 살아 있는 것보다 죽음을 더 간절히 원할 정도로 무섭고 고통스러운 날이다.

학자들은 "푸른 나무에도 이같이 하거든 마른 나무에는 어떻게 되리요"(31절)라는 구절이 당시에 사용되던 격언이며, 오늘 심판받는 사람보다 앞으로 심판받을 사람이 훨씬 더 혹독한 심판을 받을 것이라는 의미로 해석한다. 그러나 이 격언이 본문의 문맥에서 어떤 의미로 사용되고 있는지에 대해서는 상당한 논쟁이 있다(cf. Bock, Fitzmyer, Garland, Nolland).

가장 설득력 있는 해석은 이 격언의 '푸른 나무'를 유대교 지도자들이 예수님을 부인한 것과 연결하는 것이다. 그들은 구원하러 오신 메시아를 거부했기 때문에 벌을 받게 되었다. 한편, '마른 나무'는 예수님을 십자가에 못 박는 일이다. 그들이 예수님을 죽임으로써 받을 벌은 메시아를 부인한 일로 받을 벌보다 훨씬 더 클 것이다. 그들이 죽이고자 하는 예수님은 하나님이 보내신 독생자이시기 때문이다.

예수님이 형장으로 끌려가실 때 사형을 선고받은 다른 두 행악자도 함께 끌려갔다(32절). 아마도 이들은 바라바와 함께 붙잡힌 그의 부하들이었을 것이다(Carson, Osborne). 원래 바라바가 이들과 함께 처형되어야 하는데, 사람들의 요구에 따라 우두머리 바라바는 풀려나고 예수님이 그 자리에 매달리게 되신 것이다.

이 말씀은 하나님은 사람들이 지은 죄에 대해 반드시 벌하실 것이라고 한다. 유대인들은 예수님에게 누명을 씌워 십자가에 매달고 있다.

그러므로 예수님은 참으로 억울한 죽음을 맞이하신다. 하늘에서 이 일을 지켜보시는 하나님은 머지않아 이 만행에 연관된 사람들에게 벌을 내리실 것이다. 얼마나 혹독한 재앙을 내리시는지 사람들이 차라리 죽음을 갈망할 것이다.

VII. 수난과 죽음(22:1–23:56)
　J. 십자가에서 죽으심(23:26–56)

2. 십자가에 못 박히심(23:33–34)

> ³³ 해골이라 하는 곳에 이르러 거기서 예수를 십자가에 못 박고 두 행악자도 그렇게 하니 하나는 우편에, 하나는 좌편에 있더라 ³⁴ 이에 예수께서 이르시되 아버지 저들을 사하여 주옵소서 자기들이 하는 것을 알지 못함이니이다 하시더라 그들이 그의 옷을 나눠 제비 뽑을새

이윽고 예수님이 해골이라 하는 사형 집행 장소에 도착하셨다(33a절). 마태와 마가는 이 장소를 아람어 이름인 '골고다'(Γολγοθᾶ)로 부르고, 그 의미를 헬라어로 번역한다(마 27:33; 막 15:22). 반면에 누가는 의미를 헬라어로 번역해 '해골'(Κρανίον)이라고 한다. 우리가 일상적으로 이 장소를 칭할 때 사용하는 '갈보리'(Calvary)는 해골을 뜻하는 라틴어 '칼바'(calva, calvaria)에서 비롯된 것이다(Wilkins).

이 장소가 골고다(해골)로 불리게 된 이유가 이 지역이 해골 모습과 비슷해서인지, 혹은 죄수들을 처형하는 장소여서인지, 혹은 묘지들이 있어서인지 정확하게 알려지지는 않았다(cf. Culpepper, Fitzmyer). 학자들 대부분은 골고다가 옛 예루살렘의 한 중앙에 위치했으며, 오늘날 '성묘교회'(The Church of the Holy Sepulchre)로 알려진 곳이 골고다였을 것으로 추정한다. 지금도 이 교회의 지하실로 내려가면 예수님이 묻히셨던 곳이라는 좁은 굴을 볼 수 있다. 당시에는 골고다가 예루살렘으로 들

어오는 큰 길가에 있었을 것이다. 로마 사람들은 사람들에게 두려움을 심어 줌으로써 범죄와 저항을 억제하는 전시 효과를 노리기 위해 십자가형을 집행했기 때문이다(Hengel).

형 집행자들(빌라도의 군인들)은 예수님을 십자가에 못 박았다(33b절). 예수님의 양팔을 구레네 사람 시몬이 지고 온 수평 기둥에 박고 십자가 전체를 들어 올린 것이다. 그런 다음 발을 기둥에 묶거나 못으로 박았다. 수직 기둥에는 잠시 밟고 올라서서 숨을 쉴 수 있는 막대가 박혀 있었다. 숨통을 빨리 끊고자 할 때는 막대를 밟지 못하도록 다리를 꺾었다. 십자가에 매달린 사람은 2-3일에 걸쳐 매우 고통스럽게 죽어갔다. 예수님의 경우에는 빨리 처리해야 한다. 몇 시간 후에 안식일이 시작되기 때문이다.

예수님과 함께 끌려간 두 행악자도 십자가에 못 박혔다. 하나는 예수님 오른편에, 하나는 왼편에 세워졌다. 예수님은 마지막 순간에도 가해자들을 용서해 달라고 하나님께 기도하셨다(34a절). 일부 사본에는 이 말씀이 포함되어 있지 않다. 그래서 일부 학자는 훗날 어느 필사가(들)가 삽입한 것이라고 한다. 그러나 대부분 학자와 번역본은 처음부터 누가복음의 일부였던 것으로 본다(Bock, Brown, Culpepper, Crump, Fitzmyer, Liefeld & Pao, Marshall, cf. NAS, NIV, NRS, ESV). 예수님은 사람들이 자신이 무슨 짓을 하고 있는지 알지 못하고 이러한 일을 하고 있다면서 그들을 용서해 주시길 간절히 구하셨다(34b절).

군인들은 십자가에 못 박힌 예수님의 옷을 벗겨서는 제비를 뽑아 나눠 가졌다(34c절). 예수님은 옷마저 벗겨진 채 죽음을 맞이하신 것이다. 요한은 군인 넷이 옷을 네 조각으로 나눠 가졌다고 한다(요 19:23). 시편에 기록된 원수들에 대한 다윗의 절규가 예수님을 통해 실현되고 있다. "내가 내 모든 뼈를 셀 수 있나이다 그들이 나를 주목하여 보고 내 겉옷을 나누며 속옷을 제비 뽑나이다"(시 22:17-18; cf. 요 19:23-35).

이 말씀은 죄인들을 위한 예수님의 사랑이 얼마나 크고 깊은지 생각하게 한다. 예수님은 십자가 죽음을 맞이하면서도 자기를 죽게 한 자들을 용서해 달라고 기도하신다. 원수를 사랑하라는 가르침을 실천하신 것이다. 십자가 사랑은 이런 것이다. 하나님은 아무리 흉악한 죄를 저지른 사람이라도 용서하신다.

인간은 참으로 잔인하고 이기적이다. 예수님을 십자가에 못 박은 군인들은 사람이 죽는 것을 안타까워하거나 불쌍히 여기지 않는다. 마지막 순간까지 희롱하고, 예수님이 입으셨던 옷을 벗겨 나눠 가진다. 그러나 그들을 비난할 수 없다. 그들은 죄로 얼룩진 인간의 본모습을 보여 주고 있기 때문이다. 창조주 하나님의 모양과 형상을 회복하고자 하는 사람은 반드시 예수님을 통해야 한다. 우리가 죄에서 해방되려면 간절히 주님이 필요하다.

VII. 수난과 죽음(22:1-23:56)
  J. 십자가에서 죽으심(23:26-56)

3. 사람들의 희롱(23:35-38)

³⁵ 백성은 서서 구경하는데 관리들은 비웃어 이르되 저가 남을 구원하였으니 만일 하나님이 택하신 자 그리스도이면 자신도 구원할지어다 하고 ³⁶ 군인들도 희롱하면서 나아와 신 포도주를 주며 ³⁷ 이르되 네가 만일 유대인의 왕이면 네가 너를 구원하라 하더라 ³⁸ 그의 위에 이는 유대인의 왕이라 쓴 패가 있더라

마태와 마가는 세 부류의 사람들, 곧 (1)길을 지나가는 자들(마 27:39-40; 막 15:29-30), (2)유대교 지도자들(마 27:41-43; 막 15:31-32), (3)강도들(마 27:44; 막 15:32)이 십자가에 매달리신 예수님을 모욕했다고 한다. 누가는 여기에 예수님을 십자가에 매단 군인들을 더한다(36절). '4'는 총체성을 상징하는 숫자다(cf. '동서남북'). 예수님은 온 세상의 모독과 조롱

을 받으며 생을 마감하신 것이다. 그러나 하나님은 주님이 당하신 수치를 사흘 후에 영광과 존귀함으로 바꾸실 것이다.

관리들(유대교 지도자들)은 예수님이 이때까지 남을 구원하는 그리스도 행세를 했으니 이제는 십자가에 매달려 있는 자신을 구원하라며 빈정댔다(35절). 예수님이 수많은 병자를 치료하신 일을 두고 비꼬는 말이다. 그들은 예수님을 자기 자신을 이 위기에서 구원하지 못하는 사이비 교주 정도로 생각한다. 예수님은 자신을 구원할 능력이 없는 것이 아니라, 능력이 있지만 하지 않으신다. 만일 예수님이 자신을 구원하시면 인류를 구원하는 일은 물 건너가기 때문이다.

로마 군인들도 신 포도주를 주며 예수님을 희롱했다(36절). 당시 사람들은 술이 진통제 역할을 하기 때문에 술을 마시면 고통이 조금은 완화된다고 생각했다(cf. 잠 31:6). 이에 로마 군인들이 예수님께 포도주를 준 것을 두고 그들이 예수님을 불쌍히 여겼기 때문이라고 해석하는 이들이 있다. 그러나 로마 군인은 예수님을 조롱할 뿐 불쌍히 여기지 않는다. 즉, 조롱하는 의미로 이런 짓을 하고 있다.

마태는 그들이 포도주에 쓸개를 탔다고 하는데, '쓸개'(χολή)는 쓴맛이 아주 강한 독초다(TDNT). 군인들이 끝까지 예수님을 잔혹하게 대하는 '희롱의 쓴맛'을 상징한다. 예수님은 시편이 묘사하는 다윗처럼 되셨다. "비방이 나의 마음을 상하게 하여 근심이 충만하니 불쌍히 여길 자를 바라나 없고 긍휼히 여길 자를 바라나 찾지 못하였나이다 그들이 쓸개를 나의 음식물로 주며 목마를 때에는 초를 마시게 하였사오니"(시 69:20-21). 예수님은 다윗처럼 동정을 바라시지만, 정작 돌아오는 것은 경멸뿐이다(Carson, Hagner, Wilkins).

군인들은 "네가 만일 유대인의 왕이면 네가 너를 구원하라"라며 빈정댔다. 예수님이 십자가에서 내려오시면 유대인의 왕이신 것을 인정하겠다는 비아냥이다. 그러나 이런 자들은 예수님이 십자가에서 내려오셔도 다른 변명을 대며 인정하지 않을 것이다.

이들이 예수님을 유대인의 왕과 연결해 빈정대는 것은 예수님의 머리 위에 '유대인의 왕'(ὁ βασιλεὺς τῶν Ἰουδαίων)라고 쓴 죄패가 붙어 있었기 때문이다(38절). 예수님은 섬김을 받는 왕이 아니라 섬기고 고난받는 인자로 오셨다. 그러나 유대교 지도자들과 빌라도가 예수님을 처형할 유일한 방법은 예수님을 로마 체제를 위협하는 정복자로 둔갑시키는 것이었다. 그러므로 예수님의 죄를 나열하는 죄패에 이 같은 타이틀이 새겨졌다. 빌라도는 분명 조롱하며 죄패에 이렇게 적었을 것이다. 그러나 그는 자신이 아는 것보다 더 많은 말을 하고 있으며, 이를 통해 그가 깨닫지 못한 진리를 선포하고 있다. 예수님은 참으로 유대인의 왕이시기 때문이다.

이 말씀은 인간이 참으로 잔인하고 악하다는 생각을 하게 한다. 종교인들, 더욱이 지도자들이 더 잔인하고 악할 수 있다. 로마 군인들과 길을 지나가는 사람들과 지도자들은 그들을 구원하러 이 땅에 오신 하나님의 아들을 이렇게 대하면 안 된다. 예수님을 범죄자로 생각했다고 할지라도 이렇게 대하면 안 된다. 아무리 흉악한 죄를 지은 범죄자라 할지라도 최소한의 예의와 도리를 갖추어 그의 죽음을 대해야 한다. 모든 사람은 창조주 하나님의 모양과 형상대로 지음받았기 때문이다. 그러므로 이 사건은 사람들의 가장 저질스러운 면모를 보여 준다.

> VII. 수난과 죽음(22:1-23:56)
>   J. 십자가에서 죽으심(23:26-56)

4. 두 행악자(23:39-43)

³⁹ 달린 행악자 중 하나는 비방하여 이르되 네가 그리스도가 아니냐 너와 우리를 구원하라 하되 ⁴⁰ 하나는 그 사람을 꾸짖어 이르되 네가 동일한 정죄를 받고서도 하나님을 두려워하지 아니하느냐 ⁴¹ 우리는 우리가 행한 일에 상당한 보응을 받는 것이니 이에 당연하거니와 이 사람이 행한 것은 옳지 않은

것이 없느니라 하고 ⁴² 이르되 예수여 당신의 나라에 임하실 때에 나를 기억하소서 하니 ⁴³ 예수께서 이르시되 내가 진실로 네게 이르노니 오늘 네가 나와 함께 낙원에 있으리라 하시니라

예수님 양쪽에 매달려 있는 죄인 중 하나도 주님을 비방한다(39절). 그는 빈정거리며 "네가 그리스도가 아니냐 너와 우리를 구원하라"라고 했다. 그는 자기 코가 석 자인데도 이런 짓을 하고 있다! 인간은 죽는 순간까지 스스로 죄를 뉘우치고 참회하지 못한다. 회개는 하나님이 은혜를 주실 때만 가능한 일이다.

행악자라고 모두 마음이 강퍅하지는 않다. 같은 날 같은 장소에서 자기 죄로 인해 처형되고 있는 두 사람 중 하나는 예수님이 어떤 분인지 안다. 그러므로 그는 예수님을 빈정대는 자기 '동료'를 나무라며 하나님을 두려워하라고 했다(40절). 그들은 자신이 저지른 온갖 죄에 대해 벌을 받아 사형당하는 것이지만, 예수님은 평생 옳은 일만 하신 분으로 매우 억울한 죽음을 맞이하고 있다는 것이다(41절). 이 사람은 평소에 예수님에 대해 들은 바가 있었다. 그렇기에 예수님이 자기 옆에서 죄인의 죽음을 맞이하시는 사실이 믿기지 않을 정도다. 예수님이 사형당하시는 것은 불합리하고 편파적인 사법 제도가 저지르는 최악의 만행이라고 생각한다.

그러므로 그는 예수님이 하나님 나라에 임하실 때 자기를 기억해 달라고 한다(42절). 이 사람은 예수님이 선포하신 하나님 나라의 복음을 믿었다. 예수님은 "오늘 네가 나와 함께 낙원에 있으리라"라며 그를 하나님 나라의 백성으로 받아들이며 위로하셨다(43절). 주님은 숨을 거두는 순간까지 전도하신 것이다. 한 사람이라도 더 구원하시려는 하나님의 간절한 바람을 엿볼 수 있다.

아무리 흉악한 죄를 지어 사형을 받는 범죄자라도 숨을 거두기 전까지는 구원을 받아 하나님 나라에 입성할 수 있다. 구원은 하나님이 하

시는 일이며, 우리의 공로가 아니라 예수님의 공로로만 가능한 일이기 때문이다. 그러므로 교회는 교도소 사역을 포기하면 안 된다.

이 말씀은 죽게 된 사람들도 복음에 대해 다양한 반응을 보인다고 한다. 사람이 죽음을 앞두었다고 해서 모두 온순한 양으로 변하거나 하나님 나라에 마음이 열리는 것은 아니다. 끝까지 이를 악물고 악인으로 죽어 지옥에 가는 사람들이 있다. 반면에 살아 있는 동안 기회가 없어서 하나님 나라를 영접하지 못하는 사람들도 있다. 이런 사람은 쉽게 복음을 받아들일 것이다. 성령님이 그를 감동시켜 마음을 열게 하시기 때문이다. 우리는 이런 사람들을 그냥 죽게 내버려 두어서는 안된다. 어떻게 해서든 복음을 접할 기회를 제공해야 한다.

> VII. 수난과 죽음(22:1-23:56)
>   J. 십자가에서 죽으심(23:26-56)

5. 예수님의 죽음이 동반한 징조(23:44-49)

⁴⁴ 때가 제육시쯤 되어 해가 빛을 잃고 온 땅에 어둠이 임하여 제구시까지 계속하며 ⁴⁵ 성소의 휘장이 한가운데가 찢어지더라 ⁴⁶ 예수께서 큰 소리로 불러 이르시되 아버지 내 영혼을 아버지 손에 부탁하나이다 하고 이 말씀을 하신 후 숨지시니라 ⁴⁷ 백부장이 그 된 일을 보고 하나님께 영광을 돌려 이르되 이 사람은 정녕 의인이었도다 하고 ⁴⁸ 이를 구경하러 모인 무리도 그 된 일을 보고 다 가슴을 치며 돌아가고 ⁴⁹ 예수를 아는 자들과 갈릴리로부터 따라온 여자들도 다 멀리 서서 이 일을 보니라

로마 사람들은 해가 뜰 때부터 질 때까지의 시간을 12등분했다. 따라서 제육시면 정오다. 예수님은 이미 3시간 정도 십자가에 매달려 계셨다(cf. 막 15:25). 정오에 해가 빛을 잃고 어둠이 온 땅을 덮더니 제구시(=오후 3시)까지 계속되었다(44절). '온 땅'(ὅλην τὴν γῆν)은 유대 지역,

혹은 가나안 온 지역을 의미할 수 있다(cf. Edwards). 땅이 어두워진 것은 일식(solar eclipse) 때문이 아니다. 유월절은 항상 보름달이 뜰 때 시작하는 절기인데, 보름달이 뜰 때는 일식이 일어나지 않는다(Wilkins). 정오에 시작해 예수님이 숨을 거두시는 오후 3시까지만 어둠이 임했다는 것은 초자연적인 현상이다.

구약에서 어둠이 임하는 것은 재앙과 종말의 징조다(출 10:21-23; 사 13:9-13; 욜 2:10, 3:14-15; 암 5:18-20; 8:9; 습 1:15). 해가 가장 밝을 때인 정오에 어둠이 임한 것은 더더욱 그렇다. 예수님이 하나님의 구속사를 이루기 위해 많은 사람을 대신해서 죽으시지만, 이 광경을 지켜보는 하나님 아버지의 마음이 많이 아프셨다는 것을 암시한다. 그래서 하나님은 예수님을 십자가에 못 박은 사람들과 죄인들의 죄를 대신 지신 예수님을 심판하신다는 징조로 온 땅에 어둠이 임하게 하셨다.

이때 성소의 휘장이 위에서부터 아래까지 한가운데가 찢어져 둘이 되었다(45절; cf. 마 27:51; 막 15:38). 성전에는 두 세트의 휘장이 있었다. 대제사장이 매년 단 한 차례 들어갈 수 있는 지성소와 제사장들이 매일 출입하는 성소 사이에 있는 휘장(출 26:31-35; 27:21; 30:6; 대하 3:14)과 성전 입구에서 성전 건물과 뜰을 구분하는 휘장이다(출 27:37; 민 3:26). 누가가 찢겼다고 하는 휘장은 첫 번째 것이 확실하다(cf. 히 4:16; 6:19-20; 9:11-28; 10:19-20). 이 휘장이 찢긴 것은 성전을 자유롭게 출입하는 제사장들만 목격할 수 있는 일이며, 일반인들은 접근할 수 없는 공간에서 일어난 일이다. 그러므로 지성소와 성소 사이의 휘장이 찢어졌다는 소식은 몇 주 후 제사장들이 복음을 듣고 회심했을 때 그리스도인들에게 알려 주었을 것이다(Keener, cf. 행 6:7).

휘장은 길이가 18m, 폭이 9m에 달했다. 이처럼 큰 휘장이 매달려 있는 채로 위에서 아래로 찢겼다. 분명히 하나님이 하신 일이다. 만일 사람이 찢으려 했다면 아래에서 위로 찢을 것이기 때문이다. 이는 '성전보다 더 큰 이'(마 12:6)가 죽음으로 이루어 내신 일이다.

찢어진 휘장은 하나님과 인간의 괴리가 해소된 것을 상징한다. 하나님과 인간을 나누는 막이 찢어짐으로써 인간이 하나님께 나아갈 수 있는 새로운 길이 열렸다(Brown, France, Hagner). 이로 인해 이제 더는 제사 제도와 성전 예식을 통해 하나님께 나아갈 필요가 없게 되었다. 새 성전이 되신 예수님을 통해 직접 하나님께 나아갈 수 있게 되었기 때문이다(cf. 히 10:20; 엡 2:11-22). 예수님은 새로운 하나님 나라의 기준으로 구약의 율법을 완성하신 것처럼 대속하는 죽음으로 성전 예식과 제사 제도도 완성하셨다.

또한 지성소 휘장이 위에서부터 아래로 찢긴 것은 70년에 있을 성전 파괴를 암시한다. 예수님의 죽음이 성전에서 이뤄지던 모든 제사와 예식을 더는 필요 없게 만들었다. 게다가 성전을 중심으로 사역하던 종교 지도자들이 예수님을 죽이는 데 앞장섰으니 하나님이 성전을 심판하시는 것은 당연한 일이라 할 수 있다.

제구시(=오후 3시)쯤에 예수님이 크게 소리를 지르셨다. "아버지 내 영혼을 아버지 손에 부탁하나이다"(46a절). 십자가에서 하신 가상칠언(架上七言) 중 마지막 말씀이다. 그리고 숨을 거두셨다(46b절). 학자들은 예수님의 죽음에 대한 정확한 사인(死因)을 두고 참으로 많은 추측을 한다(cf. Brown, Carson, Marcus, Wessel & Strauss). 한 가지 확실한 것은 예수님이 참으로 고통스럽게 죽으셨다는 사실이다.

예수님은 자신을 죽음으로 몰아간 사람들에 대해 그들이 알지 못해서 죄를 지었다며 그들을 용서해 달라고 하나님께 기도하셨다(23:34). 이 세상에서 마지막 숨을 내쉴 때도 예수님은 그들을 원망하지 않으신다. 오직 하나님께 모든 것을 의탁하고 생을 마감하신다. 예수님은 이때까지 받은 모든 고난과 핍박이 죄인들을 구원하기 위해 하나님이 허락하신 일이라는 사실을 아셨기에 그들을 원망하지 않으신다.

예수님을 십자가에 못 박고 지키던 백부장이 주님이 숨을 거두시는 순간 하나님께 영광을 돌리며 "이 사람은 정녕 의인이었도다"라고 고백했다(47절). 마태와 마가는 백부장이 예수님을 '하나님의 아들'로 고백했다고 한다(마 27:54; 막 15:39). 이 백부장과 부하들은 빌라도의 관정에서부터 이때까지 내내 예수님을 희롱하고 괴롭히던 자들이다(cf. 23:35). 그가 하나님께 영광을 돌리며 이렇게 고백하는 것은 예수님이 억울하게 죽임당하셨을 뿐 아니라, 예수님이 말씀하신 것을 모두 진리로 인정한다는 뜻이다. 그는 예수님이 영광스러운 메시아로서의 모습이 아니라 고난당하고 죽으신 것을 보고 온 인류를 구원하는 메시아이심을 깨달았다. 예수님은 마지막 순간까지 자신을 핍박한 사람들에게 회심하고 영원히 살 수 있는 기회를 허락하셨다.

지켜보던 구경꾼 중 많은 사람이 이 모든 일을 보고 가슴을 치며 돌아갔다(48절). 예수님이 유대교 지도자들에 의해 억울한 죽음을 당하신 일을 슬퍼한 것이다. 예수님을 아는 사람들과 갈릴리에서부터 따라온 여인들도 멀리 서서 예수님의 죽음을 지켜보았다(48절). 십자가 주변은 유대교 지도자들과 그들이 보낸 사람으로 가득했기 때문에 예수님을 사랑하는 사람들은 가까이 올 수 없었다. 어떤 봉변을 당할지 모르기 때문이었다. 그래서 먼발치에서 원수들에게 에워싸여 죽임당하신 예수님을 보며 하염없이 눈물만 흘렸다.

이들은 그저 울면서 예수님의 죽음을 먼 곳에서 바라볼 수밖에 없었지만, 가장 신실한 증인들이었다. 예수님이 공을 들여 양육한 제자들이 모두 도망간 상황에서 이 사람들은 끝까지 예수님 곁을 지키고 있다. 또한 여인들은 예수님의 시신이 아리마대의 부자 요셉의 묘에 안치될 때도, 무덤이 봉인될 때도 주님의 곁에 있었다(cf. 23:55-56). 그러므로 예수님이 잠시 의식을 잃으신 것이 아니라 실제로 숨을 거두셨다는 것을 가장 확실하게 증언하는 사람들이다.

이 여인들은 부활하신 예수님을 제일 먼저 만나는 영광도 누렸다(cf. 24:1-9). 하나님이 귀하게 들어 쓰신 여인들이며, 축복하신 여인들이다. 실패한 제자들과는 대조적으로 제자도의 모범 사례가 되는 사람들이다(Wilkins).

　여인 중에는 막달라 마리아가 있었다. 이 마리아는 헤롯왕(안티파스)이 갈릴리 지역을 다스리며 수도로 삼은 디베랴 근처에 있는 막달라 출신이며, 항상 제일 먼저 언급이 되는 것으로 보아 리더급 여인이다. 누가는 예수님이 그녀에게서 일곱 귀신을 내쫓으셨다고 한다(눅 8:2). 이후 막달라 마리아는 일편단심 예수님과 제자들을 따르며 섬기는 삶을 살았다.

　야고보와 요셉의 어머니 마리아도 있었다. 마가는 그녀를 '작은 야고보와 요세의 어머니'라고 한다(막 15:40). 아마도 제자 중 다른 야고보(세베대의 아들)와 구분하기 위해 이렇게 표현한 것으로 보인다. 요한은 그녀가 글로바의 아내였다고 한다(요 19:25).

　살로메도 그 자리에 있었다. 살로메는 예수님의 이모였으며(cf. 요 19:24) 세베대의 아들들인 야고보와 요한의 어머니였다(마 20:20). 이 외에도 갈릴리에서 예수님과 함께 예루살렘으로 올라온 많은 여인이 예수님의 죽음을 지켜보았다(cf. 8:1-3).

　이 말씀은 우리의 구원이 예수님께 얼마나 큰 희생을 요구했는지 생각하게 한다. 주님은 하나밖에 없는 생명을 우리에게 주시기 위해 십자가에서 이루 말할 수 없는 고통을 당하고 숨을 거두셨다. 우리는 이처럼 고귀한 예수님의 고난과 죽음이 우리를 통해 빛을 발하는 삶을 살아야 한다.

　또한 우리는 제자도가 무엇인지 생각해 보아야 한다. 예수님과 3년 동안 함께하며 훈련받았던 제자들, 죽는 한이 있어도 예수님과 함께하겠다고 떠들어 대던 제자들은 모두 도망갔다. 반면에 아무 말도 하지 않고 묵묵히 순종하며 예수님을 따르던 여인들은 끝까지 주님의 곁을 지켰다. 예수님의 마지막 순간을 지킨 이들은 비록 제자로 세우심을 받지는 못했지만 예수님을 알게 된 때부터 계속 주님의 곁을 지키던 여인들이다. 제자의 삶은 세움과 말이 아니라 함께하는 것이다.

6. 무덤에 시신이 안치됨(23:50-56)

⁵⁰ 공회 의원으로 선하고 의로운 요셉이라 하는 사람이 있으니 ⁵¹ (그들의 결의와 행사에 찬성하지 아니한 자라) 그는 유대인의 동네 아리마대 사람이요 하나님의 나라를 기다리는 자라 ⁵² 그가 빌라도에게 가서 예수의 시체를 달라 하여 ⁵³ 이를 내려 세마포로 싸고 아직 사람을 장사한 일이 없는 바위에 판 무덤에 넣어 두니 ⁵⁴ 이 날은 준비일이요 안식일이 거의 되었더라 ⁵⁵ 갈릴리에서 예수와 함께 온 여자들이 뒤를 따라 그 무덤과 그의 시체를 어떻게 두었는지를 보고 ⁵⁶ 돌아가 향품과 향유를 준비하더라 계명을 따라 안식일에 쉬더라

예수님의 시신을 수습하고자 하는 사람이 나왔다. 아리마대 사람 요셉이다. '아리마대'(Ἀριμαθαία)는 예루살렘에서 서북쪽으로 약 30㎞ 떨어져 있는 옛 에브라임 지역에 있으며, 사무엘 선지자의 탄생지로 알려진 곳이다(Wilkins, cf. 삼상 1:1, 19). 요셉이 그곳에 거주하는 것은 아니고, 아리마대 출신으로 현재 예루살렘에 살고 있는 사람이라는 뜻이다(Keener). 그는 공회(산헤드린) 멤버였으며, 선하고 의로운 사람이었다(50절). 마태는 그가 부자였다는 말도 덧붙인다(마 27:57). 그는 공회가 예수님을 망언자로 칭하며 죽이기로 결의할 때 찬성하지 않았다(51a절).

어떤 이들은 요셉이 아직 예수님의 제자가 아니었다고 하지만(Brown), 그는 하나님의 나라를 기다리는 사람이었다(51b절). 마태는 그가 제자였다고 하며(마 27:57), 요한은 그가 비밀리에 예수님을 따르는 사람이었다고 한다(요 19:38). 만일 요셉이 제자가 아니었다면 예수님을 죽음으로 몰아간 산헤드린 멤버들의 따가운 눈총을 받으며 그들이 '신성 모독자'로 규명한 예수님의 시신을 수습할 이유가 없다. 아마 빌라도도 산헤드린 멤버가 장례식을 치르겠다며 예수님의 시신을 달라고 찾아온 것에 상당히 놀랐을 것이다.

예수님이 숨을 거두신 시각이 오후 3시였으니, 해가 지기 전에 장례를 치르기 위해 요셉이 오후 4-5시쯤 빌라도를 찾아간 것으로 보인다. 해가 지고 안식일이 시작되기 전에 시신을 매장해야 하기 때문이다(cf. 54절). 유대인들은 율법에 따라 모든 사람의 시신을 엄숙하게 대했다(cf. 신 21:22-23). 하지만 로마 사람들은 그렇지 않았다. 특히 십자가에서 처형된 사람들은 매달린 채 시체가 썩도록 내버려 두거나 장례식을 치르지 않고 공동묘지에 파묻었다. 또한 그들이 허락해야만 가족들이 시신을 수습할 수 있었다. 그러나 반역자의 경우 이마저도 불가능했다(Carson).

따라서 요셉이 빌라도를 찾아간 것은 참으로 대단한 용기가 필요한 일이었다. 마가는 그의 행동을 '당돌하다'(τολμάω)고 표현하면서 그가 참으로 큰 용기를 내어 이런 일을 했다며 높이 평가한다(막 15:43). 요셉의 요청을 받은 빌라도가 의아하게 여겼다(막 15:44). 일상적으로 십자가에서 처형되는 사람은 이렇게 빨리 죽지 않기 때문이다. 그러므로 형을 집행한 백부장을 불러 예수님이 죽었는지 물었다. 백부장이 예수님이 이미 숨을 거두셨다고 하자 빌라도는 요셉에게 시신을 내어주었다(막 15:44-45). 빌라도가 예수님의 시신을 순순히 내준 것은 아마도 자신은 예수님의 죽음에 관여하지 않았다는 것을 다시 한번 강조하기 위해서였을 것이다.

요셉은 예수님의 시신을 가져다가 정성스럽게 씻기고 깨끗한 세마포로 쌌다(53절). 요한은 예수님의 머리를 가릴 수건도 사용하고(cf. 요 20:7), 니고데모가 요셉을 도왔다고 한다(요 19:39). 유대인들은 염을 하지 않았기 때문에 시신을 세마포로 쌀 때 악취를 고려해 향료를 사용했다. 요한은 니고데모가 34kg에 달하는 향료를 가져왔다고 한다(요 19:39). 이 정도면 왕의 시신에 사용할 만큼 많은 양이다(Osborne).

요셉과 니고데모는 둘 다 공회(산헤드린) 멤버였다(Wilkins, cf. 눅 23:51;

요 3:1-15). 상황이 참으로 아이러니하다. 산헤드린은 예수님을 죽음으로 몰았는데, 이 산헤드린 두 멤버가 극진하게 예수님을 장사 지내고 있다. 요셉은 하나님 나라를 기다리는 의인으로 처음부터 산헤드린의 결정에 동의하지 않았다. 요셉과 니고데모가 채찍을 맞고, 못에 박히고, 창에 찔려 만신창이가 된 주님의 시신을 씻겨 세마포로 싸면서 얼마나 오열했을까! 생각만 해도 마음이 먹먹하다. 그들은 예수님을 영접한 사람들이었기에 주님이 그동안 하신 말씀에 따라 반드시 부활하실 것이라는 소망으로 이 어려운 순간을 이겨냈을 것이다.

요셉은 예수님의 시신을 아직 사람을 장사한 일이 없는 자기의 새 무덤에 두었다(53b절). 그 당시에는 쓸모없어서 버려진 채석장이 가족묘로 많이 사용되었다. 벽에 굴을 파서 사용했는데, 굴 입구는 좁지만(cf. 요 20:5, 11) 안에는 여러 갈래로 갈라지는 긴 형태의 굴이었다. 요셉이 자신과 후손들이 사용하도록 이 무덤을 준비한 것이다. 그러나 아직 한 번도 사용하지 않은 새 무덤이었다.

요셉이 예수님의 시신을 수습해 자기 무덤에 안치하는 과정을 갈릴리에서부터 예수님을 따라온 여인들이 지켜보았다(55절). 마가는 막달라 마리아와 요셉의 어머니 마리아가 무덤 건너편에서 지켜보았다고 한다(막 15:47; 마 27:61). 여인들은 예수님의 시신이 안치된 무덤을 확인하고 돌아가 향품과 향유를 준비했다(56절). 시신이 부패할 때 나오는 악취를 완화시키기 위해서다.

로마는 법에 따라 처형된 사람의 죽음을 슬퍼하거나 곡하는 일을 금했다(Bock, Garland). 그러므로 이 여인들은 조용히 눈물을 삼키며 모든 광경을 지켜보았을 것이다. 예수님이 십자가에 매달리실 때부터 이때까지 계속 주님의 곁을 지킨 이 여인들은 사흘 후 예수님이 부활하실 때도 이곳에 있을 것이다. 그러므로 이 여인들은 예수님의 죽음과 부활을 한 사건으로 묶는 역할을 한다(Osborne).

마가는 요셉이 무덤 입구에 큰 돌을 굴려 놓고 떠났다고 한다(막

15:46). 직경 120-180㎝ 정도의 큰 돌이 입구를 가렸다. 짐승들이 시체를 훼손하지 못하게 하려는 조치였다. 이 무덤은 예수님이 십자가에 매달리신 곳 가까이에 있었다(요 19:42). 예수님의 시신이 부자인 요셉의 묘에 안치된 것은 이사야의 종의 노래 일부를 성취하는 일이다. "그는 강포를 행하지 아니하였고 그의 입에 거짓이 없었으나 그의 무덤이 악인들과 함께 있었으며 그가 죽은 후에 부자와 함께 있었도다"(사 53:9).

이 말씀은 하나님이 때로는 우리의 예측과 상상을 초월해 역사하신다는 사실을 강조한다. 제자들은 모두 도망가고, 여인들은 아무 힘도 없어서 발만 동동 구르며 예수님의 장례를 걱정할 때 하나님은 아리마대의 요셉을 준비해 두셨다. 또한 니고데모도 예비하셨다. 살다 보면 앞이 도무지 보이지 않을 때가 있다. 이때 절망하거나 낙심하지 말고, '여호와 이레'가 어떻게 펼쳐질지 기도하며 기대해 보자. 하나님이 반드시 역사하실 것이다.

Ⅷ. 부활과 승천
(24:1-53)

예수님의 인류 구원 사역은 십자가 죽음으로 끝나지 않았다. 죽은 지 사흘 만에 부활하심으로 절정에 달했다. 구원이 완성되려면 반드시 부활이 있어야 하기 때문이다. 예수님의 부활은 기독교의 모든 가르침과 교리의 핵심이다. 만일 예수님이 부활하지 않으셨다면 우리가 믿는 것은 모두 거짓이다. 우리는 거짓에 속았고, 여전히 죄 가운데 죽어 있는 불쌍하고 처량한 자들이다(고전 15:12-17). 그런 점에서 기독교인은 예수님 부활의 역사성을 부인하는 것보다 신앙을 버리는 것이 차라리 낫다.

예수님이 부활하신 이후 있었던 일을 네 복음서와 고린도전서 15:1-11을 바탕으로 재구성하면 다음과 같다(cf. Blomberg, Osborne, Wenham, Wilkins).

1. 여인들이 일요일 새벽에 예수님의 무덤을 찾음. 막달라 마리아가 제일 먼저 도착함(마 28:1; 막 16:1-3; 눅 24:1; 요 20:1)
2. 마리아와 여인들이 두 천사를 만남. 한 천사가 예수님의 부활을 알려줌(마 28:2-7; 막 16:4-7; 눅 24:2-7)

445

3. 여인들이 기쁨과 두려움으로 무덤을 떠나 제자들에게 알려 줌(마 28:8; 막 16:8). 막달라 마리아가 앞서가서 요한과 베드로에게 알려 줌(요 20:2)

4. 베드로와 요한이 무덤으로 달려가 빈 무덤을 확인함(눅 24:12; 요 20:3-5)

5. 마리아도 무덤으로 돌아가 천사들을 만남. 예수님이 마리아에게 나타나심. 마리아가 처음에 예수님을 알아보지 못함(요 20:11-18)

6. 예수님이 나머지 여인들을 만나 제자들에게 갈릴리로 오라는 말을 전하라고 하심(마 28:9-10; 눅 24:8-11)

7. 부활하신 일요일 오후에 예루살렘 근처에서 베드로에게 나타나심(눅 24:34; 고전 15:5)

8. 엠마오로 가는 글로바와 친구에게 나타나심. 그들이 예루살렘으로 돌아와 제자들에게 알림(눅 24:13-35; cf. 막 16:12-13)

9. 글로바가 다락방에서 제자들과 함께 있는 동안 예수님이 나타나심. 도마는 자리에 없음(눅 24:36-43; 요 20:19-25)

10. 일주일 후 일요일 저녁 모든 제자가 예루살렘에 모여 있을 때 나타나심(요 20:20-29; 고전 15:5; cf. 막 16:14)

11. 사흘 후 예수님이 갈릴리 해변에서 일곱 제자에게 나타나심(요 21:1-14)

12. 갈릴리 언덕에서 제자들과 500여 명의 성도에게 나타나심(고전 15:6). 이후 40일 동안 여러 차례 나타나심(눅 24:44-47; 행 1:3; 고전 15:6)

13. 예수님이 갈릴리에 있는 동생 야고보에게 나타나심(고전 15:7)

14. 세상 모든 민족을 제자 삼으라며 대사명을 주심(마 28:16-20; cf. 막 16:15-18)

15. 예루살렘 근처에서 제자들에게 성령이 오실 때까지 기다리라고 하심. 예루살렘 동편 감람산에서 승천하심(눅 24:44-53; 행 1:4-12; cf. 막 16:19-20)

이 섹션은 예수님이 부활하시고 승천하실 때까지 있었던 일들을 요약한다. 본 텍스트는 다음과 같이 구분된다.

A. 부활하심(24:1-12)
B. 엠마오로 가는 길에서(24:13-35)
C. 제자들에게 보이심(24:36-49)
D. 승천하심(24:50-53)

Ⅷ. 부활과 승천(24:1-53)

A. 부활하심(24:1-12)

¹ 안식 후 첫날 새벽에 이 여자들이 그 준비한 향품을 가지고 무덤에 가서 ² 돌이 무덤에서 굴려 옮겨진 것을 보고 ³ 들어가니 주 예수의 시체가 보이지 아니하더라 ⁴ 이로 인하여 근심할 때에 문득 찬란한 옷을 입은 두 사람이 곁에 섰는지라 ⁵ 여자들이 두려워 얼굴을 땅에 대니 두 사람이 이르되 어찌하여 살아 있는 자를 죽은 자 가운데서 찾느냐 ⁶ 여기 계시지 않고 살아나셨느니라 갈릴리에 계실 때에 너희에게 어떻게 말씀하셨는지를 기억하라 ⁷ 이르시기를 인자가 죄인의 손에 넘겨져 십자가에 못 박히고 제삼일에 다시 살아나야 하리라 하셨느니라 한대 ⁸ 그들이 예수의 말씀을 기억하고 ⁹ 무덤에서 돌아가 이 모든 것을 열한 사도와 다른 모든 이에게 알리니 ¹⁰ (이 여자들은 막달라 마리아와 요안나와 야고보의 모친 마리아라 또 그들과 함께 한 다른 여자들도 이것을 사도들에게 알리니라) ¹¹ 사도들은 그들의 말이 허탄한 듯이 들려 믿지 아니하나 ¹² 베드로는 일어나 무덤에 달려가서 구부려 들여다 보니 세마포만 보이는지라 그 된 일을 놀랍게 여기며 집으로 돌아가니라

안식 후 첫날 새벽이 되었다(1a절). 예수님이 십자가에서 숨을 거두신 것이 금요일 오후였으니 죽으신 지 3일째 되는 날, 곧 일요일 새벽

이다. 어떤 이들은 토요일 해가 진 다음이라고 하는데(Gundry), 문법과 정황은 일요일 아침을 지목한다(cf. Boring, Carson, Davies & Allison, France, Wilkins). 당시 사람들은 밤이면 귀신들이 활개 치고 다닌다고 생각했다. 이런 상황에서 이 여인들이 무엇 때문에 안식일이 끝난 토요일 밤에 예수님의 무덤을 찾겠는가! 또한 기독교는 예수님이 일요일에 부활하신 것을 근거로 일요일을 '주일'(Lord's Day)이라고 부르며 매주 일요일에 예배를 드린다.

안식 후 첫날인 일요일 새벽이 되자 여인들이 준비한 향품을 가지고 예수님의 무덤을 찾았다(1b절; cf. 23:56). 막달라 마리아, 야고보와 요셉의 어머니 마리아(cf. 마 27:56), 그리고 살로메(세베대의 아들들인 야고보와 요한의 어머니, cf. 마 20:20; 요 19:24)가 향품을 사다 두었다. 아마도 안식일이 끝나는 토요일 해 질 녘이 지나고 밤이 시작될 때 문을 연 상점에서 구매했을 것이다(Strauss).

여인들은 예수님의 시신에 별문제가 없는지 살피고 향품을 바르고자 무덤을 찾았다. 이 여인들도 제자들처럼 사흘 후에 부활할 것이라는 예수님의 말씀을 기억하지 못한 것으로 보인다. 예수님이 계신 무덤으로 가는 그들에게는 한 가지 걱정이 있었다. 무덤의 입구를 막고 있는 돌을 어떻게 굴리고 안으로 들어갈 것인가 하는 문제였다. 무덤 입구를 막고 있는 직경 120-180cm가량의 돌을 굴리는 것은 여인들에게 쉬운 일이 아니었다. 그들은 누군가 힘이 센 사람이 와서 돌을 굴려 주기를 바라며 무덤으로 갔다. 여인들은 예수님이 부활하실 것을 전혀 기대하지 못했다. 오로지 예수님의 시신이 있는 무덤 안으로 들어가 시신이 썩는 악취를 완화시키는 향품을 뿌려 드릴 것만 생각하고 있다.

그들이 무덤에 도착하자 어찌 된 일인지 벌써 돌이 옮겨져 있었다(2절). 마태는 큰 지진이 나고 하나님의 천사가 하늘에서 내려와 무덤 입구를 막은 돌을 굴려냈다고 한다(마 28:2). 돌은 부활하신 예수님이 무덤에서 나가시도록 제거된 것이 아니다. 부활하신 예수님은 닫혀 있는 문과 벽도 지나다니신다(눅 24:36; 요 20:19). 누구든지 빈 무덤을 확인하고자 하는 사람은 들어가서 예수님이 부활하신 것을 확인하라는 의미에서 무덤의 입구를 막고 있던 돌이 제거된 것이다.

여인들은 굴려진 돌을 지나 무덤 안으로 들어갔다. 그러나 예수님의 시신은 보이지 않았다(3절). 그들은 엊그제 예수님의 시신이 이 무덤에 안치되는 것을 직접 보았다(23:55). 그런 후 예수님의 시신에 바르려고 향품을 가져왔다. 여인들은 그곳에 예수님의 시신이 없다는 사실에 매우 당혹스러워하며 근심했다(4a절).

그때 문득 찬란한 옷을 입은 두 사람이 곁에 섰다(4b절). 마가는 흰옷을 입은 한 청년이 우편에 앉은 것을 보고 여인들이 놀랐다고 한다(막 16:5). 마태는 이 청년이 천사였다고 한다(마 28:2). 천사들은 예수님의 탄생에 관여했다. 그러므로 그들이 예수님의 부활에도 관여하는 것은 당연한 일이다.

여인들은 이 찬란한 옷을 입은 두 사람이 보통 사람은 아니라는 것을 직감했다. 그들은 두려워 얼굴을 땅에 대며 두 사람의 말을 기다렸다(5a절). 천사들은 여인들에게 "어찌하여 살아 있는 자를 죽은 자 가운데서 찾느냐"라고 질문했다(5b절). 천사들이 예수님의 시신을 보러 찾아온 여인들에게 준 메시지는 매우 간단하면서도 온 인류가 상상하지 못한 굿뉴스(good news)다. "그가 살아나셨다!" 여인들이 시신에 향품을 발라 드리려던 예수님은 더는 죽은 사람 가운데 계시지 않으시고 살아나셨다!

여인들이 두 사람이 전해 준 소식에 어떻게 반응할 줄 몰라 어안이 벙벙해 있을 때 천사들이 다시 한번 예수님의 부활을 확인해 주었다. "여기 계시지 않고 살아나셨느니라!"(6a절). '살아나셨다'(ἠγέρθη)는 신적 수동태다. 하나님이 하신 일이라는 뜻이다(Boring). 인간의 불신이나 훼방은 하나님의 역사를 결코 방해할 수 없다. 예수님은 더는 십자가에 못 박혀 죽은 메시아가 아니라 말씀대로 죽음에서 살아나신 하나님의

449

아들이시다.

천사들은 예수님이 살아나신 일에 놀랄 필요가 없다며, 갈릴리에 계실 때 그들에게 하신 말씀을 기억해 보라고 했다(6절). 예수님은 그때 "인자가 죄인의 손에 넘겨져 십자가에 못 박히고 제삼일에 다시 살아나야 하리라"라고 하셨다(7절; cf. 9:22, 44; 18:32-33). 여인들도 비로소 예수님의 말씀을 기억했다(8절).

여인들은 곧바로 무덤을 떠나 이 모든 것을 열한 사도(가룟 유다는 제외)와 다른 사람들에게 알렸다(9절). 그들은 마치 이사야가 예언한 전령과 같다. "너희는 예루살렘의 마음에 닿도록 말하며 그것에게 외치라…아름다운 소식을 시온에 전하는 자여 너는 높은 산에 오르라 아름다운 소식을 예루살렘에 전하는 자여 너는 힘써 소리를 높이라 두려워하지 말고 소리를 높여 유다의 성읍들에게 이르기를 너희의 하나님을 보라 하라"(사 40:2, 9; cf. 사 40:1-9).

예수님의 부활 소식을 알린 여인들은 막달라 마리아와 요안나, 그리고 야고보의 모친 마리아였다(10a절). 막달라 마리아는 갈릴리 막달라 출신이며, 항상 제일 먼저 언급되는 것으로 보아 리더급 여인이다. 예수님은 그녀에게서 일곱 귀신을 내쫓으셨다(8:2). 이후 막달라 마리아는 일편단심 예수님과 제자들을 따르며 섬기는 삶을 살았다. 이 세 여인과 함께하는 다른 여인들도 사도들에게 예수님이 부활하셨다는 소식을 알렸다(10b절). 그러나 사도들은 그들의 말을 믿지 않았다. 아무리 생각해도 신빙성 없는 말처럼 들렸기 때문이다.

그러나 베드로는 달랐다. 그는 일어나 무덤으로 달려갔다(12a절). 무덤 안을 들여다보니 여인들이 전해 준 것처럼 예수님의 시신이 보이지 않고, 시신을 쌌던 세마포만 놓여 있었다(12b절; cf. 23:53). 만일 무덤에 도둑이 들었다면, 분명 세마포만 가져갔을 것이다. 시신을 감싸는 세마포만이 유일하게 값이 나가는 물건이기 때문이다. 그러므로 시신은 없고 세마포만 놓여 있다는 것은 예수님이 부활하셨다는 또 하나의 증거다. 베드로는 놀라운 일이 벌어졌다고 생각하며 집으로 돌아갔다(12c절). 학자들 대부분은 이때 베드로가 예수님이 부활하셨다는 사실을 믿고 집으로 돌아갔는지에 대해 회의적이다(cf. 24:24, 34). 그러나 그의 무덤 방문이 예수님의 부활에 대한 믿음으로 나아가는 첫걸음인 것은 확실하다(Bock).

세 여인은 예수님이 십자가에 매달릴 때부터 장사되실 때까지 모든 일을 지켜보았다. 즉, 예수님의 죽음에 대한 가장 확실한 증인들이다. 이번에는 예수님의 부활에 대한 증인들이 된다. 당시 유대인들은 여자의 증언을 인정하지 않았다. 그러므로 여인들이 증인이라는 것은 예수님의 부활이 실제 있었던 역사적 사실이라는 증거가 된다. 만일 예수님의 부활이 훗날 교회가 지어낸 이야기라면, 절대 여인들을 증인으로 삼지 않았을 것이기 때문이다(Wessel & Strauss). 그들은 하나님이 세우신 부활에 대한 증인들이다.

이 말씀은 인류가 기독교 교리 중 가장 믿기 힘들어하는 예수님의 부활에 대해 간단하면서도 가장 확실한 증거를 제시한다. 바로 얼마 전까지 예수님의 시신이 누워 있던 빈자리를 보라는 것이다. 부활에 대해 빈 무덤보다 더 확실한 증거는 없다.

그리스도인이 되기 전에는 예수님의 부활을 믿는 것은 누구에게나 어려운 일이다. 하나님이 믿음을 주셔야 가능하다. 그러므로 하나님의 도움이 필요하다. 우리가 전도할 때 무엇보다도 하나님이 그 사람에게 먼저 믿음을 선물로 주시길 기도해야 한다.

VIII. 부활과 승천(24:1-53)

B. 엠마오로 가는 길에서(24:13-35)

¹³ 그 날에 그들 중 둘이 예루살렘에서 이십오 리 되는 엠마오라 하는 마을로

가면서 ¹⁴ 이 모든 된 일을 서로 이야기하더라 ¹⁵ 그들이 서로 이야기하며 문의할 때에 예수께서 가까이 이르러 그들과 동행하시나 ¹⁶ 그들의 눈이 가리어져서 그인 줄 알아보지 못하거늘 ¹⁷ 예수께서 이르시되 너희가 길 가면서 서로 주고받고 하는 이야기가 무엇이냐 하시니 두 사람이 슬픈 빛을 띠고 머물러 서더라 ¹⁸ 그 한 사람인 글로바라 하는 자가 대답하여 이르되 당신이 예루살렘에 체류하면서도 요즘 거기서 된 일을 혼자만 알지 못하느냐 ¹⁹ 이르시되 무슨 일이냐 이르되 나사렛 예수의 일이니 그는 하나님과 모든 백성 앞에서 말과 일에 능하신 선지자이거늘 ²⁰ 우리 대제사장들과 관리들이 사형 판결에 넘겨 주어 십자가에 못 박았느니라 ²¹ 우리는 이 사람이 이스라엘을 속량할 자라고 바랐노라 이뿐 아니라 이 일이 일어난 지가 사흘째요 ²² 또한 우리 중에 어떤 여자들이 우리로 놀라게 하였으니 이는 그들이 새벽에 무덤에 갔다가 ²³ 그의 시체는 보지 못하고 와서 그가 살아나셨다 하는 천사들의 나타남을 보았다 함이라 ²⁴ 또 우리와 함께 한 자 중에 두어 사람이 무덤에 가 과연 여자들이 말한 바와 같음을 보았으나 예수는 보지 못하였느니라 하거늘 ²⁵ 이르시되 미련하고 선지자들이 말한 모든 것을 마음에 더디 믿는 자들이여 ²⁶ 그리스도가 이런 고난을 받고 자기의 영광에 들어가야 할 것이 아니냐 하시고 ²⁷ 이에 모세와 모든 선지자의 글로 시작하여 모든 성경에 쓴 바 자기에 관한 것을 자세히 설명하시니라 ²⁸ 그들이 가는 마을에 가까이 가매 예수는 더 가려 하는 것 같이 하시니 ²⁹ 그들이 강권하여 이르되 우리와 함께 유하사이다 때가 저물어가고 날이 이미 기울었나이다 하니 이에 그들과 함께 유하러 들어가시니라 ³⁰ 그들과 함께 음식 잡수실 때에 떡을 가지사 축사하시고 떼어 그들에게 주시니 ³¹ 그들의 눈이 밝아져 그인 줄 알아 보더니 예수는 그들에게 보이지 아니하시는지라 ³² 그들이 서로 말하되 길에서 우리에게 말씀하시고 우리에게 성경을 풀어 주실 때에 우리 속에서 마음이 뜨겁지 아니하더냐 하고 ³³ 곧 그 때로 일어나 예루살렘에 돌아가 보니 열한 제자 및 그들과 함께 한 자들이 모여 있어 ³⁴ 말하기를 주께서 과연 살아나시고 시몬에게 보이셨다 하는지라 ³⁵ 두 사람도 길에서 된 일과 예수께서 떡

을 떼심으로 자기들에게 알려지신 것을 말하더라

예수님의 빈 무덤을 보고 돌아온 여인들이 예수님이 부활하셨다고 말했지만 제자들은 믿지 않았다(24:1-12). 수제자 베드로도 의아해할 뿐 아직 믿는 상황은 아니다(24:12). 제자들은 부활하신 예수님이 그들에게 나타나 성경 말씀을 통해 상황을 설명하신 후에야 비로소 믿는다(24:36-47). 두 제자가 예루살렘에서 엠마오로 가는 길에 있었던 일을 기록하는 본 텍스트는 믿지 않는 제자들의 이야기(24:1-12)와 믿게 된 제자들의 이야기(24:36-47)를 연결해 주는 다리 역할을 한다.

여인들이 예수님의 부활 소식을 제자들에게 전한 날에 있었던 일이다(13절). 부활 소식을 들은 사람 중 둘이 예루살렘에서 이십오 리 떨어져 있는 엠마오라는 마을로 가고 있었다. 이들은 예수님의 제자들이었지만, 열한 사도에 속하지는 않았다. 엠마오가 어디에 있었는지에 대해서는 알려진 바가 없다(Bock). 본문은 이 마을이 예루살렘에서 이십오 리 떨어져 있었다고 한다. '이십오 리'는 60스타디아(σταδίους ἑξήκοντα)를 우리가 사용하는 단위로 환산한 것이다. 한 스타디아는 약 192m이므로, 60스타디아는 11.5㎞다. 그러므로 새번역은 '삼십 리'로 표기한다. 서너 시간은 족히 걸리는 길이다. 이 사람들이 엠마오로 가는 이유는 알 수 없다. 중요한 것은 예수님이 죽으신 후에 제자들이 예루살렘을 빠져나가고 있다는 점이다. 스승인 예수님이 죽자 제자들이 큰 상실감과 실망을 안고 예루살렘에서 나와 피신하는 것으로 보인다.

그들은 엠마오로 가면서 모든 된 일을 서로 이야기했다(14절). 예수님이 예루살렘에 입성하신 후부터 십자가에서 죽으시고 장사되었다가 부활하신 일 등을 이야기했다. 그동안 있었던 일들을 곱씹으며 무엇이 어디서부터 잘못되어 예수님이 죽게 되셨는지 생각해 본 것이다.

그들이 서로 질문하며 대화할 때 예수님이 가까이 다가와 동행하셨지만, 그들은 눈이 가리어져서 예수님인 줄 알아보지 못했다(15-16절).

'가리어졌다'(ἐκρατοῦντο)는 신적 수동태다. 예수님을 알아보지 못하도록 하나님이 그들의 눈을 가리신 것이다. 예수님이 성경 말씀으로 상황을 설명하신 후에 보게 하기 위해서다(cf. 25-31절). 이 사람들이 예수님을 알아보지 못하는 것은 나머지 제자들의 상황을 상징한다. 그들은 예수님의 부활에 대해 듣고도 '보지'(믿지) 못한다.

예수님은 그들이 무엇에 관해 이야기하고 있는지 물으셨다(17a절). 두 사람은 걸음을 멈추고 슬픈 표정을 지었다(17b절). 두 사람 중 하나는 글로바라는 사람이었는데, 그는 예수님께 지난 한 주 동안 예루살렘에서 있었던 일을 모르느냐고 물었다(18절). 누가가 두 사람 중 글로바의 이름만 밝히는 것은 아마도 그가 엠마오로 가는 길에 있었던 이야기를 글로바에게 들었거나(Bauckham), 누가의 독자들이 글로바를 알기 때문일 것이다(Liefeld & Pao). 세 사람 모두 예루살렘을 빠져나가는 길인 만큼 예루살렘에 있던 사람이라면 모두 아는 일을 예수님(그들은 예수님이신지 모름)만 모르고 있다는 것이 믿기지 않았다. 예수님 처형 사건은 너무나도 충격적인 일이라 온 예루살렘이 아는 이야기이기 때문이다.

그러나 예수님은 모른 척하시며 "무슨 일이냐?" 하고 물으셨다(19a절). 예루살렘에서 어떤 일이 있었는지 모르니 말을 해 달라는 것이다. 그들은 나사렛 예수님에 관한 일이라며, 그분이 모든 백성 앞에서 말과 일에 능하신 선지자였다고 한다(19b절). 말은 예수님의 성경 말씀과 하나님 나라에 대한 가르침을, 일은 기적을 통해 병자들을 치료하신 일을 뜻한다. 예수님은 하나님의 말씀과 능력이 함께한 능력 있는 선지자였다는 증언이다.

그러나 대제사장들과 관리들은 예수님을 영접하지 않고 오히려 그를 빌라도에게 넘겨주어 사형 판결을 받게 한 후 십자가에 못 박았다(20절). 두 제자는 예수님이 이스라엘을 구원하실 분이기를 바랐는데, 그 기대에 미치지 못했다고 한다(21a절). 한 가지 이상한 일은 예수님이 죽으

신 지 사흘째 되는 날 여인 몇 명이 새벽에 예수님의 무덤을 찾아갔다
가 시체를 보지 못하고 돌아와서는 그가 살아나셨다고 전하는 천사를
보았다고 말했다는 것이다(22-23절). 여인들의 증언을 듣고 제자 중 두
어 사람이 무덤에 가서 확인해 보니 여인들이 말한 것이 모두 사실이
며, 예수님의 시신이 무덤에 없었다는 것이다(24절). 두 사람은 부활에
대한 이해가 부족해 예수님의 시신이 그 자리에 없는 일을 미스터리로
생각하고 있다.

예수님은 미련하고 선지자들이 말한 모든 것을 마음에 더디 믿는 자
들이라며 그들을 책망하신다(25절). 그들이 지혜로워서 선지자들이 남
긴 예언을 믿었더라면 예수님의 시신이 무덤에 없는 것은 미스터리가
아니라는 말이다. 선지자들은 이러한 일(메시아는 먼저 고난을 받아 죽고,
그다음 살아나 영광을 받으실 것)에 대해 많은 예언을 남겼는데, 그들이 선
지자들의 말씀을 믿지 않거나 깨닫지 못해서 빚어진 무지함이다(26절;
cf. 9:44-45; 18:31-34).

예수님은 모세 오경과 모든 선지자의 글로 시작해 구약 전체에 자기
(메시아)에 관해 기록된 것을 설명하셨다(27절). 이미 주신 말씀을 보면
예수님의 고난과 부활이 예견되어 있다는 뜻이다. 세 사람이 대화를
이어 가는 중 드디어 엠마오에 도착했다. 그러나 예수님은 엠마오를
지나쳐 더 멀리 가시는 것 같았다(28절). 상황을 판단한 두 사람이 예수
님을 강권했다. 매우 강력하게 요청했다는 뜻이다. 날은 저물고 갈 길
은 먼 것 같으니 이날 밤은 자기들과 함께 엠마오에서 묵자는 것이다
(29절). 아마도 성경 말씀을 풀어 주신 것이 그들에게 감동을 준 것으로
보인다. 예수님은 그들을 따라 밤을 보낼 숙소로 가셨다.

세 사람이 숙소에 들어가 저녁 식사를 할 때 예수님이 떡을 가지고
축사하시고 그들에게 떼어 주셨다(30절). 어떤 이들은 성찬식이 벌어지
고 있다고 하는데(Fitzmyer), 단순한 '식사 기도'다. 그때 비로소 그들의
눈이 밝아져 예수님을 알아보았다(31a절). 얼마나 놀랐을까? 또한 얼마

나 할 말이 많고 물어볼 말도 많았을까? 그러나 그들이 한마디도 하기 전에 예수님은 그들을 떠나셨다(31b절). 엠마오로 오는 길에 구약 말씀을 통해 충분히 설명했으니 더 묻지 말고 예수님이 부활하셨다는 사실을 믿을지 혹은 불신할지 결단하라는 것이다.

그들은 세 사람이 엠마오로 오는 길에 있었던 일을 되돌아보았다. 예수님이 말씀하시고 성경을 풀어 주실 때 마음이 뜨거웠던 일이 생각났다(32절). 오는 길에 부활하신 예수님을 만났다는 사실을 비로소 깨달은 것이다. 이제 그들이 해야 할 일은 딱 한 가지다. 빨리 예루살렘으로 돌아가 아직도 예수님의 부활을 믿지 못하는 제자들을 일깨워 줘야 한다.

그러므로 그들은 그날 밤을 엠마오 숙소에서 보내지 않고 곧바로 일어나 예루살렘으로 돌아갔다(33a절). 이 좋은 소식을 1분이라도 빨리 낙심하고 좌절한 제자들에게 전해 주어야 한다! 그들이 예루살렘에 도착하니 열한 제자와 그들과 함께한 사람이 여럿 모여 있었다(33절). 그들이 엠마오로 가는 길에 있었던 일을 말하기도 전에 모여 있던 사람들이 먼저 예수님이 과연 살아나시고 시몬에게 보이셨다고 말했다(34절). 두 사람이 예루살렘에 도착하기 전에 예수님이 시몬 베드로에게 나타나신 것이다. 두 사람은 엠마오로 가는 길과 숙소에서 있었던 일을 말하며 예수님이 살아나신 것을 증언했다.

이 말씀은 예수님이 도망한 제자들을 용서하시고 그들에게 새로운 기회를 주실 것을 암시한다. 만일 그들에게 기회를 주지 않을 것이라면 애초에 예수님이 그들을 찾아오지 않으셨을 것이다. 실패는 하나님과 우리 사이를 갈라놓을 수 없다. 예수님은 제자들이 용서를 구하기 전에 이미 그들을 용서하시고 그들을 위해 새로운 기회와 계획을 준비하셨다. '인생의 쓴맛'과 '사역의 실패'를 경험하더라도 좌절하지 말자. 예수님은 언제든 우리에게 새로운 기회를 준비해 놓고 기다리신다. 그러므로 실패로 인해 절망할 시간이 있으면 차라리 기도로 주님께 나가야 한다.

하나님과 예수님에 대해 알 수 있는 가장 확실한 방법은 성경을 통하는 것이다. 말씀을 연구하고 묵상하면 하나님이 보이고 예수님이 보인다. 하나님은 태초부터 그분이 하실 일을 성경에 기록해 두셨고, 성경은 예수님에 대해 증언하는 하나님의 말씀이기 때문이다. 우리는 성경을 배우고 가르치는 일에 더 열심을 내야 한다.

Ⅷ. 부활과 승천(24:1-53)

C. 제자들에게 보이심(24:36-49)

³⁶ 이 말을 할 때에 예수께서 친히 그들 가운데 서서 이르시되 너희에게 평강이 있을지어다 하시니 ³⁷ 그들이 놀라고 무서워하여 그 보는 것을 영으로 생각하는지라 ³⁸ 예수께서 이르시되 어찌하여 두려워하며 어찌하여 마음에 의심이 일어나느냐 ³⁹ 내 손과 발을 보고 나인 줄 알라 또 나를 만져 보라 영은 살과 뼈가 없으되 너희 보는 바와 같이 나는 있느니라 ⁴⁰ 이 말씀을 하시고 손과 발을 보이시나 ⁴¹ 그들이 너무 기쁘므로 아직도 믿지 못하고 놀랍게 여길 때에 이르시되 여기 무슨 먹을 것이 있느냐 하시니 ⁴² 이에 구운 생선 한 토막을 드리니 ⁴³ 받으사 그 앞에서 잡수시더라 ⁴⁴ 또 이르시되 내가 너희와 함께 있을 때에 너희에게 말한 바 곧 모세의 율법과 선지자의 글과 시편에 나를 가리켜 기록된 모든 것이 이루어져야 하리라 한 말이 이것이라 하시고 ⁴⁵ 이에 그들의 마음을 열어 성경을 깨닫게 하시고 ⁴⁶ 또 이르시되 이같이 그리스도가 고난을 받고 제삼일에 죽은 자 가운데서 살아날 것과 ⁴⁷ 또 그의 이름으로 죄 사함을 받게 하는 회개가 예루살렘에서 시작하여 모든 족속에게 전파될 것이 기록되었으니 ⁴⁸ 너희는 이 모든 일의 증인이라 ⁴⁹ 볼지어다 내가 내 아버지께서 약속하신 것을 너희에게 보내리니 너희는 위로부터 능력으로 입혀질 때까지 이 성에 머물라 하시니라

예수님의 부활에 관한 세 번째 이야기다. 첫 번째 이야기인 24:1-12은 빈 무덤을 통해 주님이 부활하셨다는 사실을 증언했다. 두 번째 이야기인 24:13-35은 예수님이 엠마오로 가는 두 사람에게 구약이 자신의 고난과 부활에 대해 예언한 것들을 자세히 보이셨다. 세 번째 이야기인 이 사건에서는 예수님이 열한 제자가 모여 있을 때 그들에게 모습을 보이신다. 맨 처음에는 누구에게도 모습을 보이지 않으셨고, 그 다음 두 제자에게, 이번에는 여러 명에게 주님이 부활하셨음을 확인해 주시는 것이다.

그러나 예수님의 부활은 주님을 직접 뵈었던 사람들에게도 참으로 믿기 어려운 일인가 보다. 일요일 새벽에 예수님의 무덤을 찾았던 여인들은 당혹스러워하고(24:4), 그 여인들의 이야기를 들은 열한 제자는 여인들이 이상한 말을 한다며 믿지 않았다(24:11). 엠마오로 가는 길에서 부활하신 예수님을 만난 두 제자도 여인들의 증언과 이후 몇몇 제자가 무덤에 갔다 와서 한 말을 믿지 않았다(24:22-24). 이번에는 두 제자가 예루살렘에 모여 있는 열한 사도에게 돌아가서 엠마오로 가는 길에 예수님을 만난 일을 말하지만, 사도들의 부정적인 시각을 씻어내지 못한다. 그러므로 예수님이 그들에게 직접 나타나셨다.

엠마오로 가는 길에 예수님을 만난 두 제자가 사도들에게 이 일을 말할 때 예수님이 친히 오셨다(36a절). 부활하신 예수님은 순간 이동이 가능하고 벽을 지나가기도 하는 천상의 몸을 지니셨다. 엠마오로 가는 제자들과 식사하시던 중에 순식간에 사라지시더니(24:31) 이번에는 열한 제자가 모여 있는 곳으로 오셨다. 그렇다고 해서 예수님의 몸이 유령처럼 실체가 없는 것은 아니다. 부활하신 예수님의 몸은 무덤에서 사라진 육체가 변화한 것이다(cf. 고전 15장).

예수님은 먼저 그들에게 평강을 빌어 주셨다(36b절). '평강'(εἰρήνη)은 칠십인역(LXX)이 히브리어 '샬롬'(שלום)을 번역한 단어다(cf. 시 33:15). 샬롬은 진행되는 일과 상황이 모두 완벽하고(completeness) 완전해

(wholeness) 최고의 조화와 하모니를 이룬다는 뜻이다. 이사야 9:6에서 장차 태어날 메시아 아이에게 주어지는 여러 호칭 중 '평강의 왕'(טֹל‑שָׁ‑רַ, 칠십인역[LXX]은 ἄρχοντας εἰρήνην'로 번역함)이 가장 중요하게 여겨지는 것도 이 때문이다. 누가는 네 복음서 중 '평화, 화평'을 제일 많이 사용한다.

평강의 왕으로 오신 예수님은 죽음을 통해 하나님과 사람들을 화평하게 하셨다(골 1:20; cf. 엡 2:11-12). 예수님은 화평하게 하는 것이 무엇인지 실제로 보여 주신 것이다. 이사야 선지자도 "좋은 소식을 전하며 평화를 공포하며 복된 좋은 소식을 가져오며 구원을 공포하며 시온을 향하여 이르기를 네 하나님이 통치하신다 하는 자의 산을 넘는 발이 어찌 그리 아름다운가"(사 52:7)라며 우리에게 화평하게 하는 사람들이 되기를 권면했다. 드디어 책이 마무리되는 순간 평강의 왕이신 예수님이 제자들이 평안할 것과 그들의 삶이 세상과 평화 나누기를 바라시며 그들에게 평강을 빌어 주신다.

그들에게 평화를 빌어 주시는 예수님을 유령으로 생각한 제자들은 놀라고 무서워했다(37절). 누가복음은 사가랴가 두려워하고 놀라는 것으로 시작했는데(1:12), 책의 끝부분에는 제자들의 두려움과 놀람으로 가득하다. 그러나 잠시 후 그들의 놀람과 두려움은 큰 기쁨과 찬송으로 변할 것이다(52-53절).

제자들은 부활하신 예수님을 사람이 죽으면 육체에서 분리되는 영 정도로 생각한다. 지난 3년 동안 그들과 함께하시면서 가르치고 양육하신 보람이 없다. 게다가 예수님은 십자가와 부활에 대해 그들에게 몇 차례 말씀하셨지만 별 효과가 없다. 그러므로 예수님은 "어찌하여 두려워하며 어찌하여 마음에 의심이 일어나느냐?"라며 그들을 책망하신다(38절).

그러나 두려움으로 가득한 제자들은 의심을 쉽게 떨치지 못한다. 그러므로 예수님은 자기를 만져 보라며 손과 발을 보이셨다(39-40절). 주님의 손과 발에는 십자가의 흔적이 남아 있었다(요 20:20, 25-27). 영은 살과 뼈가 없지만, 예수님의 몸은 살과 뼈를 지녔기 때문이다(39절). 제 자들은 부활하신 예수님이 자기들 앞에 서 계신 것이 너무나도 기쁘지만, 아직도 믿기를 주저했다(41a절). 예수님은 그들의 의심과 불신을 제 거하기 위해 먹을 것을 달라고 하셨다(41b절). 제자들이 구운 생선 한 토막을 드리자 그것을 받아 잡수셨다(42-23절). 귀신이나 유령은 음식 을 먹지 못한다. 신체가 없기 때문이다. 그러므로 예수님은 유령이 아 니고 천상의 몸을 지녔다는 것을 그들에게 보여 주기 위해 일부러 음 식을 달라고 해 드신 것이다. 음식을 드시는 예수님을 본 제자들은 부 활하신 예수님을 목격한 증인이 된다(Johnson).

예수님은 자신의 죽음과 부활은 이미 옛적에 하나님이 구약을 통해 하신 말씀이 성취된 것뿐이라며 평소에 그들에게 하셨던 말씀을 상기 시키셨다(44절). 평소에 예수님은 모세의 율법과 선지자의 글과 시편에 자기를 가리켜 기록된 모든 것이 이루어져야 한다고 하셨다. 모세의 율법은 오경(창세기-신명기)을, 선지자의 글은 역사서(전선지서)와 예언 서(후선지서)를, 시편은 성문서를 상징한다. 구약이 예수님에 대해 예언 한 바가 모두 이루어져야 한다는 것을 누누이 가르치셨지만, 제자들은 제대로 깨닫지 못했다.

인간의 능력과 힘으로는 하나님의 말씀을 제대로 깨달을 수 없다. 그러므로 예수님은 그들의 마음을 열어 성경을 깨닫게 하셨다(45절). 그리스도가 고난을 받고 제삼일에 죽은 자 가운데서 살아날 것과 또한 죄 사함을 받게 하는 회개가 예루살렘에서 시작해 세상 모든 족속에게 전파될 것도 모두 성경에 기록되었음을 깨닫게 하셨다(46-47절). 성경 을 제대로 알면 예수님의 죽음과 부활과 온 세상의 복음화가 모두 이해 될 것이라는 뜻이다. 하나님이 태초부터 계획하신 일들이기 때문이다.

제자들은 이 모든 일의 증인이다(48절). 사도행전 1:8은 성령이 제 자들에게 임하면 그들이 권능을 받아 예루살렘과 온 유대와 사마리아와 땅끝까지 예수님의 증인이 될 것이라고 한다. 이러한 일은 이사야 2:2-3(cf. 미 4:1-4)을 성취하는 일이라 할 수 있다. "말일에 여호와의 전의 산이 모든 산 꼭대기에 굳게 설 것이요 모든 작은 산 위에 뛰어 나리니 만방이 그리로 모여들 것이라 많은 백성이 가며 이르기를 오라 우리가 여호와의 산에 오르며 야곱의 하나님의 전에 이르자 그가 그의 길을 우리에게 가르치실 것이라 우리가 그 길로 행하리라 하리니 이는 율법이 시온에서부터 나올 것이요 여호와의 말씀이 예루살렘에서부터 나올 것임이니라."

그러나 아직은 제자들이 복음을 들고 세상을 향해 갈 때가 아니다. 예수님은 하나님이 약속하신 것을 그들에게 보내 그들이 위로부터 능력으로 입혀질 때까지 예루살렘에 머물라고 하신다(49절). 마가의 다락방에 성령이 임하셔서 그들을 권능으로 무장시켜 주실 때까지 기도하며 기다리라는 말씀이다(행 1:12-24; 2:1-4; cf. 사 32:15; 44:3; 겔 39:29; 욜 2:28-29). 성령이 그들에게 임하시는 때는 오순절이다(행 2:1-4). 그러므로 제자들은 앞으로 50일 동안 기도하며 성령의 임재를 기다려야 한다.

이 말씀은 예수님이 도망쳤던 제자들을 용서하시고 그들에게 새로운 시작을 허락하신 일을 회고한다. 부활하신 예수님은 좌절과 수치심에 시달리는 제자들을 찾아가 평강을 빌어 주시며 그들이 깨닫지 못한 것들을 가르치셨다. 그런 다음 그들을 세상 끝까지 가서 부활하신 예수님과 하나님 나라를 증언할 증인으로 세우셨다.

그렇다고 해서 그들이 당장 사역을 하러 떠날 수 있는 것은 아니다. 성령이 임하셔서 능력을 입히실 때까지 예루살렘에 머물러야 한다. 사역은 우리의 재능이 아니라, 하나님이 입히시는 능력으로 하는 것이다. 제자들은 성령이 임하실 때까지 기도하며 기다릴 것이다.

D. 승천하심(24:50-53)

⁵⁰ 예수께서 그들을 데리고 베다니 앞까지 나가사 손을 들어 그들에게 축복
하시더니 ⁵¹ 축복하실 때에 그들을 떠나 [하늘로 올려지시니] ⁵² 그들이 [그
에게 경배하고] 큰 기쁨으로 예루살렘에 돌아가 ⁵³ 늘 성전에서 하나님을 찬
송하니라

예수님이 제자들을 데리고 베다니 앞까지 가셨다(50a절). 베다니는
감람산 동쪽 언덕에 있으며(행 1:12), 예루살렘에서 약 3km 떨어져 있었
다(Wilkins, cf. ABD). 마리아와 마르다 자매가 사는 곳이며, 예수님이 그
들의 동생 나사로를 살리신 곳이다. 예수님은 손을 들어 제자들을 축
복하셨다.

제자들을 축복하실 때 예수님이 하늘로 올려지셨다(51절). '올려졌
다'(ἀνεφέρετο)는 신적 수동태다. 하나님이 예수님을 올리신 것이다. 하
늘로 올라가신 예수님은 세상이 끝나는 날 올라가신 모습 그대로 하늘
에서 내려오실 것이다(행 1:9-11). 하늘로 올라가신 예수님은 하나님 우
편에 앉으셨다(cf. 시 110:1).

제자들은 하늘로 올라가시는 예수님을 경배했다(52a절). 누가는 오직
하나님만이 우리의 예배를 받으실 수 있다고 한다(cf. 4:8). 제자들은 하
나님이신 예수님께 경의를 표한 것이다. 예수님을 하늘로 환송해 드린
제자들은 큰 기쁨 가운데 예루살렘으로 돌아왔다(52a절). 부활하신 예
수님을 처음 뵈었을 때 두려워하고 떨던 사람들이 기뻐하며 주님과 작
별했다는 점이 인상적이다. 복음은 두려움과 떨림을 몰아내고 기쁨으
로 우리를 채운다. 제자들에게는 예수님을 다시 뵐 소망이 있다. 그러
므로 헤어짐이 아쉽지만 훗날 다시 만날 것을 생각하며 기뻐할 수 있
었다. 주님을 다시 만나게 될 때까지 그들은 성실하게 주님의 가르침

대로 삶을 살아낼 것이다.

그들은 늘 성전에서 하나님을 찬송했다. 예수 그리스도를 통해 죄인들을 구원하신 하나님은 세상 모든 사람의 찬송을 받으시기에 합당한 분이다. 제자들은 약 50일 후 오순절에 성령이 임하실 때까지 예루살렘에 머물며 성전에서 찬송할 것이다. 성령이 오셔서 그들을 권능으로 입히시면 땅끝까지 가서 예수님의 증인이 될 것이다.

이 말씀은 우리로 하여금 미래를 기대하게 한다. 제자들을 축복하며 하늘로 올라가신 예수님은 올라가신 그대로 다시 오실 것이다. 그때까지 우리는 예수님의 말씀대로 살아야 한다. 그렇게 살고자 노력하면 하나님은 우리에게 기쁨과 찬송을 주실 것이다.